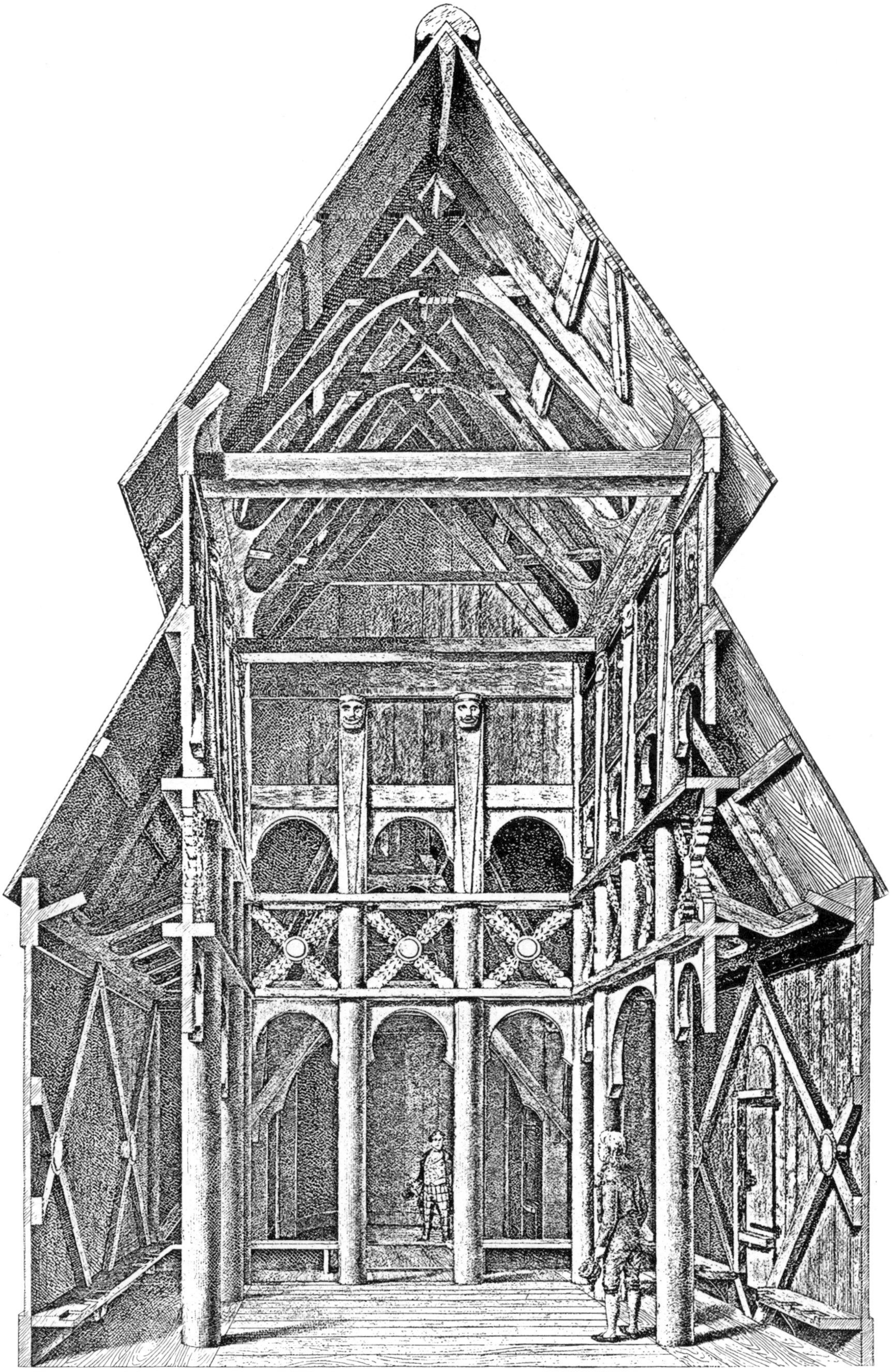

HISTORISCHE TRAGKONSTRUKTIONEN

Jörg Rehm BIRKHÄUSER

VON DER ANTIKE BIS ZUR MODERNE

INHALTSVERZEICHNIS

„Es gibt keine Architektur ohne Konstruktion", sagte der Architekt und Kollege an der TU München Victor López Cotelo einmal treffend im Diskurs über eine Abschlussarbeit an unserer Fakultät. Diese zunächst eher unspektakuläre Aussage ruft uns jedoch die ungeheure Bedeutung von Konstruktion für die Architektur in Erinnerung. Frei Otto verwies in seinem wunderbaren kleinen Text „Geschichte des Konstruierens. Was könnten die alten Steinbaumeister gewußt haben, um entwerfen und bauen zu können?" darauf, dass es in den Stilepochen aller Zeiten „Moden" gab, also „Formen und Formensprachen, die besonders beliebt waren. Die ‚Moden' entstanden auf jenen Gebieten des Bauens, die eine weitgehend ‚freie' Formgestaltung erlaubten. Freiheitsgrade gewähren solche Bauelemente, welche nicht oder nur wenig mit der bautechnischen Konstruktion zu tun haben, die ein Gebäude trägt und sicher macht. Mit tragenden Konstruktionen lässt sich nicht beliebig spielen." Im Weiteren kam er zum Schluss: „Die Konstruktionen sind zugleich die wichtigsten Architekturformen. Sie prägen die tragende Baukunst. Dies gilt ausnahmslos, gleichgültig ob es sich nun um Stützen, Säulen, Pfeiler, Balken, Platten, Bögen, Gewölbe, Kuppeln, Schalen, Zelte, Netze, Membranen oder Lufthallen handelt." Besser kann man nicht erläutern, wie wichtig das Wissen über Prinzipien, Geschichte, Anwendung, Mängel und Vermittlung des Konstruierens ist.

In diesem Buch, das mit dem Titel „Historische Tragkonstruktionen. Von der Antike bis zur Moderne" den Bogen sehr weit spannt, entführen uns Jörg Rehm und seine Mitautoren und Mitautorinnen auf eine spannende Reise durch die Geschichte der Tragkonstruktionen, die bis heute nichts von ihrer Faszination eingebüßt hat. Dabei zeigen sie eindrucksvoll, wie Bauweisen, die in einer Zeit ohne Normen und standardisierte Verfahren entstanden sind, Jahrhunderte überdauert haben und bis heute Gültigkeit besitzen. Das Buch gliedert sich – entsprechend den für die jeweiligen Tragkonstruktionen eingesetzten Materialien – in die Hauptkapitel Holzbau, Mauerwerksbau, Eisenbau und Eisenbetonbau. Daran schließen noch Exkurse zu Prinzipien und Philosophie des Ingenieurwesens, Untersuchungs- und Dokumentationsmethoden und die Vorgehensweise bei Bestandserhaltung an. Überaschenderweise ist es trotz dieses fast lexikalischen Aufbaus ein Buch, das man von vorne bis hinten durchlesen kann und dies auch gerne und mit Gewinn tut, auch wenn man bereits über umfangreiche Erfahrung im Konstruieren verfügt. Es gibt viel zu entdecken in der Geschichte der Tragkonstruktionen und in diesem Buch.

Die Hauptkapitel führen zunächst die Baumaterialien und ihre für das Konstruieren wesentlichen Eigenschaften ein und zeigen dann eine Entwicklung der auf großer Kenntnis des Materials beruhenden Tragkonstruktionen von den einfachsten Anfängen bis hin zur virtuosen Anwendung. Dabei wird deutlich, dass viele der heute bewunderten Bauwerke aus einem Prozess des Versuchens und Scheiterns hervorgingen. Sie entstanden aus der Beobachtung natürlicher Vorgänge und der Erfahrung von Handwerkern, die ihr Wissen mündlich weitergaben und so das Fundament für die Weiterentwicklung der jeweiligen Konstruktionen legten. Die ausgewählten Beispiele illustrieren dabei nicht nur umfassend die konstruktiven Herausforderungen und Lösungen, sondern veranschaulichen vor allem auch das vielfältige gestalterische Potenzial von Konstruktion – es gibt keine Architektur ohne Konstruktion ...

Eigentlich ist es wunderbar, dass die Betrachtung der Tragkonstruktionen in diesem Buch im frühen 20. Jahrhundert endet. Denn dort setzt eine Entwicklung im Bauwesen ein, die uns heute bisweilen zweifeln lässt, ob wir den Herausforderungen unserer Zeit mit den Methoden und Bauweisen, die wir in den letzten hundert Jahren praktiziert haben, wirklich gerecht werden können. Denn anstatt ungebremst einem „Höher, Größer, Weiter" zu frönen, müssen wir den Flächenverbrauch bei allen Baumaßnahmen in der Stadt und auf dem Land reduzieren, den Gebäudebestand als Raum- und Materialressource nutzen und Materialien verwenden, die so wenig graue Energie wie möglich verbrauchen, einfach zu recyceln sind oder wieder in den Kreislauf der Natur zurückgeführt werden können. Wir müssen Gebäude bauen, die im Betrieb so wenig Energie verbrauchen wie möglich, dabei aber den Einsatz von Technik auf ein unbedingt erforderliches Minimum reduzieren und die Verwendung architektonischer statt technischer Elemente forcieren. Es sind robuste Gebäude zu entwickeln, die mit einfachen Mitteln an sich ändernde Lebensumstände der Nutzer angepasst werden können. Dabei gilt es auch, überzogene Ansprüche infrage zu stellen und sich auf das Wesentliche zu konzentrieren – auf das, was wir als Gesellschaft, aber auch als Einzelner wirklich zum Leben brauchen, ohne dabei die Grundlagen unserer Existenz zu zerstören.

Ein solches Bauen steht selbstredend in starkem Kontrast zur generellen Baupraxis der letzten Jahrzehnte. Es steht aber nicht im Kontrast zu den Bauten und den Konstruktionen in „Historische Tragkonstruktionen. Von der Antike bis zur Moderne". Dieses Buch steht für eine kontinuierliche Entwicklung von Materialien und Konstruktionen, einen sparsamen Einsatz von Ressourcen und die weitgehende Verwendung natürlicher Materialien, also für Themen, an die wir eigentlich direkt wieder anknüpfen können. Das Buch könnte – oder sollte – Grundlage jeder Ausbildung in der Baukonstruktion sein. Mehr darf man vielleicht gar nicht wissen.

Florian Nagler, Juni 2025

Wir sind heute von zahllosen Bauwerken umgeben, in deren Errichtungszeit es keine Normen gab. Es handelt sich um Bauweisen, die von Versuch und Scheitern geprägt waren. Was davon erhalten ist, kann als gelungen gelten, weil es bei entsprechender Pflege Jahrhunderte oder gar Jahrtausende überdauert hat. Tragkonstruktionen wurden aus der Beobachtung natürlicher Vorgänge heraus entwickelt und ihre technische und künstlerische Gestaltung festigte sich mit der Erfahrung des Handwerkers, der sein Wissen an die nächste Generation weitergab. Innovationen benötigten Zeit, um in Versuchen zu reifen und sich von tradierten Techniken zu emanzipieren. Es wurden Regeln definiert, nach denen zu bauen Sinn ergab. Nicht immer war die Regel aber auch ideal. So dachte man in der Antike, dass die Übertragung geometrischer Grundformen auf die Architektur zur bestmöglichen Tragfähigkeit führen müsse.

Aus der Erfahrung heraus erwuchsen aber auch experimentelle Lösungen, wie wir mit Staunen bei plötzlichen Inventionen feststellen können. Als Beispiel sei die Entwicklung von Gitterschalen im ausgehenden 19. Jahrhundert erwähnt. Am Ende ermöglicht es uns die Mathematik, aus der Beobachtung nachvollziehbare Grundsätze der Bemessung abzuleiten, die heute unser Handeln im Bauwesen bestimmen. Der deduktive Ansatz, der in der Mathematik verankert ist, ist vielleicht der Grund dafür, dass wir heute Schwierigkeiten damit haben, historische Tragsysteme zu erklären, die auf der Grundlage von Erfahrung und Experiment entstanden. Wir beurteilen die Bauwerke nach aktuellen Gesetzmäßigkeiten. Bewährte Konstruktionen werden dadurch infrage gestellt, sind vom Abriss bedroht, müssen ertüchtigt werden, wenn wir kein sinnfälliges Modell für ihr Tragverhalten finden können. Die allermeisten historischen Bauwerke dürften nach aktuellen Regelwerken gar nicht existieren.

Die Ausbildung von Architekten und Bauingenieuren wurde erst vor etwa 200 Jahren in getrennte Bahnen gelenkt. Der Bauingenieur arbeitet nach wissenschaftlichen Kriterien, der Architekt dagegen häufig induktiv. Er wollte im 19. Jahrhundert von ingenieursmäßigen Innovationen nichts wissen und blieb gestalterisch konservativ. Die Bauingenieure nutzten dagegen ganz gezielt die Werkzeuge der industriellen Revolution und schufen Erstaunliches. Erst in der klassischen Moderne versuchten Architekten diese neuen Werkzeuge des Konstruierens für ihre Zwecke zu nutzen.

Es ist heute entscheidend, dass mit Blick auf die Bauwerkserhaltung beide Berufsfelder, ergänzt um weitere Disziplinen, verstärkt zusammenarbeiten. Die vorliegende Publikation versammelt Kenntnisse und Erkenntnisse über historische Tragkonstruktionen und vermittelt eine Idee davon, wie sie funktionieren bzw. welchen Blick die zeitgenössischen Protagonisten darauf hatten. In der Bautechnikgeschichte finden wir ausschließlich Beispiele dafür, dass Baumeister induktiv vorgegangen sind. Waren bauliche oder gestalterische Aufgaben zu lösen, wurden die technischen Schwierigkeiten untersucht und man tastete sich aus der gegebenen Erfahrung heraus an eine Lösung heran.[1] Dieser Dreiklang führte zu ganz wunderbaren Ergebnissen. Es ist unsere Aufgabe, Wege zu finden, um diese Zeugnisse in die Zukunft zu führen und zugleich festzustellen, was wir aus diesem Erfahrungsschatz für unsere eigene Arbeit lernen können.

1 Frei nach Stefan Polónyi. „Der Einfluß des Wissenschaftsverständnisses auf das Konstruieren". In: Graefe 1989, S. 237–245.

Lassen Sie sich auf eine faszinierende Entdeckungsreise mitnehmen, bei der exemplarisch historische Tragkonstruktionen – vornehmlich des mitteleuropäischen Raums – aus der Zeit bis etwa 1920 vorgestellt werden! Die verwendeten Werkstoffe werden genauso erläutert wie die zeitgenössische Fügetechnik. Typische Bauweisen werden anhand von anschaulichen Beispielen und mithilfe von Skizzen erklärt und die entsprechenden Tragmechanismen schematisch aufgezeigt. Ausgeführte Beispiele aus der Bautechnikgeschichte werden herausgegriffen und in kurzen Monografien dokumentiert. Darüber hinaus werden Risiken für den Erhalt historischer Tragkonstruktionen aufgezeigt und allgemein aktuelle Verfahren zur Dokumentation und Instandhaltungsplanung vermittelt.

1

Abb. 1 Vier Tragsysteme nach Heinrich Engel (von links nach rechts): formaktiv, vektoraktiv, masseaktiv, flächenaktiv.

Schließlich ist es für unseren täglichen Umgang mit Bestandsbauwerken wichtig, eine gemeinsame Sprache für die Definition von Tragsystemen und deren Tragverhalten zu finden. Eine mögliche Einteilung von Tragkonstruktionen erfolgt anhand ihrer Reaktion auf äußere Einwirkungen, wie sie Heinrich Engel definierte.[2] Diese Systematik kann auf alle hier angeführten Bauweisen angewendet werden. So können Tragsysteme, die nur unter Gleichlast verformungsarm bleiben, formaktiv genannt werden. Solche Systeme erfahren eine konstante Normalkraft. Darunter fallen Membranen, aber auch verformungsanfällige Bögen. Tragsysteme, die durch ihre Massivität auffallen und Biegungen bewältigen können, bezeichnet man als masseaktiv oder als Volumentragwerke. Dagegen nennt man Träger, die aus stabförmigen Bauteilen zusammengesetzt sind und in denen näherungsweise nur Normalkräfte in Stabrichtung wirksam werden, vektoraktiv. Schließlich brachte uns u. a. die Möglichkeit, zwei Werkstoffe wie Stahl und Beton zu gemeinsamer Tragwirkung gelangen zu lassen, sogenannte flächenaktive Tragsysteme. Seit Tausenden Jahren werden solche Schalen aber auch in gemauerter Form hergestellt, während feine Gitterstrukturen aus Holz oder Stahl als durchbrochene Schalen angesprochen werden. Immer bringen dabei Wölbung und Faltung Stabilität. (Abb. 1) Damit lässt sich eine breit gefächerte, weitaus feinere Typologisierung von Tragkonstruktionen in wenigen übergeordneten Systemen zusammenfassen, ohne einen Anspruch auf Endgültigkeit oder Vollständigkeit erheben zu wollen.[3]

Jörg Rehm, Mai 2025

2 Engel 1967.
3 Möller 2021, S. 95–97. Tragwerkstypologien. Dabei unterscheidet Möller z. B. Fachwerkträger von Rahmen, Bögen und seilverspannten Konstruktionen.

HOLZBAU

1. Einführung
2. Werkstoffe
3. Fügetechnik
4. Tragmechanismen
5. Tragwerkstypen
6. Gefährdungen
7. Beispielhafte Bauwerke

2

1.

EINFÜHRUNG

Behausungen aus nachwachsenden Rohstoffen errichteten die Menschen schon, bevor sie sesshaft wurden. Der leichte Auf- und Abbau und damit die Einfachheit waren für ein nomadenhaftes Dasein von Vorteil. Ein Blick auf die Lebensweise solcher Völker heute lohnt sich. Archäologische Befunde gibt es dafür aber nur wenige. Geprägt wurde das Bauen schon immer davon, welche Werkzeuge zur Verfügung standen, um die Werkstoffe bearbeiten und fügen zu können. Aus einfachen Halmen bzw. dünnen, frischen Zweigen ließen sich Flechtwerke herstellen, die, mit Tierhäuten belegt oder mit Lehm bestrichen, einen gewissen Witterungsschutz boten. (Abb. 2) Etwas komplexer sind Zeltkonstruktionen, die aus wenigen geraden Holzstangen als Traggerüst bestehen. (Abb. 3) Als Verbindungsmittel dienten dünne Zweige, Gräser oder aber Seile und Lederriemen. Die Werkzeuge der Steinzeit waren Feuersteine oder Tierknochen. Ein Stück Holz abzuschneiden ist damit möglich, es längsseitig zu behauen und zuzurichten eher nicht.

3

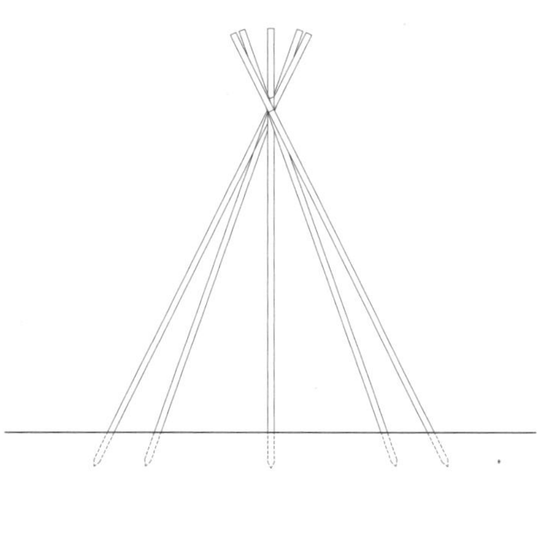

Um sich eine Vorstellung davon zu machen, wie einfach und provisorisch eine steinzeitliche Behausung sein kann, muss man sich nur an die eigene Kindheit zurückerinnern. Alle Objekte, die man so finden kann, ob im Wald, auf dem Feld oder zu Hause, können zur Herstellung eines Gebäudes dienlich sein. Kinder erlernen ganz spielerisch, wie ein Unterstand errichtet werden kann. Ein paar Stangen als Gerüst und eine Bekleidung, beispielsweise ein Tuch, um die Zwischenräume zu schließen, genügen.

Von Interesse für die vorliegende Arbeit ist tatsächlich die Sesshaftwerdung des Menschen, die sich gebietsweise in der Jungsteinzeit vor etwa 10 000 Jahren vollzog. Um ortsfeste Behausungen zu schaffen, wurden Gebäude mit größerem Aufwand errichtet. Die Wahl des Grundstücks spielte dabei sicher eine große Rolle. Ist der Ort geeignet, um Landwirtschaft zu betreiben? Ist er sicher und bietet ausreichenden Schutz vor äußeren Gefahren? Die Menschen waren dabei noch immer auf steinerne Werkzeuge angewiesen. Mit den erforderlichen Überlegungen zur Herstellung eines tragenden Hausgerüsts gingen dann auch Fragen zum Witterungsschutz einher. Welche Werkstoffe stehen zur Verfügung, um das Dach zu decken? Wie

Abb. 2: Foto: Adam Harangozó

4

Abb. 2 Traditioneller Jurtenbau.
Abb. 3 Prinzip einer Zeltkonstruktion.
Abb. 4 Nachbau einer traditionellen Pfahlbausiedlung, Unteruhldingen.
Abb. 5 Artemistempel im Delion auf Paros, Steinplan.

5

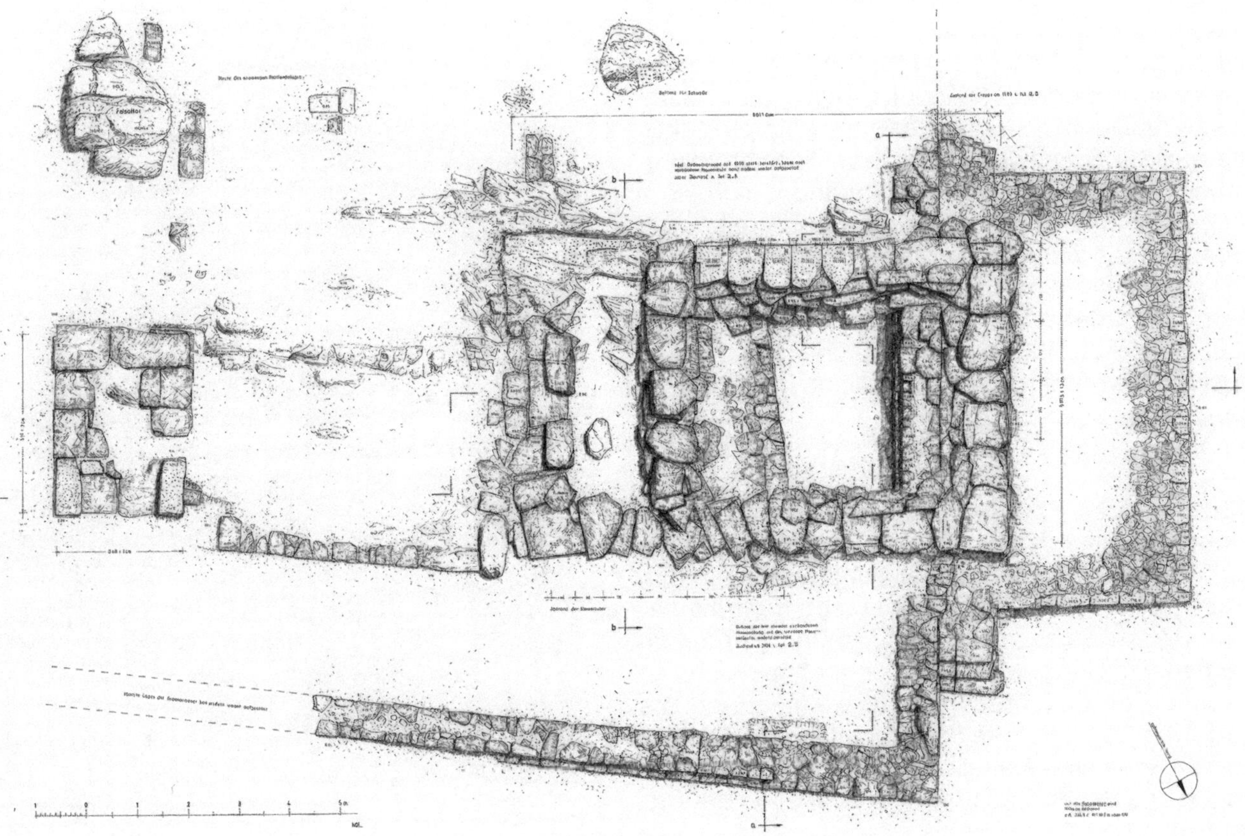

Abb. 4: Foto: H. Zell

6

können wandbildende Gerippe verschlossen werden, um Wind und Kälte abzuhalten? Älteste Überreste von Behausungen, die archäologisch nachweisbar sind, sind Pfostenlöcher oder sogar unter Wasser verbliebene Baumstämme. „Nichts ist haltbarer als ein Loch“, sagte der berühmte Archäologe des 19. Jahrhunderts Heinrich Schliemann (1822–1890). Tatsächlich sind es Verwitterungsprodukte, die uns heute Hinweise auf Grundrisse steinzeitlicher Gebäude geben. Vielleicht findet sich noch eine mit Feldsteinen befestigte Feuerstelle oder eine Art Einfriedung. Wie Pfosten- oder Pfahlbauten ausgesehen haben könnten, ist, wie erwähnt, eventuell anhand noch gepflegter Bauweisen festzustellen. (Abb. 4) So wird in Ost- und Südostasien noch heute recht traditionell gebaut. Der Pfostenbau trägt dabei auch der Gefahr von Überschwemmungen in regenreichen Gebieten Rechnung.

Die Wahl des Baugrundstücks konnte gänzlich unterschiedlich sein. Wichtig war der Zugang zu Trinkwasser oder Wasser ganz allgemein. Ein Fluss bot die Möglichkeit, sich rasch fortzubewegen, Rohstoffe zu transportieren und Handel zu treiben. Ein Hügel war dazu geeignet, in die Ferne zu sehen, um Gefahren frühzeitig zu erkennen. Die verfügbaren Rohstoffe hatten außerdem Einfluss auf die Bauweise. Naheliegend waren häufig Feldsteine und Schilf, stabile Gräser oder auch Bäume. (Abb. 5)

7

Abb. 6: Foto: Tilman2007

Abb. 6 Holzstützen mit Sattelholz im Palas der Burg von Nürnberg; Foto von 2007.
Abb. 7 Perspektive der Konstruktion der Stabkirche in Borgund.
Abb. 8 Stadtraum von Bad Tölz.
Abb. 9 Stadtraum von Burghausen.

8

9

Mit der Möglichkeit, aus Erzen metallische Werkstoffe zu gewinnen, änderte sich das Bauen schlagartig und grundlegend. Nun konnte das Holz mit geschärften metallischen Werkzeugen bearbeitet werden. Stämme wurden zu rechteckigen Querschnitten verarbeitet. Die für Schädlinge anfällige Rinde konnte leichter abgenommen werden. Die Ausarbeitung von Verbindungen wurde möglich, um die einzelnen Hölzer zu fügen. Schließlich wurden metallische Verbindungsmittel hergestellt und zur Fügung eingesetzt. Es ist schon erstaunlich, welche Fertigkeit Zimmerer entwickelten, um Hausgerüste, aber auch weitspannende Tragwerke wie Brücken aus Holz zu konstruieren. Viel stärker als der Bau mit Steinen prägte bis ins späte Mittelalter Holz die Gestalt von Dörfern und Städten und das Zusammenleben in ihnen. Mit Steinen baute man gemeinschaftlich, wie wir im Kapitel Mauerwerk noch sehen werden, mit Holz individuell. Der Holzbau ist dennoch eng mit dem Mauerwerksbau verknüpft. War nicht die einfache Holzstütze mit einem Sattelholz Vorlage für die dorische Säule? (Abb. 6) Sind skandinavische Stabkirchen nicht einem steinernen Tempel nachempfunden? (Abb. 7) Beide Bauweisen wurden in vorindustrieller Zeit entwickelt und erlebten ihre Hochblüte vor der Neuzeit. Bereits in der Antike war die Holzbautechnik weitreichend entwickelt.[1] Beide Bauweisen sind bis heute wichtig für die Baukunst.

Schließlich ist der Holzbau mit Blick auf die Tragmechanismen von großem Interesse. Wir sprechen bei allen historischen Tragkonstruktionen aus Holz von Gebilden, die aus stabförmigen Bauteilen gefügt wurden. Der Blocktafelbau, wie er heute häufig zum Einsatz kommt, ist dagegen eine sehr junge Bauweise und setzt die Möglichkeit der mehr oder weniger dauerhaften Verleimung dünner Brettschichten voraus.[2] Stabwerke wie das Fachwerk entwickelten sich von den frühesten Zeltkonstruktionen hin zu komplexen Hausgerüsten im ausgehenden Mittelalter und der Neuzeit, die weitestgehend ohne metallische Verbindungsmittel auskamen. Man kann sagen, dass Bauwerke aus Holz konstruiert werden müssen, während ein Mauerwerksbau gezeichnet werden kann.

Ein bedeutsamer Nachteil von Holz ist seine Brennbarkeit. Gerade in dicht bebauten Städten führten Feuersbrünste zu katastrophalen Zerstörungen, sodass bereits für das Mittelalter die Einführung von Brandschutzvorschriften dokumentiert ist.[3] Beschränkten sich diese zunächst auf die Herstellung von „harten Bedachungen", wie man noch heute sagt, also auf die Ablösung von mit Halmen oder Holzschindeln gedeckten Dächern durch solche aus Ziegeln oder Steinplatten, war auch bald die Art der Bebauung selbst davon betroffen. Die Inn-Salzach-Bauweise ist eine Folge solcher Vorschriften. Durch das Vorsetzen von Schildwänden verschwanden Dachvorsprünge. (Abb. 8, 9) So konnte bei einem Brand verhindert werden, dass die Dachkonstruktion von benachbarten Gebäuden auch Feuer fing. Für die Stadt Landshut sind beispielsweise bis ins 14. Jahrhundert hinein überwiegend hölzerne Bürgerhäuser nachgewiesen. Nach einem Stadtbrand im Jahr 1342 wurden die Neubauten nur noch in massiver Bauweise zugelassen.[4] Im Barock führte außerdem ein völlig neuer Gestaltungswille zur Versteinerung vieler Gebäude, wie dies in Bamberg der Fall war.

Die Industrialisierung führte zu einem weiteren Zurückdrängen hölzerner Traggerüste. Sie wurden durch eiserne Konstruktionen ersetzt, die größere Spannweiten zuließen und als haltbarer angesehen wurden, da Eisen nicht brennbar ist. Erst in krisenhaften Zeiten des Mangels, beispielsweise nach dem Ersten und Zweiten Weltkrieg, kam es zu einer gewissen Renaissance des Holzbaus. So stellen Gitterschalen[5], wie sie Friedrich Zollinger (1880–1945) konzipierte, oder einfache Notkirchen,

1 Vgl. Huther 2014.
2 Vgl. Steiger 2020, S. 49–55.
3 Vgl. die Brandschutzvorschrift im Herzogtum Bayern, aus der hervorgeht, dass im innerstädtischen Kontext eine harte Bedachung zur Ausführung kommen muss.
4 Löbl/Spitzberger 1974, S. 17, zit. nach: Schwanner 2023, S. 9.
5 Tutsch 2020, S. 32–35.

Abb. 10 Dach einer Halle im Freilichtmuseum in Glentleiten in Zollinger-Bauweise.

wie sie Otto Bartning (1883–1959) in Serie errichten ließ[6], ganz außergewöhnliche Entwicklungen dar, die Ingenieurswissen mit Einfachheit verbanden. (Abb. 10) Doch auch der Brettschichtholzbau, bei dem einzelne Lamellen verleimt wurden, leitete ein Wiederaufleben des Holzbaus in Zusammenhang mit weitgespannten Tragwerken ein.[7]

2. WERKSTOFFE

Eigenschaften

Holz ist ein anisotroper, also der gewachsenen inneren Zellstruktur nach inhomogener Werkstoff, der je nach Holzart und Wuchsort (frei stehend, am Waldrand, im Wald etc.) ganz unterschiedliche Eigenschaften aufweisen kann. Frei stehend wachsende Bäume sind astreicher als solche, die im Wald wachsen. Die Verfügbarkeit von Bäumen mit ausreichend geeigneten Voraussetzungen für den Einsatz im Bauwesen war bedeutsam und hatte Einfluss auf die Ausdifferenzierung der Bauweisen. So finden sich in Bergregionen viele Nadelbäume, die auch recht gerade wachsen und sich somit für die Herstellung von Blockhäusern besonders gut eignen. In Franken wachsen auf sandigen Böden sehr viele Kiefern, weshalb sich in den Gebäuden dort folgerichtig oft diese Baumart findet. In Bayerisch-Schwaben kamen auch einmal Birken im Dachtragwerk einer Kirche zum Einsatz.

Es können grundsätzlich drei Holzarten voneinander unterschieden werden: Kernholzbäume wie Lärche, Kiefer oder auch Eiche haben einen vom äußeren Splintholz klar unterscheidbaren Kern. Bei Reifholzbäumen wie Fichte, Tanne, Buche oder Ahorn ist der Splint feuchter als der Kern. Als reine Splintholzbäume, bei denen sich ein Kern nicht identifizieren lässt, kennen wir Birke, Erle oder Pappel.[8]

Welches Holz ein Zimmerer wählt, richtet sich nach den Eigenschaften der einzelnen Baumarten. Als Bauholz sind eigentlich alle Nadelholzarten geeignet, weil sie eine langfaserige Struktur und damit eine gute Biegesteifigkeit aufweisen, außerdem eine ausreichende Druckfestigkeit. Nadelholz wurde historisch gesehen eine zulässige Druckfestigkeit parallel zur Faser von etwa 8 N/mm² zugewiesen, Eichenholz bis zu 12 N/mm².[9] Die Bruchfestigkeiten liegen bei 50 bis 60 N/mm², ähnlich hoch sind die Werte auf Zug. Dagegen sind zahlreiche Laubholzarten kurzfaserig und damit wenig geeignet für den Einsatz als Bauholz. So besitzt die Buche zwar ebenfalls hohe Festigkeitswerte, kann für biegebeanspruchte Bauteile jedoch kaum verwendet werden und erweist sich gegen äußere Einflüsse wie Feuchte oder Schädlinge wenig widerstandsfähig. Der E-Modul von Eiche beträgt durchschnittlich 12 500 N/mm², der von Fichtenholz liegt etwas darunter bei etwa 10 000 N/mm².[10] Während Nadelholz aufgrund seines Gewichts mit 470 kg/m³ relativ leicht zu transportieren und aufzurichten ist, wiegt Eichenholz mit 770 kg/m³ deutlich mehr. Eichenholz ist deshalb auch nicht flößbar.

Für eine Beanspruchung quer zur Faser ist Holz deutlich schlechter geeignet. Die ansetzbare Druckfestigkeit liegt bei 2,5 N/mm², die Querzugfestigkeit ist vernachlässigbar gering. Dies bereitete im Fachwerkbau immer wieder Probleme, wie noch weiter ausgeführt wird. Heute erfolgt die Einteilung von Holz nach Festigkeitsklassen, wobei die Biegezugfestigkeit angegeben wird. Ein Bauholz der Festigkeitsklasse C30 bezeichnet Nadelholz (Conifere) mit einer Biegezugfestigkeit von 30 N/mm². Mit Q30 ist dementsprechend eine Eiche (Quercus) gemeint.

Neben der Faserstruktur ist die Haltbarkeit bzw. Resistenz gegen Feuchte und Fraßschädlinge ein herausragendes Kriterium. Baumarten, die besonders harzhaltig sind wie Lärche oder Kiefer oder die andere Inhaltsstoffe aufweisen wie die Gerbsäure im Kern von Eichenholz, wurden deshalb historisch auch entsprechend ihren Eigenschaften eingesetzt. So finden sich in Blockhäusern eigentlich immer eichene Schwellhölzer, da diese dem im Sockelbereich erhöhten Feuchteangebot am längsten widerstanden. Genauso wurden eichene Mauerlatten auf Mauerkronen eingesetzt. Eichenholz war im Übrigen auch geeignet, um als Pfahl in der Tiefengründung in sumpfigem Gelände eingesetzt zu werden. Dabei ist wichtig zu wissen, dass Holz, wenn es ständig gänzlich unter Wasser liegt, sehr haltbar ist. Dies zeigen auch archäologische Reste steinzeitlicher Behausungen oder Brunnenanlagen.[11] Problematisch ist eine wechselnde Feuchte zwischen gänzlich nass und trocken. Ganz Venedig steht sozusagen auf Eichenpfählen. Schwierigkeiten bereiten aber nicht die Pfahlschäfte, die im Sumpf stecken, sondern die Übergangsbereiche zu den aufgehenden Bauteilen.

6 Vgl. Rehm 2022.
7 Siehe Müller 2019 zum Thema des Holzleimbaus anhand eines Patents von Otto Hetzer.
8 Steiger 2020, S. 11.
9 Bargmann 2013, S. 128.
10 Ebd., S. 135.
11 Vgl. antike Brunnenanlagen gemäß Rekonstruktion in Huther 2014, S. 287.

Bei Kernholzbäumen sind die Splintholzanteile bemerkenswert weniger widerstandsfähig als der Kern. Ihre Festigkeit ist vermindert und sie werden von Fraßschädlingen befallen. Heute darf das Splintholz nicht mehr dem tragenden Querschnitt eines Bauholzes zugerechnet werden. Historisch verblieben jedoch oft Splintholzanteile, weil man bei der Herstellung von Balken den Querschnitt der Hölzer maximal ausnutzen wollte. Auch bei Fassadenschalungen aus Holz wird gefordert, dass der Splint abgenommen wird. Das Splintholz von Lärchen widersteht Witterungseinflüssen deutlich kürzer als das Kernholz.

Holz ist als gewachsener Rohstoff unter Feuchteeinfluss Schwankungen seines Volumens unterworfen. Betrachtet man einen Holzquerschnitt bezüglich des Schwindverhaltens, so ist das radiale Schwinden deutlich, das tangentiale Schwinden sehr deutlich, das Schwinden in Längsrichtung aber vernachlässigbar gering.[12] Wenn dies nicht der Fall wäre, würden Balken aus den Auflagern rutschen bzw. die Außenwände nach außen wegdrücken. Holz wäre für die Errichtung von Bauwerken ungeeignet. Radiales und tangentiales Schwinden sind weniger kritisch. Da historisch gesehen zumeist der ganze Querschnitt als Balken eingesetzt wurde, kommt es in der Folge aber zu ganz charakteristischen Schwundrissen, die häufig in der Mitte des Balkens in Längsrichtung auftreten und mit dem tangentialen Schwinden der Balken zu tun haben. Dies hat den einfachen Grund, dass in diesem Bereich die Strecke bis zum Kern am kürzesten ist. Heutzutage gilt die Vorgabe bei der Sortierung, dass möglichst kerngetrenntes Holz verwendet wird, um diese Risse von vornherein zu vermeiden.

Holz gilt als nass, wenn es eine Holzfeuchte von mehr als 30 % der Trockenmasse aufweist. Für den Einsatz von Bauholz nach aktuellen Regeln muss dieses trocken sein. Darunter versteht man Holz, das maximal 18 % Holzfeuchte aufweist. In verbautem Zustand stellt sich dann die sogenannte Ausgleichsfeuchte ein, die in beheizten Innenräumen 6 bis 12 % erreicht, bei allseits bewitterten Konstruktionen 12 bis 24 %. Da eine Lagerhaltung, also eine natürliche Trocknung heute aus zeitlichen Gründen nicht mehr oder kaum noch infrage kommt, wird das Holz meist technisch getrocknet. Eine technische Trocknung erlaubt unter gewissen Voraussetzungen den Verzicht auf den Einsatz von chemischen Holzschutzmitteln.[13] Traditionell wurden die Hölzer jedoch nass verarbeitet und verbaut. Das hat ganz einfach damit zu tun, dass Zeit auch schon vor Hunderten von Jahren knapp und eine künstliche Trocknung technisch nicht möglich war. Vielmehr aber spielte die wesentlich leichtere Verarbeitbarkeit des Holzes in nassem Zustand eine Rolle.

Je nach Einsatzbereich wurden Bäume entweder zu Balken verarbeitet, indem mithilfe von Beilen ein kantiger Querschnitt hergestellt wurde, oder zu Brettern bzw. Bohlen gesägt. Die überschaubare, aber gleichwohl raffinierte Anzahl und Art von Werkzeugen stellt Siegbert Huther anschaulich dar.[14] Von einem Kantholz oder Balken spricht man, wenn der Querschnitt ein Seitenverhältnis von bis zu 1:2 aufweist. Eine Bohle besitzt eine Mindeststärke von 44 mm und ist maximal drei Mal so breit wie stark.[15] Gebeilte Balken kann man in verbautem Zustand leicht erkennen, indem man die Seiten der Balken im Streiflicht betrachtet. (Abb. 11)

Verfügbarkeit

Die Verfügbarkeit von Holz war wichtig für die Entwicklung der Hausgerüste, wie weiter unten noch gezeigt wird. Ganz allgemein kann aber gesagt werden, dass die verbauten Querschnitte im Mittelalter allmählich kleiner wurden. Damit war auch eine technische Weiterentwicklung der Holzbauweise verbunden. Stand kein Holz mit erforderlichem Querschnitt und ebensolcher Länge zur Verfügung, dann musste der tragende Querschnitt beispielsweise für einen Deckenbalken auf andere Weise erhöht werden. Man setzte Querschnitte zusammen.[16] (Abb. 12) Im Zuge von Ertüchtigungsmaßnahmen wurden jedoch auch zusammengesetzte Balken verwendet, wie beispielsweise im Dach der erzbischöflichen Residenz in Freising zu sehen ist. Dort wurden verschiedentlich Sprengwerke eingebaut. (Abb. 13)

Die Holzbeschaffung war also ein zentrales Thema für den Bausektor. Im 14. und 15. Jahrhundert verschwanden große Waldgebiete. Aber schon für das 12. Jahrhundert gibt es Hinweise darauf, dass sogenannte fremdstämmige, also über weite Strecken transportierte Hölzer, verarbeitet wurden. Die Flößerei stellte die einfachste Möglichkeit dar, Holz über weite Strecken zu transportieren. Gestöre, wie man solche Flöße nennt, bestanden aus zusammengebundenen Baumstämmen oder Kanthölzern (Vierkantflößerei) und konnten bis zu 270 m Länge erreichen.[17] Im 15. Jahrhundert wurde der Bedarf an Bauholz so groß, dass die Bestellungen nach den später verbauten Längen am Bau erfolgten. Geflößt wurde ausschließlich Nadelholz, weil Eiche, wie erläutert, zu schwer zum

12 Steiger 2020, S. 15.
13 Eine Erwärmung des Holzes über wenigstens 30 Minuten bei ca. 60 °C im Zuge einer technischen Trocknung reduziert die Anfälligkeit für Pilz- und Insektenbefall deutlich.
14 Huther 2014, S. 200, 226.
15 Steiger 2020, S. 18.
16 Vgl. auch Romberg 1846, Tafel 18.
17 Marstaller 2023. Die Abbildung zeigt die speziell an der Enz vorzufindende Form einer Querholzaufnagelung, keine Hauptbindemethode.

11

12

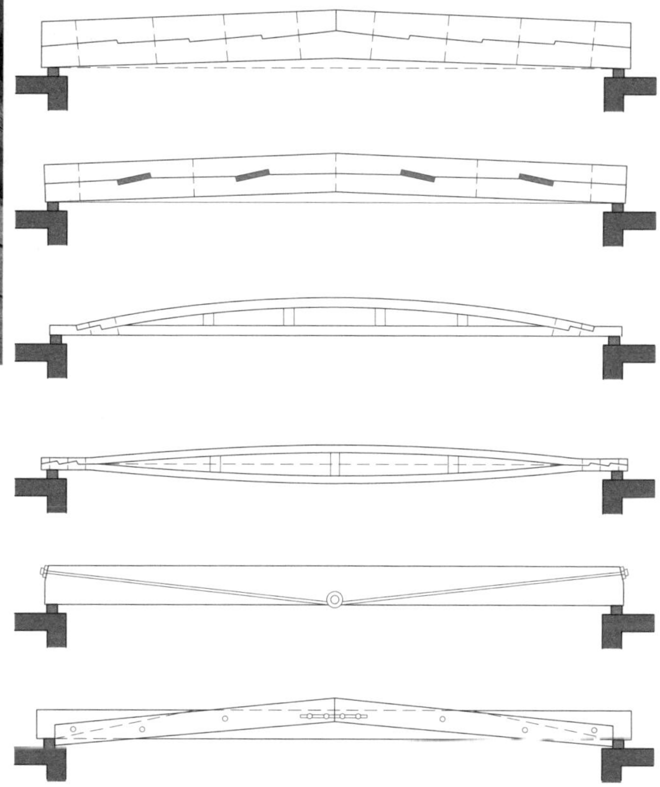

Abb. 11 Sprengwerk mit Sägezahnuntergurt, erzbischöfliche Residenz, in Freising (klassizistische Ertüchtigung um 1810).

Abb. 12 Beispielhafte zusammengesetzte Balkenquerschnitte, von oben nach unten: verzahnter Träger; verdübelter Träger; gespreizter Träger; Linsenträger; unterspannter Träger; Träger mit Sprengwerk.

Abb. 13 Gebeilter Holzquerschnitt in der Kirche St. Sixtus in Moorenweis.

Abb. 14, 15 Hinweise auf geflößtes Holz aus dem Raum Enz.

13

14

15

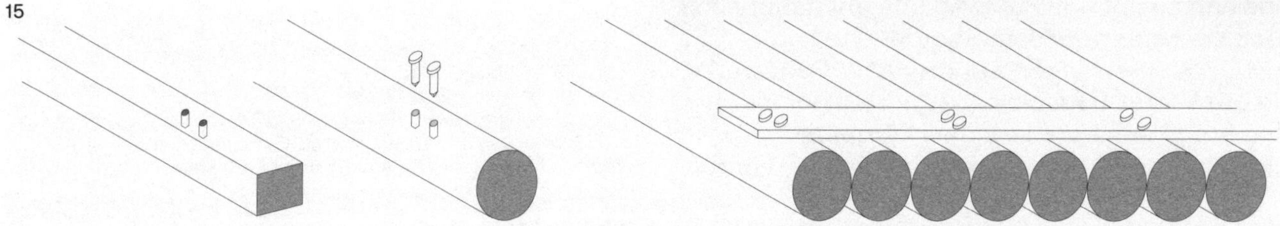

Flößen ist. Dies erklärt zudem, warum die Verwendung von Eichenholz immer weiter abnahm, weil die nahe liegenden Waldgebiete bald eichenfrei waren. Tilmann Marstaller weist darauf hin, dass die Bäume wohl häufig gleich nach dem Fällen zu Kanthölzern verarbeitet wurden. Hinweise darauf geben die an verbauten Hölzern vorzufindenden Ausnehmungen, Reste von Keilen und Ähnlichem, die ohne eine vorherige Verarbeitung nicht mehr nachzuweisen wären.[18] (Abb. 14, 15) In jedem Fall wurden die Bäume nach dem Fällen mit einem Zieheisen sofort entrindet, um mögliche Schädlinge nicht mitzutransportieren.

Schließlich sei noch auf die Möglichkeit hingewiesen, dass mithilfe der Dendrochronologie („Lehre vom Baumalter") auch der Errichtungszeitpunkt eines Holzgebäudes oder Teilen davon bestimmt werden kann. Der Fällzeitpunkt eines Baumes kann auf das Jahr genau bestimmt werden. Es ist sogar möglich festzustellen, ob ein Baum im Sommer oder im Winter gefällt wurde. Die charakteristischen Wachstumszuwächse des Holzes können dabei zurückverfolgt werden. Älteste Datierungen von Brunnenschächten reichen Jahrtausende zurück. Voraussetzung für eine genaue Bestimmung ist, dass ein Stück der Wachstumsschicht unter der Rinde erhalten ist. Man spricht von einer Waldkante. In der Praxis entnimmt man aus einem verbauten Balken einen Bohrkern, der möglichst von der Waldkante bis in den Kern des Baumes, also zum ältesten Jahrring, führt, um möglichst viele Jahrringe abbilden zu können. Die Auswertung findet dann im Labor statt, in dem die Proben geschliffen und maßstäblich gescannt werden, um mit bereits bekannten Zeitreihen verglichen und schließlich einem Fälljahr zugeordnet werden zu können.

Industrialisierung

Die Flößerei fand im 19. Jahrhundert ihr Ende, weil die Eisenbahn zunehmend alle Gegenden erschloss und den Transport über Land wesentlich erleichterte. Im Rahmen der Industrialisierung kam es insgesamt zu logistischen Veränderungen im Bauwesen. Die Arbeitsfelder einzelner Disziplinen diversifizierten sich zusehends. Dabei setzten sich auch Innovationen in der Baukultur durch. Zunächst in den USA begann eine verstärkte Besiedlung ländlicher Gebiete, die mit einfachem und raschem Bauen einherging. Um die großen Distanzen auch für den Materialtransport zu meistern, spielte der Bau von Eisenbahnlinien eine entscheidende Rolle. Ab 1814 entstanden mit der Entwicklung der dampfbetriebenen Kreissäge in waldreichen Gegenden ortsfeste Sägewerke, die auf Vorrat Bauholz produzierten. Es war nur eine Frage der Zeit, dass die Holzquerschnitte in diesem Zusammenhang vereinheitlicht wurden. Nicht mehr die Größe des gefällten Baums bestimmte den Querschnitt des später verbauten Balkens. Vielmehr wurde ein Querschnitt hergestellt, der für alle Einsatzgebiete passen sollte. Kleinere Querschnitte nutzen den verfügbaren Baumstamm zudem besser aus. Das System „two-by-four" war geboren. Das Querschnittsmaß von 2 × 4 Zoll – umgerechnet etwa 5 × 10 cm – war fortan maßgeblich und bildete die Grundlage für die sogenannte Rahmenbauweise.

Die dauerhafte Verleimung von Brettschichten, um hohe Träger aus Holz herzustellen, war ein weiterer Faktor industrialisierten Holzbaus. Eine erste verleimte Brettschichtkonstruktion wurde 1860 in Southampton verwirklicht und hatte zunächst keine direkten Nachfolger.[19] Den Durchbruch für die verleimte Brettschichtholzbauweise brachte der deutsche Zimmermeister und Bauunternehmer Otto Hetzer (1846–1911) 1906 auf den Weg.[20] Mit seinem Beitrag einer Bahnhofshalle zur Weltausstellung in Brüssel von 1910 erreichte er eine Spannweite von 43 m.

Zur Anwendung kamen zu dieser Zeit vor allem Kaseinleime, die aus einer Mischung von Proteinen und Kalk bestanden und nach dem Abbinden sehr dauerhaft sind. Dagegen waren die Kunstharzleime (Harnstoffharzkleber), die etwas später auf den Markt kamen und bis in die 1970er-Jahre häufig eingesetzt wurden, nur bei bestimmten Raumluftbedingungen dauerhaft.[21] Witterungsfest sind dagegen Resorcinharzleime, wie sie heute zum Einsatz kommen.

18 Ebd., S. 11–15.
19 Müller 2019, S. 23.
20 Otto Hetzer Patent Nr. 197 773.
21 Kunstharzleime sind bis 50 °C und unter 85 % relative Raumluftfeuchte dauerhaft.

FÜGETECHNIK

Bearbeitung

Ein mittelalterlicher Zimmerer war der für den Hochbau in Holz zuständige Handwerker. Er benötigte nur eine überschaubare Ausrüstung, um ein Gebäude herzustellen. Es waren dies Sägen, Winkel, Maßstäbe, Stemmeisen, Bohrer, verschiedene Hämmer und Beile bzw. Äxte. Ein besonders wichtiges Werkzeug war die sogenannte Schlagschnur. Dabei handelt es sich um ein dünnes Seil, das in feuchten Ruß getaucht wurde und mit dem exakte, gerade Linien auf Hölzer aufgetragen wurden.[22] (Abb. 16) All diese Dinge ließen sich in ein paar wenige Kisten verpacken, sodass eine Zimmerertruppe leicht von Ort zu Ort ziehen konnte. Die Möglichkeiten der Bearbeitungstechnik in Mitteleuropa ist im Betrachtungszeitraum mit anderen Teilen der Welt vergleichbar. So existieren auch zeitgenössische Darstellungen von Abbundplätzen in Japan. (Abb. 17)

Einsatzgebiete für den Holzbau waren außer dem Errichten von Gebäuden und Brücken auch der Brunnen- und Schachtbau, der Gerüstbau und der Schiffsbau. In der vorliegenden Arbeit werden ausschließlich der Hochbau und am Rande der Brückenbau betrachtet.

Im Fachwerkbau gelangte die mittelalterliche Handwerkstechnik der Zimmerer zu einer Reife, die noch heute beeindruckt. Die Logistik vom Einschlag der Hölzer, dem Transport zu den Abbundplätzen und dem Errichten von Gebäuden war gut organisiert. Die Holzkonstruktionen wurden auf dem Abbundplatz vor den Mauern der engen Städte vollständig hergestellt und gefügt. Damit die einzelnen Hölzer später wieder richtig zugeordnet werden konnten, wurden Abbundzeichen verwendet.[23] (Abb. 18)

Mit dem Einsetzen der industriellen Revolution änderte sich auch einiges im Holzbau. Die Herstellung der zu verbauenden Hölzer wurde den Sägewerken überlassen. Damit reduzierte sich das Einsatzgebiet des Zimmerers rein auf den Abbund und den Aufrichtvorgang. Der Abbundplatz wurde zunehmend auf das Werksgelände des Zimmerers verlegt, der hierfür immer öfter Hallen als Witterungsschutz errichtete. Die Rahmenbauweise setzte eigentlich nur noch den Besitz einer Handsäge zum Ablängen von Hölzern und eines Hammers zum Einschlagen von Nägeln voraus.

22 Schuller et al. 2004, S. 20–25.
23 Auch bei Eißing et al. 2023, S. 33–37, nachzulesen.

Verbindungsmittel

Je nach Bauweise sind spezifische Verbindungsmöglichkeiten bei Hausgerüsten aus Holz zu benennen. Beim Blockbau ist es die Überblattung. (Abb. 19) Die typische Verbindung im Fachwerkbau ist jene mit Schlitz und Zapfen. Der frühe Fachwerkbau arbeitete darüber hinaus auch mit Blattverbindungen. (Abb. 20) Streben wurden mit Versätzen an Schwelle bzw. Rähm angeschlossen. (Abb. 21) Bei Blockbauten wurden Holzdollen zur Scheibenbildung eingesetzt. Der erst im 19. Jahrhundert aufkommende Holzrahmenbau wurde dagegen schon mit stumpfem Stoß und also mit metallischen Verbindungsmitteln wie Nägeln gefügt. Voraussetzung war auch hier die maschinelle, industrielle Produktion von Nägeln ab 1830. Vor 1800 ist das metallische Verbindungsmittel die Ausnahme.

Eingesetzt wurden metallische Verbindungsmittel in antiken, mittelalterlichen und barocken Dachtragwerken. Bei flach geneigten Sprengwerken wurden Versätze mit Bandeisen gesichert. (Abb. 22) Ab dem 18. Jahrhundert wurden Schraubbolzen verwendet, die dann quadratische Muttern bzw. Köpfe besaßen. (Abb. 23) Älter sind Splintsicherungen, wobei ein Bolzen mit einem Spalt versehen wurde, in den ein Splintkeil eingesetzt und so verbogen wurde, dass er nicht mehr herausrutschen konnte. Auch kunstvolle Splinte sind zu finden, die beispielsweise mit einem angeschmiedeten Dorn versehen im Holz verankert wurden. (Abb. 24, 25) Kunstvoll gearbeitete schmiedeeiserne Bänder zur Aufnahme von Zerrbalken in Hängewerken sind weitere häufig vorzufindende metallische Verbindungen seit dem Mittelalter. (Abb. 26) Auf Zug sichernde Ankerkonstruktionen, wie sie in gotischen Bauwerken, beispielsweise Kathedralen, anzutreffen sind, stellen zumeist Kombinationen von Schmiedeeisen mit hölzernen Zugbalken dar, die eher als schwache Sicherungen anzusehen sind.

Bis hin zur Traglattung für die Dachdeckung wurden aber verbreitet Holznägel oder -dollen verwendet. Diese bestanden zumeist aus Hartholz, um sie fest in die Nadelholzquerschnitte eintreiben zu können. Holznägel zur Sicherung von Zapfen oder Blattverbindungen hatten immer schon nur die Aufgabe der Lagesicherung übernommen. Auch die relativ häufig vorkommenden gekrümmten Bohlendächer weisen teilweise keine metallischen Verbindungsmittel auf. Vielmehr wurden auch hier die einzelnen Spanten mit Holzdollen verbunden. Seit dem Barock kam der schmiedeeiserne Nagel dann häufiger zum Einsatz. Solche Nägel wurden gerade auch für den Ausbau, beispielsweise zur Befestigung von Holzlatten zur Herstellung von Stuckdecken, verwendet. Im 19. Jahrhundert lassen sich dann gepresste Nägel finden. (Abb. 27) Interessant ist, dass in England in dieser Zeit in

16

17

18

19

20

21

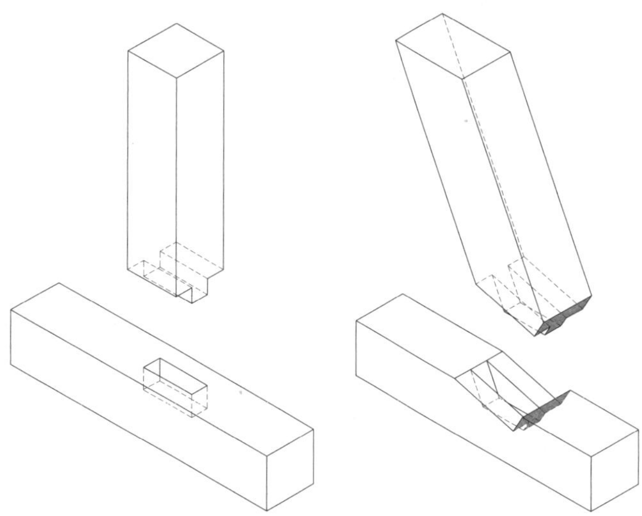

22

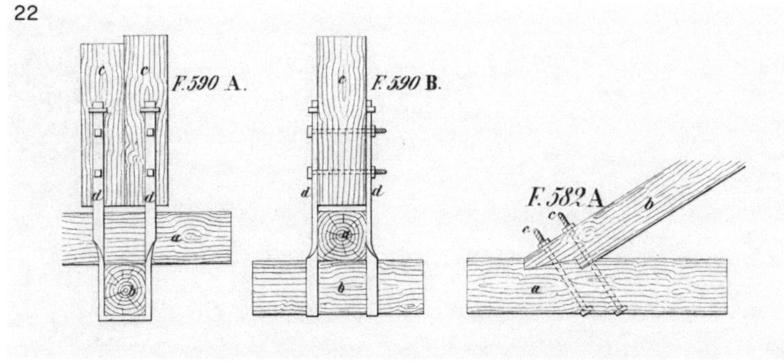

Abb. 16 Historische Darstellung des Abbundes in Mitteleuropa von Hieronymus Rodler, 1531.
Abb. 17 Historische Darstellung des Abbundes in Japan, undatiert.
Abb. 18 Abbundzeichen als Stiche, Dachtragwerk erzbischöfliche Residenz, in Freising.
Abb. 19 Eckverband an einem Blockbau im Freilichtmuseum Glentleiten.
Abb. 20 Blattverbindungen in der Spitalkirche in Bad Windsheim.
Abb. 21 Schlitz-und-Zapfen-Verbindung bzw. Strebenanschluss mit Stirnversatz.
Abb. 22 Hängesäulenanschluss mit Bandeisen bzw. Strebenanschluss mit Bolzensicherung, Darstellung von 1846.

23

24

25

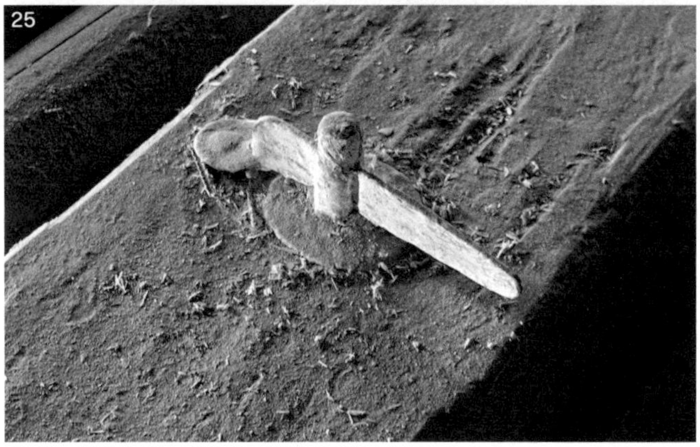

26

27

Abb. 23 Bolzenverbindung mit Vierkantmutter, frühes 19. Jahrhundert, erzbischöfliche Residenz, Freising.

Abb. 24 Bolzenverbindung mit Splintsicherung, frühes 17. Jahrhundert, erzbischöfliche Residenz, Freising.

Abb. 25 Bolzenverbindung mit Splintsicherung, Mitte 17. Jahrhundert, erzbischöfliche Residenz, Freising.

Abb. 26 Kirche St. Martin in Pfaffenhofen an der Zusam, 1722.

Abb. 27 Gepresster (19. Jahrhundert) und geschmiedeter Nagel (17. Jahrhundert) im Vergleich, barocke Hängesäulensicherung mit Bandeisen.

Abb. 28 Aufbauvorgang an einem Blockhaus mit längs gebundenem Sparrendach.

Abb. 29 Historische Darstellung zum Aufrichtvorgang eines Holzhauses, undatiert.

28

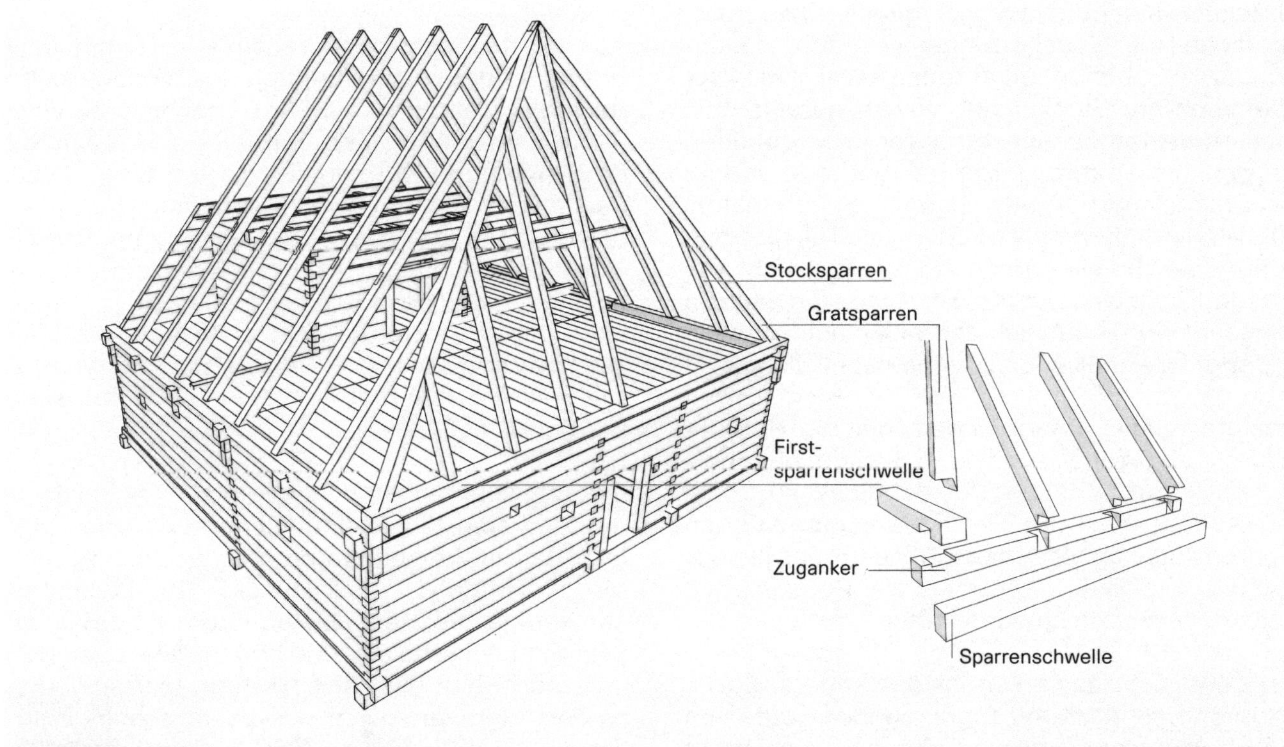

29

Abb. 28: Darstellung: Alexander Schwanner

einem industriellen Prozess sogenannte geschnittene Nägel („cut nails") hergestellt wurden und verbreitet Anwendung fanden.[24]

Ingenieursmäßige Verbindungsmittel kamen ab dem 19. Jahrhundert vermehrt zum Einsatz. Wichtig wurde die Bauklammer, die auch als nachträgliche Sicherung von Sparrenfußpunkten verwendet wurde, sowie der Schraubbolzen und vermehrt das bereits bekannte Bandeisen zum Beispiel zur Sicherung von Sprengwerken. Zugleich war die Bauklammer schon seit der Antike wichtig im Mauerwerksbau, wie weiter unten näher ausgeführt wird.

Mit Blick auf die Baustelle selbst beschäftigt uns die Frage, wie der Aufrichtvorgang gerade im Mittelalter eigentlich vor sich ging. Frühe mittelalterliche Holzhäuser zeichnen sich durch Hochgerüste aus, bei denen einzelne vertikale Hölzer über mehrere Stockwerke hinweg durchlaufen. Diese mussten zunächst in ihrer Lage gehalten werden, bis weitere Hölzer den Verband und so die Standsicherheit des Gefüges sicherstellten. Für diese Arbeiten waren Leitern und Hilfsgerüste nötig, über die wir jedoch nichts oder nicht viel wissen. Für den hochmittelalterlichen Blockbau in Landshut wurde kürzlich der Bauablauf von Alexander Schwanner überzeugend nachvollzogen.[25] (Abb. 28) Die Gründung solcher Blockbauten erfolgte relativ einfach, indem nur die Humusschicht abgezogen und eine Lage Eichenholz verlegt wurde. Danach wurde der Blockbau stockwerksweise errichtet. Die Deckenkonstruktionen dienten zugleich als Arbeitsebene für das jeweils nächste Stockwerk, weshalb die Bodenbeläge unter den Wänden hindurchlaufen.

Bei den Dachtragwerken ist das anders. So ist anzunehmen, dass mit zunehmender Größe von Dachtragwerken Stuhlkonstruktionen zum Einsatz kamen, die zunächst als Aufrichthilfe verwendet wurden (Abb. 29), dann aber in den Dachräumen verblieben, da sie auch einen Beitrag zur Aussteifung des Tragwerks übernahmen.[26] Interessant ist in jedem Fall, und das lässt diesen Rückschluss als richtig erscheinen, dass die Sparren historisch keine Verbindung mit diesen Stuhlkonstruktionen aufwiesen.

Die Industrialisierung des Holzbaus hatte, wie bereits erwähnt, auch mit der Verwendung von Leimen zu tun. Hier wurde eine lange im Möbelbau bereits angewendete Technik, um gekrümmte Bauteile aus Holz herzustellen, auf den Hochbau und insbesondere auf den Ingenieurbau übertragen. Neben der Schichtverleimung[27] wurde seit dem frühen 20. Jahrhundert auch die Keilzinkenverleimung angewendet, um Träger größerer Länge herzustellen. Heute ist diese Verleimungsart als Konstruktionsvollholz bekannt.

4. TRAGMECHANISMEN

Historische Tragkonstruktionen aus Holz hinsichtlich der realisierten Tragsysteme zu ordnen, fällt nicht leicht. Zu häufig überlagern sich mehrere Systeme, sodass diese zunächst isoliert betrachtet werden müssen. Die eingangs erläuterte Unterscheidung von grundsätzlichen Tragsystemen nach Heinrich Engel kann mit Blick auf den Holzbau hilfreich sein für das allgemeine Verständnis von Tragwerken aus stabförmigen Bauteilen.[28] Engel trennt masseaktive unter anderem von vektoraktiven, formaktiven und flächenaktiven Systemen. Es wird im Folgenden versucht, diese systematische Ordnung neben den heute üblichen Begrifflichkeiten anzuwenden.

Aus dem 15. Jahrhundert sind systematische Untersuchungen zur Funktion des menschlichen Bewegungsapparats bekannt. Leonardo Da Vinci (1452–1519) wies den Komponenten der Schulter Kraftwirkungen wie Zug, Druck und Biegung zu. Das Zusammenwirken von Knochen und Muskeln bzw. Sehnen übertrug er auf das Bauen. Daraus wurde das Gesetz des Kräfteparallelogramms abgeleitet, das besagt, dass zwei in einem Punkt angreifende Kräfte durch eine Resultierende ersetzt werden können.[29] Stabförmige Tragwerke, wie beim Holzbau der Fall, eignen sich für diese Betrachtung.[30]

Biegung senkrecht zur Faser und Druck in Faserrichtung sind die vornehmlichen Lastfälle. Zugfeste Verbindungen waren mit den technischen Möglichkeiten der Zeit vor dem 18. Jahrhundert nur bedingt herstellbar. Außerdem ist zwischen dem Einfluss vertikaler und horizontaler Lasten zu unterscheiden. Während bestimmte Tragwerkstypen unter Vertikallast als vektoraktives Tragsystem (es wirken Normalkräfte) anzusehen sind, werden sie unter horizontalem Lastangriff unter Umständen zu masseaktiven Tragsystemen, bei denen auch Querkräfte wirken.

24 How 2023, S. 11.
25 Schwanner 2023.
26 Vgl. Schuller et al. 2004.
27 Müller 1998, S. 23: Die Versammlungshalle der King Edward VI School in Southampton von 1860 gilt als erste verleimte Brettschichtholzkonstruktion.
28 Engel 1967.
29 Siehe auch bei Mainstone 2001, S. 38.
30 Ausführliche Betrachtungen zu den Tragmechanismen von historischen Tragwerken aus Holz auch in Holzer 2015.

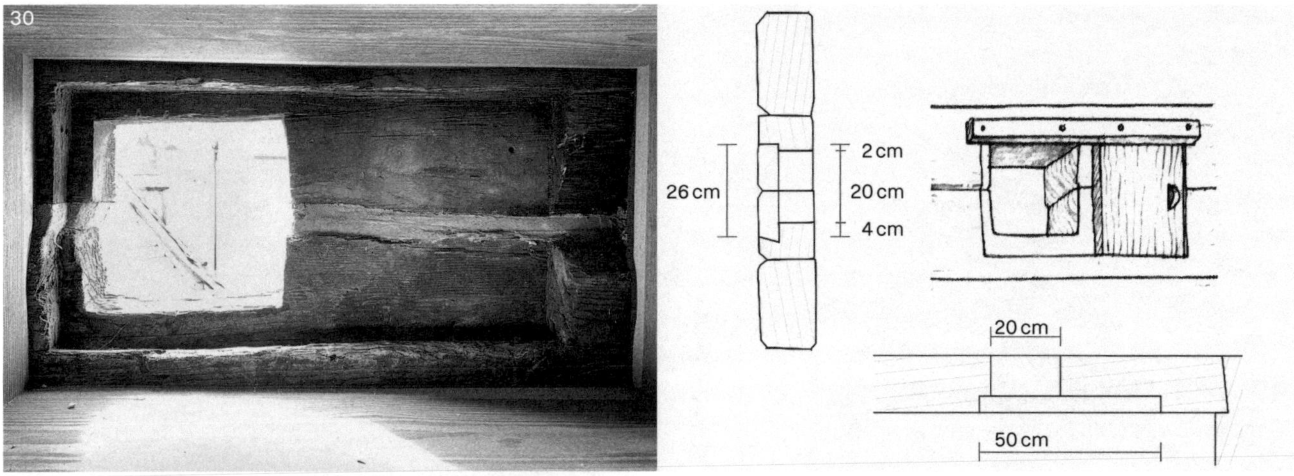

Abb. 30 Fassadenöffnungen in frühneuzeitlichen Blockbauwerken, Landshut.
Abb. 31 Geschosswohnungsbau, München, 1890er-Jahre, liegendes Fachwerk.
Abb. 32 Kirche St. Martin, Pfaffenhofen an der Zusam, 1720–1722, liegendes Fachwerk in der Zerrbalkenebene.

Abb. 30: Darstellung: Alexander Schwanner; Abb. 31: Foto: Ludwig Steiger

Einen Sonderfall stellt der Blockbau dar, der bezeichnenderweise auch Strickbau genannt wird. Er übernimmt die Prinzipien des Steinbaus. Ganz grundsätzlich unterliegt der Blockbau in Bezug auf Schlankheit und drei- bzw. vierseitige Haltung von Wänden den Gesetzen des Mauerwerksbaus. Das Tragsystem und die Aussteifung beruhen auf den massiven Wandscheiben, die im optimalen Fall in Kombination mit einer Deckenscheibe stehen. Die schubfeste Verbindung der liegend verlegten Balken wird durch regelmäßig eingesetzte Holzdollen sichergestellt. Die Eckverbindungen müssen zugfest ausgebildet sein, damit sich die einzelnen Wandelemente nicht voneinander lösen. Genauso verhält es sich mit in die Längswand einbindenden Querwänden.

Im Blockbau sind nur kleine Öffnungen möglich, weil sonst das Gefüge empfindlich gestört wird. Tatsächlich finden sich beispielsweise in historischen Blockbauten kleine Öffnungen oder verbliebene Reste davon. Sie schneiden nur in zwei Balken ein, durchtrennen diese aber nicht.[31] (Abb. 30) Diese im Sinne der Fügung sehr durchdachte Haltung wurde im Laufe der Zeit aufgegeben, und es wurden größere Öffnungen in die bestehenden Gefüge geschnitten, um mehr Licht in die Räume gelangen zu lassen. Das Gefüge wurde dadurch aber geschwächt.

Volumentragwerke (masseaktive Systeme)

Volumentragwerke haben die Eigenschaft, dass die einzelnen Bauteile Biegung erfahren oder in Knoten Momente aufgenommen werden. Ausgehend von Deckenkonstruktionen wirken auf horizontal verlegte Balken aus Holz Eigengewicht und Verkehrslasten ein. Die Spannweiten für einfeldrige Vollholzbalken (ohne Verleimung) sind nach heutigen Kriterien auf etwa 5,5 m begrenzt. Wir finden in historischen Bauwerken häufig Einfeldträger, bei denen die verfügbare Baumlänge ausgenutzt und diese Spannweite übertroffen wurde. Solche Balken weisen erhebliche Durchbiegungen auf. Statisch günstiger sind Durchlaufträger, die also über wenigstens ein Zwischenauflager hinweg verlegt wurden. Durchlaufträger finden wir in historischen Bürgerhäusern. Die verfügbare Balkenlänge bestimmt in einem gewissen Maß die Gebäudetiefe und überspannt zwei bis drei Räume.

Interessant wird die Betrachtung bei zusammengesetzten Querschnitten, beispielsweise mithilfe eines Sägezahnschnitts, der der Durchbiegung der einzelnen Balken widersteht. So konnten freie Spannweiten von bis zu 15 m realisiert werden. Wenn größere Räume ohne Stützenstellung

31 Bauer 2017, S. 92, zit. nach: Schwanner 2023, S. 58.

33

34

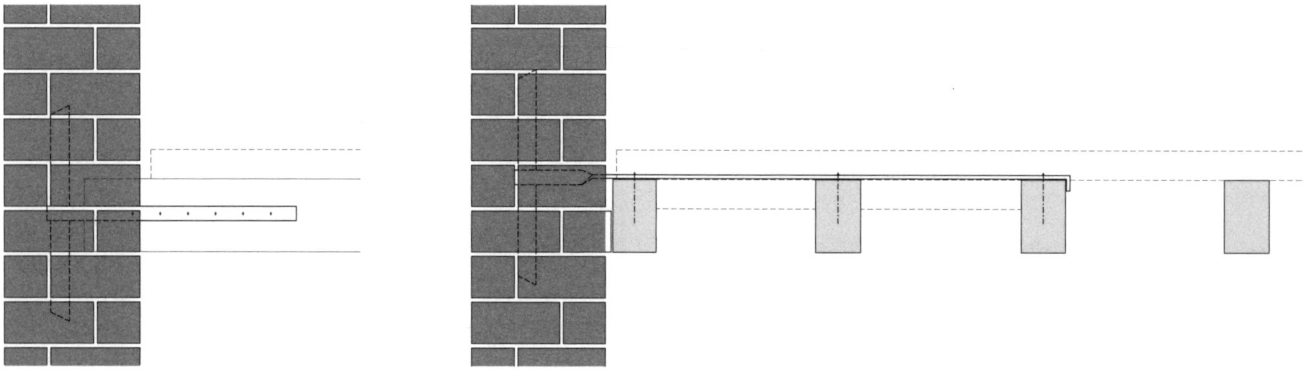

35

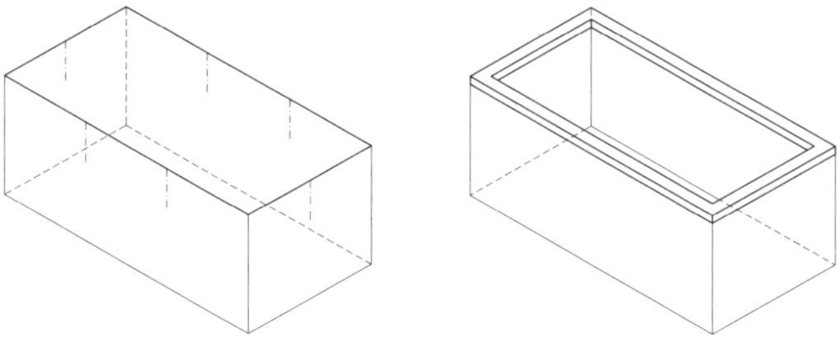

Abb. 33 Ehemalige Salzspeicher, Lübeck, 16. bis 18. Jahrhundert, Ringanker, an Fassade sichtbar.
Abb. 34 Prinzip Ringanker für Holzbalkendecken im Massivbau.
Abb. 35 Vergleich von Ringanker und Ringbalken.

37

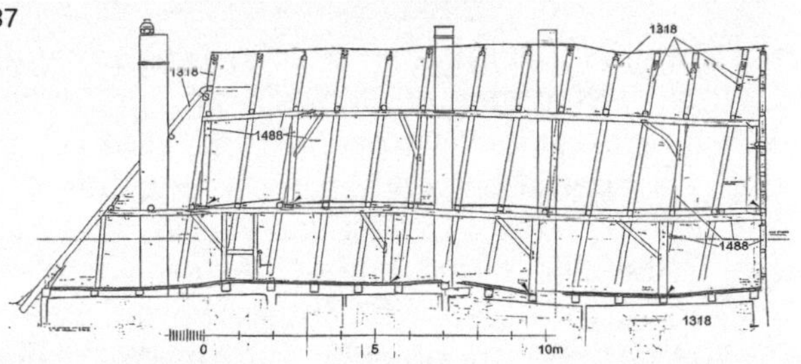

Abb. 36 Fachwerkbau, Esslingen am Neckar, Fußpunkt mit Blattverbindung.

Abb. 37 Verkippte Gespärre eines historischen Dachtragwerks ohne Längsaussteifung.

geschaffen werden sollten, ordnete man mehrere Balken übereinander an und verband diese untereinander möglichst schubfest. Diese Schubfestigkeit zu gewährleisten, stellte jedoch ohne ingenieurmäßige Verbindungsmittel, wie wir sie heute zur Verfügung haben, eine Herausforderung dar. Mithilfe eines Sägezahnbalkens konnte das weitgehend erreicht werden. (Vgl. Abb. 13) Statt der Ausbildung eines Sägezahns wurden auch quaderförmige Hartholzstücke in eigens hergestellten Ausnehmungen zwischen den Balken eingesetzt. Immer war es erforderlich, die Balken mit Bolzen oder Bandeisen zu verbinden, damit sich die schubfeste Verbindung nicht lösen konnte.

Damit eine Deckenkonstruktion als aussteifende Scheibe wirksam werden kann, muss auch diese ausgesteift werden. Eine Scheibenbildung mithilfe von Verbindungsmitteln wie Schrauben oder Nägeln kam historisch nicht infrage. Vielmehr wurden seit der Barockzeit liegende Fachwerkkonstruktionen hergestellt. (Abb. 31, 32) Im 19. Jahrhundert wurden sie regelmäßig im Geschosswohnungsbau eingesetzt. Werden sie mit Klammern (Abb. 33, 34) am bzw. im aufgehenden Mauerwerk verankert (Ringanker), ergibt sich eine dreidimensional ausgesteifte Gesamtstruktur. Ein solcher Ringanker unterscheidet sich übrigens von einem Ringbalken. Letzterer kommt ohne Deckenscheibe aus, kann also alleine Mauerkronen bzw. Wandelemente halten. (Abb. 35)

In einfachen Dachkonstruktionen sind die meisten Bauteile ebenfalls auf Biegung beansprucht und somit masseaktiv. Insbesondere auf Rofen bzw. Sparren, die unter anderem Dachdeckung und Schneelast aufnehmen müssen, trifft das zu. Auch beim Pfettendach sind die Pfetten auf Biegung beansprucht. Der Sparren im Sparrendach ist außerdem auf Druck längs zur Faser belastet. Bei den weiteren Bauteilen in Dachtragwerken wird die Biegebeanspruchung üblicherweise vernachlässigt und Wert darauf gelegt, dass die entsprechenden horizontalen Ebenen nicht mit Verkehrslasten beaufschlagt sind. Vielmehr werden die Bauteile danach beurteilt, welche Funktion sie übernehmen, um zur Standsicherheit des Dachtragwerks beizutragen.

Liegende oder abgestrebte stehende Stuhlkonstruktionen können als doppelte Sprengwerke angesehen werden und müssen in Querrichtung zusätzlich ausgesteift sein. Dies gelingt mithilfe von biegesteifen Ecken (Rahmenbildung) oder Auskreuzungen (dann eventuell vektoraktiv). Auch in diesem Zusammenhang wurden oft Kopfbänder eingebaut. Ein Rahmentragwerk ist ein masseaktives Tragwerk.

Waren in großen Räumen dennoch Stützenstellungen erforderlich, so wurden die Anschlüsse an die Decken mit bedingt biegesteifen Rahmenecken ausgeführt. Man vermied so, aussteifende Wandstellungen einsetzen zu müssen. Die Stützen erhielten sinngemäß Anschlüsse an die hierarchisch geordneten Deckenbalken, die mit Kopfwinkelhölzern oder Knaggen versehen wurden. Dies ist eine Bauweise, die im Kapitel Eisenbeton nochmals aufgegriffen wird. Der Holzbau wurde Vorbild für frühe Skelettkonstruktionen aus bewehrtem Beton.

Jedoch auch in den Fassaden wurden die aussteifenden Elemente in Form von wandhohen Streben immer mehr durch größere Öffnungen verdrängt und auf brüstungsfeldorientierte Fußhölzer reduziert. (Abb. 36) Damit wurden die vertikalen Stäbe, also Holzständer, im Zweifel auf Biegung beansprucht.

38

39

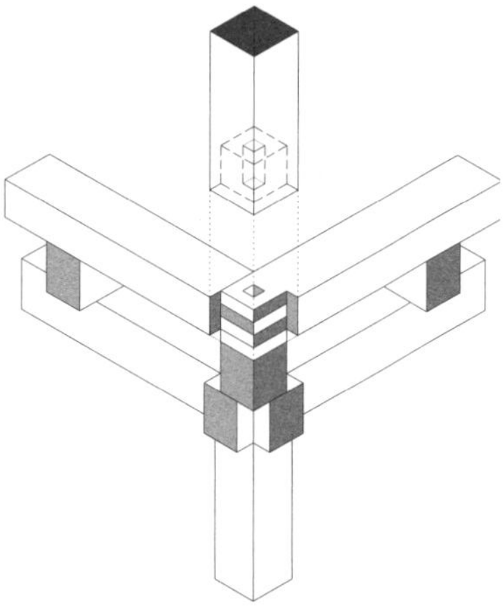

Abb. 38 Fachwerkgebäude, Herrenberg, konstruktiver Holzschutz.
Abb. 39 Isometrie der Eckverbindung.

Stabtragwerke (vektoraktive Systeme)

Der Zerrbalken ersetzt in einem Sparrendach die erforderlichen horizontalen Auflager an den Fußpunkten des Sparrendreiecks. Dieser Zerrbalken erfährt damit Zugbeanspruchung. Sollte die Ausführung eines Zerrbalkens nicht möglich sein, so übernehmen zunächst die Außenwände diese Aufgabe, was meist zu Verformungen führt. Abhilfe kann ein Strebewerk schaffen (siehe Kapitel Mauerwerk).

Die Kehlbalken dagegen werden auf Druck in Faserrichtung belastet, weil sie einer Durchbiegung der Sparren entgegenwirken. Sollte der Zerrbalken ausfallen oder gar nicht vorhanden sein, so übernimmt der nächstgelegene Kehlbalken dessen Funktion und wird auf Zug belastet. Allerdings wurden Kehlbalken zumeist mit Zapfen an die Sparren angeschlossen. Die bauzeitlich übliche Sicherung mit einem Holznagel kann nicht als zugfest angesehen werden. Wirksamer wäre der Anschluss des Kehlbalkens an den Sparren mit einem halben Schwalbenschwanzblatt. Wenn der Zerrbalken jedoch ausfällt, ist der Sparren insgesamt auf Biegung beansprucht.

In einer abgestrebten oder liegenden Stuhlkonstruktion wirken ausschließlich Druckkräfte in Quer- und Längsrichtung zum Gebäudegrundriss. In Querrichtung kann daraus eine Art Sprengwerkswirkung (zweifaches Sprengwerk) abgeleitet werden, in Längsrichtung sind es Fachwerkwände. Kopfbänder wirken ebenfalls auf Druck, verursachen aber dadurch, dass sie im Feld einer Stütze bzw. des Rähms ansetzen, auch Biegung. Um dies zu vermeiden, werden Kopfbänder immer paarweise angeordnet. Im Detail muss also sehr vorsichtig mit der systematischen Einordnung umgegangen werden. Bei komplexeren Dachtragwerken wurden noch weitere Bauteile eingesetzt. Alle Bauteile, die nicht in einem Knoten ansetzen, belasten bei Lastangriff die beteiligten Hölzer auf Biegung. Scherenkonstruktionen sind da keine Ausnahme. Sie brechen am Knoten, wenn sich der Dachquerschnitt weitet.

Die Längsaussteifung in Dachkonstruktionen wurde bis in die aufkommende Klassik am Ende des 18. Jahrhunderts hinein vernachlässigt. Wenn Walmdächer zur Ausführung kamen, so konnten die beiden Walme eine Längsaussteifung bedingt sicherstellen. Einseitige Walme führten eigentlich immer zu Verformungen in Längsrichtung. Außerdem konnten die Stichbalken auf der Walmseite nicht zugfest angeschlossen werden. Es konnte kein geschlossenes Sparrendreieck gebildet werden, sodass die Stichbalken aus den Zapfenlöchern rutschten und so die Verkippung der Regelgespärre zusätzlich begünstigten. (Abb. 37) Initiale Verkippungen in Längsrichtung ohne Einfluss eines Walmes sind bei Sparrendächern ebenfalls häufig. Diese Verkippung wird von der Stuhlkonstruktion letztlich aufgehalten, sofern eine solche eingebaut wurde. Aussteifungen in der Ebene der Sparren fehlen eigentlich in allen historischen Dachtragwerken vor etwa 1800.

Die Funktion eines Sprengwerks ist es, Lasten aus Knoten übergeordneter Konstruktionen wie einem Sparrendach aufzunehmen. Damit wirken punktuell Lasten auf die Knoten der Sprengwerke ein. Diese sind somit statisch bestimmt. Zur Steigerung der Leistungsfähigkeit wurden Sprengwerke sowohl bei Sparren- bzw. Kehlbalkendächern eingesetzt als auch bei Pfettendächern. Das Sprengwerk aus Holz besteht grundsätzlich aus zwei

40

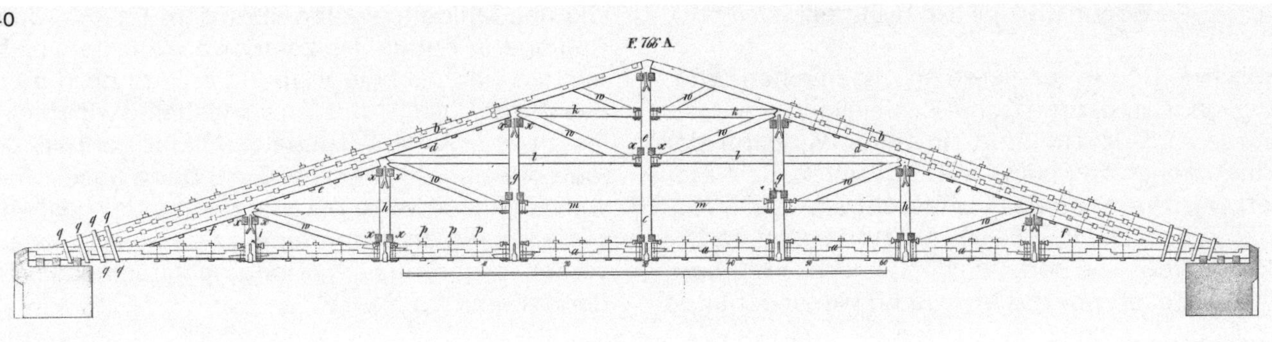

41 Fig. 2.

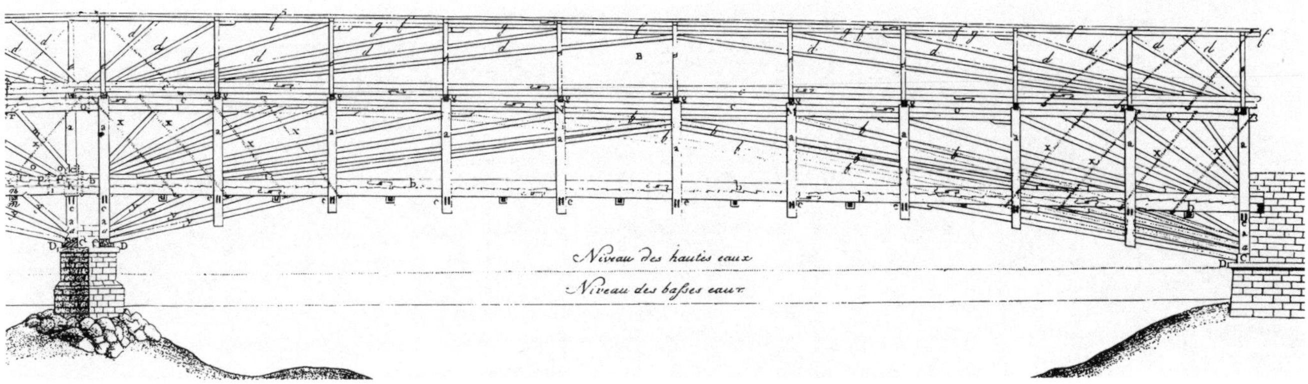

Abb. 40 Manege, Moskau, historisches Sprengwerk, Darstellung nach Romberg 1833.
Abb. 41 Rheinbrücke, Schaffhausen, historische Sprengwerkskonstruktion nach Plänen von Hans Ulrich Grubenmann, 1758, Darstellung nach Rondelet 1814.

Streben, einem Stiel sowie einem jeweils unverschieblichen Auflager. Es entstehen geschlossene Kräftedreiecke. Zugleich stellt ein einfaches Sprengwerk das Grundmodul einer Fachwerkkonstruktion dar.

Bei einem Hausgerüst aus einer Fachwerkkonstruktion handelt es sich näherungsweise um ein vektoraktives Stabtragwerk. Man kann vom Stil der Konstruktion sprechen. Der optische Reiz von Fachwerkhäusern liegt darin, dass das Tragsystem auch von außen gut ablesbar ist. Dieses besteht aus Ständern und Streben, Schwelle und Rähm. Zugleich darf ein Hausgerüst, das typologisch als Fachwerk errichtet wurde, statisch nicht mit einer idealen ingenieursmäßigen Fachwerkkonstruktion verglichen werden. Wegen der fügetechnisch eingeschränkten Möglichkeiten treffen sich drei oder mehr resultierende Kraftrichtungen nicht in einem Punkt im Knoten, weshalb auch Biegung entsteht. Es ist davon auszugehen, dass in historischen Tragkonstruktionen bis ins 19. Jahrhundert hinein nie optimale gelenkige Fachwerkknoten zur Ausführung kamen.

Näherungsweise bedeutet der Begriff Fachwerk, dass jeder Stab der Tragstruktur ausschließlich Normalkräfte in Faserrichtung aufnimmt. Bei historischen Holzfachwerken wurden den Stäben ganz überwiegend Druckkräfte zugewiesen. Wie der Blockbau erfordert der Fachwerkbau eine lineare Gründung. Der Abstand der Ständer wird bestimmt durch die sinnvolle Neigung der Druckstreben von etwa 70 Grad. Der große Nachteil der Fachwerkkonstruktion ist die Schwächung des Querschnitts im Bereich der Knoten. (Abb. 38, 39) Liegende, in Balkenlagen eingebaute Fachwerke wurden weiter oben bereits beschrieben.

Zu Fachwerkträgern kombinierte Sprengwerke plante beispielsweise Andrea Palladio (1508–1580).[32] Dabei überlagerte er Sprengwerke, um Verformungen zu vermeiden. Augustin Betancourts (1758–1824) Dachtragwerk der Manege in Moskau von 1817 erreichte eine Spannweite von 45,7 m. (Abb. 40) Zahlreiche Pfettendächer in Italien wurden mit Sprengwerken unterstützt.

Die Verfügbarkeit von metallenen Verbindungsmitteln und Zugstäben ermöglichte es zunehmend am Ende des 18. und im Verlaufe des 19. Jahrhunderts, auch zugbeanspruchte Bauteile einzusetzen. Auch wurde es möglich, Bauteile aus Holz zugfest anzuschließen. Für die Weiterentwicklung von Fachwerkträgern war das interessant. Gewisse Unsicherheiten in der Beurteilung des Kraftflusses in Fachwerken traten beim Schweizer Baumeister Hans Ulrich Grubenmann (1709–1783) auf. Bei seiner Rheinbrücke von 1757 verwendete er schon eiserne Zugglieder. (Abb. 41) Sie setzen aber nicht in gemeinsamen Knotenpunkten an. So werden die einzelnen Stäbe seiner Konstruktion auch immer auf Biegung belastet.

32 Palladio 1570.

Hölzerne Bögen reagieren im Allgemeinen empfindlich auf exzentrische Lasteinwirkung. Holz wurde im 19. Jahrhundert ein teurer Werkstoff, der zunehmend von Eisen verdrängt wurde. Sein Einsatz wurde erst wieder interessant, als eine Industrialisierung der Bauweisen mit Holz einsetzte. Die Konstruktion von Bogenbohlenbindern mit stehenden Lamellen war das Vorbild für weitspannende Binderkonstruktionen. Brettschichtbinder stellen eine Weiterentwicklung von Spantengewölben dar. Diese wurden zumeist selbsttragend hergestellt ohne planmäßige Einwirkung von Verkehrslasten oder exzentrischen Lasten. Ausnahmen existieren, wie das Muldengewölbe über dem Palazzo della Ragione in Padua. Holzbinder sollten dort nicht nur die Raumschale aufnehmen, sondern auch das Dachtragwerk und waren deshalb auch Punktlasten und Wind ausgesetzt. Gleichwohl ist die Idee die, dass Gurte bzw. Gurtbögen geschaffen werden – jochweise parallel zueinander gestellte Binder –, die dann, mit einem Sekundärtragwerk versehen, auch in Längsrichtung miteinander verbunden werden.

Abb. 42 Kirche St. Konrad, Plochingen, 1928, Brettschichtholzbinder.

Neben den bereits untersuchten Fachwerkträgern, die im 19. Jahrhundert als weitspannende Tragwerke eher mit dem Werkstoff Eisen in Verbindung gebracht werden müssen, waren auch liegend geschichtete hölzerne Binderkonstruktionen zu Beginn des 19. Jahrhunderts neu. Die einzelnen Bretter, zusammengehalten mit Bolzen oder Bändern, wirkten immer auf Reibung. Die Konstruktionen waren sehr weich und anfällig für Verformungen durch asymmetrisch auftretende Lasten. Der französische Ingenieur Armand-Rose Émy (1771–1851) entwickelte 1828 ein solches Trägersystem, zunächst aus miteinander vernagelten Brettschichten, das kaum unmittelbare Nachahmer fand.[33]

Durch Verleimung wurde der Nachteil der Reibung zwischen den Brettschichten aufgehoben. Formverleimte Brettschichtholzträger wurden mit Beginn des 20. Jahrhunderts häufig für große Hallen eingesetzt als Zweigelenk- oder Dreigelenkbinder mit, aber auch ohne Zugband in Kämpferhöhe. Es finden sich zahlreiche erhaltene Beispiele. Die Binder des leicht überhöhten Tonnengewölbes der katholischen Kirche St. Konrad in Plochingen, die 1928 nach Plänen von Alfred Schmidt (1892–1965) errichtet wurde, lagern ohne Zugband auf Mauerwerkspfeilern auf. Es handelt sich um einen Dreigelenkbogen (Abb. 42) und die Binder weisen auch nach beinahe 100 Jahren Standzeit eine gute Tragfähigkeit auf. Die Verleimung, die mit Kaseinleimen vorgenommen wurde, hält bis heute. Auf die Bogenbinder wurde ein Satteldach aufgesetzt. Diese punktuelle Auflagerung bedeutet, dass dadurch Querkräfte auf den Holzbinder einwirken und er auch auf Biegung belastet wird.

Gewölbe (flächenaktive Systeme)

Hier sprechen wir mit Blick auf den Holzbau überwiegend von Schalen. Im Gegensatz zu einer Membran kann eine Schale in gewissem Umfang auch auf Biegung belastet werden. Historische vollflächige Schalen aus Holz sind nicht bekannt. Eine Gitterschale, ein- oder zweifach gekrümmt, kann als durchbrochene vollflächige Schale angesehen werden. Eine statische Bemessung ist aufwendig und wurde für die Zollinger-Bauweise deshalb auch nur näherungsweise und erst nach Realisierung zahlreicher Bauwerke in vereinfachter Form erarbeitet. Die spitzbogige Variante (Spitztonnendach) ist als Gesamtsystem statisch bestimmt mit Gelenken am Scheitel und an den Fußpunkten (Dreigelenkrahmen). Die Schubkräfte an den Fußpunkten müssen durch Zugbänder oder Strebewerke aufgenommen werden wie bei einem Sparrendach. Dadurch, dass sich die einzelnen Lamellen zu rautenförmigen Vierecken fügen lassen, wird der Kraftfluss in den Schalen selbst jedoch diversifiziert, sodass der einzelne Stab eine geringere Last aufzunehmen hat und auch die Längssteifigkeit sichergestellt ist, wenn die Ränder gehalten werden. Zunächst nicht lösbar bei der Bemessung war die Torsion der einzelnen Stäbe, die aufgrund des schraubenartigen Gesamtverlaufs der Lamellen entsteht. (Abb. 43) Das Torsionsmoment muss dabei von den Knoten aufgenommen werden, wenn das Bauteil selbst verwindungssteif ist. Eine nachträgliche Überprüfung des Tragverhaltens mithilfe der Finite-Elemente-Methode bestätigte den besonderen Einfluss der Schalung und der Ausbildung der Giebel auf das Verformungsverhalten.[34] Sollte keine Schalung auf die Primärkonstruktion aufgebracht worden sein, wurden zumindest längs verlaufende Leisten als Traglattung für die Dachdeckung montiert, die die Rauten in Dreiecke unterteilt. Besonders wenig verformungsanfällig sind kreiszylindrische Tonnendächer über quadratischem Grundriss. Bei langen Hallen sollten Zwischenbögen als Gurte eingefügt werden, um Verformungen vorzubeugen. Ein solches Lamellendach funktioniert wie eine Kombination aus verschiedenen Tragsystemen.

5.

TRAGWERKSTYPEN

Hölzerne Tragwerke werden nachfolgend nach aufgehenden Wandkonstruktionen, Zwischendecken und Dachtragwerken sowie Gewölben gegliedert aufgeführt. Weitgespannte Sonderkonstruktionen werden darüber hinaus behandelt. Der Schwerpunkt liegt ganz klar auf noch vorhandenen oder eindeutig nachweisbaren Konstruktionen. Archäologische Befunde, die zu virtuellen Rekonstruktionen oder Interpretationen des tatsächlichen Aufbaus führen, fließen nicht mit ein. So geben Pfosten- oder Pfahlbauten zwar mit Blick auf die Grundrissstrukturen eindeutige archäologische Hinweise. Wie jedoch die aufgehenden Bauteile weiter gefügt wurden, kann nur als Analogieschluss zu noch heute gepflegten Bauweisen erfolgen und basiert damit oft nur bedingt auf Fakten.

33 Vgl. das hölzerne Dachtragwerk von King's Cross.
34 Die Untersuchungen führte das Büro Kayser + Böttges an einem Hallentragwerk im Freilichtmuseum Glentleiten durch, das angelehnt an die Zollinger-Bauweise ausgeführt wurde. Vgl. Reihl et al. 2023.

43

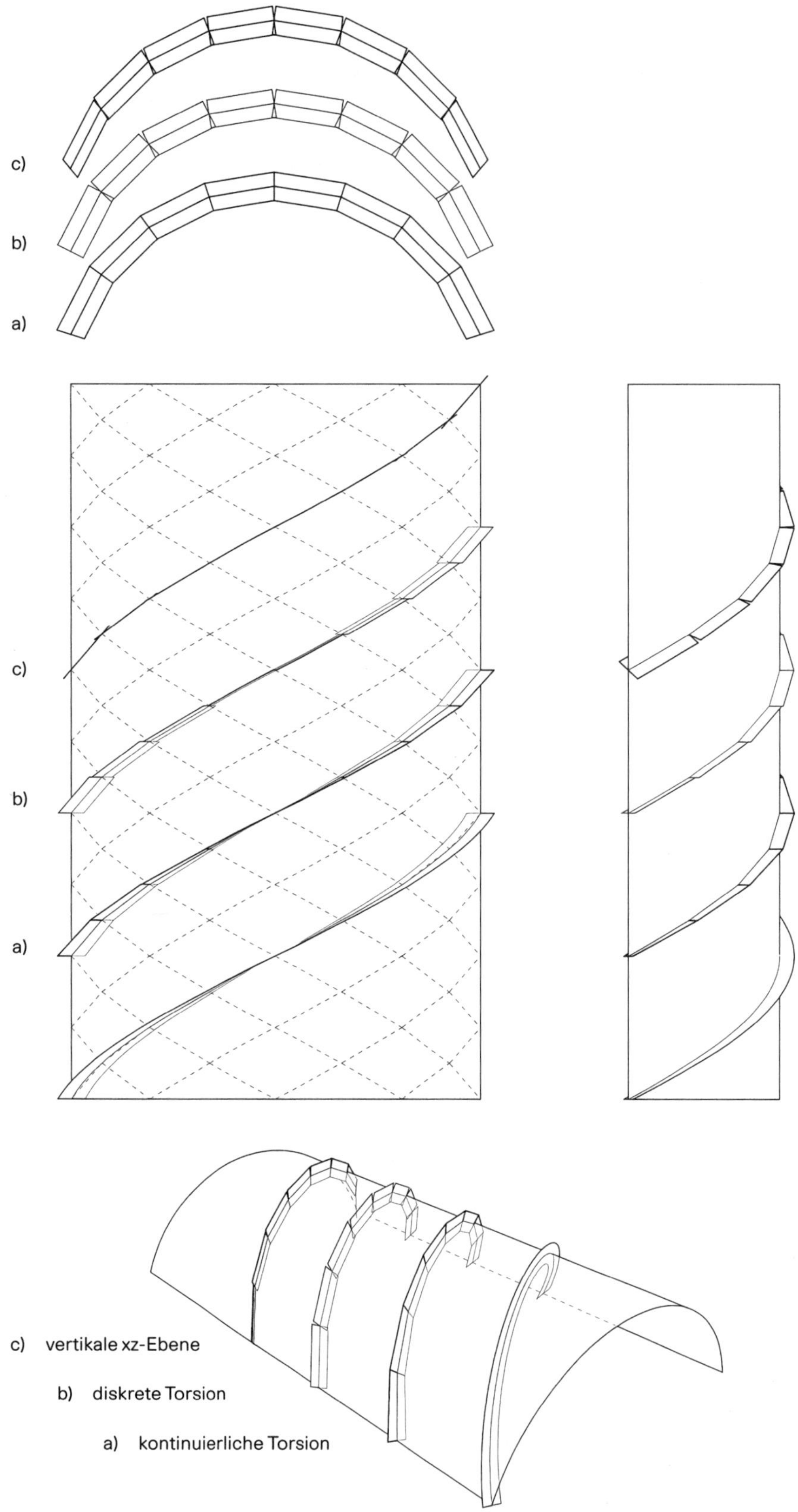

Darstellung: Joram Tutsch

Abb. 43 Ermittlung der Schraubenlinie bei Gitterwerkskonstruktionen.

Hausgerüste

Je nach Materialverfügbarkeit und nach Art des Materials wurden im Mittelalter Wohngebäude aus mehr oder weniger Holz hergestellt. (Abb. 44, 45, 46) Der Holzverbrauch ist beim Blockbau natürlich am höchsten. Er stellt aber auch eine relativ komfortable Variante dar, weil geschlossene Wände entstehen, die nicht eigens mit einer Ausfachung versehen werden müssen, wie dies beim Ständerbau der Fall ist. Die Entwicklung von den Hochgerüsten über den Blockbau hin zum Stockwerksbau ist gleichwohl fließend und hat wahrscheinlich auch parallel stattgefunden. Beispiele sind das Umgebindehaus, aber auch hybrid hergestellte Holzhäuser, wie sie in und um Landshut aus der Zeit des 14. und 15. Jahrhunderts noch existieren. Die „Stube" wurde dabei vorzugsweise als Blockbau ausgeführt, während die rückwärtigen Stallungen und Nebenräume in Ständerbauweise hergestellt wurden.

Blockbauten setzen die Verfügbarkeit von relativ gerade gewachsenen Bäumen voraus, wie sie vorzugsweise in bergigen, waldreichen Regionen wachsen. Der Blockbau ist dabei dem Mauerwerksbau sehr ähnlich, weil die liegend verbauten Querschnitte sozusagen geschichtet werden und so ein geschlossenes Raumgebilde entsteht. Man kann sich den Blockbau prinzipiell als Kistenbauweise vorstellen. Die Kisten werden dabei so zueinander gestellt, dass die verbleibenden Restflächen die innere Erschließung ausmachen. Tatsächlich wurden Blockhäuser oft mit einem mittig angeordneten, durchgehenden Flur gebaut. Auch an den Fassaden waren die einzelnen Balken nur durch Türöffnungen unterbrochen, sodass dieser Gedanke naheliegt.[35] (Abb. 47) Der Blockbau verträgt nur kleine Öffnungen, die ihn wie eine Lochfassade aussehen lassen. Die größten Öffnungen waren die Zugänge. Älteste Befunde an Blockhäusern legen nahe, dass ein großer Raum geschaffen wurde, in den weitere kleine Räume (oder Kisten) als Schlafkammern eingesetzt wurden. Es handelte sich um sogenannte Rauchhäuser mit einer offenen, wenig befestigten Herdstelle.[36] Die Dachformen nahmen auf die offenen Feuerstellen im Haus Rücksicht. Der charakteristische Schopf über den Walmen, wie er auch auf Bildern Albrecht Dürers bei allen Dächern dörflicher Bauten zu sehen ist (Abb. 48), hat sich bei wenigen historischen Dächern bis heute erhalten.[37] Hier konnte der Rauch einigermaßen gerichtet abziehen.

Beim Blockbau übernimmt also die Konstruktion zugleich den äußeren Abschluss des Gebäudes. Anforderungen an die Winddichtigkeit, den Schutz vor Schlagregen, den Wärmeschutz und die Statik werden hier vereint. Um die Winddichtigkeit zu verbessern, wurden in jüngerer Zeit auch Nut- und Federverbindungen in Längsrichtung der Balken eingeführt. Je nach Art der Bauaufgabe wurden die einzelnen Hölzer als Rundstämme zwei- oder allseitig zugerichtet verbaut. Die verbleibenden Fugen wurden mit Wolle, Stroh und Lehm, mit Hanf oder Moos abgedichtet. Beim Fügen der einzelnen Balken wurden Holzdollen eingesetzt, sodass die einzelnen Balken nicht seitlich ausweichen konnten und statisch eine Scheibe entstand. An den Ecken wurden die Balken miteinander verblattet. Deshalb mussten die einzelnen Balken über Eck immer um einen halben Balken in der Höhe versetzt angeordnet werden. (Abb. 49) Die Ausführung dieser Überblattungen war teilweise sehr kunstvoll.

Ganz sicher ist das erhebliche Schwundmaß des Holzes in radialer Richtung auch der größte Nachteil der Blockbauweise. So können Blockbauten über ein Stockwerk hinweg um mehrere Zentimeter absinken. Insbesondere Türöffnungen mussten deshalb mit seitlichen Stöcken versehen werden, um die für das Funktionieren der Tür notwendige Höhe sicherzustellen. Bei vielen Blockbauten ist eine erhebliche Verformung um diese Türstöcke herum festzustellen. (Abb. 50) Heute werden zwängungsfreie Öffnungen mithilfe von Schwebezapfen hergestellt. Auch historisch waren Führungen üblich, um ein gewisses Setzungsmaß zuzulassen.

Eine vereinfachte und mit gewissen Vorteilen ausgestattete Bauweise in Hinblick auf das Schwinden ist der Bohlenbalkenbau. Dabei werden Bohlen zumeist horizontal in genutete Ständer eingeschoben. (Abb. 51) Es handelt sich um einen Vorboten des Fachwerkbaus, bei dem die Stockwerkshöhen wegen der verbauten Ständer erhalten bleiben. Schon hier fand die Differenzierung zwischen Tragwerk und Ausbau statt. Auch Bohlenstuben wurden ausgeführt und boten einen gewissen Komfort. Dabei wurden die Bohlen für Wandstrukturen häufig vertikal eingesetzt.

Das Umgebindehaus stellt eine Mischform aus Blockbau und Ständerbau dar. Dieser Gebäudetyp wurde häufiger in Böhmen und in der Lausitz errichtet. Dabei wurde eine im Erdgeschoss sich befindende Blockstube von einem Ständerbau überformt. Die weiteren Stockwerke ruhten auf diesen vorgesetzten Ständerkonstruktionen, waren also unabhängig vom Blockbau darunter (Abb. 52), der aber aussteifende Funktionen übernehmen konnte.

35 Schwanner referenziert seine Darstellung mit Bedal et al. 1997, S. 32.

36 Vgl. Kaufmann et al. 2015, S. 168, und die Entwicklung der häuslichen Herdstelle.

37 Solche Dächer sind beispielsweise in Esslingen am Neckar erhalten.

44

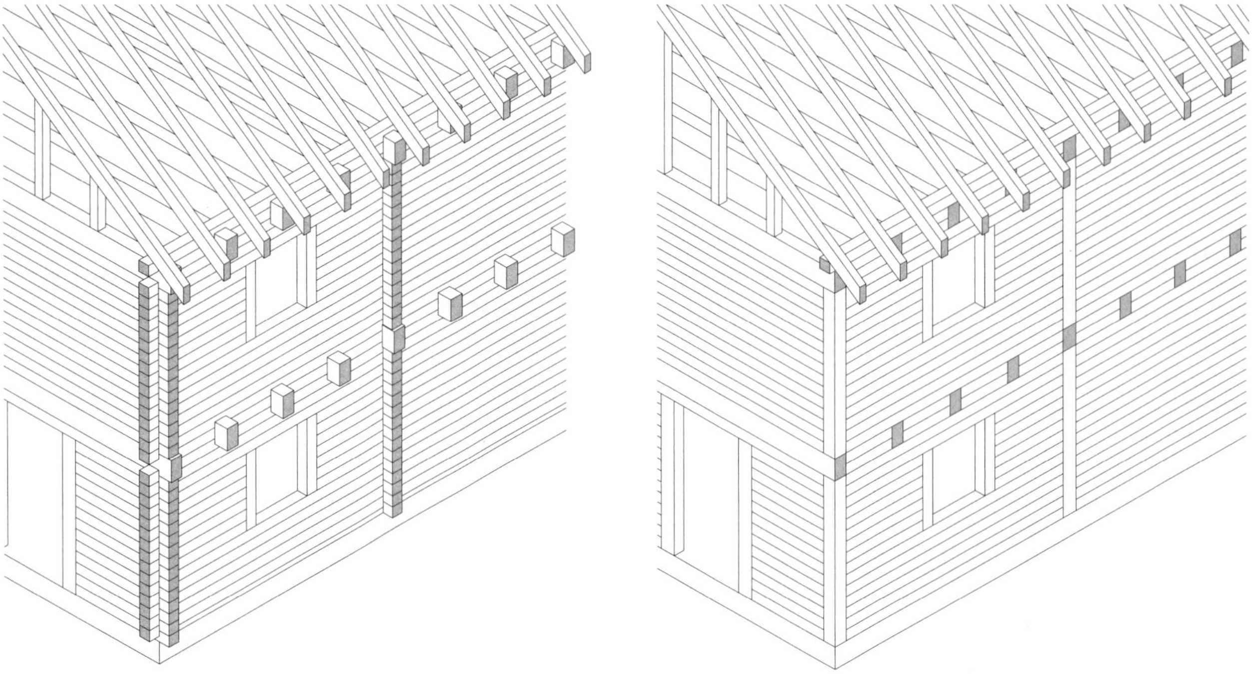

45

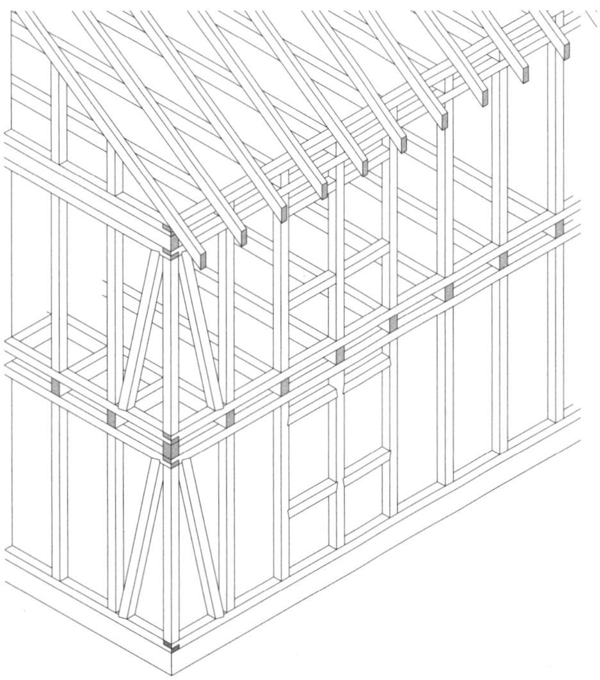

46

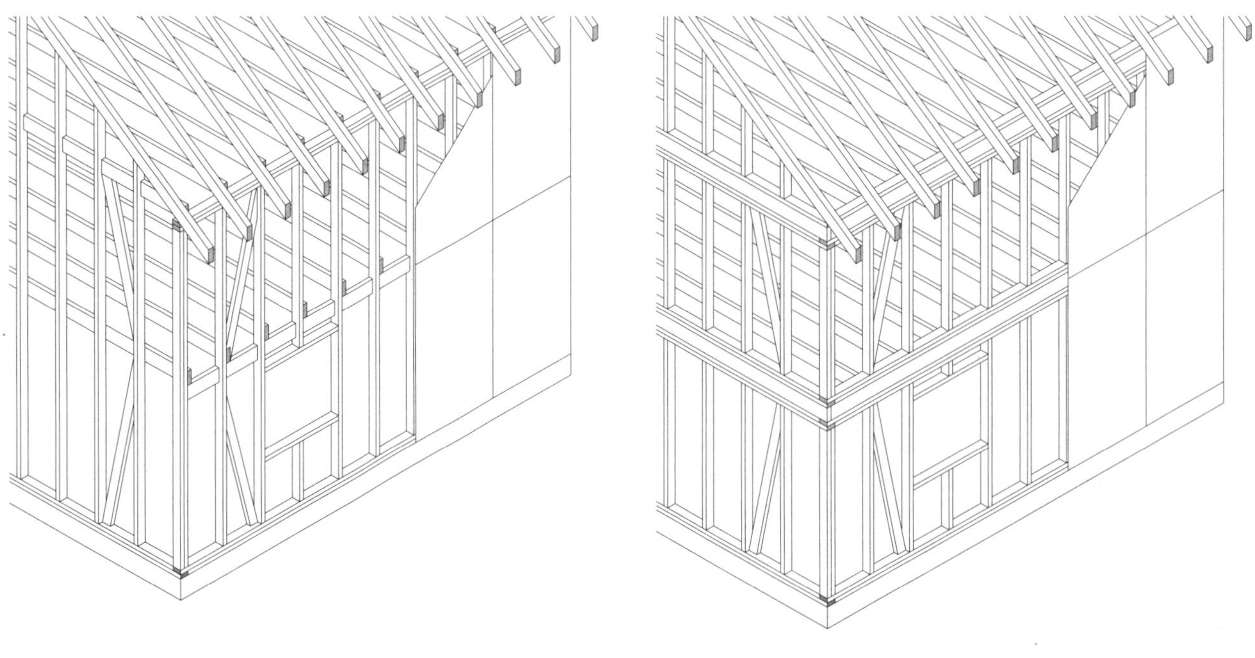

47

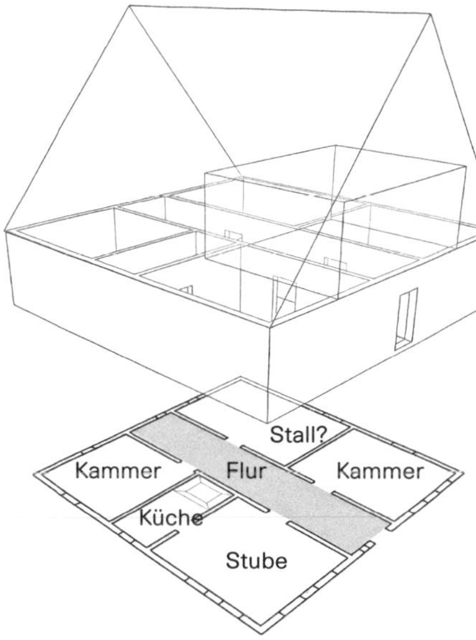

49

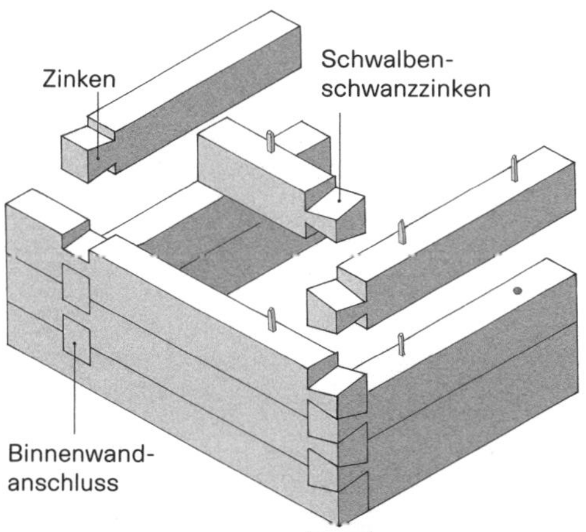

Abb. 44 Hausgerüste im Vergleich (Blockbau, Bohlenständerbau).
Abb. 45 Hausgerüste im Vergleich (Fachwerkbau).
Abb. 46 Hausgerüste im Vergleich (Rahmenbau als balloon framing und platform framing).
Abb. 47 Grundrissprinzip stadtnaher Bürgerhäuser der frühen Neuzeit in Landshut.
Abb. 48 Haustypologien im ländlichen Raum um 1500, Gemälde von Albrecht Dürer.
Abb. 49 Blockbaukonstruktion in einer schematischen Darstellung nach Thomas Eißing.
Abb. 50 Typische Verformung an einem historischen Blockbau.
Abb. 51 Historischer Bohlenbalkenbau, Oberbayern.
Abb. 52 Historisches Umgebindehaus, Sachsen.

Abb. 47: Darstellung: Alexander Schwanner; Abb. 52: Foto: Jan-Herm Janßen

Älteste Fachwerkhäuser wurden als hölzerne Hausgerüste mit gebäudehohen Firstständern ausgeführt (Hochgerüst). Eine Weiterentwicklung stellen Gebäude mit traufhohen Fassadenständern dar, die man Geschossgerüste nennt. Die sogenannten Stockwerksgerüste setzten sich im 15. Jahrhundert durch. Dabei wurden die Gebäude stockwerksweise errichtet. Eine Fachwerkkonstruktion, bestehend aus Schwelle, Ständern und einem abschließenden Rähm, wurde in jedem Stockwerk hergestellt, bevor wieder eine Balkenlage aufgebracht und mit dem nächsten Stockwerk begonnen wurde. Diese Bauweise, die übergangsweise auch als Mischform mit Geschossgerüsten, dem sogenannten Geschossstockwerksgerüst, ausgeführt wurde, sollte die typischen vorkragenden Giebel in den mittelalterlichen Fachwerkstädten erst ausmachen. (Abb. 53, 54)

Im Fachwerkbau unterscheiden wir also Hochgerüste, Geschossgerüste und Stockwerksgerüste. Bei den Hochgerüsten wird die gesamte Konstruktion des Gebäudes an firsthohen Ständern festgemacht, auch das Dachtragwerk. (Abb. 55) Bei den Geschossgerüsten wird die Gesamtheit der Nutzungsebenen vom Dachtragwerk getrennt hergestellt. (Abb. 56) Die Fügung von Riegeln bzw. Balken und Ständern erfolgt dabei mit sogenannten Zapfenschlössern, wie sie bereits in der Antike üblich waren.[38] (Abb. 57, 58) Es handelt sich um einen Durchsteckzapfen, der auf der Außenseite mit einem oder zwei Holznägeln gesichert wird. Die aussteifenden Streben und Schwertungen wurden im Laufe der Zeit immer kunstvoller und dienten dadurch auch der Zierde. Typische Verbindungen, gänzlich ohne Einsatz von Metall, sind Schlitz und Zapfen sowie Versatz.

Die Füllung der Gefache erfolgte auf verschiedenste Weise. Einfachste Füllungen bestanden aus Lehmwickeln. Dabei wurden Holzstaken in eine Nut in den Fachwerkständern eingesetzt und mit einem Gemisch aus Lehm und Stroh bestrichen. (Abb. 59) Hochwertiger waren Ausfachungen mit Ziegelsteinen, entweder auf Sicht gehalten oder verputzt. (Abb. 60) Die Fachwerke wurden sichtbar belassen. Erst im Zuge der gesteigerten barocken Gestaltungsansprüche wurden zahllose Fachwerkbauten verputzt. Dazu wurden die Holzbalken mit Kerben versehen, um einen besseren Verbund sicherzustellen. Bei der Freilegung solcher Fachwerke verbleiben diese Spuren an der Oberfläche.

Eine industrialisierte Bauweise mit stabförmigen Bauteilen aus Holz, wie sie oben beschrieben ist, zielte darauf ab, mithilfe von gleich großen Querschnitten die zur Verfügung stehenden Baumstämme besser auszunutzen. Zugleich sollte die Handwerkstechnik bei der Herstellung von Bauwerken rein durch stumpfe Stöße durch die Verwendung von metallischen Verbindungsmitteln wie Nägeln und später Klammern deutlich vereinfacht werden. Die Aussteifung erfolgte ursprünglich mit Streben, später durch Beplankung, beispielsweise mithilfe einer Diagonalschalung. Dies begünstigte wiederum die Vorfertigung. Ganze Tafeln konnten so hergestellt werden, und das auch weit von der Baustelle entfernt. Die Größe der vorgefertigten Tafeln wurde nur durch die möglichen Transportmittel begrenzt. Der Holzrahmenbau kam in den USA im frühen 19. Jahrhundert auf.

Der Holzrahmenbau ist damit eine Bauweise, die Typisierung und Arbeitsteilung förderte. Interessant ist, dass der Holzrahmenbau eine ähnliche Entwicklung wie der Fachwerkbau nahm. Zunächst wurden Geschossgerüste gebaut (balloon framing), bevor man stockwerksweise vorging (platform framing).[39] (Vgl. Abb. 46)

Als ingenieursmäßige Konstruktion ist der Holzskelettbau anzusehen. Dabei handelt es sich um eine Ständerkonstruktion, bei der die Abstände zwischen den einzelnen Ständern bedeutsam größer sind, als dies beispielsweise beim Fachwerkbau mit bis etwa 110 cm der Fall ist. Der Skelettbau wird also als Traggerüst getrennt vom Ausbau er-

38 Siehe auch Huther 2014, S. 240.
39 Siehe auch Spence 1993, S. 78–80.

Abb. 53 Hausgerüste aus Holz, chronologische Entwicklung, von links nach rechts: Hochgerüst; Geschossgerüst; Geschossstockwerksgerüst; Stockwerksgerüst.

53

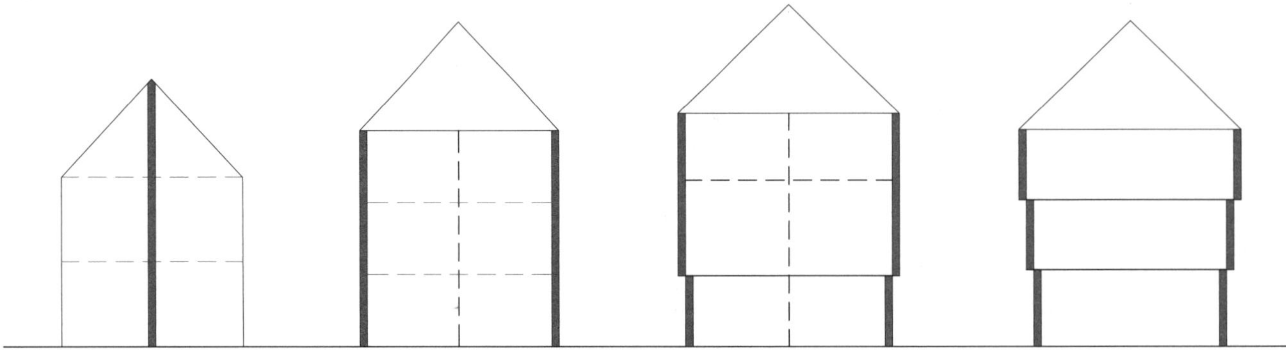

Abb. 53: Darstellung: Tobias Bastier nach Eißing et al. 2023, S. 81

Abb. 54 Stockwerksgerüst in Geislingen an der Steige, historisches Foto.
Abb. 55 Aufbauvorgang Hochgerüst.

54

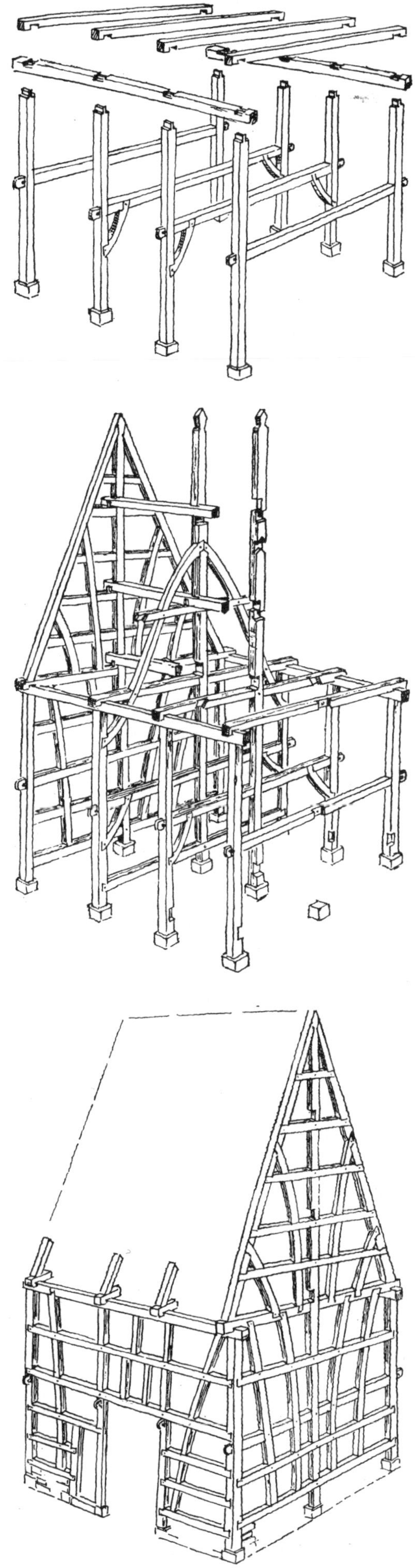
55

stellt. (Abb. 61) Es handelt sich um eine sehr moderne Bauweise, die in den 1920er-Jahren zur Blüte kommen sollte. Metallische Anschlüsse waren Voraussetzung für die Bauweise. Dünne Zugstäbe aus Stahl sicherten die feldweise Aussteifung. Wenn man so will, wurde mit dem Skelettbau der Fachwerkbau auf eine höhere Ebene gehoben. Der Ausbau erfolgte dann nach Belieben zum Beispiel in Rahmenbauweise. Beim Skelettbau wird wie beim Rahmenbau der stumpfe Stoß die typische Verbindung. Eine Querschnittschwächung wie beim Fachwerkbau im Bereich eines Knotens wurde vermieden. Vielmehr wurden Hölzer einfach gestoßen, aneinander vorbeigeführt oder die Balkenquerschnitte zu Zangen geteilt. Typische Verbindungsmittel waren Bolzen, Stabdübel und Dübel besonderer Bauart.[40]

40 Steiger 2020, S. 47.

56

Foto: Peter Huber

Abb. 56 Geschossgerüste in Esslingen am Neckar.
Abb. 57 Zapfenschloss.
Abb. 58 Geschossgerüstbau in Quedlinburg aus dem frühen 13. Jahrhundert.
Abb. 59 Gefachefüllung aus verschiedenen Materialien.
Abb. 60 Gefachefüllung aus gebrannten Ziegeln, 16. Jahrhundert.

58

57

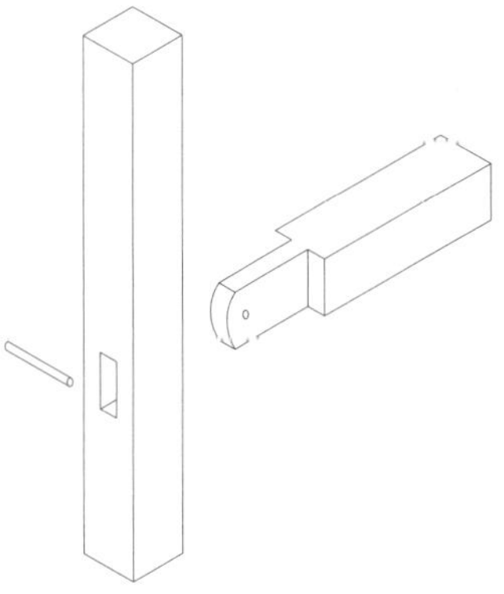

59

60

Abb. 59: Foto: Ralph Oesker

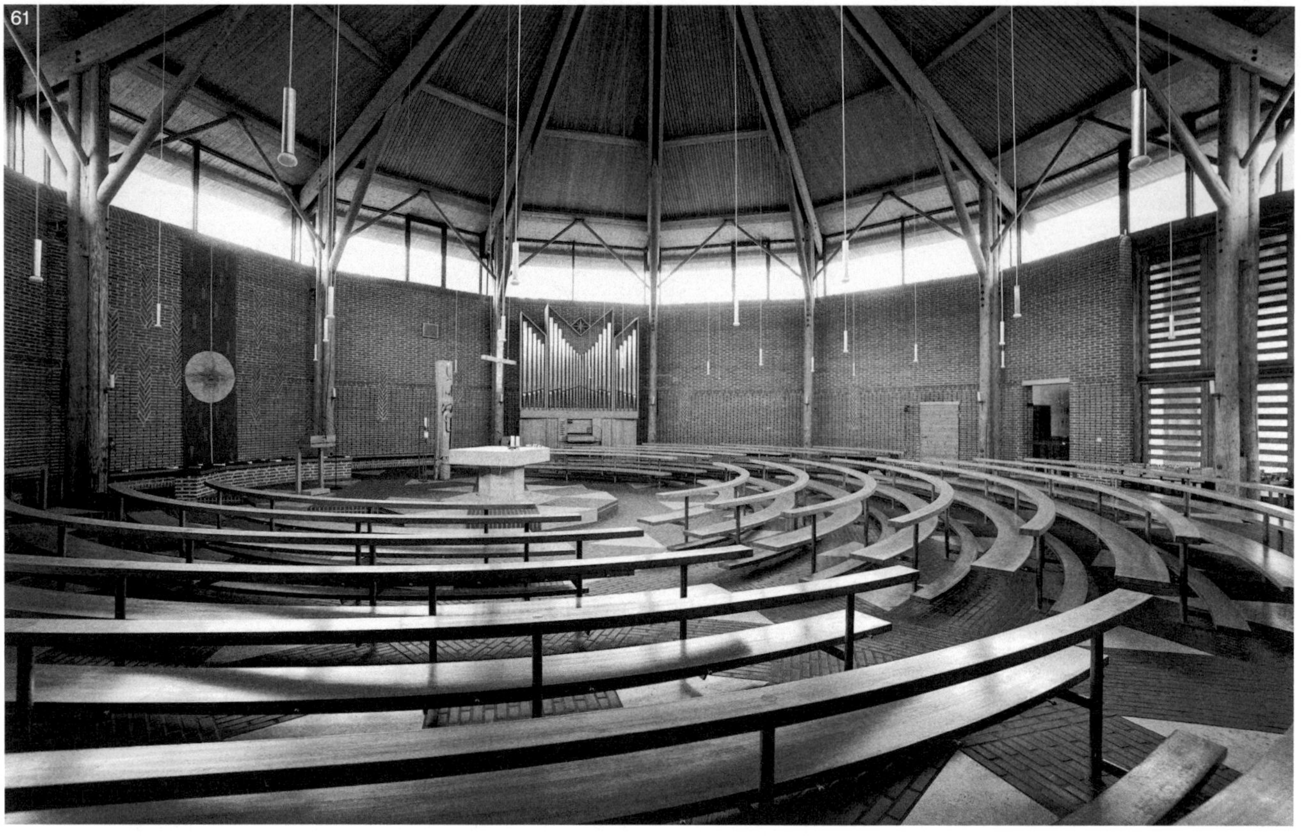

Insbesondere in wirtschaftlich schwierigen Zeiten wurden im 20. Jahrhundert Bausysteme entwickelt, die auf ökonomische Weise grundlegende Bedürfnisse befriedigten. Ein Beispiel dafür ist Otto Bartnings Notkirchenbauprogramm Ende der 1940er-Jahre. Die Systembauweise, die an die hundert Mal zur Ausführung gebracht wurde, beruhte auf einer Skelettbauweise mit Streben als aussteifenden Elementen.[41]

Deckenkonstruktionen

Im Osten von Graubünden ist eine der ältesten Balkendecken aus dem 8. Jahrhundert erhalten. Dass Holzbalken schon in der Antike als Einfeldträger über gemauerten Auflagern verwendet wurden, lassen schon griechische Tempelanlagen vermuten. Man muss davon ausgehen, dass sich steinerne Konstruktionen aus dem Holzbau entwickelt haben. Um die Bereiche zwischen den Deckenbalken zu füllen, setzte man wie beim Fachwerkbau in den Gefachen häufig Staken ein und umwickelte diese mit einer Mischung aus Lehm, Stroh und Kalk. (Abb. 62, 63) Luxuriöser waren Bohlenbalkendecken. (Abb. 64) Dabei wurden die Balken dichter verlegt und Bohlen in eigens hergestellte Nuten eingeschoben. Die nutzbare Oberfläche auf den Balken bildete indirekt eine separate Schicht aus Brettern.[42]

41 Siehe Rehm et al. 2022.
42 Siehe dazu auch Holzer 2015, S. 75–79.

Dachtragwerke

Die Ausbildung einer bestimmten Dachform hat wesentlichen Einfluss auf die Art des dafür erforderlichen Tragwerks. Aus einer Vielzahl von möglichen Dachformen sei hier nur eine kleine Auswahl genannt. (Abb. 65) Historisch herrschten im mitteleuropäischen Raum aufgrund großer Niederschlagsmengen geneigte Dächer vor. Das Flachdach ist eine moderne Sonderform. Bei den geneigten Dächern wurden bis ins 20. Jahrhundert hinein überwiegend Satteldächer oder Walmdächer hergestellt, teilweise mit Querhäusern, Quergiebeln und Gauben. Mit Blick auf die Hauptdächer sind grundsätzlich Pfetten- von Sparrendächern zu unterscheiden. Während die sogenannten Rofen (Sparren) von Pfettendächern in relativ geringen Abständen von 4,5 m vertikale Auflager benötigen, erhalten die Sparren eines Sparrendachs nur am jeweiligen Fußpunkt ein Auflager. Dabei handelt es sich um die aufgehenden Außenwände des jeweiligen Gebäudes oder Gebäudeabschnitts. Das Sparrendreieck wird unterseitig durch einen Zerrbalken geschlossen. Es handelt sich damit um eine quergebundene Bauweise. Beim Pfettendach werden die Rofen mit Ausnehmungen, sogenannten Kerven, versehen, die ein Auflegen auf die Pfetten ermöglichen. Damit handelt es sich bei einem Pfettendach um eine längsgebundene Konstruktion. Rofen können als in die Neigung des Dachs verkippte Deckenbalken angesehen werden. Sparrendächer sind eher steil mit mind. 30 Grad Dachneigung. Es wurden historisch Dachneigungen von bis zu 70 Grad ausgeführt.

62

63

64

Sparrendächer lassen stützenfreie Binnenbereiche zu. Sie wurden häufig für den Kirchenbau eingesetzt. Mit zunehmender Spannweite musste das Sparrendreieck, bestehend aus zwei Sparren und einem Zerrbalken, jedoch durch Kehlbalken oder Ähnliches versteift werden. Daraus leitet sich der Begriff Kehlbalkendach ab.

Ein weiterer Entwicklungsschritt war der Einbau von stehenden und liegenden Stuhlkonstruktionen bei Sparrendächern. Diese dienten zwar zunächst als Aufrichthilfen, waren jedoch für sich betrachtet in Längs- und Querrichtung ausgesteift. Eine ihnen im Sinne der Gesamtkonstruktion eigens zugedachte tragende Funktion übernahmen die Stuhlkonstruktionen nicht. Es ist aber festzuhalten, dass die Sparrenlagen in historischen Tragwerken selbst keine Längsaussteifung erhielten. Initiale Verkippungen in Längsrichtung sind deshalb bei solchen Sparrendächern sehr häufig. Diese Verkippung wird von der Stuhlkonstruktion letztlich aufgehalten.

Abb. 61 Kirche St. Ignatius, München, in Skelettbauweise nach Plänen von Josef Wiedemann, 1979.
Abb. 62 Historische Holzbalkendecke mit Lehmschlagfüllung.
Abb. 63 Lehmestrich in einem bäuerlichen Wohnhaus in Niederbayern.
Abb. 64 Historische Bohlenbalkendecke in Ravensburg.
Abb. 65 Grundtypen von Dachformen, von links oben nach rechts unten: Satteldach, Walmdach, Pultdach; Flachdach.

65

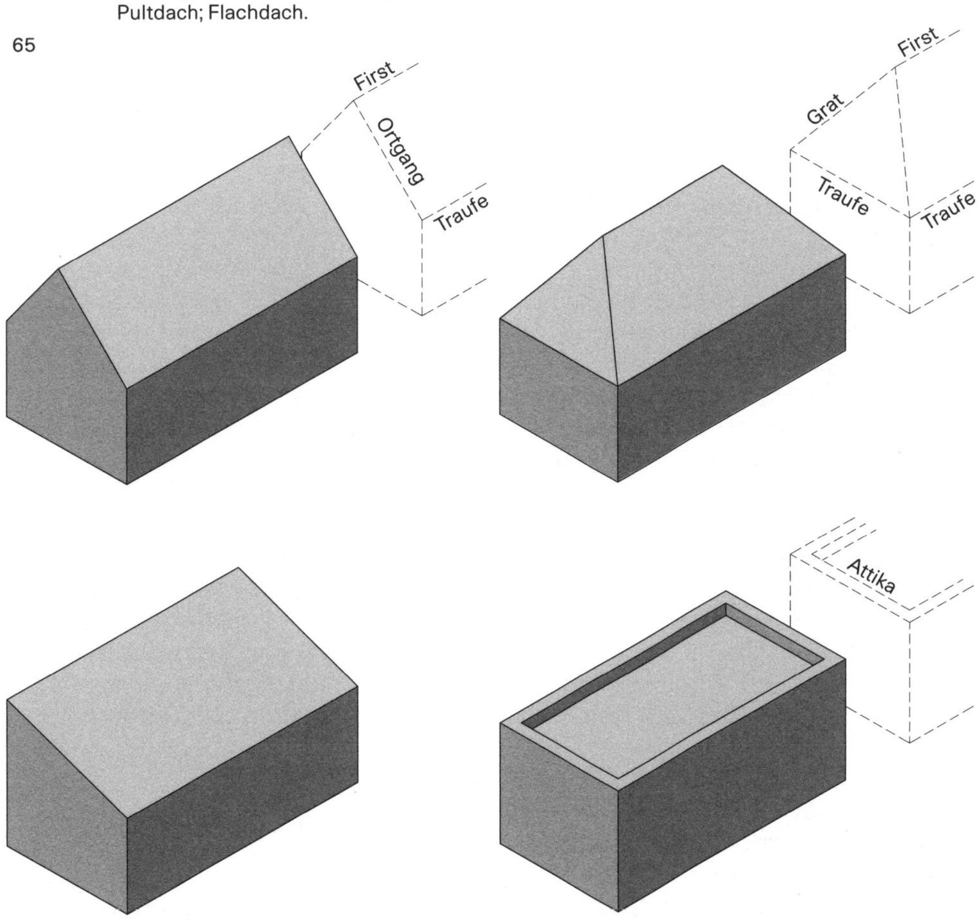

Abb. 65: Darstellung: Tobias Bastier

In den Abbildungen sind beispielhafte Stuhlkonstruktionen dargestellt. Spätestens seit dem 15. Jahrhundert wurden unter den Stuhlständern bzw. -säulen in Längsrichtung verlaufende Schwellen und Rähme eingesetzt. Zusammen mit Streben und Kopfbändern bei stehenden bzw. Andreaskreuzen bei liegenden Stuhlkonstruktionen ergeben sich Fachwerkwände. (Abb. 66, 67, 68)

Daneben existieren auch längsgebundene Sparrendächer, insbesondere im Raum Regensburg und Landshut. Bei diesen lagern die Sparrendreiecke auf längs verlaufenden Schwellen auf. In regelmäßigen Abständen von etwa 4 m wurde ein Ankerbalken eingefügt, der aber nicht mit den Sparrenfußpunkten verbunden ist, sondern eigens mit einem Hakenblatt an der Fußschwelle angesetzt wurde. Diese eigenartige Konstruktionsweise, die in Bürgerhäusern genauso wie in Repräsentationsbauten vorzufinden ist, ist konstruktiv nicht ganz logisch, funktioniert jedoch für kleinere Dachtragwerke relativ gut. (Abb. 69) Die Sparren werden dabei an der Fußschwelle aufgeklaut oder gar mit einer Kerve darüber hinweggeführt. Da nicht in jedem Gespärre ein Zerrbalken vorhanden ist, eröffnet diese Bauweise Räume für Vertikalerschließungen und ist sehr wirtschaftlich.[43]

Pfettendächer sind aus Südeuropa bekannt. Sie werden zudem in den schneereichen Gegenden der Alpen eingesetzt. Auch im Bereich der Flüsse Inn und Salzach sind flachgeneigte Pfettendächer aus dem Mittelalter erhalten, begünstigt durch die sogenannte Inn-Salzach-Bauweise, die der Ausbildung von Grabendächern Vorschub leistete. (Abb. 70) Den Vorteilen mit Blick auf den Brandschutz standen aber auch Risiken wie die Gefahr von Staunässe in den Gräben der Dächer gegenüber.

Pfettendächer lassen leichter Dachüberstände zu, weshalb sie in regenreichen Gegenden auch aus Gründen des konstruktiven Holzschutzes beliebt waren. Die Dachneigung ist eher gering mit 20 bis 35 Grad. Im Gegensatz zu Sparrendächern bleibt der Binnenbereich nicht frei von Ständern, weil die Pfetten regelmäßig unterstützt werden müssen. Überkommene Beispiele wie das historische Dach über dem Rathaus von Burghausen zeigen, dass die Schaffung von stützenfreien Räumen dazu führte, dass sich das Dachtragwerk erheblich verformte. (Abb. 71)

In Dachtragwerken wurden neben Stuhlkonstruktionen auch Sprengwerke eingesetzt. (Abb. 72) Dies ist insbesondere dann der Fall, wenn die Spannweite des Dachtragwerks erhöht wird. Die große Spannweite führt ansonsten schon aus Eigengewichtsgründen zu Durchbiegungen von Zerr- oder Kehlbalken. In Sprengwerken wurden die Verbindungen sehr oft zusätzlich mit metallischen Verbindungsmitteln gesichert. (Abb. 73) Um die genannte Durchbiegung zu verhindern, wurden zusätzlich Hängewerke eingesetzt, wie weiter oben bereits dargestellt, die aus einem vertikalen Stiel bestanden, an den die Balken angehängt werden konnten.

Der Schweizer Baumeister Hans Ulrich Grubenmann schuf beeindruckende Sprengwerke, die aber nicht immer gut funktionierten, weil die Sprengwerke als Polygone ausgeführt waren.[44] Vielfach sich überlagernde Sprengwerke kamen auch in der Abteikirche von Wiblingen zur Ausführung.[45] (Abb. 74)

Gewölbe

Wölbformen lassen sich allgemein getrennt nach Querschnittsform, Ausbildung der Schmalseiten und angesetzten Querungen einteilen. (Abb. 75) Sehr einfache, aber dennoch eindrucksvolle Tonnen- oder Spitztonnengewölbe finden sich nördlich der Alpen vereinzelt noch in historischen Klosteranlagen wie Blaubeuren.[46] (Abb. 76) Dabei wurden entsprechend durch Wuchs geformte Äste oder Bäume verwendet, um gurtbogenartig ein Gewölbe auszubilden. Im Fall von Blaubeuren wurde es an die Zerrbalken des darüberliegenden Dachtragwerks angeschlossen und lagerte auf der Wandkonstruktion der Binnenstruktur auf. Die Gurtbögen wurden von unten verbrettert. (Abb. 77)

Ansätze zu einer industrialisierten Bauweise von Tragwerken aus Holz finden sich bei Philibert de l'Orme (um 1510–1570). Sein standardisiertes Stecksystem bedeutet Vorfertigung gleicher Bauteile. (Abb. 78) Durch Verkeilung von längslaufenden Riegeln mit den Bohlensparren sollte eine gewisse Aussteifung in Längsrichtung sichergestellt werden. Die Knoten müssen also Momente aufnehmen. Letztlich sind seine Konstruktionen als Spantenkonstruktionen zu bezeichnen, wie sie häufig im Barock für selbsttragende Gewölbekonstruktionen eingesetzt wurden. Meist sollten sie nur das Eigengewicht aufnehmen. (Abb. 79, 80) Als Dachkonstruktion kamen solche Schalen zunächst nur selten zur Ausführung. Jedoch finden sich einige ältere Wölbkonstruktionen wie das Dach des Palazzo della Ragione in Padua, das erstmals in den Jahren 1306 bis 1309 errichtet und später mehrfach erneuert wurde. Das Dach ist ein Muldengewölbe mit einer Spannweite von 27 m. Aber auch die Westminster Hall von 1402 ist zu nennen, wobei über einem Bogengewölbe ein Satteldach

43 Schwanner 2023, S. 47.
44 Siehe auch Schäfer et al. 2019, S. 89.
45 Kayser et al. 2023.
46 Kayser 2014-1.

Abb. 66 Kirche St. Johannes Baptist, Pfaffenhofen an der Ilm, 1480, Kehlbalkendach mit stehendem Stuhl und Steigbändern; tachymetrische Bauaufnahme.

Abb. 67 Kirche St. Martin, Pfaffenhofen an der Zusam, 1720–1722, Kehlbalkendach mit liegendem Stuhl und Hängewerk.

66

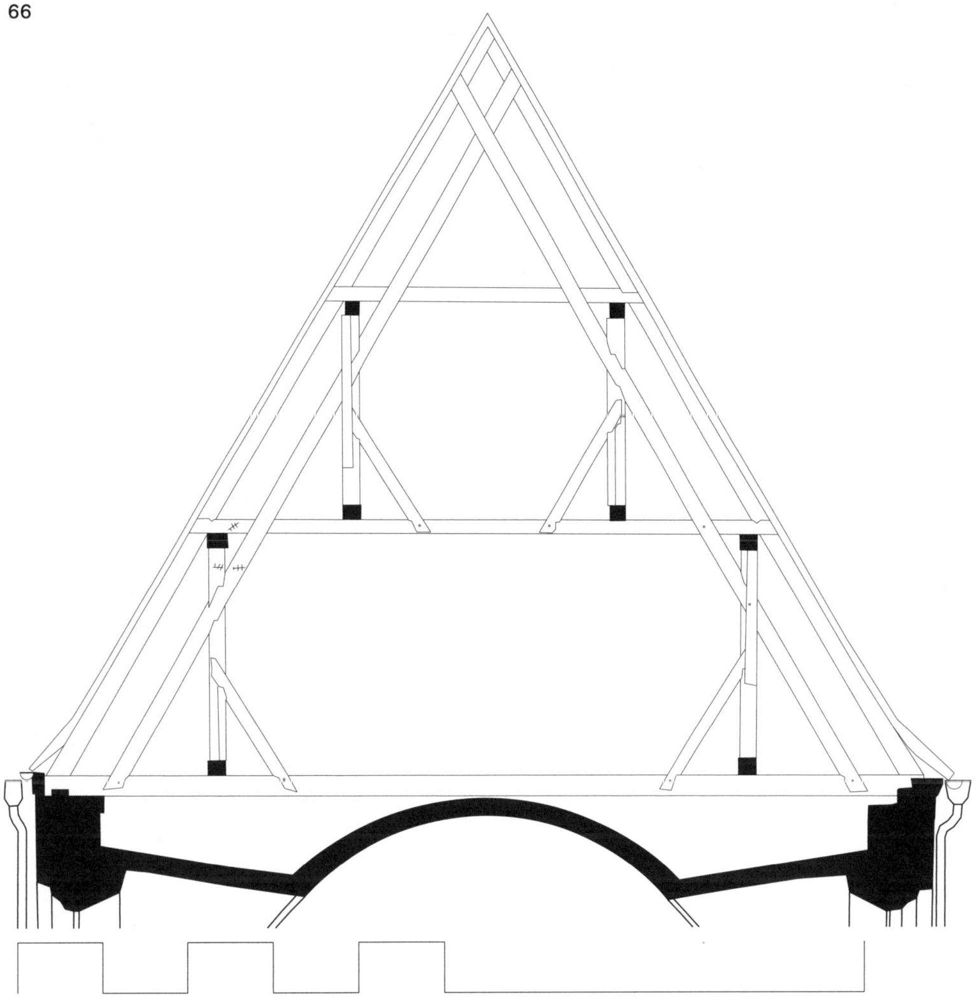

67

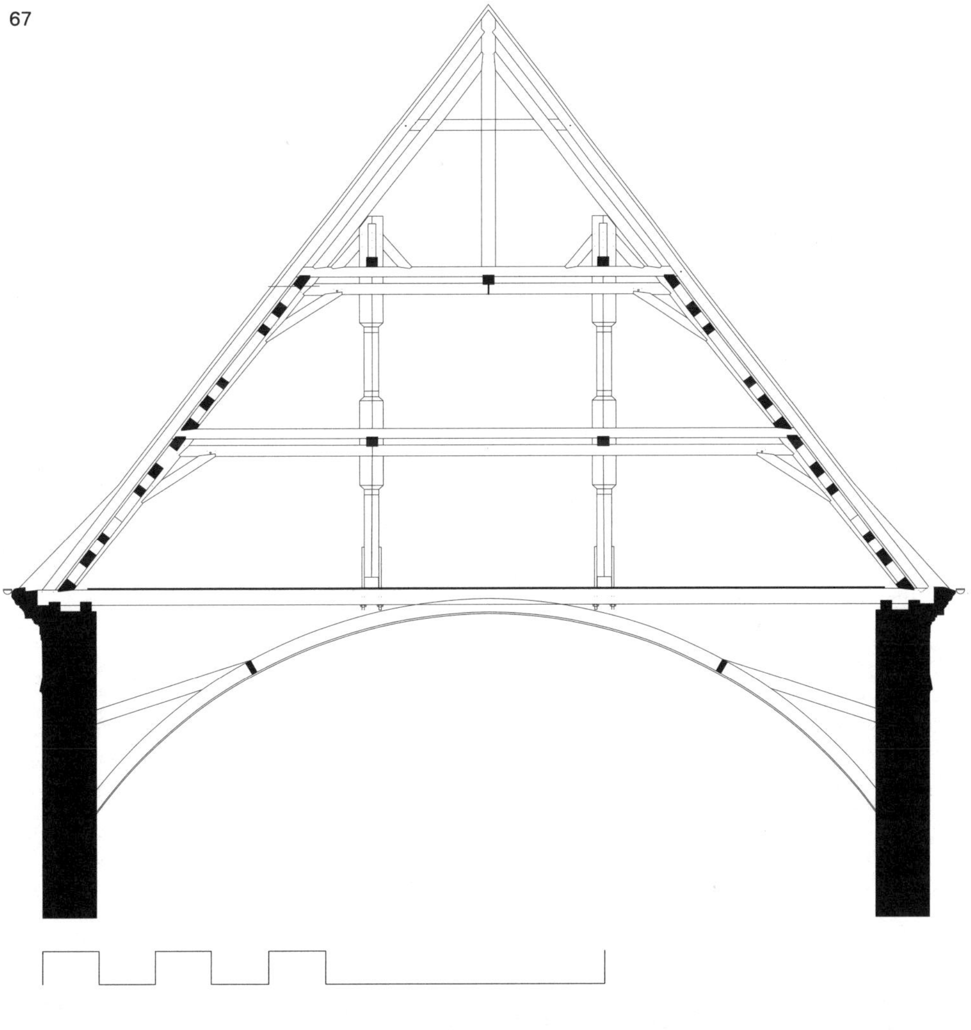

68

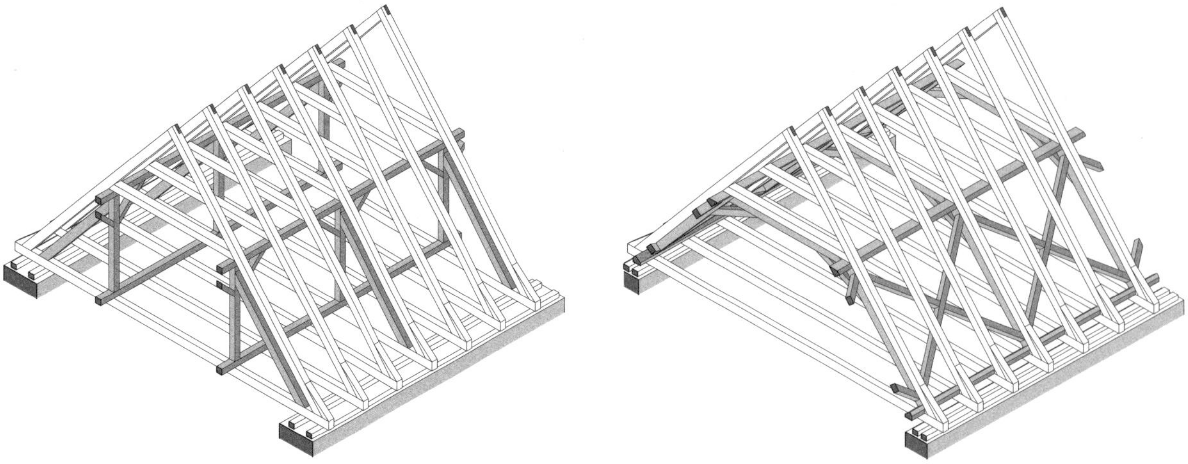

Abb. 68 Isometrische Darstellung eines Kehlbalkendachs mit stehendem bzw. liegendem Stuhl.
Abb. 69 Längsgebundenes Sparrendach in Regensburg.
Abb. 70 Grabendach, Mühldorfer Raum.

69

70

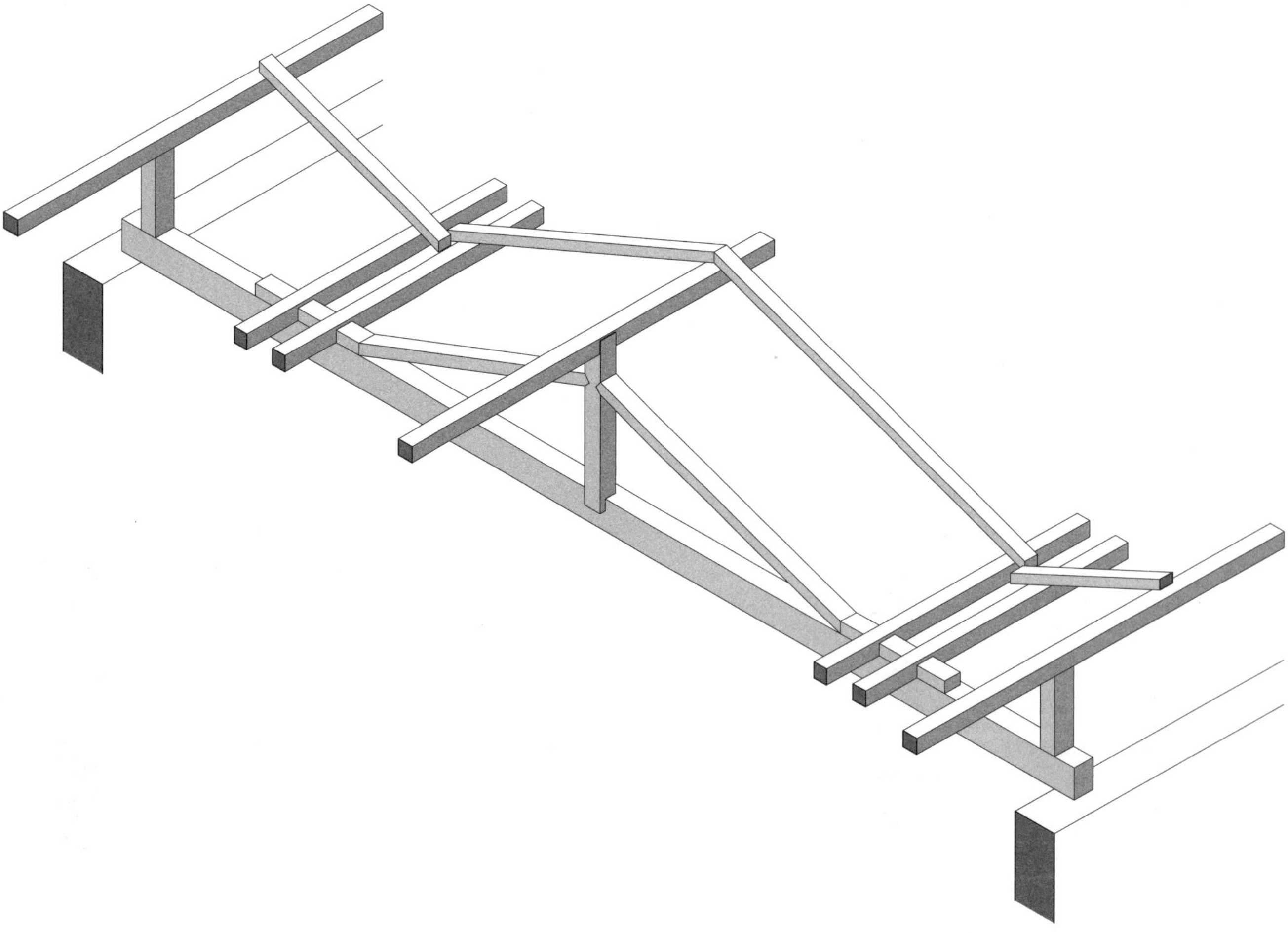

Abb. 70: Darstellung: Tobias Bastier nach Bauaufnahme: Vinzenz Schuster

71

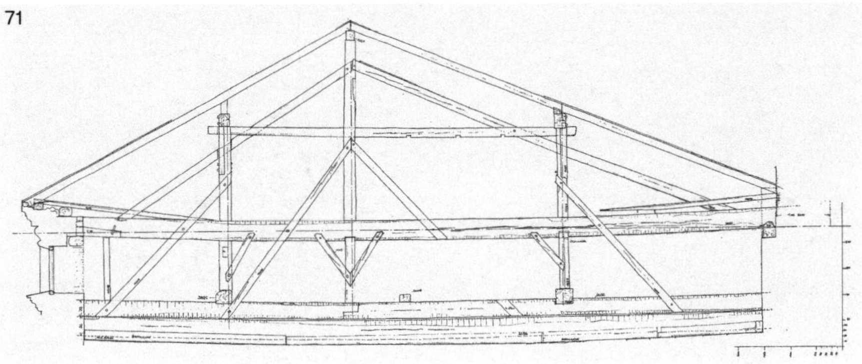

72

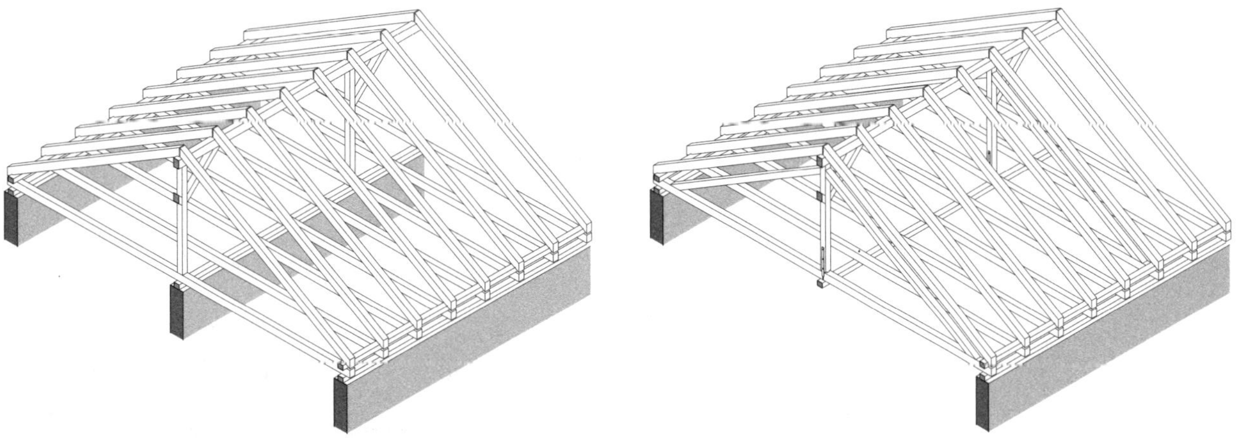

73

Abb. 71 Rathaus Burghausen, Pfettendach.
Abb. 72 Isometrische Darstellung einer Pfettendachkonstruktion, einfach stehend (links) bzw. einfach stehend mit Sprengwerk.
Abb. 73 St. Paul's Cathedral, London, Fußpunktsicherung mit Bandeisen.
Abb. 74 Abteikirche, Wiblingen, 18. Jahrhundert, Kehlbalkendach mit polygonalem Sprengwerk.

74

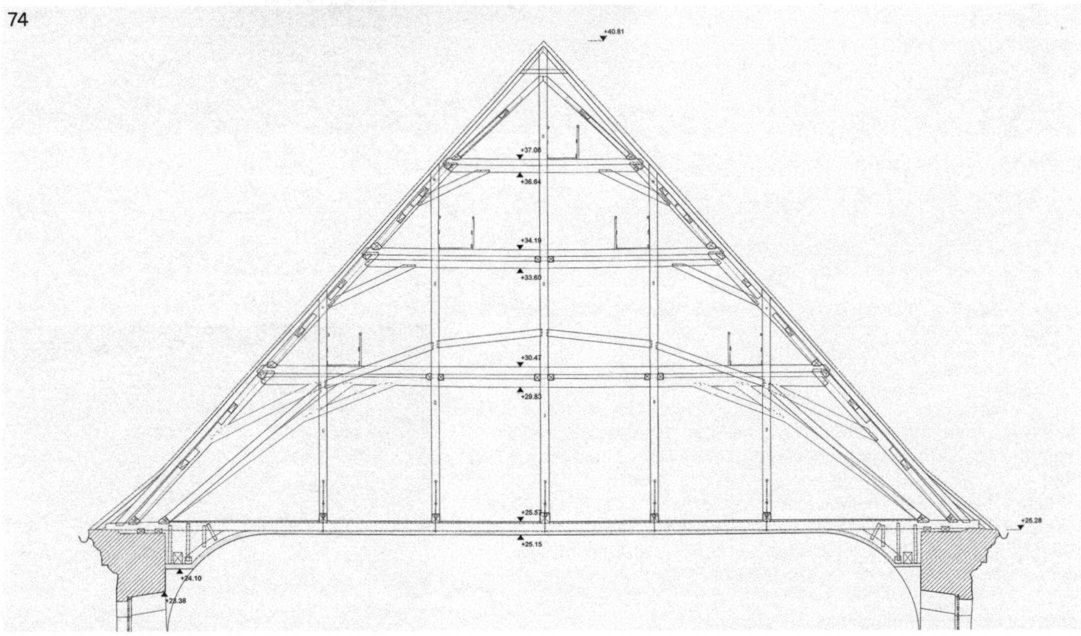

Abb. 71: Bauaufnahme: Christian Kayser

75

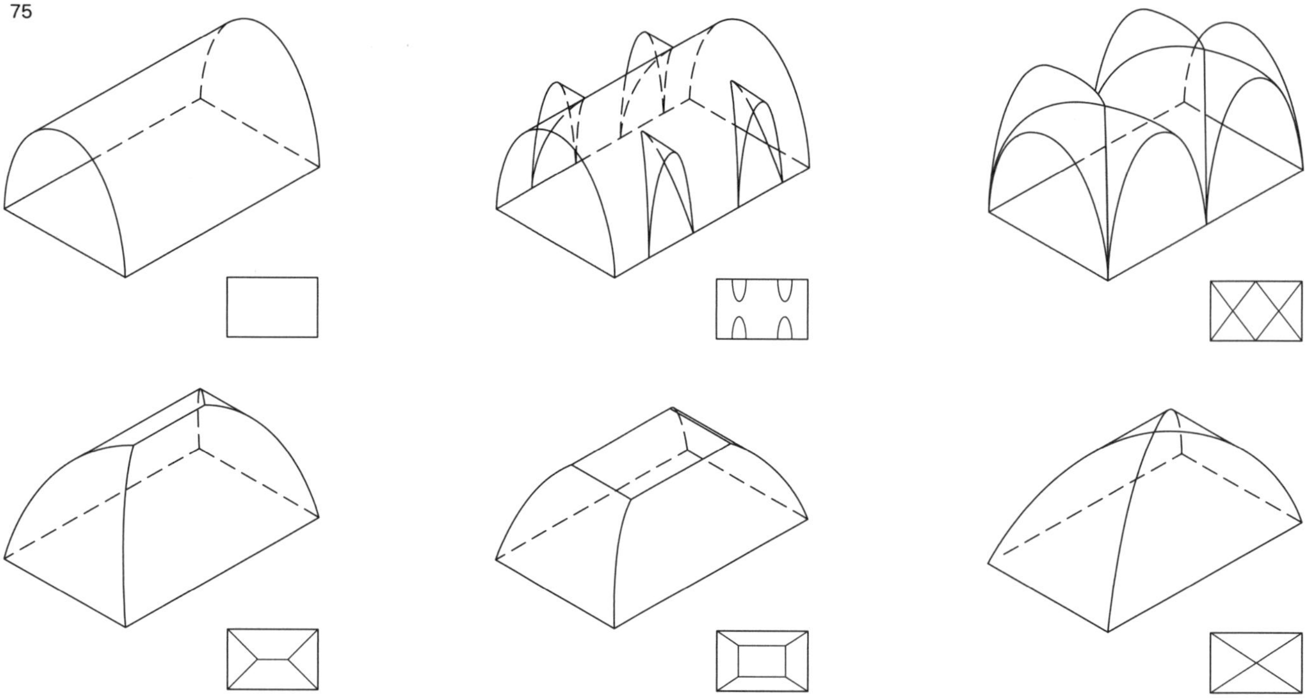

76

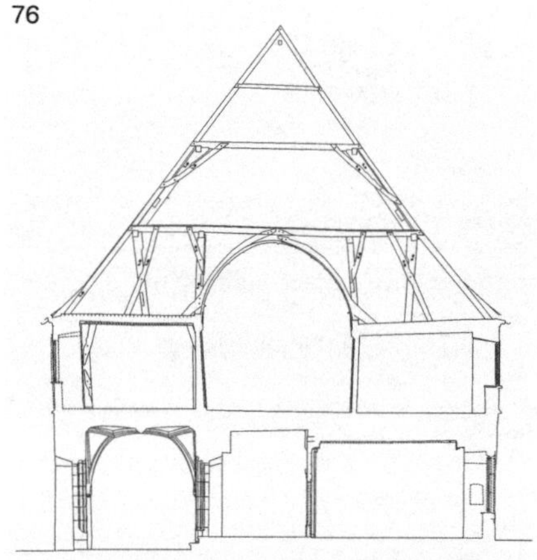

77

78

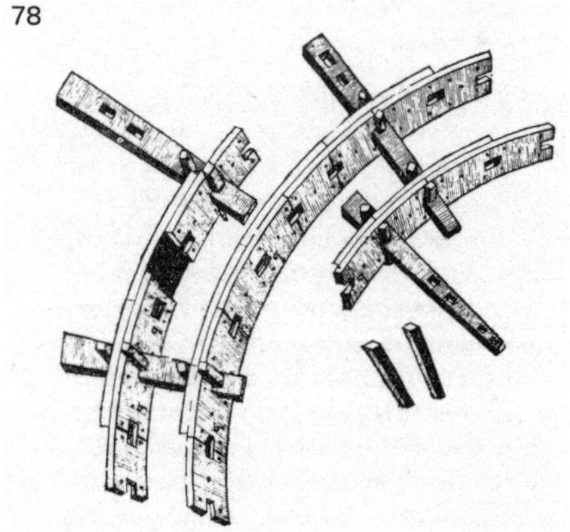

79

80

Abb. 75 Verschiedene Formen von Holzgewölben, von links oben nach rechts unten: Tonne; Tonne mit Stichkappen; Kreuzgewölbe; Muldengewölbe; Spiegelgewölbe; Klostergewölbe.
Abb. 76 Dormentbau, Kloster Blaubeuren, 15. Jahrhundert, Querschnitt der Holztonne.
Abb. 77 Dormentbau, Kloster Blaubeuren, mittelalterliches Tonnengewölbe.
Abb. 78 Stecksystem für Spantengewölbe nach Philibert de l'Orme, 16. Jahrhundert.
Abb. 79 Kirche St. Martin, Pfaffenhofen an der Zusam, 1720–1722, Spantengewölbe.
Abb. 80 Kirche St. Martin, Pfaffenhofen an der Zusam, 1720–1722, Detail der Fügung der Spanten mit Holzdollen und schmiedeeisernen Nägeln.

Abb. 75: Darstellung: Tobias Bastier; Abb. 76, 77: Bauaufnahme und Foto: Christian Kayser

81

82

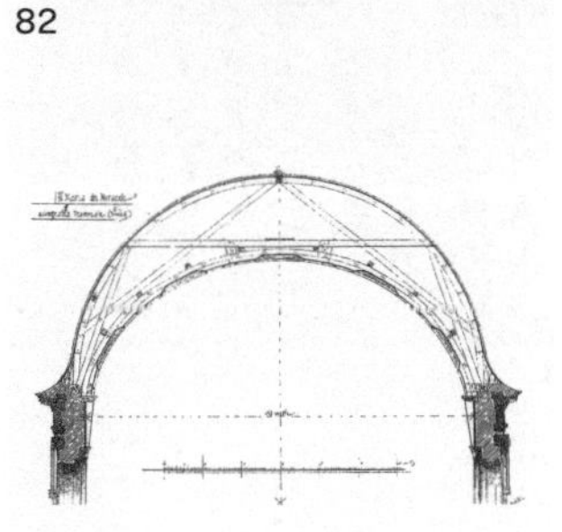

83

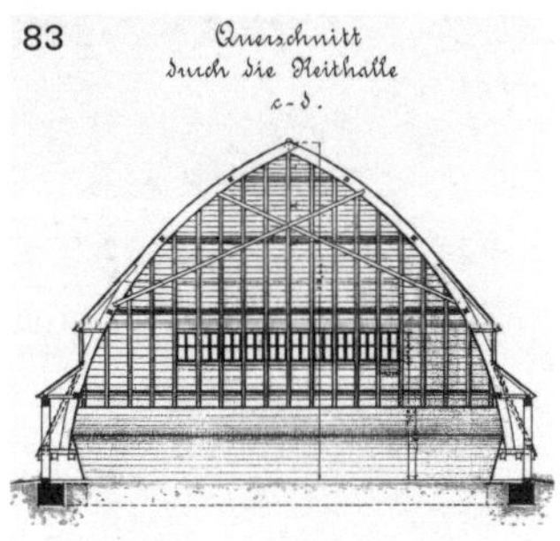

Abb. 81 Historische Innenraumperspektive von Westminster Hall; Darstellung von Thomas Rowlandson und Augustus Pugin, um 1840.

Abb. 82 Santa Maria dei Miracoli, Venedig, Bogenbohlenkonstruktion nach Durm 1914.

Abb. 83 Reithalle in der Moritzburg, Bogenbohlenkonstruktion, Bauaufnahme von 1903.

angeordnet wurde. (Abb. 81) Die untergesetzten Konsolen und aufgesetzten Maßwerke ergeben einen illusionistischen Raumeindruck. Ein weiteres Beispiel ist das Tonnendach mit zusätzlichem tiefer liegendem Tonnengewölbe von Santa Maria dei Miracoli in Venedig von 1481. (Abb. 82)

Gegen Ende des 18. Jahrhunderts wurde der Gedanke von de l'Orme wieder aufgegriffen. David Gilly (1748–1808) machte 1797 auf den Baumeister und seine besondere Steckkonstruktion aufmerksam. Diese hatte auch deshalb große Vorteile, weil mit immer gleichen, kurzen Bauteilen bedeutsame Spannweiten erreicht werden konnten. So plante de L'Orme Kuppeln von bis zu 60 m Spannweite, die jedoch nicht realisiert wurden. Tatsächlich kamen dann zwischen 1790 und 1850 zahlreiche Dachtragwerke aus Bogenbohlenkonstruktionen im ostdeutschen Raum zur Ausführung mit Spannweiten von immerhin bis zu 20 m. (Abb. 83) Die Bohlenstücke waren 1,2 bis 2,2 m lang und wurden in Dicken von bis zu 5 cm hergestellt. Es wurden, je nach Spannweite, zwei bis drei Bohlen nebeneinandergelegt und mit geschmiedeten Nägeln (in der Nähe des Stoßes) gefügt. Bei kleineren Spannweiten und zwischen den Stößen wurden auch Nägel aus trockenem Tannenholz eingesetzt. Diese waren etwas größer als die Bohrung selbst, sodass sich der Nagel fest eintreiben ließ. Schließlich wurde der Nagel quer zur Faser der Bohle aufgekeilt, um ihn zusätzlich in die Bohrung einzuspreizen.[47] Auf diese Weise wurden spitzbogige Dächer hergestellt.

Ein solches Bogenbohlendach mit orthogonaler Anordnung der Binder ist als eine Art Sparrendach anzusehen und funktioniert statisch auf die gleiche Weise. Teilweise wurden in die Dächer Kehlbalken oder Zerrbalken eingesetzt, nur selten Stuhlkonstruktionen. In Längsrichtung wirkten bei etwa der Hälfte der Dächer mit den Bohlen verkeilte Längsriegel als Aussteifung. Aber auch Rispen wurden verwendet. Kehlbalkenebenen wurden zum Teil mithilfe von Beplankungen auch unverschieblich ausgebildet. Um die Bogenbohlen am First in ihrer Lage sichern zu können, verwendete man häufig sogenannte Firstbohlen, die nicht mit einer Pfette verwechselt werden dürfen. Die Bauweise ging verloren und wurde wohl durch eiserne Konstruktionsweisen verdrängt. Eine Sonderausführung stellt die leider nicht mehr existierende Kuppelkonstruktion über der Ludwigskirche in Darmstadt dar. Georg Moller (1784–1852), auf den wir auch im Kapitel Eisenbau zu sprechen kommen, konzipierte sie im Jahr 1822. (Abb. 84, 85) Um die enorme Spannweite von 33,5 m zu erzielen, setzte er bis zu fünf Lamellen aneinander und verspannte die Meridiane mit regelmäßig angeordneten Ringen. Der Gewölbeschub wurde teilweise von einem Zugring, vor allem aber wohl von den umlaufenden Anbauten aufgenommen, die als eine Art Strebewerk dienten.

Statt die Lamellen für gekrümmte Wölbkonstruktionen senkrecht zu stellen, können Bretter oder dünne Bohlen auch liegend eingesetzt werden. Der Franzose Armand-Rose Émy experimentierte im frühen 19. Jahrhundert mit solchen geschichteten Brettstapeln. Die einzelnen Bretter können leichter gekrümmt werden und wurden nur mit Bolzen verbunden. Ein weit gespanntes Bogentragwerk mit geschichteten Holzlamellen stellte das nicht mehr existierende Tragwerk über der Bahnstation

47 Erler 2013, S. 99; eine exakte, illustrierte Beschreibung der Fügung solcher Bohlenbinder findet sich in Breymann 1885, S. 127. Darin wird auch auf die Verwendung von Tannenholz ausdrücklich hingewiesen.

Abb. 84 Kirche St. Ludwig, Darmstadt.

Abb. 85 Kirche St. Ludwig, Darmstadt, historische Darstellung der ehemaligen Gewölbekonstruktion, 1851.

Abb. 86 Bahnsteighalle von King's Cross, London, historische Zeichnung der ehemaligen Lamellenkonstruktion nach Dempsey, 1855.

85

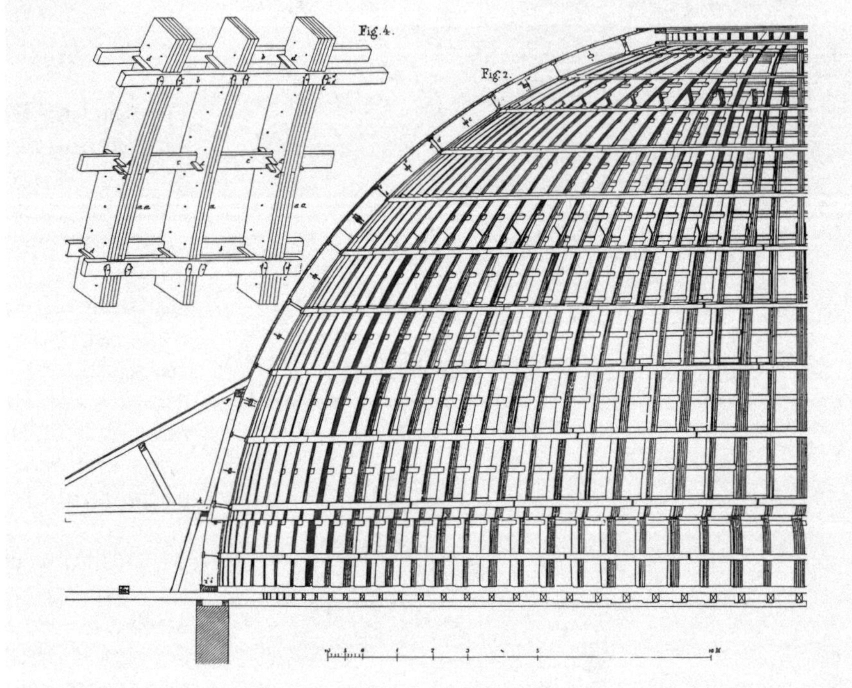

86

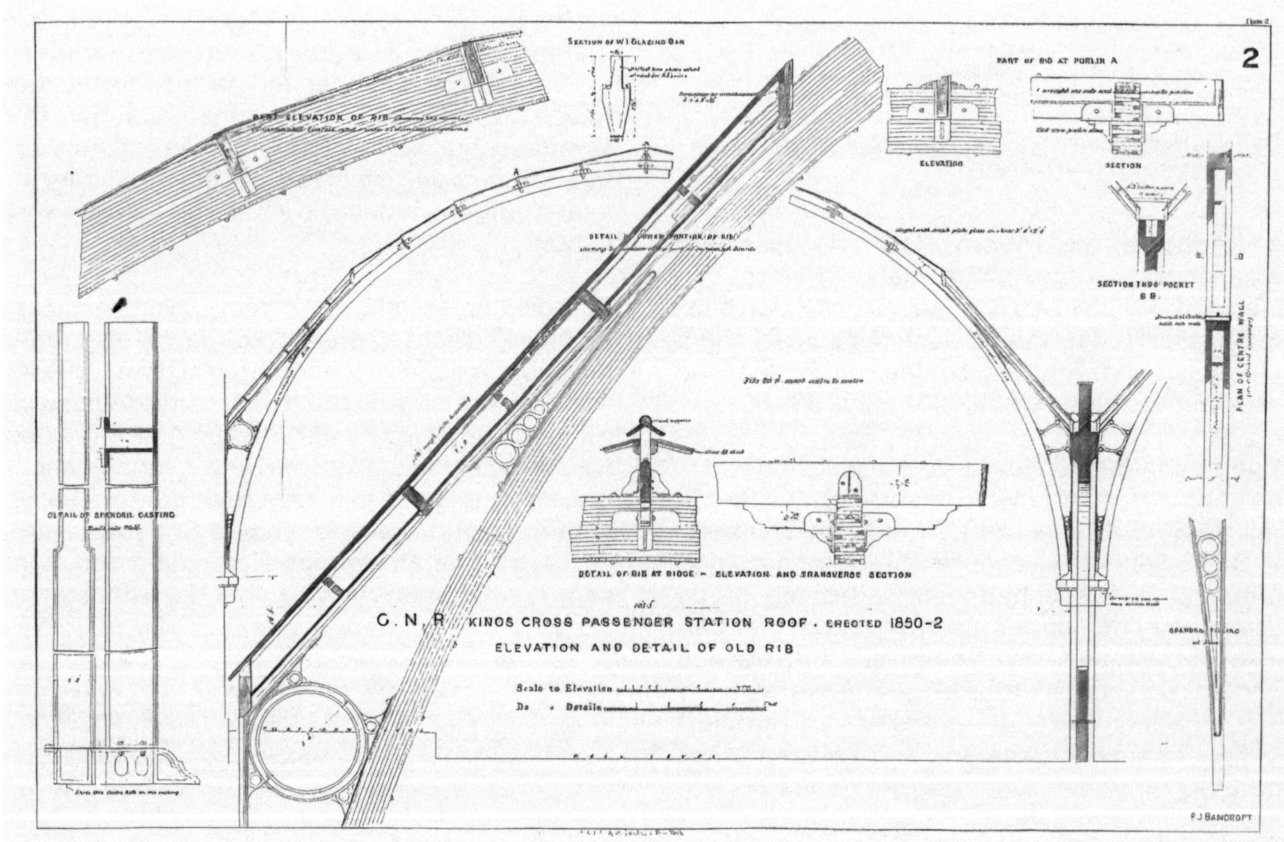

87

88

Abb. 87 Ehemalige Reithalle, Karlsruhe-Durlach, 1914–1916. Fischbauchträger mit Doppel-T-Querschnitt als Dreigelenkbinder mit Unterspannung auf Mauerwerkspfeilern.

Abb. 88 Mariä Himmelfahrt in Güstrow, Sakralbau mit Gewölbe in Zollinger-Bauweise.

Abb. 89 Kirche St. Martin, Mehring, Turmhelm mit Spantenkonstruktion, 1755.

Abb. 90 Kirche St. Martin, Pfaffenhofen an der Zusam, 1720–1722, in die Zerrbalkenlage einschneidende Kuppel.

89

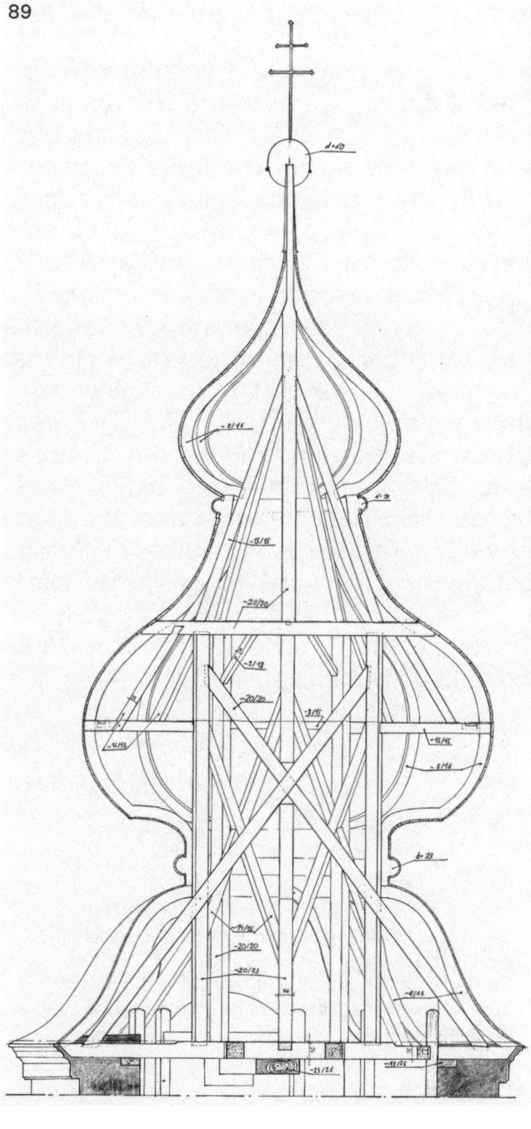

90

Abb. 88: Foto: Heiner Martin

von King's Cross in London mit einer Spannweite von 32 m dar.[48] (Abb. 86) Die von 1851 bis 1852 errichtete Konstruktion wurde schon 18 Jahre später abgebaut und durch die noch heute zu sehende Eisenkonstruktion ersetzt. Der Grund für den raschen Austausch der bemerkenswerten Holzkonstruktion waren vermutlich Schädigungen, die von den Rauchgasen der Lokomotiven in Kombination mit Feuchteeinwirkung herrührten. Die Ersatzkonstruktion entspricht erstaunlich genau der gestalterischen Ausbildung der vorherigen Konstruktion und wird im Kapitel Eisenbau nochmals aufgegriffen.

Für weitspannende Bogenbinder wurden ab 1906 auch verleimte Brettschichtholzträger verwendet. Der deutsche Bauunternehmer und Zimmerer Otto Hetzer (1846–1911) ließ sich diese Bauweise, wie erwähnt, patentieren. Träger hatten den Vorteil, dass sie frei geformt werden konnten. Um ein seitliches Ausweichen zu vermeiden, wurden Doppel-T-Träger aus Brettschichtholz mit Querschnitten von bis zu 20 × 75 cm hergestellt. (Abb. 87)

Friedrich Zollinger (1880–1945) sollte dann nur kurze Zeit später Lamellendächer aus Holz konzipieren, die äußerst materialsparend waren.[49] Seine Konstruktionen zeichneten sich durch einen hohen Grad an Vorfertigung immer gleicher Bauteile, der Vollholzlamellen, und durch immer gleiche Detaillösungen aus. Die so gefertigten Dachtragwerke entsprechen im Querschnitt einem Kreisbogen oder einem Spitzbogen, bei dem zwei Segmentbögen am First entlang eines Längsbalkens (Firstbohle) gestoßen sind. Die Schlankheit der Konstruktionen ist mit 1/80 bis 1/100 (Lamellenhöhe zu Spannweite) bemerkenswert. Mit der Bauweise wurden erhebliche Spannweiten realisiert. (Abb. 88)

Kuppelkonstruktionen, beispielsweise Turmhelme, die als sogenannte welsche Haube konzipiert waren, wurden seit der Renaissance gebaut und entwickelten sich aus Sprengwerkskonstruktionen, die um eine Spantenkonstruktion als formgebendes Element ergänzt wurden. An die in mehreren Stockwerken übereinander angeordneten Sprengwerke wurden statt geschifteter Sparren die geschweiften Spanten angesetzt. (Abb. 89) Bei größeren Turmhelmen kamen auch liegende Fachwerkkonstruktionen zur Ausführung, um die weit ausschwingenden Spanten zu halten.

Kuppeln wurden ansonsten in der Barockzeit häufig als selbsttragende Spantengewölbe oder Bogenbohlenkonstruktionen ausgeführt, wie wir es bei der Pfarrkirche St. Martin in Pfaffenhofen an der Zusam finden können, die in einem Zuge 1722 errichtet wurde.[50] (Abb. 90)

6. GEFÄHRDUNGEN

Die Brandkatastrophe im Dachtragwerk der altehrwürdigen Kathedrale Notre-Dame in Paris im Jahr 2019 hat uns vor Augen geführt, wie schwierig es ist, einen solchen Verlust an historischer Substanz zu verkraften. Hier wurden Tausende von wertvollen Eichenbaumstämmen in einer Nacht zerstört. Es handelt sich um Bäume, die es in dieser Form heute kaum noch gibt. Damit kam es nicht nur zu einem Verlust von Zeugnissen handwerklicher Baukunst. Vielmehr gingen Werkstoffe verloren, die heute nur mit äußerstem Aufwand wiederbeschafft werden können. Wie wichtig uns der Schutz verbleibender Reste vergangener Baukulturen sein muss, ist vor diesem Hintergrund noch klarer geworden. Und wie bedenkenlos werden wertvolle Baustoffe bei vielen Maßnahmen ausgebaut und entsorgt! Der Substanzerhalt sollte noch viel stärker gegenüber dem Ersatz priorisiert werden. Holz ist dabei, gut behütet, ein Werkstoff, der seine positiven Eigenschaften nicht verliert.

Bauzeitliche Ausführungsmängel

Einer der großen Fehler beim Einsatz von Holz war dessen Verwendung in feuchtebelasteten Bereichen. Fortgesetzte Durchfeuchtung ist die größte Gefahr für hölzerne Tragelemente. Bei historischen Dächern waren die Traufpunkte die anfälligsten Bereiche, weil aus Gründen der geometrischen Ausformung der Traufbereiche, insbesondere bei Sparrendachkonstruktionen mit Dachknick kurz vor der Traufe, die Dachhaut nicht immer die notwendige Regendichtheit aufwies. (Abb. 91) Ob nun hölzerne Schwellen im erdberührten Sockelbereich, hölzerne Schwellen und Mauerlatten an Traufpunkten über Mauerkronen, die drei- oder gar vierseitig von Mauerwerk umschlossen wurden, immer wieder wurde nicht beachtet, dass Holz hygroskopisch ist und in Kontakt mit hoher Feuchtigkeit Schimmelpilzen einen idealen Nährboden bietet. Die Einbausituation bzw. die Missachtung eines ausreichenden Schutzes der Hölzer vor Durchfeuchtung war und ist also eine der wichtigsten Ursachen für Schädigungen. Die problematische Einbausituation wurde häufig noch durch mangelnde Pflege verschärft.

48 Bill 2023; außerdem ist auch bei Breymann 1885, Tafel 37, eine solche Trägerkonstruktion abgebildet.
49 Winter et al. 1992.
50 Die Dachtragkonstruktion und das Spantengewölbe in St. Martin werden am Ende des Kapitels ausführlich dargestellt.

93

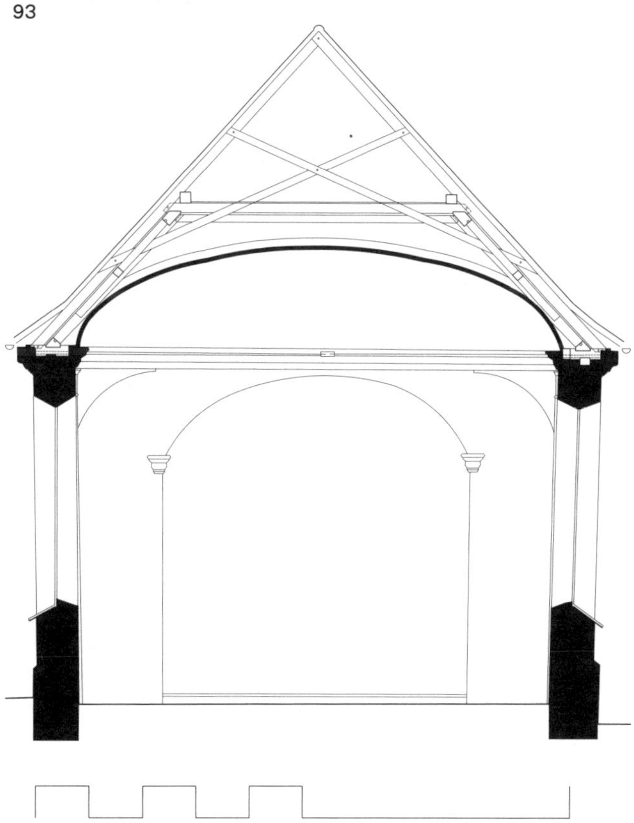

Abb. 91 Durch Fäulnis geschädigter Fußpunkt bei einem Sparrendach.

Abb. 92 Gemauerte Auflagerung der Zerrbalken auf dem massiven Gewölbe.

Abb. 93 Kapelle, Tutzing, 1738–1739, Querschnit mit in den Dachraum eingreifendem Holzgewölbe.

Es besteht kein Zweifel daran, dass zu allen Zeiten, in denen Holzbau betrieben wurde, dem Werkstoff oft zu viel zugemutet wurde. Dies sei hier als zweiter Fehler angeführt. Holz ist dabei ein gutmütiger Werkstoff. Er gibt überhöhten Lasten nach, ohne gleich komplett zu versagen. Ob mangelhafte Gründung oder zu hohe Verkehrslasten bei zu großen Spannweiten, Holz verformt sich, aber Holz erfüllt sehr lange seine Pflichten als Tragelement. Immer wieder können wir also feststellen, dass Balken für zu große Spannweiten eingesetzt wurden. Die Durchbiegungen betragen dabei weit mehr als die heute tolerierten Maße und gehen weit über einen Wert von L/300 hinaus. Die Möglichkeit, einen Baum als Balken zu nutzen, der 8 oder 10 m lang ist, wurde ausgeschöpft. Verformungen aus Eigengewicht bei zu großen Spannweiten oder wegen nicht vorgesehener Lasten, auch beispielsweise aufgrund von Umlastungen, sind also eine häufig zu beobachtende Tatsache. So werden die beschriebenen Stuhlkonstruktionen in historischen Dachtragwerken ja auch häufig zur Rettung der Gesamtkonstruktion. Können die Fußpunkte nämlich ihre Funktion nicht mehr erfüllen, sodass die Sparren nach außen wegrutschen, kommt es zu einer Gesamtabsenkung des Dachtragwerks. Die Kehlbalkendächer senken sich auf die Stuhlkonstruktion ab, die ihrerseits die Zerrbalkenlagen belasten. Das Dach bleibt zunächst einmal stehen, aber die Zerrbalken biegen sich durch. Sollte ein Gewölbe darunter angeordnet sein, liegt das hölzerne Dachtragwerk dann möglicherweise auf dem Gewölbe. Dies führt zu nachgelagerten Schäden an den Gewölben selbst. (Abb. 92)

Der dritte Fehler bestand darin, dass man an bestimmten Punkten oder Knoten die Aufnahme von Biegespannungen zuließ, die diese Punkte aber nicht aufnehmen konnten. Beispiele dafür sind sogenannte offene Dachkonstruktionen, also zerrbalkenlose Sparrendächer. (Abb. 93) Ursache für die Ausführung solcher Dachkonstruktionen war meist die Errichtung eines Gewölbes, das in den Dachraum hineinreichte, sodass keine Zerrbalken verwendet werden konnten. Manchmal war dies schon bei der Errichtung beispielsweise einer Kirche so geplant, manchmal wurde ein solches Gewölbe erst im Zuge einer barocken Überformung hergestellt. Ein Kehlbalkendach ohne Zerrbalken ist schwach. Die Schubkräfte sind oft so groß, dass die Mauerkronen nach außen verformt werden, sich also der Gebäudequerschnitt vergrößert. Diese Aufweitung kann entweder durch ein Strebewerk oder durch bestimmte Maßnahmen

Abb. 92: Foto: Christian Kayser

im Dachtragwerk aufgehalten werden. Ein Versuch, der Aufweitung entgegenzuwirken, ist der Einbau von Scherenkonstruktionen, die den Aufweitungsprozess aber kaum aufhalten können. Die Aufweitung verursacht Biegung in der Schere und führt in der Folge am schwächsten Punkt, dem Kreuzungspunkt der beiden Scheren, zum Bruch der Konstruktion. Außerdem hatten Eingriffe wie das Einkürzen von Balkenköpfen, um einem veränderten gestalterischen Anspruch während der Barockzeit zu genügen, häufig Einschränkungen der Tragfähigkeit bzw. die Störung des konstruktiven Gefüges zur Folge.

Eine in der Anlage des Dachtragwerks ungünstige Ausführung liegt beim längsgebundenen Sparrendach vor. Bei solchen Dachtragwerken werden keine oder nur teilweise Sparrendreiecke ausgebildet. Die Außenwände oder Strebewerke müssen daher die Schubkräfte aus den Sparren aufnehmen, was vielfach zu einer Aufweitung des Gebäudequerschnitts führt. Eventuell vorhandene Ankerbalken sind, wenn die Überblattung mit der Schwelle abschert, nur bedingt wirkungsvoll. (Abb. 94) Auch eine über mehrere Gespärre hinweg verlaufende Auswechslung wurde recht häufig ausgeführt. (Abb. 95) Dabei werden die Sparren an Stichbalken angeschlossen, die jedoch nur in den Achsen der Binder bis zur anderen Seite durchlaufen. Diese Form der Einsparung von Bauholz führt häufig zu Verformungen. Das Gleiche gilt für die Ausführung von Walmen, weil auch hier bei häufig geringer Dachneigung die Stichbalken aus den Wechseln gezogen werden.

94

95

Abb. 94 Gebäude, Regensburg, längsgebundenes Sparrendach mit Klaffung vor dem Balkenkopf.

Abb. 95 Beispielhaftes Kehlbalkendach mit wenigen durchgehenden Zerrbalken (Ankerbalken).

Abb. 95: Foto: Ludwig Steiger

Abb. 96 Sparrenkopf, durch Pilzbefall geschädigt (verdeckter Schaden).
Abb. 97 Blockhauswand mit zahlreichen Wurmbohrlöchern (Bohrmehl am Boden).

Dennoch können historische Tragkonstruktionen aus Holz Jahrhunderte ohne Ertüchtigung überdauern, wenn sie klug konzipiert und sorgfältig ausgeführt wurden. Ein Beispiel ist das schon mehrfach genannte Dachtragwerk der Pfarrkirche St. Martin in Pfaffenhofen an der Zusam im Raum Dillingen an der Donau.

Allgemeine Schadensbilder und deren Ursachen

Wenn, wie bereits erwähnt, die bauzeitliche Ausführung hinreichend durchdacht war, dann gibt es nur zwei wesentliche Ursachen für Schäden, die es zu vermeiden gilt:

- Durchfeuchtung
- Veränderungen bzw. Eingriffe in das Tragwerk

96

Typische Schadensbilder sind Pilzbefall (Abb. 96) und Schädlingsbefall (Abb. 97). Pilzbefall kann durch Trockenhaltung der Konstruktion vorgebeugt werden. Fraßschädlinge sind eine virulente Gefahr, die nur durch Beobachtung und regelmäßige Wartung frühzeitig erkannt werden kann.

Zwischenzeitlich vorgenommene Veränderungen an Bauwerken aus Holz betreffen häufig auch das Tragwerk selbst. Werden wesentliche Bauteile entfernt, so reagiert das Gesamtsystem mit Verformungen, die im Extremfall auch zum Versagen des Tragwerks führen können.

97

7.

BEISPIELHAFTE BAUWERKE

Im Folgenden werden Dachtragwerke aus Holz aufgeführt. Die sehr beeindruckenden Spannweiten, die mithilfe von Sprengwerken schon im italienischen Mittelalter und wahrscheinlich zuvor in der römischen Antike erreicht wurden,[51] werden in der Renaissance auch mithilfe ungeheuer materialsparender Bogenbohlenbinder erzielt. Stuhlkonstruktionen, die in steilen Satteldächern nördlich der Alpen eingesetzt wurden, waren nicht geeignet, ähnliche Spannweiten zu erreichen. Dies stellt eine geradezu vom südlichen Europa getrennte Entwicklungslinie dar. Besonders die stehenden Stuhlkonstruktionen wurden als additive Elemente verwendet, wie am Beispiel von St. Martin in Landshut ersichtlich ist. Erst im 19. und 20. Jahrhundert konnten mit Binderkonstruktionen und Lamellendächern wieder ähnliche Tragwerksgrößen erreicht werden. (Abb. 98, 99)

51 So muss über der Palastaula in Trier aus dem 4. Jh. n. Chr., auch Konstantinbasilika genannt, ein gewaltiges Dachtragwerk, sicher mithilfe von Sprengwerken, vorhanden gewesen sein. Die Spannweite beträgt 27,5 m.

Abb. 98 Hölzerne Dachkonstruktionen, von links nach rechts: Palazzo Ducale, Venedig; Palazzo della Ragione, Padua; St. Martin, Landshut.
Abb. 99 Hölzerne Dachkonstruktionen, von links nach rechts: St. Johannes Baptist, Pfaffenhofen an der Ilm; St. Martin, Pfaffenhofen an der Zusam; Werfthalle, Neubiberg.

98

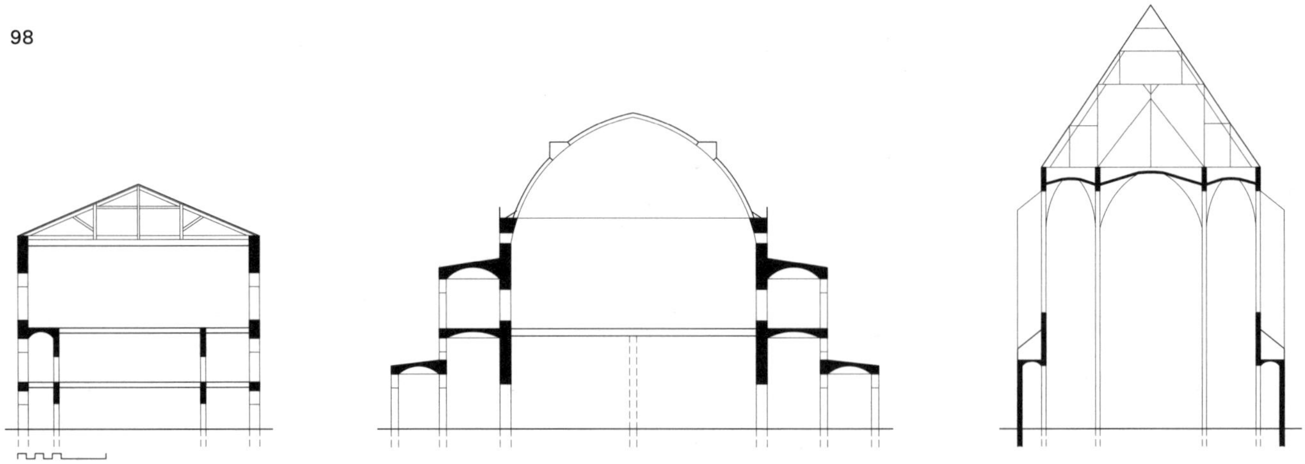

99

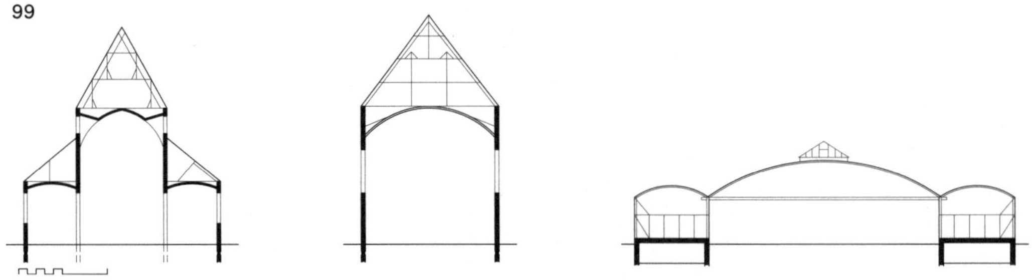

Dogenpalast, Venedig

Ausführungszeit	14. Jh., nach 1577 Dachtragwerk wohl erneuert
Bautypus	Rathaus mit großem Ratssaal im Obergeschoss
Bauweise	flach geneigtes Pfettendach mit dreifachem Hängewerk (eiserne Verbindungsmittel)
Merkmale	Sprengwerkskonstruktion mit mehrteiligem Zerrbalken (Sägezahnschnitt), Abstand der Binder ca. 1 m
wesentliche Maße	Spannweite 25 m, Dachneigung 22 Grad, Querschnitte der verbauten Hölzer 30 × 40 cm
Beteiligte	unbekannt

Der Dogenpalast wurde im 14. Jahrhundert errichtet. Seine filigranen Arkadenumgänge in den unteren beiden Stockwerken versetzen den Betrachter auch heute noch in Erstaunen, weil darüber die weitgehend geschlossene Fassade des Ratssaales durchaus Gewicht vermittelt. (Abb. 100) Es wird damit ein Bedürfnis nach solider Gründung konterkariert. Ebenso erstaunlich ist der stützenfreie Ratssaal an sich, der von einem imposanten Dachtragwerk überspannt wird.[52] Die Spannweite beträgt ca. 25 m, was für ein hölzernes Tragwerk in Europa seinerzeit einzigartig war. Zugleich beträgt die Dachneigung nur 22 Grad. Der Querschnitt des Dachtragwerks ist durchaus komplex. In dichtem Abstand von etwa 1 m sind Binder aufgebaut, von

100

Abb. 100 Palazzo Ducale, Venedig.

denen jeder aus einem dreifachen Hängewerk besteht, das den Zerrbalken aufnimmt. Die Streben verlaufen durchgehend vom Fußpunkt bis zum First. Direkt darauf aufgelegt sind Aufhölzer, die als Unterbau für die längs verlaufenden Pfetten dienen. Darauf ist wiederum eine Holzschalung verlegt, auf der die Dachdeckung aufgebracht wurde. Die Nähe von Aufholz und Sprengwerksstrebe irritiert etwas, denn sie bewirkt, dass die Strebe auch auf Biegung beansprucht wird. Mithilfe der Aufhölzer wird jedoch die Dachhaut, die aus Blei besteht, über den Fußpunkt des Sprengwerks hinweg auf die Mauerkrone hinausgezogen.

52 Bei Schuller et al. 2004, S. 84, ist auch ein modellhafter Nachbau des Dachtragwerks abgebildet.

Der mehrteilige Zerrbalken hat mit einem Sägezahnschnitt eine schubfeste Verbindung. Die Anschlüsse sowohl der Hängesäulen als auch die der Streben mittels Fersenversatz an den Zerrbalken wurden mit Bandeisen gesichert. Die beiden seitlichen Säulen wurden mit einem Schwalbenschwanz an die Sprengstreben angesetzt. Die mittlere Hängesäule besteht aus zwei Teilen und umfasst Zerrbalken, Druckriegel und Streben (am Firstpunkt). Die oberen Anschlüsse wurden nach Manfred Schuller nicht zusätzlich mit Eisenbändern gesichert. Die Lasten aus dem Zerrbalken und der daran befestigten Abhängdecke müssen über die hölzernen Verbindungen in die Sprengstreben übertragen werden. Um die seitlichen Hängesäulen in ihrer Lage zu sichern und die Streben vor Durchbiegung zu bewahren, wurde auf Höhe des Anschlusses von Hängesäule und Strebe der bereits genannte Druckriegel eingebaut.

Die Querschnitte der verbauten Hölzer sind mit bis zu 30 × 40 cm (Breite × Höhe) für den Zerrbalken beträchtlich. Insgesamt stellt das Tragwerk eine sehr nüchterne Konstruktion dar, die in der Tradition antiker Dachtragwerke steht.

Erhaltung: 1577 brannte das ursprüngliche Dachtragwerk ab. Es wurde wohl weitgehend gleich wieder hergestellt. Das Nachfolgetragwerk besteht aus Lärchenholz und ist bis heute erhalten.

Literatur: Schuller, Manfred/Eißing, Thomas/Scheffold, Michael. Stadt Bamberg (Hrsg.). *800 Jahre Bamberger Dachwerke*. Bamberg 2004, S. 84–85.

Abb. 101 Palazzo della Ragione, Padua.

101

Foto: Didier Descouens

Palazzo della Ragione, Padua

Ausführungszeit	1172–1218, erstes Tonnendach wohl 1306–1309, nach 1756 Dachtragwerk wohl erneuert
Bautypus	Rathaus mit großem Ratssaal im Obergeschoss
Bauweise	abgewalmtes Spitztonnendach (Muldengewölbe), Bogenbohlenbinder aus Holz mit eisernem Zugband
Merkmale	Spantenkonstruktion mit parallel angeordneten Bindern in dichtem Abstand
wesentliche Maße	Spannweite ca. 28 m, Länge des Saals 82 m, Höhe des Saals 25 m
Beteiligte	unbekannt

Der Palazzo della Ragione wurde zwischen 1172 und 1218 als Markt- und Gerichtsgebäude erbaut. Nach außen fällt das lange, an den Enden abgewalmte Spitztonnendach auf, das erstmals von 1306 bis 1309 errichtet wurde (Muldengewölbe). Das noch heute bestehende Dachtragwerk wurde nach 1756 hergestellt. Das Bauwerk ist 90 m lang und über 40 m breit. Es beherrscht den zentralen Platz in Padua. Seine Front ist gekennzeichnet von drei übereinander angeordneten, in der Tiefe gestaffelten Arkadenreihen. Das äußere Erscheinungsbild ist vom venezianischen Stil geprägt. (Abb. 101) Die Pfeiler der Arkaden sind sehr feingliedrig und setzen sich nach oben hin als Lisenen fort. Der Querschnitt des Gebäudes ist basilikal gestuft.

Hinter der fast geschlossenen Fassade des dritten Obergeschosses befindet sich der mit einer Fläche von 82 × 28 m weitläufige Ratssaal. (Abb. 102) Er ist am Scheitel der Tonne etwa 25 m hoch und in Bezug auf seine Größe durchaus mit dem im Dogenpalast in Venedig vergleichbar. Durch das offene Dachtragwerk übertrifft er diesen aber sogar noch. Das Spitztonnendach besteht aus einer Spantenkonstruktion (Bogenbohlen), die an den Fußpunkten von eisernen Zugankern in ihrer Lage gesichert wird. Die Binder wurden in dichten Abständen montiert. Längs verlaufende Koppelpfetten sind nicht vorhanden. Vielmehr wurde die Dachschalung direkt auf den Bindern befestigt und darauf die Dachdeckung aufgebracht. Die paarweisen Spanten lagern auf kurzen Stichen auf. Die Zugbänder wurden an jedem zweiten Binder eingesetzt und zwischen den Spanten hindurchgeführt sowie rückseitig verankert.

Die Bauweise wurde materialtechnisch auf das Äußerste reduziert. Der Längsaussteifung kommt wohl die Herstellung der Walme entgegen. Es wird vermutet, dass venezianische Schiffsbauer an der Herstellung des Gewölbes beteiligt waren. Während die Holztonne dunkel und schmucklos ist, wurden die gemauerten Wände reich mit Freskomalereien versehen.

Erhaltung: Der Palast wurde im 14. Jahrhundert ausgebaut und erhöht. Zwischen 1306 und 1309 wurde erstmals das beeindruckende Tonnendach aufgerichtet, das wohl 1420 abbrannte. Die nachfolgende Konstruktion wurde in ähnlicher Weise hergestellt. Von da an erstreckte sich der Ratssaal über die gesamte Länge des Gebäudes. Nach der erneuten Zerstörung durch einen Sturm im Jahr 1756 wurde das Gewölbe nochmals erneuert.

Literatur: Erler, Klaus. *Kuppeln und Bogendächer aus Holz. Von Arabischen Kuppeln bis zum Bogendach.* Stuttgart 2013, S. 29–33.

Abb. 102 Palazzo della Ragione, Padua, Großer Saal.

102

Foto: Berthold Werner

St. Martin, Landshut

Ausführungszeit	1380–1500
Bautypus	Sakralbau, Hallenkirche
Bauweise	Dachtragwerk: Kehlbalkendach, stehende Stuhlkonstruktion
Merkmale	schlanke Säulen, höchster gemauerter Kirchturm der Welt
wesentliche Maße	Scheitelhöhe Gewölbe 28,8 m, Turmhöhe 130,1 m
Beteiligte	Hanns Krumenauer, Hans von Burghausen und Hans Stethaimer, Gallus Rehm (Instandhaltung 20. Jh.)

Die Planungen zur Erneuerung der alten Martinskirche begannen unmittelbar nach dem verheerenden Stadtbrand von 1342. Das heutige Gotteshaus wurde wohl in den 1380er-Jahren begonnen. Chor und Langhaus des Backsteinbaus wurden bis 1440 fertiggestellt. Der Turm – mit 130,1 m Höhe der bis heute höchste aus Backstein weltweit – folgte bis 1500. Die Kirche misst im Grundriss 92 × 28,65 m. Die Scheitelhöhe des Hauptschiffgewölbes beträgt 28,8 m. (Abb. 103) Als Baumeister sind u. a. Hans Krumenauer, Hans von Burghausen und Hans Stethaimer genannt. Vorbilder für einen Turmbau in diesen Ausmaßen gab es zur Zeit der Errichtung durchaus, etwa die Türme der Kirche St. Marien zu Lübeck mit 124 m Höhe und den Turm des Freiburger Münsters mit 116 m.

Die im sumpfigen Gelände der Isarniederungen und gleich gegenüber der Burg Trausnitz errichtete Kirche wurde auf Pfählen gegründet, auf denen Nagelfluh-Bruchsteine aufgeschichtet wurden. Die im altbayerischen Format (33 × 15 × 7 cm) verbauten Ziegelsteine wurden in Kalkmörtel versetzt. Rehm nimmt für das Mauerwerk eine Druckfestigkeit von wenigstens 6 N/mm^2 an. Die Basis des Turms hat Abmessungen von 14 × 14 m. Am Turmhelm wurde außerdem für Gliederungen Kalkstein verwendet. (Abb. 104)

Schon in den 1930er-Jahren wuchs das Interesse am Bauwerk St. Martin. Die mit etwa 25 m sehr hohen und mit 100 × 120 cm im Querschnitt sehr schlanken Säulen der Hallenkirche sind äußerst beeindruckend, erscheinen aber auch fragil. Eberhard Zorn versuchte 1939 mithilfe einer grafischen Statik nachzuweisen, dass die Stützlinie der Gewölbe innerhalb der Tragkonstruktion bis in die Fundamente reicht.

Hier soll aber das Dachtragwerk in den Blick genommen werden. Das Kehlbalkendach wurde mit verschiedenen stehenden Stuhlkonstruktionen unterstützt. Die Spannweiten der einzelnen Stühle sind mit etwa 12 m über dem Mittelschiff relativ gering. Zugleich wurden Sprengwerke eingesetzt, um Absenkungen der Dachkonstruktion über dem Gewölbe zu verhindern. Die Quersteifigkeit wurde mit Steigbändern unterstützt. Die gotische Bauweise der Kirche ist darauf abgestellt, dass so wenige Schubkräfte wie möglich von Strebepfeilern aufgenommen werden müssen. Folglich sind auch die Stützen recht eng gestellt. Die Entscheidung, eine Hallenkirche zu errichten, ermöglichte darüber hinaus die Ausführung durchgehender Zerrbalken, um die Sparrendreiecke schließen zu können.

Erhaltungszustand: Die Kirche St. Martin ist vollständig erhalten. Zwischen 1978 und 1991 wurden umfassende Nachgründungen vorgenommen und besonders im Bereich des Turms die Holzpfähle durch Beton ersetzt.

Literatur: Rehm, Gallus. „Der Backsteinturm in Landshut – St. Martin“. In: *Beiträge zur Geschichte des Bauingenieurwesens. Vorträge im Wintersemester 91/92*, hrsg. von Eberhard Schunck. München 1992. S. 46–55.

103

104

Abb. 103 St. Martin, Landshut, Gewölbeuntersicht.
Abb. 104 St. Martin, Landshut.

St. Johannes Baptist, Pfaffenhofen an der Ilm

Ausführungszeit	14. Jh., 1480 (zentrales Dachtragwerk), Turm bis 1531
Bautypus	Sakralbau, Basilika
Bauweise	Kehlbalkendach, stehende Stuhlkonstruktion in zwei Ebenen
Merkmale	Binderkonstruktion über gemauertem Gewölbe
wesentliche Maße	Scheitelhöhe Gewölbe Mittelschiff 15,5 m, Spannweite 10,2 m, Turmhöhe 77,7 m
Beteiligte	Joseph Schmuzer (Stuckausstattung), historische Baumeister unbekannt, Barthel + Maus (Instandhaltung 21. Jh.)

Der Grundstein für die heute bestehende Kirche wurde 1388 gelegt. Damals wurde nach einem Stadtbrand, dem auch die Vorgängerkirche zum Opfer gefallen war, eine fünfjochige Basilika errichtet. Das Bauwerk erfuhr in der Folge mehrere Erweiterungen und Veränderungen. Der 77,7 m hohe Turm wurde erst 1531 fertiggestellt. (Abb. 105)

Abb. 105 St. Johann Baptist, Pfaffenhofen an der Ilm.

Foto: KlausF

Eine umfassende Barockisierung erfolgte 1670.

Die Kirche hat Abmessungen von 55 m Länge, 21,5 m Breite und 25 m Höhe (First). Das gemauerte Gewölbe über dem Mittelschiff hat eine Scheitelhöhe von 15,5 m und ist 10,2 m breit. Aus der Zeit um 1480 stammt das zentrale Dachtragwerk über diesem Mittelschiff zwischen dem Chor und der westlichen Erweiterung von 1913, als hier zwei Joche angefügt wurden. Das Chordach wurde ebenfalls im 20. Jahrhundert erneuert. Das besagte älteste Dachtragwerk ist als Kehlbalkendach mit zwei übereinander angeordneten stehenden Stuhlkonstruktionen anzusehen. Das mit 60 Grad Dachneigung sehr steile Satteldach ist über 9 m hoch. Die Stuhlkonstruktionen werden aus längs verlaufenden Fachwerken gebildet mit Schwelle, Ständern und Rähm sowie längs und quer aussteifenden Kopf-, Fuß- und Steigbändern. (Abb. 106) Die Zerrbalken lagern teilweise auf dem Gewölbe auf, was bauzeitlich wohl nicht beabsichtigt war, aber durch Veränderungen und zwischenzeitliche Schädigungen hervorgerufen wurde.

Erhaltung: Das zentrale Dachtragwerk über dem Hauptschiff ist noch vollständig erhalten, wurde jedoch im Zuge einer Barockisierungsphase leicht verändert, indem Vorhölzer an den Zerrbalken eingekürzt wurden. Eine statisch-konstruktive Instandhaltungsmaßnahme wurde 2010 durchgeführt.

Literatur: Rehm, Jörg/Barthel, Rainer/Maus, Helmut. „Instandhaltung und statische Sicherung der Stadtpfarrkirche von Pfaffenhofen an der Ilm". *Bautechnik 89 5* (2012), S. 354–360.

106

Abb. 106 St. Johann Baptist, Pfaffenhofen an der Ilm, Fußpunktdetails nach Reparatur.

St. Martin, Pfaffenhofen an der Zusam

Ausführungszeit	1722–1724, Turm bis 1739
Bautypus	Sakralbau, Saalkirche
Bauweise	Kehlbalkendach, liegende Stuhlkonstruktion in zwei Ebenen, Hängewerk
Merkmale	Dachtragwerk: Binderkonstruktion über Spantengewölbe mit in die Zerrbalken einschneidender zentraler Spantenkuppel
wesentliche Maße	Scheitelhöhe Gewölbe Saal ca. 13,5 m, Spannweite 15,8 m, Turmhöhe 57 m
Beteiligte	Joseph Schmuzer (Architektur und Stuckausstattung), Barthel + Maus (Instandhaltung)

Die für den recht kleinen Ort verhältnismäßig große Martinskirche liegt in der Dillinger Donauebene auf einer Anhöhe. Sie wurde in einem Zug von 1722 bis 1724 errichtet. Ein kleinerer Vorgängerbau wurde hierfür wohl niedergelegt. Der Turm wurde in seiner heutigen Form 1739 fertiggestellt. (Abb. 107) Der Schaft stammt in Teilen noch aus dem 14. Jahrhundert. Dieser Turm liegt im nördlichen Chorwinkel und ist 57 m hoch. Er misst im Grundriss etwa 5,5 × 5,5 m. Die einschiffige Saalkirche mit eingezogenem Chor ist 40 m lang und 15,8 m breit. Der Scheitel des hölzernen Spantengewölbes liegt in gut 13,5 m Höhe. Das steile Satteldach darüber ist etwa 11 m hoch. Dem Chor mit rundem Schluss wurde auf der Südseite noch ein Oratorium beigestellt. Der westliche Volutengiebel ist insgesamt 26,5 m hoch.

107

108

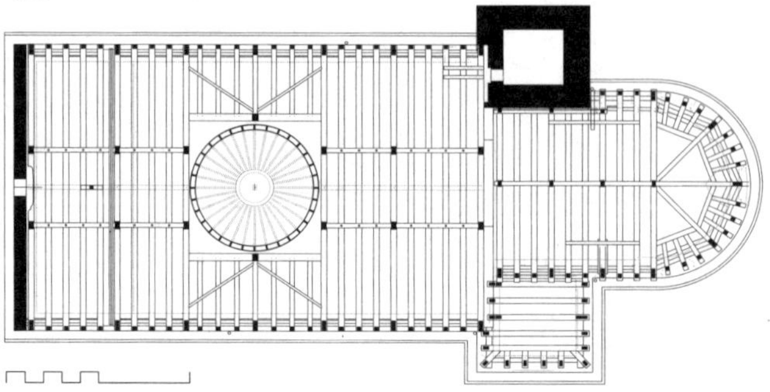

Das Dachtragwerk wurde ganz im Zeichen barocker Zimmermannskunst hergestellt: als Kehlbalkendach mit in zwei Ebenen übereinander angeordneten liegenden Stuhlkonstruktionen und einem Sprengwerk oberhalb der letzten Kehlbalkenebene. In jeden Binder wurde ein zweifaches Hängewerk eingesetzt, das die weitspannenden Zerrbalken aufnimmt. (Abb. 108) Im zentralen Bereich über dem Saal wurde eine kleine Kuppel ohne Öffnungen hergestellt, die in die Zerrbalkenebene des Dachtragwerks einschneidet. Was eigentlich zu initialen Verformungen führen müsste, wurde hier durch die Zimmerleute mit einem liegenden Fachwerk gelöst, das die entstehenden Schubkräfte auf den nächstgelegenen durchgehenden Zerrbalken überträgt. (Abb. 109)

Das hölzerne Gewölbe besteht aus gurtbogenartig angeordneten Spanten. Dieses Spantengewölbe wurde getrennt vom Dachtragwerk hergestellt, ist eigenständig tragfähig und wurde wohl erst nach Errichtung der Dachkonstruktion eingebaut. Es zeigt baulich einige Parallelen zu weiteren Kirchenbauten aus der Zeit im Dillinger Raum, die vermutlich von derselben Zimmerei ausgeführt wurden.

Erhaltungszustand: Die Kirche ist einschließlich der Dachtragwerke erhalten. Die erste Instandhaltungsmaßnahme an den Dachtragwerken von Saal und Chor wurde erst nach fast 300 Jahren ausgeführt.

Literatur: Rehm, Jörg. *Ertüchtigungsmaßnahmen an historischen Holzkuppeln. Individuelle und denkmalgerechte Lösungen.* München 2022.

Abb. 107 St. Martin, Pfaffenhofen an der Zusam.
Abb. 108 St. Martin, Pfaffenhofen an der Zusam, Dachraum über der Kehlbalkenebene.

Abb. 107: Foto: GFreihalter

109

Abb. 109 St. Martin, Pfaffenhofen an der Zusam, Zerrbalkenlage mit liegendem Fachwerk.

Werfthalle, Flugplatz Neubiberg

Ausführungszeit	1934
Bautypus	Hallenanlage, Flugzeughangar
Bauweise	unterspannte Lamellenkonstruktion nach Friedrich Zollinger
Merkmale	dreischiffige Anlage, Hauptschiff als unterspannte Konstruktion mit separaten Giebelbindern, aufgeständert
wesentliche Maße	Spannweite Haupthalle 26 m, Scheitelhöhe ca. 9,5 m
Beteiligte	Landbauamt München, Bayerische Hallenbau GmbH München

Die Halle wurde im Zuge der Einrichtung des „Flughafens München-Süd“ seit Herbst 1933 geplant und 1934 errichtet. Die dreischiffige Anlage besteht aus zwei etwa 8 m breiten Seitenschiffen und dem weiten Mittelschiff mit 26 m Spannweite. (Abb. 110) Alle Schiffe wurden mit einem Lamellendach nach Friedrich Zollinger hergestellt. Zollinger entwickelte die Bauweise kurz nach dem Ersten Weltkrieg als besonders wirtschaftliche und rationalisierte Konstruktion und ließ sie 1921 patentieren. Die Lamellendächer eigneten sich sowohl für den Wohnungsbau als auch für weitspannende Hallentragwerke.

In Neubiberg wurde ein flaches Gewölbe mit nur 4 m Stichhöhe realisiert. Das Mittelschiff schließt mit einer Faltschiebewand ab, die am Giebelbinder angehängt ist. Dieser Giebelbinder ist als Fachwerkkonstruktion zu bezeichnen. Belichtet wird die Halle durch Fensteröffnungen im Giebel und über ein aufgesetztes satteldachförmiges Oberlichtband. Die schmaleren Seitenschiffe wurden mit einer Zwischenebene zweigeschossig hergestellt und sind unterkellert.

Die Schubkräfte aus dem Lamellendach der Haupthalle werden durch Zugbänder kurzgeschlossen. In den Seitenschiffen wurden Streben eingebaut, die zug- und druckfest für die Queraussteifung der Hallen sorgen.

Erhaltungszustand: Die dreischiffige Werfthalle ist erhalten und wird öffentlich genutzt.

Literatur: Zimmermann, Florian (Hrsg.)/Bairstow, Charlotte. *Das Dach der Zukunft. Zollinger Lamellendächer der 20er Jahre. Konstruktion, Statik, Ästhetik, Verbreitung, Nachfolge, Beispiele in Bayern*. München 2003, S. 147–148; Tutsch, Joram. *Weitgespannte Lamellendächer der frühen Moderne. Konstruktionsgeschichte, Geometrie und Tragverhalten*. München 2020.

Abb. 110 Werftanlage, Neubiberg.

110

Foto: Ulwald

MAUERWERKSBAU

Abb. 111 Feldsteinmauer, Tessin, Schweiz.
Abb. 112 Stele, Türkei, etwa 12 000 v. Chr., erhabene Reliefs; Foto von 2010.

1.

EINFÜHRUNG

Voraussetzung für die Sesshaftwerdung des Menschen waren Ackerbau und Viehzucht. Um den Boden besser bearbeiten zu können, sammelte man Feldsteine ein und legte sie zur Seite. Häufig wurden daraus Trockenmauern aufgeschichtet. (Abb. 111) Erste Nachweise für Bauwerke aus geschichteten Steinen liegen uns jedoch schon aus der Zeit vor der Sesshaftwerdung des Menschen vor. Sie befinden sich beispielsweise in der Gegend des Zweistromlandes und stammen aus dem Neolithikum.[1] Interessanterweise waren diese Mauern nicht für Behausungen gedacht, sondern für die Schaffung von Kultstätten. Der Baustoff Stein stand also schon damals für Dauerhaftigkeit und hatte eine höhere Wertigkeit als Holz. Ein Beispiel für eine solche Kultstätte ist Göbekli Tepe (übersetzt etwa: bauchiger Hügel) im Südosten der Türkei bei der Stadt Şanliurfa, deren älteste Teile über 12 000 Jahre alt sind. Über mehrere Jahrtausende hinweg wurden dort bis zu 6 m hohe und mehrere Tonnen schwere Stelen errichtet und Mauerabschnitte aus Feldsteinen dazwischen. Das ist eine ganz erstaunliche Leistung, schließlich standen den Menschen noch keine metallenen Werkzeuge zur Verfügung. Stattdessen nutzten sie, um den Kalksandstein zu bearbeiten, Splitter von härteren Feuersteinen und arbeiteten Reliefs aus der umliegenden Fläche heraus. (Abb. 112) Ebenso erstaunlich ist die Gewinnung der Monolithe aus dem Fels: Das Sedimentgestein konnte liegend gebrochen werden, wobei man die spätere Form des Steins durch Ausarbeiten eines seitlichen Grabens festlegte. Anschließend wurde er mithilfe von Holzkeilen, die dauerhaft genässt wurden, vom Untergrund gelöst bzw. abgesprengt. Wie die Steine vom Steinbruch zur Kultstätte transportiert wurden, ist nicht restlos geklärt, vermutlich geschah es mithilfe von Rollen. Aufgerichtet und versetzt wurden Steine dieser Größe wohl mithilfe von Seilen, Zangen, Hebeln und Bockkränen. Nachweise für solche Hebezeuge kennen wir von bildhaften Darstellungen aus der Antike. Aus der Jungsteinzeit sind jedoch nur archäologische Reste als Quelle vorhanden.

1 Schmidt 2008. Klaus Schmidt entdeckte das Stelenfeld in den 1990er-Jahren anhand der dort zahllos herumliegenden Feuersteine, mit denen in der Steinzeit die Stelen aus dem Felsen gearbeitet wurden.

WERKSTOFFE

Ziegel, Natur- und Kunststein

Für den Mauerwerksbau eignen sich alle Arten von Natursteinen mit ausreichend dichter und fester Beschaffenheit. Am häufigsten werden Tiefengesteine vulkanischen Ursprungs wie Granit oder Basalt sowie Sedimentgesteine wie Kalkstein oder Sandstein verwendet. Schon während der Jungsteinzeit ist darüber hinaus die Herstellung von künstlichen Mauersteinen belegt. Aus einer Mischung von Lehm, etwas Kalk sowie Stroh oder Tierhaaren wurden handliche Steine geformt und an der Luft getrocknet.[2] Diese kleinformatigen Ziegel waren durch die Verwendung von Formen gleich groß und wurden massenhaft hergestellt. Dahinter steckt eine außergewöhnliche geistige Leistung. Man kann vom ersten Industrieprodukt der Bauwirtschaft sprechen. Die Ziegel gleichen Formats ermöglichten planmäßiges Bauen. Man konnte schnell arbeiten, weil die Mühsal der Steinbearbeitung von vornherein entfiel. Solche Mauersteine, die in erster Linie für die Errichtung von Schwerlastmauern verwendet wurden, sind zahlreich erhalten. Ein Beispiel ist das sogenannte Ischtar-Tor mit Prozessionsstraße, ein Stadttor von Babylon. Das im Pergamonmuseum in Berlin teilweise rekonstruierte Bauwerk ist zudem mit gebrannten Tonplättchen verkleidet, die mit einer farbigen Glasur überzogen wurden. Das Brennen des Lehms erforderte einen weiteren Rohstoff, nämlich Holz. Die Erkenntnis, dass der Ziegel durch Brennen haltbarer und in gewisser Weise vor Verwitterung geschützt ist, setzte sich offenbar schon vor Jahrtausenden durch. Ungebrannt ist der Lehmziegel dagegen nur bedingt haltbar, sollte er durch Niederschlag feucht werden. Sehr beeindruckend sind aber Lehmbauten wie jene im niederschlagsarmen Jemen, die acht oder mehr Stockwerke hoch aufgeführt wurden.

Die Verwendung von künstlichen Steinen setzte sich in der Antike fort und hält bis heute an. In der europäischen Antike wurden Ziegel üblicherweise gebrannt, um der vergleichsweise feuchten Witterung standzuhalten. Die Terracotta-Manufakturen, die im gesamten Römischen Reich in Betrieb waren, entwickelten ausgefeilte Brenntechniken und stellten neben den allgegenwärtigen Ziegelplatten auch Haushaltsgegenstände her.[3]

Die Vorgehensweise bei der Ziegelherstellung lässt sich an Oberflächenspuren ablesen. In historischen Bauwerken sind immer wieder Fingerabdrücke festzustellen. (Abb. 113) Auch andere Spuren wie Tierpfoten zeigen, dass die Ziegel vor dem Brennen auf offenem Feld zum Trocknen ausgelegt wurden. Mit der Industrialisierung setzte

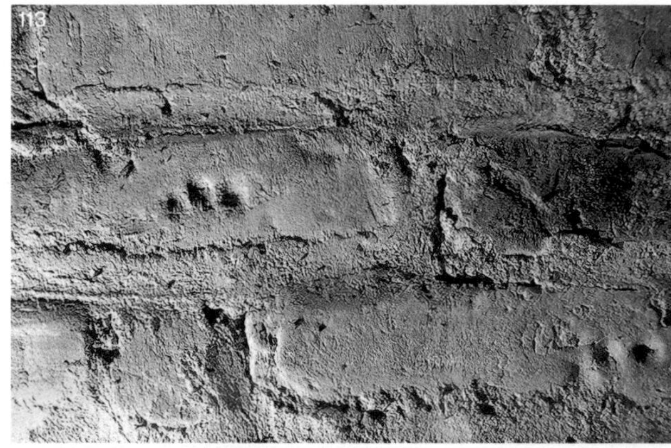

Abb. 113 Fingerabdrücke in gebrannten Ziegeln.
Abb. 114 Klosterkirche, Au am Inn, Bachkatzenmauerwerk, neu verfugt; Foto von 2010.

auch die Produktion weiterer Kunststeine ein, darunter Kalksandstein und Hüttenstein, wobei Nebenprodukte der Eisenverhüttung eingesetzt wurden. Um Material zu sparen, produzierte man an der Wende zum 20. Jahrhundert zunehmend Ziegel mit Lochung. Das hatte außerdem den Effekt, dass die Ziegel mit abnehmender Dichte verbesserte Wärmedämmeigenschaften aufwiesen.

Die Größe der künstlichen Mauersteine war bis etwa 1870 regional stark unterschiedlich ausgeprägt. Teilweise hatte jede Ziegelei eigene Formate. Mit am größten war das Bayerische Format mit 32 × 15,5 × 6 cm. Am handlichsten war das Holsteinische Format mit 19 × 9 × 5 cm. Wenn man bedenkt, dass ein solcher Ziegel durchaus 20 kg pro Stück wiegen konnte, war auch das Mauern mit handlichen Formaten eine körperlich anstrengende Tätigkeit. 1872 wurde in Deutschland das sogenannte Reichsformat eingeführt mit 25 × 12 × 6,5 cm. Unsere heute üblichen Formate wie das Dünnformat (DF) mit 24 × 11,5 × 5,2 cm und das Normalformat (NF) mit 24 × 11,5 × 7,1 cm wurden erst 1951 gültig. Diese Formate beruhen auf dem oktametrischen Grundsystem, also einem Achtelmeter. Das Grundmaß ergibt sich aus dem

2 Campbell et al. 2003, S. 28.
3 Ebd., S. 49.

Nennmaß des Ziegels zuzüglich der erforderlichen Fuge. Es beträgt 12,5 cm und wird Baumaß genannt. Zur Herstellung einer Öffnung wird eine weitere Fuge benötigt, sodass das Grundmaß nochmals um 1 cm auf das sogenannte Baurichtmaß vergrößert wird. In der Höhe ergibt ein Vielfaches von 5,2 bzw. 7,1 cm zuzüglich dem jeweiligen Fugenmaß (Setzfuge) wiederum das Baumaß. Mit der Lochung der Ziegel wurden diese auch leichter, ohne dass die Druckfestigkeiten zu sehr abnahmen. So wurde es möglich, das Format der Steine zu vergrößern und damit den Baufortschritt zu beschleunigen. In einem Ziegel des Formats 12 DF lassen sich 12 Ziegel im Dünnformat einschließlich Fugen unterbringen.

Natursteine müssen dagegen zunächst aus Felsgestein im Steinbruch gewonnen bzw. gebrochen werden oder als Verwitterungsprodukte in geeigneter Weise vorliegen. Neben Bauwerken aus den genannten Feldsteinen sind in der Nähe von Flüssen auch immer wieder solche zu finden, deren Mauerwerk aus sogenannten Bachkatzen unter Verwendung von reichlich Mörtel errichtet wurde. (Abb. 114) Diese Bachkatzen sind Verwitterungsprodukte, die über weite Strecken durch die Strömung der Flüsse transportiert worden sind. Im Allgemeinen handelt es sich um relativ harte Sediment- oder Tiefengesteine, die sich nur schwer bearbeiten lassen. Durch den Transport im Fluss sind die Steine jedoch stark abgearbeitet und nehmen eine rundliche Form an.

Die massenhafte Verwendung von Natursteinen setzte eigentlich den Einsatz von metallischen Werkzeugen wie Sägen, Meißeln und Hämmern voraus. Mit der Eisenzeit kommt es folglich auch verbreitet zur regelhaften Zurichtung von Mauerwerkssteinen von den Ägyptern über die Griechen bis hin zu den Römern. Man spricht von Hausteinen. Der große Reiz an Naturstein ist seine vermeintliche Haltbarkeit oder Dauerhaftigkeit. Diese Eigenschaft hängt natürlich vom Ausgangsmaterial ab. Während Tiefengesteine wie Granit am wenigsten anfällig für Verwitterung sind, nimmt Sandstein je nach Zusammensetzung sehr viel Wasser auf. Im Winter kann das zu Frostsprengung und Zerrüttung der oberflächennahen Bereiche führen.

Kalktuff ist leicht und lässt sich schneiden bzw. sägen, was man zuerst mit einer Art Stahlseil bewerkstelligte. Die Steinsäge ist dagegen eine junge Erfindung. Im Allgemeinen zerkleinerte man im Steinbruch mithilfe von Hebeln, Bohrern, Holzkeilen (die durch Zugabe von Wasser aufquellen) oder ab dem Mittelalter auch unter Zuhilfenahme von Schwarzpulver den Fels oder brach Brocken aus dem Gestein. Danach wurden die Steine steinmetzmäßig mit Meißeln, Beilen, Hacken, Keilen, Kronenbohrern, Stockhämmern, Sägen oder Feilen bearbeitet.

115

116

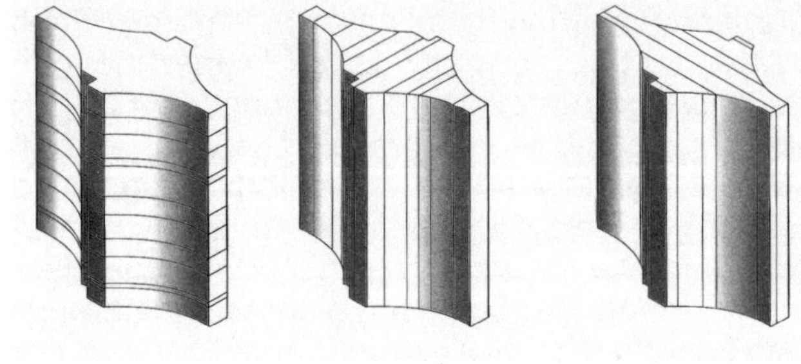

Abb. 115 Palastanlage, Ollantaytambo, Peru, 15. Jahrhundert.
Abb. 116 Versetztechnik von Sedimentgestein en lit bzw. en délit nach Christian Kayser.

Die Zurichtung ging zeitweise so weit, dass die Hausteine ohne Verwendung von Versetzmörteln aufgeschichtet werden konnten. In der griechischen Antike erlebte die Hausteintechnik einen ersten Höhepunkt in Europa. Besonders beeindruckend sind in diesem Zusammenhang aber sicher die enorm passgenau gearbeiteten Steinquader von beispielsweise Ollantaytambo, einer Burganlage der Inka im heutigen Peru, deren Entstehung nicht genau datiert ist. (Abb. 115)

Mauersteine weisen je nach Ursprung eine Schichtung auf (z. B. Sedimentgesteine oder Gneis), die beim Vermauern unbedingt beachtet werden muss. Frühe Maßwerkpfeiler wurden aus klein- und großformatigen, aus liegend und stehend geschichteten Steinen zusammengesetzt.[4] (Abb. 116)

Mörtel

Lehmmörtel zur Herstellung von Estrichen oder um Gefache von Holzgerippen zu füllen, wurde sicher schon seit der Sesshaftwerdung des Menschen verwendet. Inka, Griechen und Ägypter waren außerdem Meister des mörtellosen Versetzens von Mauersteinen, was man an erhaltenen Tempelanlagen heute noch bewundern kann. Die Verwendung von gebranntem Kalk als Bindemittel im Mörtel ist zugleich spätestens seit der griechischen Antike vor 2500 Jahren bekannt. Der Ein-

4 Kayser 2012, S. 40–41.

Abb. 115: Foto: Pavel Špindler; Abb. 116: Darstellung: Christian Kayser

satz hydraulischer Mörtel unter Verwendung von vulkanischen Erden,[5] die fein gemahlen in den Mörtel gemischt wurden, ist seit dem 3. Jh. v. Chr. bekannt. Die Römer verwendeten diesen Mörtel in großem Stil. Gemauerte Schwergewichtsmauern, bei denen sogenannte „tegulae" (Ziegelplatten) verwendet wurden, weisen erhebliche Fugen von mehreren Zentimetern auf.[6] (Abb. 117) Das Wissen um die hydraulischen Eigenschaften bestimmter vulkanischer Erden ging nach dem Untergang des Römischen Reichs weitgehend verloren.

In der karolingischen Zeit um 800 n. Chr. wurde dann verstärkt mit Naturstein gebaut. Hausteinmauerwerke aus dieser Zeit (Romanik) wurden ohne viel Mörtel aufgeführt. Vielmehr wurden die Steine sehr genau bearbeitet, um passgenau versetzt zu werden. Der mit Kalk vermischte Mörtel benötigte als Luftkalkmörtel auch geraume Zeit, um durch Carbonatisierung, also Einlagerung von Kohlenstoff aus der Luft (daher der Name Luftkalk), abzubinden. In dicken Mauerwerkswänden lassen sich auch nach Jahrhunderten noch breiige Kalkmörtel finden, die nicht abgebunden haben. Die Herstellung von Stückkalk durch Brennen von Kalksteinen hat eine lange Tradition und benötigt viel Holz. Kalköfen entstanden überall dort, wo möglichst reine Kalkgesteine gebrochen werden konnten. (Abb. 118) Das so gewonnene Kalziumoxid ist hoch reaktiv und wird zur weiteren Verarbeitung mit Wasser gelöscht. Beim Löschen wird sehr viel Energie frei, und die Kalkmilch besitzt stark basische Eigenschaften. Gelöschter Kalk wurde zu Mörtel verarbeitet, aber auch als Farbe und zur Desinfektion beispielsweise von Stallungen verwendet. Nach Einlagerung von Kohlendioxid aus der Luft verliert der Kalk seine basische Eigenschaft, er versteinert.

Neben dem Bindemittel Kalk wurden dem Mörtel Sand und kleine Gesteinskörnungen beigemischt. Gemäß der Definition von Mörtel dürfen die Zuschlagsstoffe Durchmesser von maximal 4 mm aufweisen. Kalkmörtel werden als Versetzmörtel, als Putz oder zur Herstellung von Estrichen verwendet. In historischen Mauerwerksgebilden lassen sich sehr bindemittelarme Mörtel feststellen. Der Bindemittelanteil sinkt zum Kern hin ab. Die Tragfähigkeit solcher Mauern lässt sich deshalb nur schwer nachweisen, weshalb den Mauern als Ertüchtigungsmaßnahme oft nachträglich Zementsuspensionen injiziert und sie unter Umständen sogar zusätzlich bewehrt (vernadelt) werden. Wichtig ist, dass der Sand nicht austreten kann, weshalb insbesondere auf eine dauerhafte Verfugung Wert gelegt werden muss.

Hydraulische Mörtel kamen erst im 18. Jahrhundert wieder zum Einsatz, etwa beim gemauerten Leuchtturm von Eddystone nach Plänen von John Smeaton (1724–1792) im Jahr 1755. (Abb. 119)

117

118

Abb. 117 Römisches Mauerwerk mit durchbindenden Ziegelplatten (tegula), gesehen in Turin.

Abb. 118 Winterlandschaft mit Kalkofen, 1665–1670, Ölgemälde von Nicolas Berchem.

5 In der Antike wurden diese vulkanischen Erden nach dem Ort Pozzuoli westlich von Neapel benannt, wo sie erstmals bewusst abgebaut wurden. Zusammen mit gelöschtem Kalk ergibt sich ein natürliches hydraulisches Bindemittel.

6 Mehr zum Thema opus caementitium findet sich im Kapitel Eisenbetonbau.

Abb. 119 Leuchtturm, Eddystone, 1755, John Smeaton.
Abb. 120 Altes Schloss, Bayreuth, 1760, Antragstuckdecke; Foto von 2008.
Abb. 121 Klosterkirche, Gars am Inn, 1679, Versetzstuck; Foto von 2010.

119

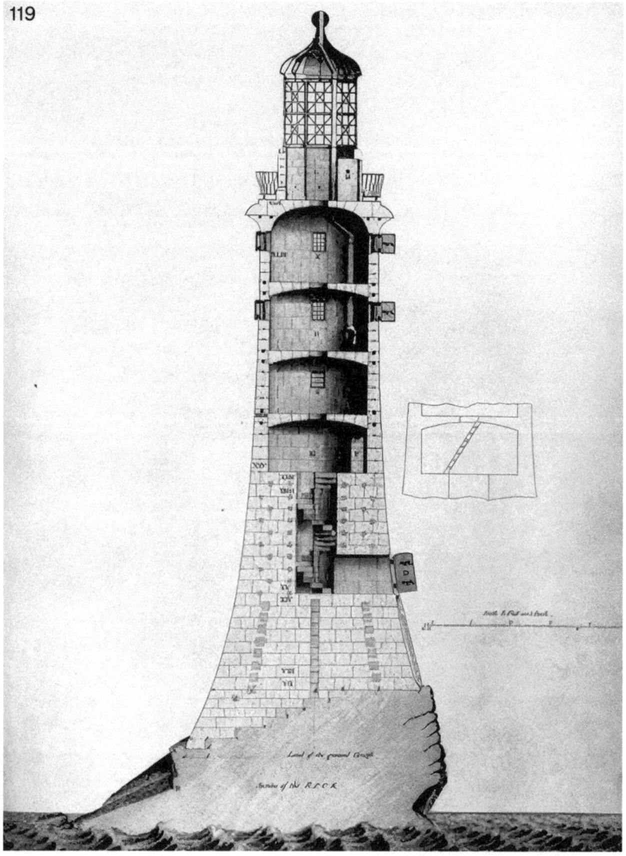

120

121

Smeaton hatte von den positiven Eigenschaften des „zementhaltigen" Mörtels erfahren und hielt den Einsatz beim Bau eines extremer Witterung ausgesetzten Bauwerks für geboten.

Auch Gipsmörtel (Kalziumsulfat) wurde historisch verwendet. Der Unterschied zu Kalkmörteln ist, dass Gipsmörtel trocknet, also nicht abbindet. Er kann ähnlich wie Lehmmörtel immer wieder mit Wasser gelöst werden. Das erschwert seine Anwendung in feuchten oder bewitterten Bereichen. Stuck, der vor allem in der Barockzeit sehr beliebt war, besteht übrigens fast ausschließlich aus Gips. Die Modellierungen wurden dabei direkt auf den verputzten Untergrund appliziert (Antragstuck, Abb. 120) oder in einer Werkstatt mithilfe von Gussformen vorab hergestellt und dann vor Ort montiert (Versetzstuck, Abb. 121). Gips wird ohne Zuschlagstoffe verarbeitet und kann damit sehr fein ausgearbeitet, also geglättet werden. Häufig wurden dem Gips aber Haare oder Ähnliches beigemischt, um eine gewisse Bewehrung sicherzustellen, die die Biegezugfestigkeit des Gipses erhöht. Größere Versetzstücke wurden auch mit schmiedeeisernen Haken an der Raumschale rückverhängt.

Mechanische Eigenschaften

Künstlich gebrannte Ziegel mit einem Lochanteil von max. 15 % oder einfache, an der Luft getrocknete Lehmziegel ohne Lochung erreichen ein Eigengewicht von 2,2 t/m³. Eine zulässige oder rechnerische Druckfestigkeit wurde gebrannten Lehmsteinen ab 1919 zugewiesen und reichte von 2 bis 35 N/mm².[7] Gemeint ist damit die Festigkeit des Steins an sich. Kunststein wurde bei entsprechenden Vorkommen von tonigen Böden für die Ziegelherstellung zu einem wichtigen Baustoff – dies umso mehr in Gegenden, in denen keine Natursteine zur Verfügung standen. München wurde über Jahrhunderte hinweg aus gebrannten Ziegeln erbaut. Erst der vermehrte Einsatz von Beton führte bis etwa 1930 zur Schließung sämtlicher Ziegeleien im Osten der Stadt. Neben Ziegeln begann um 1900 auch die Herstellung von Kunststeinen mithilfe von Zement. Eine Normung für gemauerte Bauteile wurde mit der DIN 105 erst 1936 eingeführt.

Dichte Tiefengesteine können ein Eigengewicht von 2,65 bis 3,2 t/m³ aufweisen. Kalktuff erreicht dagegen unter Umständen nur ein Gewicht von 0,8 t/m³. Zulässige Druckspannungen für Mauerwerksgebilde, bestehend aus Stein und Fuge, wurden bereits 1872 mit 2,1 bis 3,5 N/mm² für Natursteinmauern und 0,7 bis 1,4 N/mm² für Kunststeinmauern festgelegt. Die tatsächliche Druckfestigkeit der einzelnen Steine liegt, wie

7 Bargmann 2013, S. 388.

122

123

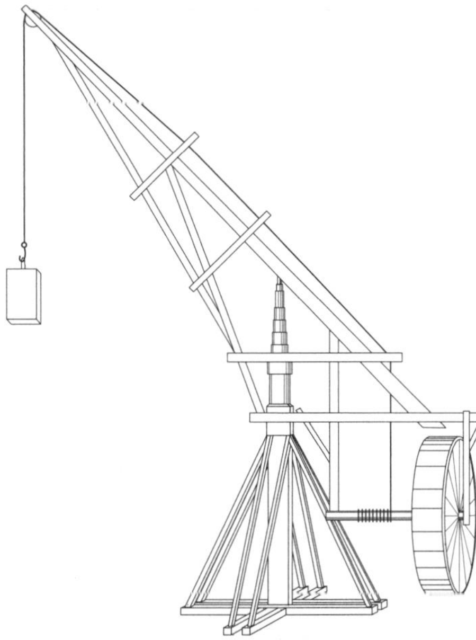

124

Abb. 122 Altes Schloss, Stuttgart, Zangenlöcher.
Abb. 123 Prinzip eines antiken Drehkrans, eines sogenannten Derricks.
Abb. 124 Alte Pinakothek, München, 1826–1836, Quadermauerwerk aus Regensburger Schilfsandstein.

Abb. 123: Darstellung: Tobias Bastier

bereits erwähnt, weit höher. Tiefengesteine erreichen Druckfestigkeiten von über 60 N/mm². Die deutliche Absenkung der zulässigen Druckfestigkeit von (ausgesteiften) Mauern gegenüber den Versetzsteinen an sich hat, man ahnt es, mit dem Mörtel zu tun.

Interessant ist deshalb der Blick auf die Versetzmörtel selbst. Erst 1952 wurden Mörtel in Deutschland in Gruppen eingeteilt.[8] Die Gruppe I umfasst reine Kalkmörtel, die Gruppe II Kalkzementmörtel und die Gruppe III Zementmörtel. Die zulässigen Druckfestigkeiten betragen 0,0 N/mm² für die Gruppe I, 2,5 N/mm² für die Gruppe II und 10 N/mm² für die Gruppe III. Gemauerten Bauteilen wurde außerdem keine Biegezugspannung zugewiesen. Es war den Baumeistern schon immer klar, dass der Fugenanteil entscheidend dazu beiträgt, wie tragfähig ein Mauerwerksgebilde sein kann. Die Themen der Schlankheit und Aussteifung werden im Kapitel Tragmechanismen weiter erläutert.

Das Mischungsverhältnis von Bindemittel zu Sand wurde 1910 festgelegt mit einem Teil Kalk oder Zement und drei Teilen Sand. Der Anteil des Bindemittels wurde in der Folge reduziert. Weitere Mörtel wie Lehmmörtel oder Gipsmörtel wurden in Bezug auf ihr Einsatzgebiet eingeordnet, ohne ihnen jedoch einen Festigkeitswert zuzuweisen.[9]

Transport, Versetzen

Die Versetztechnik wurde bei der Errichtung von Bauteilen und Bauwerken besonders wichtig, wenn die Formate groß bzw. die Steine schwer waren. Handliche Hebehilfen sind der Wolf, die Steinzange, Seile und Hebel. Die Zangenlöcher in mittelalterlichen Mauerwerken sind charakteristisch für diese Versetztechnik. (Abb. 122) Der Transport über größere Entfernungen und Höhen hinweg erfolgte historisch mithilfe von Schlitten, Rollen, Wagen, Rampen sowie Bockkränen oder dem sogenannten Derrick, bei dem ein feststehender vertikaler Stab und ein beweglicher, verstellbarer schräger Stab kombiniert wurden. (Abb. 123) Rätselhaft sind bis heute die logistischen Vorgänge zur Errichtung der ägyptischen Pyramiden.

Ganz grundsätzlich wurde der Transportweg auf ein Minimum reduziert, weshalb allgemein lokale Werkstoffe bevorzugt wurden. Der Transport über weite Strecken war im Gegensatz zu bestimmten Sorten von Bauholz (vornehmlich Nadelholz), das geflößt werden konnte, bei Naturstein eher schwierig und nur in kleinen Mengen denkbar. So bestimmte die Verfügbarkeit des Materials auch die Baukunst. München ist beispielsweise traditionell gesehen eine Stadt aus Ziegeln. Bis ins 20. Jahrhundert hinein wurden Gebäude bis hin zum weitläufigen Kanalsystem zur Stadtentwässerung aus gebrannten Ziegeln errichtet. Eine ausgedehnte Lehmzunge im Osten der Stadt sorgte für Versorgungssicherheit. Abgesehen vom Konglomerat Nagelfluh, das beispielsweise am Isarhochufer abgebaut wurde (heute noch in Brannenburg bei Kufstein), besitzt der Raum München keine nennenswerten Natursteinvorkommen.

8 Bargmann 2013, S. 391.
9 Ebd., S. 408–413.

Beim Bau der Alten Pinakothek in München (1826–1836) nach Plänen von Leo von Klenze (1784–1864) kam neben Klinkersteinen auch Schilfsandstein zum Einsatz, der aus der Regensburger Gegend stammt, also relativ weit transportiert werden musste. (Abb. 124) Dieser Naturstein fand neben Kalkstein auch Verwendung beim Bau des Regensburger Doms.

3. FÜGETECHNIK

Mauerwerk besteht aus aufeinandergeschichteten Natur- oder Kunststeinen. Trockenmauerwerk wird ohne Mörtel errichtet, ansonsten wird als Ausgleich für geometrische Unregelmäßigkeiten und um einen gewissen Verbund herzustellen, zwischen die Steinlagen eine Mörtelschicht eingebracht. Bei Wänden werden die Schichten so erstellt, dass annähernd horizontale Lagerfugen entstehen. Auch die meisten senkrechten Stoßfugen werden in der Regel mit Mörtel verfüllt. Um ein stabiles Gefüge herzustellen, werden die Stoßfugen so angeordnet, dass die Steine schichtweise übergreifen bzw. überbinden. Vertikalkräfte können so über die einzelnen Schichten, Horizontalkräfte auch durch Haftung und Reibung im Verband übertragen werden. Bei Mauerwerk, das mehr als einen Stein stark ist, wird auch in Dickenrichtung der Wand ein Mauerwerksverband hergestellt.

Historisch wurden Mauerwerkswände in der Regel mehrschalig gefertigt. Auf den Außenseiten wurde im Verband gemauert, dazwischen wurde der Binnenbereich mit Steinresten und Mörtel verfüllt. Bei römischem Mauerwerk sprechen wir von Gussmauerwerk bzw. opus caementitium.[10]

Wandstrukturen

Das Mauern erfordert ein hohes Maß an Präzision. Die Griechen entwickelten eine ausgereifte Kunst darin, die Trommeln für die Errichtung von hohen Säulen sehr exakt zu bearbeiten, sodass diese äußerst maßhaltig bis zum Kapitell aufeinandergesetzt werden konnten. Le Corbusier erhob in seinen Schriften griechische Tempel als typisierte Bauweise zum Vorbild für moderne Bautechniken.[11]

Um den Baufortschritt beschleunigen zu können, muss man aber schon bei der Herstellung von Mauersteinen den Aufwand reduzieren und gewisse Ungenauigkeiten zulassen. Gebrannte Ziegel sind von vornherein weniger maßhaltig als ein moderner gepresster Formstein aus Kalksand oder Beton. Vom antiken Mauerwerk aus gegossenem Mörtel soll an dieser Stelle nicht die Rede sein. Vielmehr steigen wir beim Mittelalter mit der Versetztechnik für Mauern mit geringmächtigen Fugen ein.

Mauerwerk ist ein anisotropes Gebilde, bestehend aus dem jeweiligen Mauerstein und der Fuge, bei Verwendung von Versetzmörtel aus ebendiesem Mörtel. Seine Tragfähigkeit wird vom schwächsten Glied des Gebildes bestimmt, dem Mörtel. Er übernimmt die Aufgabe, maßliche Ungenauigkeiten auszugleichen und sorgt so für einen gleichmäßigen Lastabtrag.

125

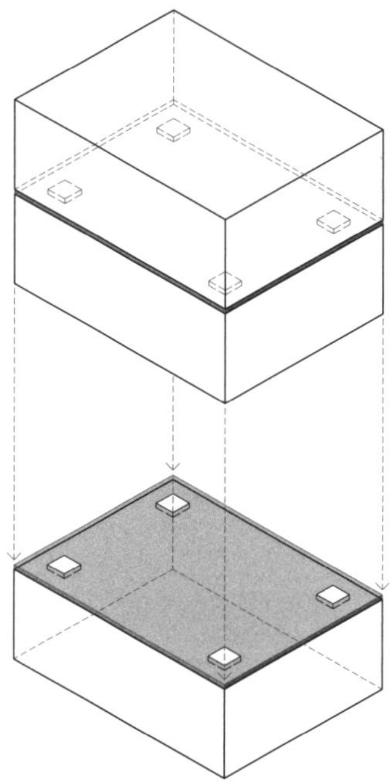

Luftkalkmörtel, wie er in der Romanik eingesetzt wurde, brachte den großen Nachteil mit sich, dass er – wie bereits erwähnt – sehr langsam abband. Um den Baufortschritt nicht zu gefährden, wurde der Mörtel zunächst gar nicht belastet. Vielmehr wurden zwischen den Schichten Zwicksteine verwendet – kleinere Steine, auf denen die Mauersteine punktuell auflagern. Dadurch verhinderte man das seitliche Austreten des Mörtels direkt beim Versetzen bzw. durch die Last der weiteren Steinlagen. (Abb. 125) Man ahnt, dass diese Bauweise zu gewissen Verzögerungen im Bauablauf führen konnte. Tatsächlich muss man sich die romanische Baustelle so vorstellen, dass die Baumeister in Trupps im Akkord bezahlt wurden. Gemauert wurde nur in der frostfreien Jahreszeit, wobei jedem Trupp ein Bereich der Baustelle zur Ausführung zugewiesen wurde. Jeder Trupp hatte sein eigenes Steinmetzzeichen: Er markierte damit – bis heute gut erkennbar – die Bauabschnitte und verwendete es, um den Lohn abzurechnen. (Abb. 126) Eine bessere, übergeordnete Organisation der Baustelle setzte sich erst mit der Zeit durch und wurde in der Gotik auch zwingend

10 Siehe hierzu auch das Kapitel Eisenbeton.
11 Le Corbusier 1923.

Abb. 125: Darstellung: Tobias Bastier

Abb. 125 Versetztechnik mit langsam abbindendem Kalkmörtel unter Zuhilfenahme von Zwicksteinen als Abstandhalter und Versetzhilfe.

Abb. 126 Biblisches Haus, Görlitz, um 1500, Steinmetzzeichen.

erforderlich, um die Gesamtheit des Bauwerks stärker in den Blick nehmen zu können. Erst dann wurde stets der gesamte Bauabschnitt betrachtet und tatsächlich lagenweise das Bauwerk errichtet.

Versetzmörtel sind von Fugmörteln zu unterscheiden. Sie haben zunächst die Aufgabe, Lasten gleichmäßig aufzunehmen und lokale Überlastungen des Mauerwerks zu verhindern, wie sie auch durch die Versetzplättchen oder Zwicksteine hervorgerufen werden können. Je kleiner die Mauersteine oder -ziegel, umso größer ist der Fugenanteil und umso mehr Mörtel wird unter Umständen erforderlich. Da ein hoher Fugenanteil das Mauerwerk labiler macht, kann ein Monolith aus Naturstein schlanker ausgeführt werden als ein gleich hohes Bauteil aus fugenreichem Mauerwerk. (Abb. 127) Ein gehaltener Monolith kann wiederum höher sein als ein gleich schlanker, frei stehender. (Abb. 128) Der Fugmörtel schließt die Oberfläche des Bauteils und übernimmt dabei auch gestalterische Aufgaben. Ob separate Fugmörtel zur Ausführung kamen, kann aber zumindest für das Mittelalter bezweifelt werden. In der bildmächtigen Neuzeit spielten Fugmörtel ebenso keine große Rolle, da steinsichtige Wände oder Decken ohnehin nicht gewünscht waren.

Für die Fügetechnik ist weiterhin wichtig, wie die Steine zueinander versetzt wurden. Vertikal durchgehende Fugen wurden grundsätzlich vermieden. Ein gewisses Überbindemaß, wie wir das heute nennen, wurde eingehalten. So konnten die einzelnen Steine miteinander verzahnt werden. Mächtige Mauerstärken erforderten großes handwerkliches Geschick. Schon in der Antike wurden die Mauerschalen, die mit Gussmauerwerk im Kern verfüllt wurden, regelmäßig von sogenannten Ziegeldurchschüssen, also durchbindenden Ziegelplatten (lat. „bipedales"), zusammengehalten. In der Romanik lässt sich diese Schalenbauweise auch nachweisen, allerdings ohne Ziegeldurchschüsse. Wände in der Dicke eines Steines kamen nur mit Natursteinen infrage, die sich in der erforderlichen Breite gewinnen ließen. Selbst bei baubedingten Grenzen von Bauabschnitten wurden sogenannte Wartesteine ausgeführt, die eine Verzahnung mit dem später ausgeführten Mauerwerk möglich machten. (Abb. 129) Beim Mauern mit handlichen Steinformaten und insbesondere mit dem Aufkommen gebrannter Ziegel wurden Verbandsarten entwickelt, die noch heute gebräuchlich sind.[12] (Abb. 130) Wesentlich aufwendiger ist die Herstellung einer Mauerwerkswand aus Bruchsteinen oder Findlingen.

Der Einsatz von metallischen Verbindungsmitteln ist im Mauerwerksbau bereits für die Antike belegt, auch wenn diese Klammern wohl nicht immer nötig waren. An der Porta Nigra in Trier trieben Metallräuber im Mittelalter großen Aufwand, um solche Verbindungen auszubauen, und auch am Kolosseum in Rom weisen Abarbeitungen auf die Suche nach metallischen Klammern hin. (Abb. 131) Im gotischen Turmhelm des Freiburger Münsters verbinden zahlreiche Bauklammern einzelne Steine miteinander, darüber hinaus wurden stockwerksweise schmiedeeiserne Zugringe eingesetzt.[13] Im Barock nimmt der Einsatz von Eisenstangen gerade bei der Herstellung von Gewölben zu. Antonio Petrini (1631–1701) arbeitete schon nach 1657 damit, um die massiv gemauerte Kuppel am Stift Haug in Würzburg zu stabilisieren. Balthasar Neumann (1687–1753) verwendete gezielt in Mauerwerksstrukturen eingelegte Eisenanker.[14] Auch sein Sohn Franz Ignaz Michael Neumann (1733–1785) plante solche „Bewehrungen" bei verschiedenen Gewölbekonstruktionen. (Abb. 132)

12 Siehe dazu auch Pfeifer et al. 2001.

13 Kayser 2014-2, S. 77–83.

14 In den Schüttgebäuden des ehemaligen Gutes von Öttershausen, Unterfranken, ließ Balthasar Neumann ab 1740 bei umfassenden Neubaumaßnahmen solche durchgehenden Eisenanker zur Aufnahme des Gewölbeschubs verbauen. Sie sind mehrfach gestoßen und mit Steckverbindungen gefügt. Vgl. Wiesneth 2009, Bd. II, S. 213–214.

Abb. 127 Mögliche Schlankheit von monolithischen und gemauerten Säulen (ohne und mit Fugen).

Abb. 128 Mögliche Höhe von gehaltenen und nicht gehaltenen monolithischen Säulen mit gleichem Querschnitt.

127

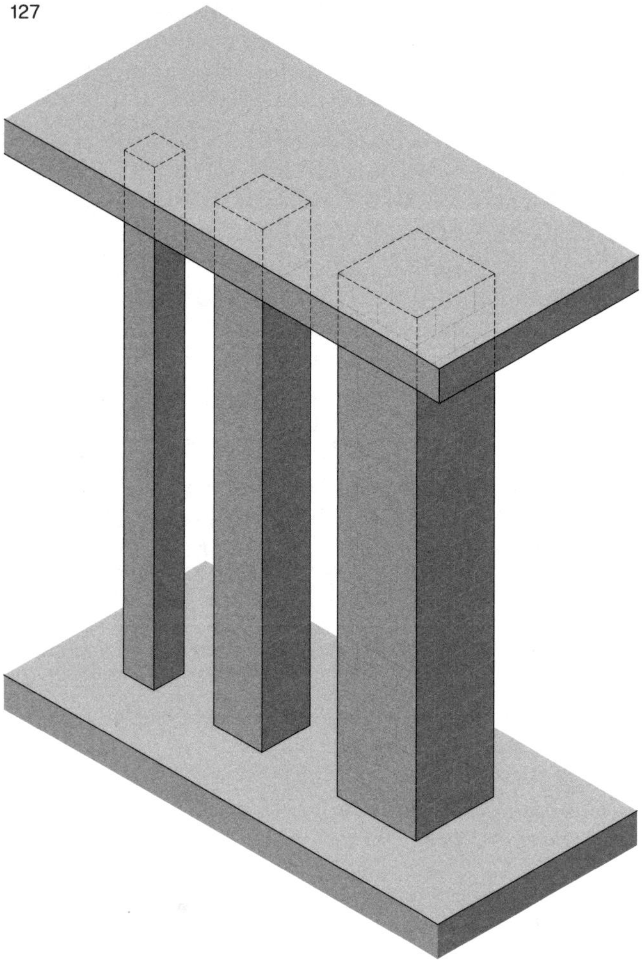

128

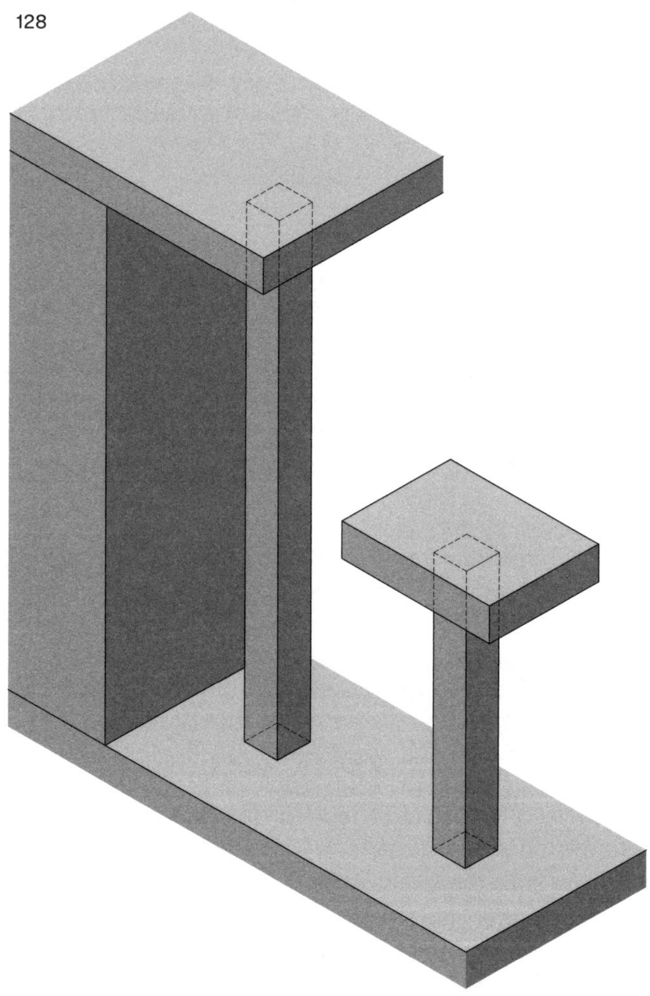

Abb. 127, 128: Darstellung: Tobias Bastier

129

Abb. 129 Dom, Augsburg, Wartesteine.
Abb. 130 Mauerwerksverbände (Auswahl): 1. Läuferverband; 2. Binderverband; 3. Blockverband; 4. Kreuzverband; 5. Märkischer Verband; 6. Schlesischer Verband.

130

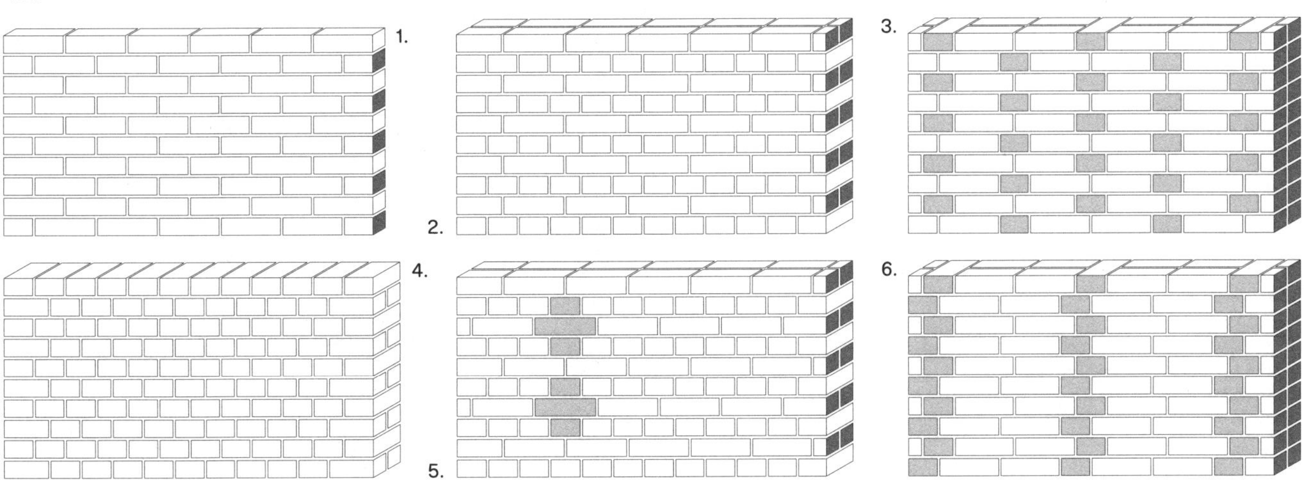

Abb. 129: Foto: Christian Kayser

131

132

133

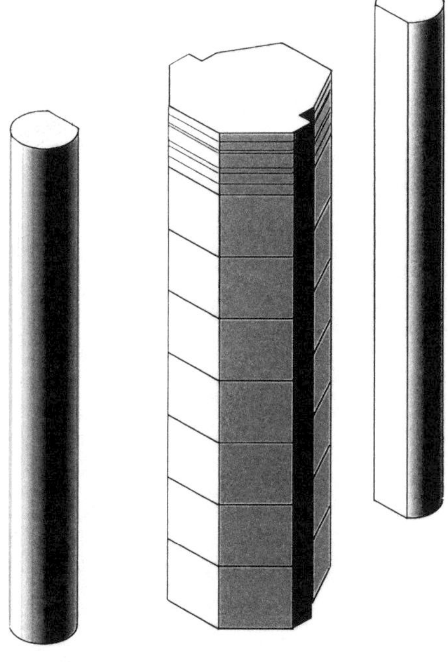

Abb. 133: Darstellung: Christian Kayser

Abb. 131 Kolosseum, Rom, ab 70 n. Chr.
Abb. 132 Abteikirche, Neresheim, 1755, Plan von Franz Ignaz Michael Neumann, mit Mauerwerksbewehrungen (nicht realisiert).
Abb. 133 Prinzip der Ausführung einer frühgotischen Fenstergliederung in einer Mischung aus länglichen (en délit) und kleinformatigen Mauersteinen (en lit) nach Christian Kayser.

In der hochmittelalterlichen Gotik wurde der Mauerwerksbau zunehmend aufgelöst. Die Bauwerke strebten nach den Prinzipien der Scholastik in die Höhe. Man suchte im architektonischen Ausdruck den Beweis für das Vorhandensein einer göttlichen Macht zu führen. Pfeiler wurden zunehmend zu einem Bündel von Lisenen zusammengefasst, die dann zu Rippen in Gewölben oder zu Gewänden von Öffnungen wurden. Der optimale Kraftfluss wurde quasi im Gebäude dargestellt und man baute immer kühner. Tatsächlich beruhten die Bauausführungen aber auf reiner Empirie.[15]

Dabei wurden die Öffnungen solch gotischer Bauwerke selbst immer größer. Christian Kayser legte in seiner Dissertation zu mittelalterlichen Maßwerkfenstern eindrucksvoll die Bauweise solcher Öffnungen dar. Bei seinen Untersuchungen stellte er fest, dass Bauteile aus Sedimentgesteinen bei frühen Bauwerken des Mittelalters nicht immer materialgerecht eingesetzt wurden. Sedimentsteine wurden allgemein als Hausteine mit liegender Schichtung vermauert (en lit). Bei den Maßwerken, aber auch bei Pfeilern mit Vorlagen – entweder als Säulen oder als Lisenen – wurden jedoch auch lange Steine senkrecht mit stehender Schichtung verbaut (en délit). (Abb. 133) Allein die unterschiedliche Anzahl der Fugen von Rücklagenmauerwerk und Vorlage führte dann wegen der verschiedenen Längendehnungen unter Wärme- oder Feuchteeinfluss zu Schäden, insbesondere zu Kantenabplatzungen.[16] Die ganz spezifischen Eigenschaften der verarbeiteten Werkstoffe wurden also nicht immer beachtet.

Maßwerke aus gebrannten Ziegeln wurden in einem kurzen Zeitraum am Ende des 15. Jahrhunderts ebenfalls zur Ausführung gebracht. In dieser Zeit gab man dem Kunststein in gewisser Weise den Vorzug, etwa beim Palazzo Ducale in Mantua. (Abb. 134) So wurden auch Formsteine aus gebranntem Lehm in großer Zahl eingesetzt. Maßwerke aus Ziegelsteinen finden sich in ganz Deutschland, von Memmingen bis nach Lübeck. Ein besonders beeindruckendes Beispiel sind die mehrbahnigen Maßwerkfenster des Doberaner Münsters. (Abb. 135) Auch dort wurden Formsteine entlang von Bogenfriesen etc. hergestellt. Die einzelnen Formsteine sind häufig sehr groß und teilweise glasiert, also an der Oberfläche bis zur Sinterung gebrannt. Ihre Maßhaltigkeit ist denn auch nicht sehr groß, was jedoch aus einer gewissen Entfernung kaum auffällt. Weshalb diese Phase der Kunststeinmaßwerke so rasch wieder endete, kann nur vermutet werden. Mit Sicherheit trug der Umbruch, den die Reformation mit sich brachte, dazu bei. Die folgende Rückbesinnung auf die Antike und der putzmächtige Barock machten Formsteine unnötig.

Zur Herstellung von Gewölben oder Bögen wurden differenzierte Bautechniken entwickelt. Dabei stand und steht im Vordergrund, auf möglichst einfache Weise eine Öffnung zu überdecken. Je nach Wahl der Ausgangsstoffe und der gewünschten Spannweite kann eine stabförmige Überdeckung ausreichend sein. Auch ein ausreichend biegezugfester Naturstein wie Granit oder Gneis kann als balkenförmige Überdeckung über eine Öffnung gelegt werden. So finden sich im Tessin, wo in erster Linie Gneis, ein sehr hartes geschichtetes Tiefengestein, vorkommt, Stürze aus diesem Material. Noch häufiger wurden aber Holzbalken als Stürze verwendet, beispielsweise in gründerzeitlichen Geschosswohnungsbauten in Brüssel. (Abb. 136)

Werden die Spannweiten größer als 2 m, müssen im Mauerwerksbau andere Methoden angewendet werden. Möglich ist die Ausführung falscher oder echter Gewölbe. Unter einem falschen Gewölbe versteht man eines, bei dem eine horizontale Schichtung der Mauersteine vom Kämpfer bis zum Scheitel beibehalten wird. Dabei lässt man die horizontal geschichteten Mauersteine immer ein Stück auskragen, bis die sich darunter befindende Öffnung vollständig überdeckt ist. Ein Beispiel ist das Löwentor von Mykene (1250 v. Chr.) über dem Türsturz mit Relief. (Abb. 137) Diese Bauweise wurde auch für die Konstruktion von Kuppeln verwendet. Der Vorteil dabei ist, dass kein Schalgerüst erforderlich wird. Es existieren Kragkuppeln mit weit über 20 m Durchmesser, die in dieser Technik errichtet wurden. Der Schwerpunkt der gesetzten Steine muss immer innerhalb des Querschnitts der Mauerschale liegen. Eine gewisse Gewölbewirkung stellt sich ein, wenn die Kuppel bzw. der Bogen am Scheitel geschlossen wird. Durch das Aneinanderstoßen der Steine werden Horizontalkräfte aktiviert. (Abb. 138) Der obere Abschluss kann auch mit einem Biegebalken erfolgen. Durch rückwärtigen Ballast kann die Auskragung erhöht werden.[17] (Abb. 139, 140) Die Art der Herstellung verleiht diesen Kuppeln ihre charakteristische Form. Die Schalendicke erreicht dabei mehrere Meter.

Im Gegensatz dazu werden bei echten Gewölben die Wölbsteine radial angeordnet. Während falsche Gewölbe im Allgemeinen ohne Schalgerüst errichtet werden können, benötigen die meisten echten Gewölbe zumindest partiell ein Schalgerüst. Beeindruckende Ausnahmen bestätigen die Regel, wie noch näher ausgeführt wird.

15 Barthel 1996, S. 21–34.
16 Kayser 2012, S. 43.
17 Nach Hart 1965, S. 31.

Abb. 134 Palazzo Ducale, Mantua, Formsteine aus gebranntem Ziegel.
Abb. 135 Münster, Bad Doberan, Ende 15. Jahrhundert, Maßwerk aus Ziegelsteinen.
Abb. 136 Hölzerne Öffnungsstürze, Brüssel.
Abb. 137 Löwentor, Mykene, 13. Jh. v. Chr.
Abb. 138 Statisches Prinzip eines Kraggewölbes.

134

135

136

138
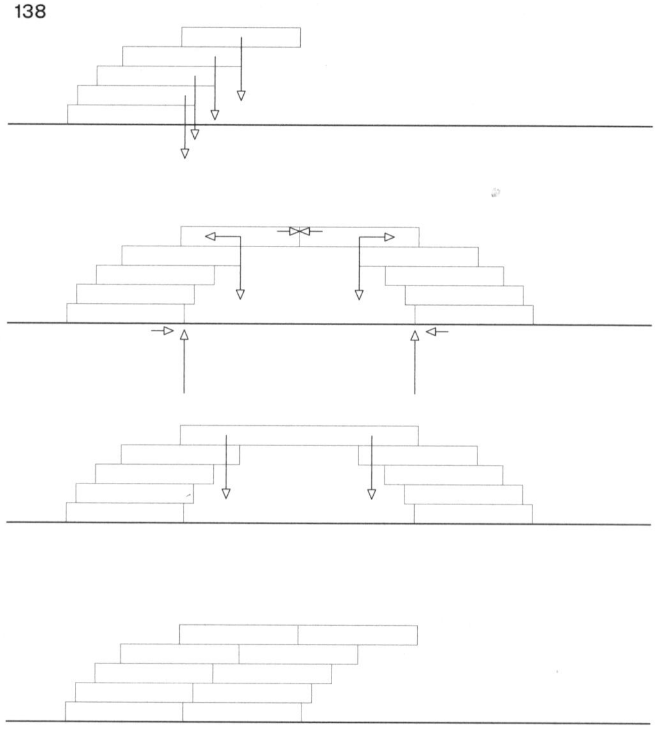

137

Abb. 135: Foto: Christian Kayser; Abb. 137: Foto: Andreas Trepte; Abb. 138: Darstellung: Tobias Bastier

Abb. 139 Taj Mahal, Indien, 1648, als Kraggewölbe hergestellte Kuppel.
Abb. 140 Taj Mahal, Indien, 1648, Querschnitt.
Abb. 141 Ägyptisches Gewölbe, Luxor.
Abb. 142 Gewölbe, Landsberg am Lech, 1944, Tonröhrenfragment.
Abb. 143 Pont du Gard, Frankreich, 1. Jh. n. Chr.
Abb. 144 Gewölbemauerung ohne Schalung mithilfe von leicht verkippten Scharen.

139

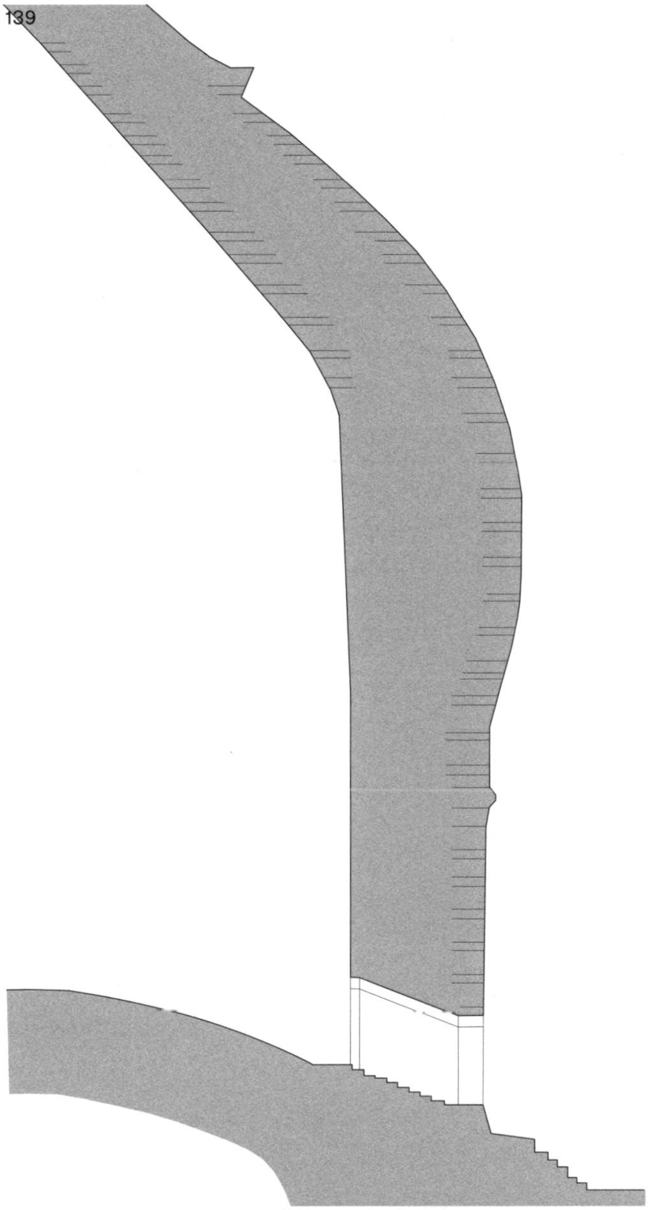

140

141

142

143

144

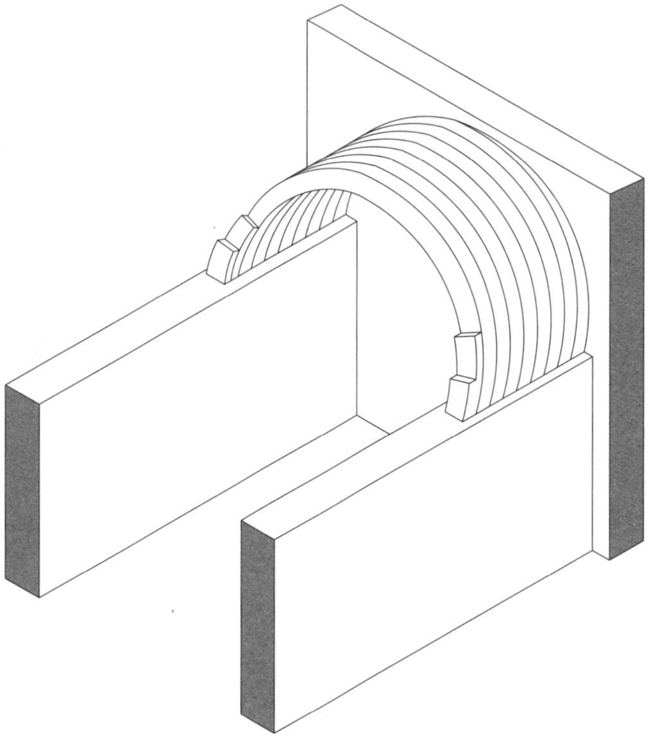

Abb. 141: Foto: Shelbyroot ; Abb. 143: Foto: Hedwig Storch

145

146

147

148

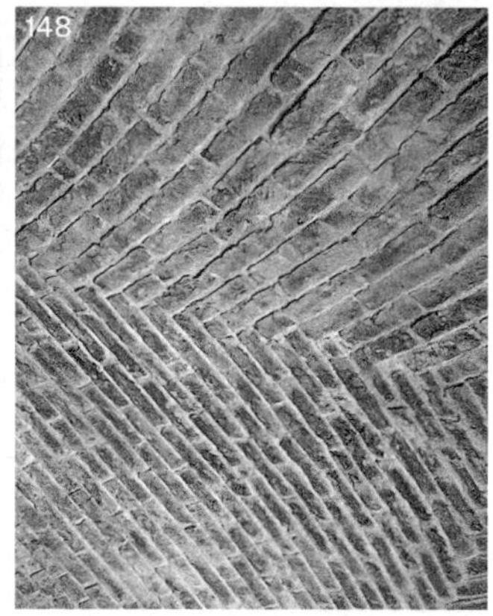

149

150

151

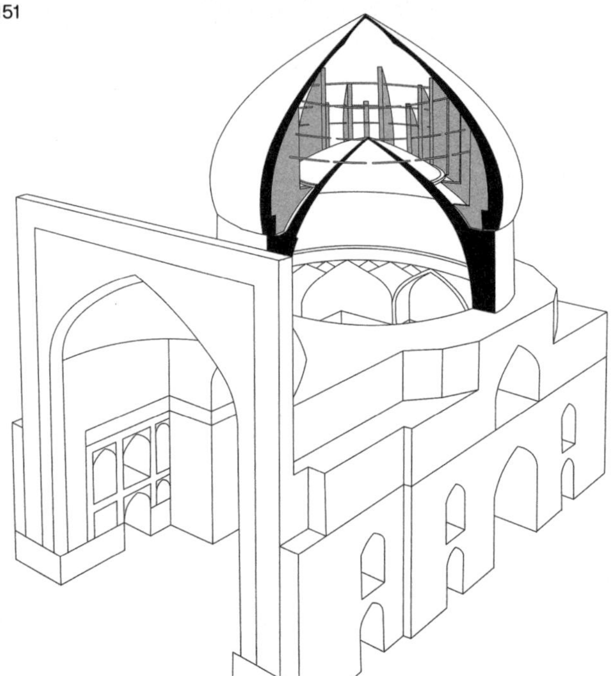

Abb. 145 Dom, Speyer, Kreuzgratgewölbe in einem Seitenschiff.
Abb. 146 St. Severi, Erfurt, Kreuzrippengewölbe.
Abb. 147 Gewölbe, München, auf Kuf gemauert.
Abb. 148 Gewölbe, Ochsenhausen, auf Sicht gemauert, Verzahnung entlang des Grates.
Abb. 149 Gewölbe, Dresden, Verzahnung entlang des Grates (Schwalbenschwanzverband) und am Scheitel.
Abb. 150 Gewölbe, Venedig, Ringverband.
Abb. 151 Moschee, Isfahan, Kuppelkonstruktion mit gemauerten Wandpfeilern (Khaschkhaschis) und hölzernen Zugringen zur Unterstützung der Kuppelkonstruktion.

Abb. 151: Darstellung: Mohammad Beiglari

Um echte Gewölbe herzustellen, stehen verschiedene Fügetechniken zur Verfügung. In der ägyptischen Antike fertigte man sie aus liegenden Ziegelformaten, wobei mehrere Schichten übereinander angeordnet wurden. Man schichtete die Ziegel wie bei einem Wandaufbau, nur eben in Bogenform. (Abb. 141) Solche Gewölbe können auch aus Tonröhren bestehen, wie sie von der Antike bis ins 20. Jahrhundert hinein noch verwendet wurden.[18] (Abb. 142) Der Vorteil dieses bereits in der römischen Antike eingesetzten Baustoffs war sein geringes Gewicht. Bögen wurden in der Antike allgemein kreisrund hergestellt. Die Bogenstellung wurde recht eng gewählt, die Spannweite war also nicht besonders groß. Hierfür verwendete man ein hölzernes Lehrgerüst, das wiederverwendet werden konnte. Es wurde beispielsweise bei der Herstellung einer Brücke auf vorstehende Mauersteine im Bereich des Kämpfers aufgesetzt, nach der Fertigstellung eines Bogens wieder ausgebaut und für den nächsten Bogen verwendet. Die Verzahnung der Wölbsteine untereinander ist nicht immer gegeben. Es lassen sich auch Gewölbe finden, die wie additiv nebeneinandergesetzte Gurtbögen gebaut wurden. (Abb. 143) Der Pont du Gard in Südfrankreich, der als Aquädukt nach dem Jahr 16 v. Chr. unter Kaiser Augustus bzw. seinem Schwiegersohn Agrippa errichtet wurde, war etwa 460 Jahre in Betrieb. Der Aquädukt besteht aus mörtellos versetztem Mauerwerk. Die Bögen sind wenig verzahnt, vermutlich um Lehrgerüste sparsamer einsetzen zu können. Jeder einzelne Bogen ist 1,5 bis 1,6 m breit. In der Tiefe wurden drei bis vier solche Bögen nebeneinandergestellt. Die Brücke ist insgesamt 275 m lang und bis zu 49 m hoch. Die größte Spannweite beträgt 24,5 m.[19]

Bei länglichen tonnenförmigen Gewölben konnte auf ein Schalgerüst verzichtet werden, wenn die einzelnen Wölbscharen verkippt ausgeführt wurden. Auch dabei entfällt die Verzahnung in Längsrichtung. (Abb. 144)

Sich durchdringende Gewölbe bergen die Schwierigkeit, dass die Wölbsteine in den Kehlen zusammentreffen. Unterseitig bildet sich ein Grat aus. Bei der Durchdringung von Tonnengewölben entsteht ein Kreuzgratgewölbe. Ist das Gewölbe im Querschnitt kreisbogenförmig, wie dies bei Bauwerken der römischen Antike und der Romanik der Fall ist, so wird die Diagonale entlang des Grates bei gleicher Scheitel- und Kämpferhöhe ellipsoid. Bei gleicher Stichhöhe wird das Gewölbe also im Scheitel nahezu horizontal (Abb. 145) – ein Schwachpunkt, den wir weiter unten noch näher untersuchen werden. Günstiger waren gotische Gewölbe, bei denen der Querschnitt überhöht und spitzbogig ausgeführt wurde. Die Verschneidung hat in der Diagonalen dann immer noch einen annähernd kreisbogenförmigen Verlauf. (Abb. 146)

Bei der Einwölbung wurden überwiegend zwei Verbandsarten ausgeführt. Am ältesten ist der Kufverband, bei dem die Mauersteine parallel zum Kämpfer bis zum Scheitel aufgeführt werden. (Abb. 147) Bei einem Kreuzgratgewölbe ergibt sich entlang der Verschneidungslinie eine Verzahnung der Mauersteine. (Abb. 148) Der Schwalbenschwanzverband wird bei Kreuzgrat- oder Kreuzrippengewölben angewendet. Dabei werden die Mauersteine jeweils aus dem Zwickel heraus aufgemauert. Am Scheitel des jeweiligen Teilgewölbes verzahnen sich die Mauersteine. (Abb. 149)

Bei kreisförmigen Kuppeln kann außerdem noch der Ringverband zur Ausführung kommen. Diese Art der Wölbung kann gegebenenfalls auch wieder ohne Schalgerüst ausgeführt werden. Entscheidend dabei ist, dass die einzelnen Ringe immer vollständig nacheinander hergestellt werden, sodass sich ein Druckring bildet. Die Steine stützen sich gegenseitig ab und können nicht nach innen fallen. Die Kunst liegt darin, die Mauersteine so lange in ihrer Lage zu halten, bis der jeweilige Ring tatsächlich geschlossen ist. (Abb. 150)

Bautechnisch interessant ist in diesem Zusammenhang die Kuppel am Dom zu Florenz, die in der 1. Hälfte des 15. Jahrhunderts nach Plänen des Baumeisters Francesco Talenti (um 1300–1369) errichtet wurde. Die konkrete Planung und Ausführungsüberwachung des achteckigen, steil zulaufenden Klostergewölbes übernahm Filippo Brunelleschi (1377–1446). Die Kuppel entstand innerhalb von nur 16 Jahren. Wegen des oktogonalen Grundrisses war es nicht möglich, die oben beschriebenen Ringe herzustellen. Gleichwohl lässt sich in die 2,1 m bis 2,4 m dicke innere Kuppelschale ein solcher Druckring einbeschreiben. Um die Kuppel ohne Schalgerüst errichten zu können, setzte Brunelleschi in jeder Schicht nicht nur lagenweise verlegte Mauerziegel ein, sondern auch senkrecht gestellte. So konnte er in der jeweils nächsten Lage die liegenden Formate zwischen stehende Ziegel einsetzen, sodass diese nicht nach innen herausfallen konnten – ein genialer Trick, der jede Menge Bauholz sparte.[20]

Ebenfalls interessant ist die Bautechnik, die bei der Herstellung einiger Moscheekuppeln in Persien angewendet wurde. Als Beispiel mag die große Moscheekuppel in Isfahan von 1629 dienen. Die Kuppel besitzt von außen gesehen die Form eines falschen Gewölbes wie bei der Kuppel des Taj Mahal im indischen Agra von 1635. Bei der Kuppel von Isfahan wurde jedoch ein echtes Gewölbe

18 Der französische Architekt Jacques Couëlle (1902–1996) hatte auf Tonröhrenkonstruktionen verschiedene Patente (US-Patent Nr. 2.413.690 von 1947).

19 Garbrecht. In: Graefe 1989.

20 Graefe 1996, S. 35–49; Mainstone 2001, S. 127.

152

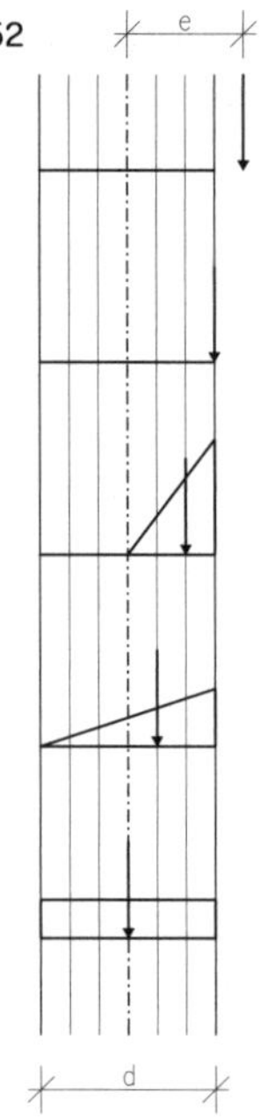

Abb. 152 Exzentrizität, von unten nach oben: zentrische Belastung; keine klaffende Fuge; klaffende Fuge bis Querschnittsmitte; Grenzzustand, Spannung unendlich; instabil.

Abb. 153 Einspannung, Hebel, Umlenkung: historische Werkzeuge und Techniken im Mauerwerksbau.

Abb. 154 St. Martin, Landshut, statische Untersuchung zur Ermittlung der Stützlinie nach Zorn 1939.

Abb. 155 Stützlinienermittlung in einem Gurtbogen nach Matthias Jagfeld.

153

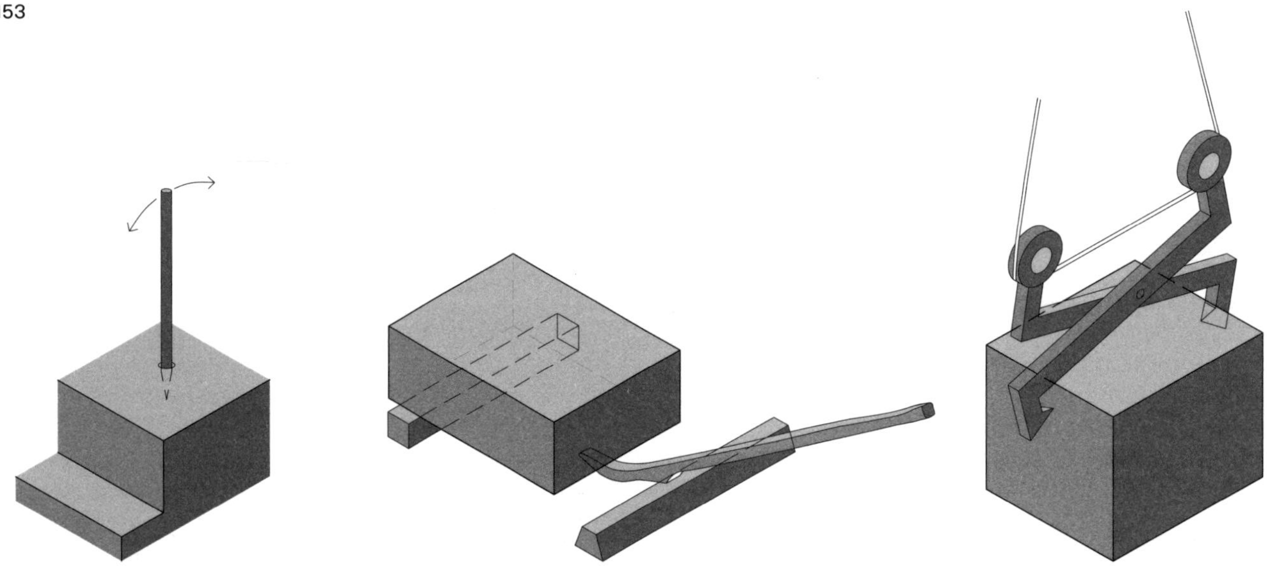

154

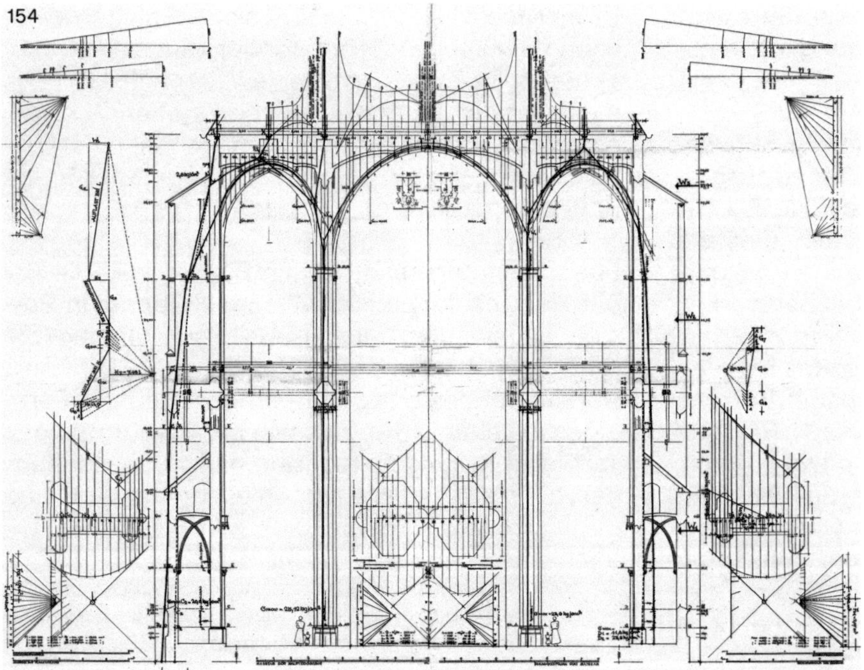

155

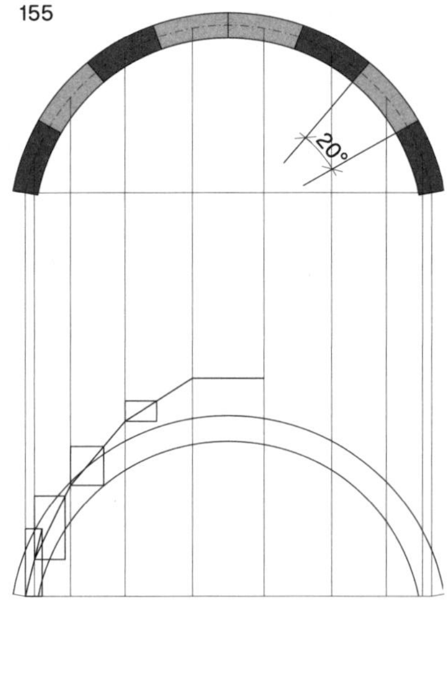

Abb. 153: Darstellung: Tobias Bastier

ausgeführt. Die beiden sehr unterschiedlich ausgeformten Kuppelschalen, die einen großen Raum dazwischen hinterlassen, wurden mit Wandpfeilern, sogenannten „Khaschkhaschis", verbunden, die auf Gurtbögen der inneren Kuppel ansetzen. Da man sich offenbar der Ringzugkräfte der bauchigen äußeren Kuppel bewusst war, verlegte man zwischen den Khaschkhaschis ringförmig Holzbalken, eine Art Zugring, der noch zusätzlich diagonal verspannt wurde.[21] (Abb. 151)

Bis in die jüngere Vergangenheit hat die Mauerwerkstechnik beeindruckend dünne Schalen ermöglicht. Das sogenannte katalanische Gewölbe hat zum Beispiel eine Dicke von nur einem liegenden Stein. Die Hohlziegel sind so leicht, dass sie sich mit dem aufgebrachten Mörtel frei ansetzen lassen. In Bezug auf die Fügetechnik ist dieses Gewölbe also ebenfalls schalungsfrei.

4. TRAGMECHANISMEN

mit Matthias Jagfeld

Der schichtweise Aufbau des Mauerwerks hat großen Einfluss auf die Tragfähigkeit: Senkrecht zu den Lagerfugen (in der Regel vertikal) wirkende Druckkräfte können gut abgetragen werden, ebenso in Wandrichtung wirkende Schubbeanspruchungen (Scheibenwirkung). Die Tragfähigkeit bei senkrecht zu den Stoßfugen (in der Regel horizontal in Wandebene) verlaufenden Kräften ist geringer (Plattenwirkung). Noch kleiner ist die Zugfestigkeit in dieser Richtung. Sie hängt ausschließlich von der Haftung des Mörtels auf den Steinen und der – sehr kleinen – Mörtelzugfestigkeit an sich ab und ist vernachlässigbar gering.

Die Hauptbelastung von Mauerwerk bilden die senkrecht zu den Lagerfugen wirkenden Druckkräfte. Greift die Last im Querschnittsschwerpunkt an, führt das zu gleichmäßig verteilten Druckspannungen im Mauerwerk. (Abb. 152) Wandert der Schwerpunkt des Lastangriffs in Richtung Querschnittsrand, entstehen Risse in den Lagerfugen, sobald der Querschnitt nicht vollständig überdrückt ist. Im Extremfall können sich die Risse so weit öffnen, dass Kräfte nur an einem Punkt – nämlich am Querschnittsrand – übertragen werden können. Die Ausmitte – ihr Abstand zum Querschnittsschwerpunkt – beträgt die halbe Mauerstärke. Die Kräfte können also nur innerhalb des gemauerten Querschnitts übertragen werden.

Die Lage der Lastausmitte im Mauerwerk und die Richtung der im Mauerwerk wirkenden Kraft kann als „Stützlinie" dargestellt werden, deren Form sich aus dem Gleichgewicht der angreifenden Kräfte ergibt. Bei manchen Strukturen sind mehrere Stützlinien möglich, in anderen Belastungssituationen nur eine. Kann keine Stützlinie ermittelt werden, die vollständig im Mauerwerksquerschnitt verläuft, ist kein Gleichgewicht möglich und die Konstruktion stürzt ein.

Bis etwa zum Jahr 1800 gab es nur sehr wenige Hilfsmittel, um ein Bauwerk statisch zu bemessen. Mit Sicherheit waren die Gesetzmäßigkeiten des Hebels schon vor mindestens 2 500 Jahren bekannt. Leonardo da Vinci (1452–1519) befasste sich wissenschaftlich intensiver mit Tragwerken. Er dokumentierte, was jeder Baumeister bereits intuitiv anwendete: die Einspannung, den tragenden Querschnitt und den Hebel. (Abb. 153) Mit dem Kräfteparallelogramm schuf da Vinci die Grundlagen für eine grafische Ermittlung der Stützlinie.

Stützlinie

Die Stützlinienmethode diente bis ins 20. Jahrhundert vielen Architekten und Ingenieuren als Hilfsmittel, um die optimale Form des geplanten Gewölbes zu finden. Auch zur Überprüfung vorhandener Gewölbe wurde die Methode verwendet, wie an den unten genannten Beispielen von Giovanni Poleni beim Petersdom in Rom oder von Eberhard Zorn bei der Martinskirche in Landshut zu sehen ist.[22] (Abb. 154)

Die grafische Ermittlung der Stützlinie bei einem einfach gekrümmten Tragsystem, zum Beispiel bei einem Bogen, kann recht simpel sein, wenn die auftretenden Lasten und die Spannweite bekannt sind.[23] Am nachfolgenden Beispiel eines Kreisbogensegments unter Eigengewichtskraft lässt sich das nachvollziehen.

Die vertikalen Auflagerkräfte können aus dem Volumen und dem spezifischen Eigengewicht der Segmente direkt bestimmt werden. Für die horizontalen Kräfte werden Annahmen getroffen.[24] Das Verhältnis von vertikaler und horizontaler Auflagerkraft gibt die Steigung der Stützlinie am Auflager vor. Sobald die Stützlinie die Wirkungslinie der Gewichtskraft des ersten Bogensegmentes schneidet, wird die Stützlinie flacher, weil der vertikale Kraftanteil um den Betrag dieser Gewichtskraft abnimmt. Am Scheitel verläuft die Stützlinie dann horizontal. (Abb. 155)

21 Beiglari 2023.
22 Zorn 1934.
23 Siehe hierzu auch Breymann 1896, S. 171–178.
24 Die horizontalen Auflagerkräfte können jedoch auch unter Gleichgewichtsbedingungen und der Definition von Gelenken im Gewölbe mithilfe des ermittelten Eigengewichts und des Abstands von den Gelenken bestimmt werden.

Die erste Annahme für die Horizontalkraft erweist sich gemäß der Abbildung als zu gering. Die Stützlinie wird zu steil und verlässt nach oben den Querschnitt des Gewölbes. Erhöht man die Horizontalkraft, nähert sich die Stützlinie dem Scheitel des oberen Querschnittsrandes an.

Solange die Stützlinie im sogenannten Kernquerschnitt des Mauerwerks verläuft, sind über die gesamte Querschnittsdicke nur Druckspannungen vorhanden. Verläuft die Stützlinie außerhalb des Kernquerschnitts, entstehen Risse. Je mehr sich die Stützlinie dem Querschnittsrand nähert, desto größer werden die Rissbreiten.

Die Stützlinie bezieht sich exakt auf die untersuchte Belastung und muss daher für jede Belastungssituation erneut bestimmt werden. Auftretende Punktlasten, zum Beispiel durch eine absinkende Stuhlkonstruktion des Dachtragwerks, können je nach Größe der Belastung den Verlauf der Stützlinie empfindlich verändern. Die Stützlinie wird der auftreffenden Punktlast entgegenwachsen, also steiler. Sehr rasch verlässt sie dann den Querschnitt des Gewölbes. (Abb. 156)

Mauerwerkswände

Mauerwerk ist sehr gut für die Abtragung von zentrischen, senkrecht zu den Lagerfugen wirkenden Drucklasten geeignet. Hauptanwendungsgebiete sind Wände und Stützen, die neben ihrem Eigengewicht vor allem vertikale Deckenlasten abtragen. Auf Außenwände wirken darüber hinaus Windkräfte, die aber im Vergleich zum Eigengewicht gering sind und deren Auswirkungen in der Regel die Lage der Stützlinie und damit die Tragfähigkeit nicht wesentlich beeinflussen. Ausnahmen sind zum Beispiel hohe, frei stehende Mauern oder Außenwände von hohen Kirchenschiffen.

Als Stützmauern werden Mauerwerkswände bezeichnet, die dazu dienen, Geländesprünge zu sichern und zu verhindern, dass Erdreich abrutscht. Die Hauptbelastungen sind das Eigengewicht und der horizontale Erddruck des Geländesprungs. Das Eigengewicht der Mauer muss so groß sein, dass die Erddruckkräfte in einem Maße abgelenkt werden, dass die Stützlinie überall im Wandquerschnitt verläuft. Daher werden Stützmauern in der Regel als Schwergewichtsmauern mit großer Mauerdicke ausgeführt.

Um Material zu sparen, wurden Stützmauern – und hohe Außenwände von Kirchen – schon früh mit Strebepfeilern verstärkt. In definierten Abständen werden senkrecht zur Mauerebene aus der Wandebene herausstehende Mauerpfeiler erstellt, die die horizontalen Kräfte durch ihre größere Ausdehnung in Lastrichtung besser in den Baugrund abtragen können als die Mauer selbst. Die Mauer ist dann nicht nur unten im Baugrund, sondern auch seitlich durch die Strebepfeiler gelagert, sodass sich eine dreiseitige Lagerung ergibt. (Abb. 157) Die horizontale Abtragung von Lasten zu den Strebepfeilern erfolgt mithilfe liegender Gewölbebildung, bei geringen Lasten auch über Querbiegung der Wand. In der Gotik wurden aus den Pfeilern Strebebögen. (Abb. 158)

156

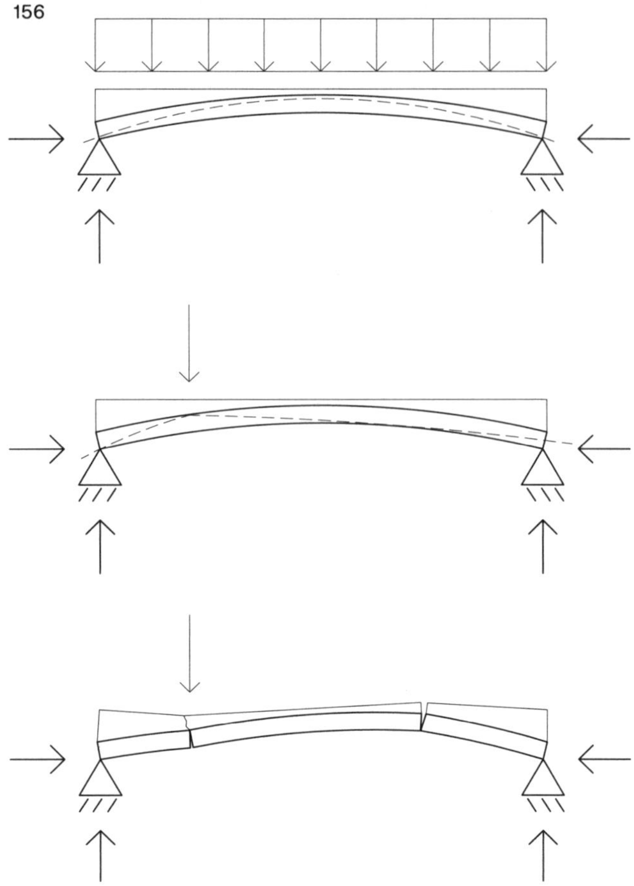

157

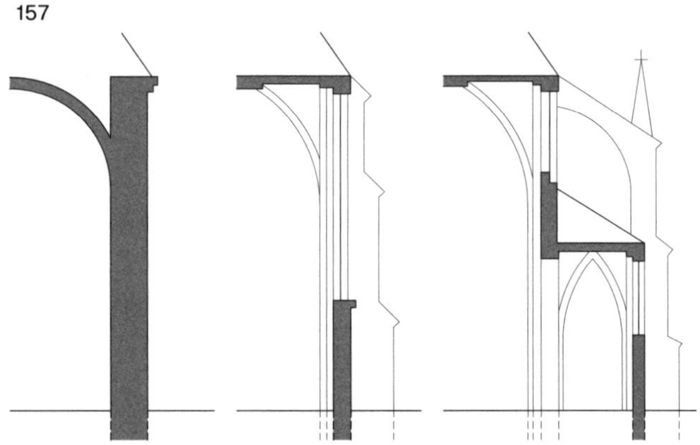

Abb. 156 Veränderung der Stützlinie in einem gemauerten Bogen unter Gleichlast und Punktlast sowie Verformungsverhalten.
Abb. 157 Strebewerke im Vergleich von links nach rechts: Schwergewichtsmauer; Strebepfeiler; Strebewerk.
Abb. 158 Münster, Freiburg, Strebewerke.
Abb. 159 Antiker Staudamm (2. Jh. n. Chr.) bei Merida, Spanien.
Abb. 160 Amphitheater (2. Jh. n. Chr.), Trier, Lageplan des nördlichen Zugangs.
Abb. 161 St. Ursula, München, 1895, grafische Statik für die Kuppel nach August Thiersch.

Abb. 156: Darstellung: Tobias Bastier; Abb. 158: Foto: Christian Kayser; Abb. 160: Darstellung: Christian Kayser

158

159

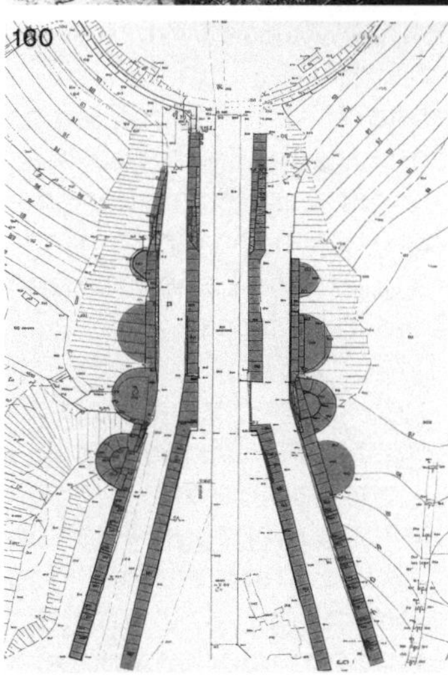
160

Stützmauern wurden in der Antike bereits virtuos variiert, um Böschungen zu sichern oder Staudämme herzustellen. (Abb. 159) So wurden im Amphitheater von Trier die tief ins Gelände einschneidenden Zugänge, sogenannte Vomitorien, mit seitlichen Stützwänden gesichert. Da das Gelände über 10 m hoch hinter diesen Wänden angeschüttet wurde, wurden die Stützmauern auf der Böschungsseite mit Entlastungskörpern in Form von senkrecht aufgeführten halbzylindrischen Gebilden noch deutlich vertieft. Es wurden also keine massiven Schwergewichtsmauern ausgeführt, sondern vielmehr – wirtschaftlich sinnvoll – heterogene Gebilde mit Hohlkörpern hergestellt. (Abb. 160) Auch für Fundamente wurden historisch in wenig tragfähigen Böden umgekehrte Gewölbe als Hilfsmittel eingesetzt, um die Tragfähigkeit des Bauwerks zu erhöhen. Die Aufstandsfläche wurde dadurch flächig deutlich vergrößert.

Bögen und Tonnengewölbe

Für einfach gekrümmte Gewölbe wurde die Ermittlung der Stützlinie in einem gurtbogenartigen Ausschnitt zum Standard. Ziel war es, die gewählte Geometrie und Dicke des Gewölbes auf ihre Tragfähigkeit hin zu überprüfen und die Auflagerkräfte

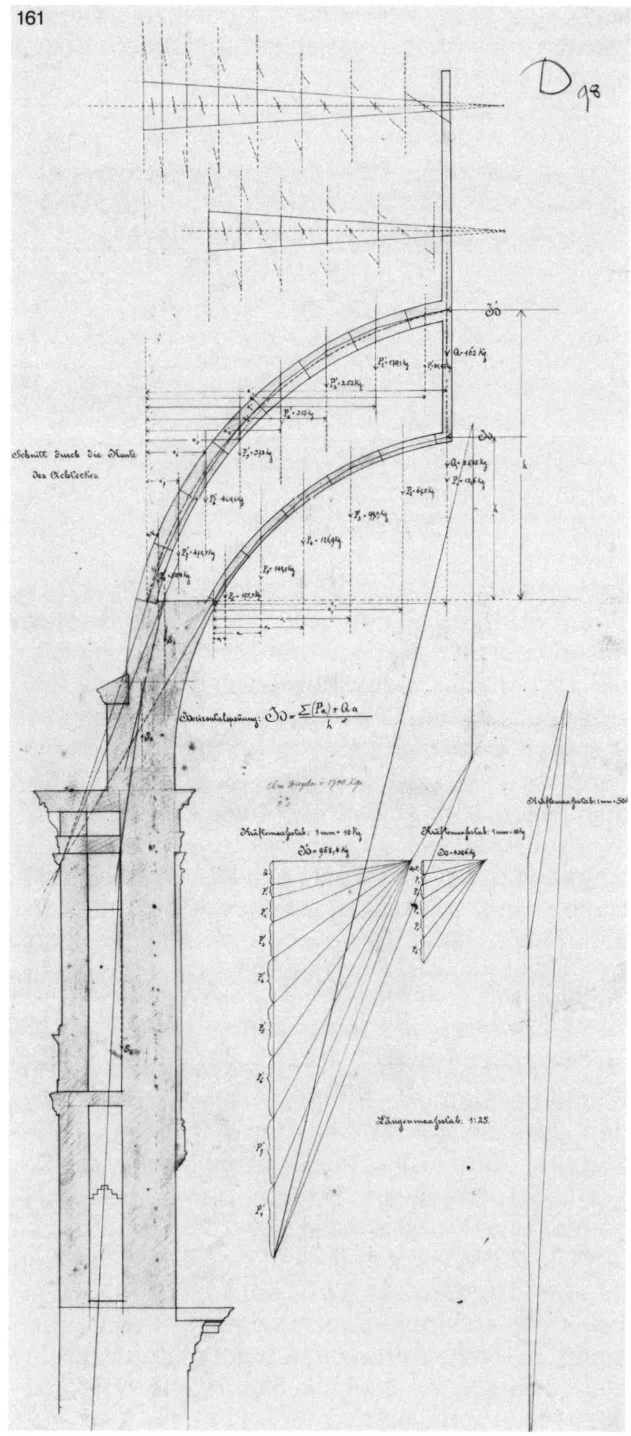
161

des Gewölbes zu ermitteln. Die gemauerten Bauteile, auf denen das Gewölbe lastet, müssen ebenfalls so massiv ausgebildet sein, dass die Stützlinie auch hier innerhalb des Querschnitts verbleibt. (Abb. 161)

Werden einem Bogen Verformungen aufgezwungen, z. B. indem die horizontale Auflagerkraft die Auflager auseinanderdrückt, erreicht die Stützlinie sehr schnell den Querschnittsrand. Risse und klaffende Fugen sind die Folge. Dies geschah häufig bereits kurz nach dem Ausschalen der Gewölbe, weil sich initiale Verformungen einstellten. In Scheitelnähe entstehen dabei Risse auf der Unterseite des Gewölbes, im Drittelspunkt oberhalb des Kämpfers sind es Risse auf der Oberseite. Um dieser Verformung Einhalt zu gebieten, wurden auch Abstützungen auf der Oberseite eingebaut. (Abb. 162)

162

Kreuzgratgewölbe

Dreidimensional sich verschneidende Kreuzgewölbe wurden von den historischen Baumeistern falsch beurteilt. Man war der Meinung, dass sich die Lasten der Gewölbekappen einachsig und senkrecht zu den Lagerfugen auf die Kreuzgrate abtragen. Dass sich Lasten auch in die zweite Flächenrichtung, also senkrecht zu den Stoßfugen ausbreiten können, wurde dabei vernachlässigt. Die Kreuzgrate wurden als die Haupttragelemente eingeschätzt, die die Lasten zu den Kämpfern abtragen, sodass dem Grat eines Kreuzgewölbes daher nach Rainer Barthel häufig zu große Lasten zugewiesen wurden. In barocken Gewölben wurden diese Grate auch häufig verstärkt.[25]

Mit der in den 1970er-Jahren entwickelten Finite-Elemente-Methode konnte nachgewiesen werden, dass die Normalkräfte tatsächlich linear vom Scheitel zum Auflager abgetragen werden. Die Kraftlinien liegen am Scheitel nur weiter auseinander und konzentrieren sich zum Kämpfer hin. (Abb. 163) Sie verlaufen nicht exakt senkrecht zu den Lagerfugen, sondern führen in den Gewölbeflächen zu einem zweiachsigen Spannungszustand. Den mittelalterlichen Baumeistern war das nicht bewusst, weshalb die historischen Theorien dazu fehlerhaft sind.[26]

163

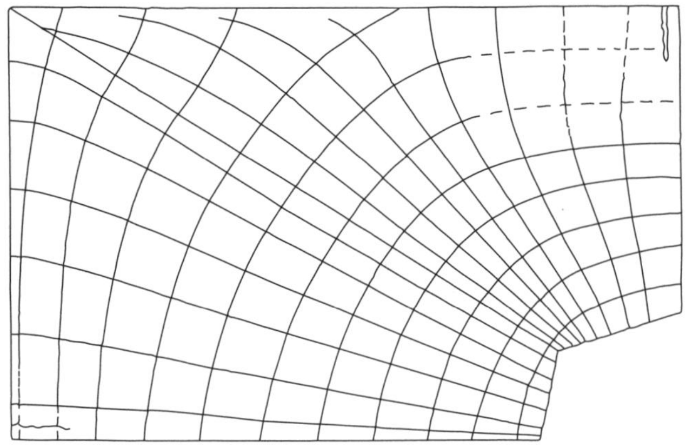

Abb. 163: Darstellung: Tobias Bastier nach Barthel

Kreuzrippengewölbe

Bei Rippengewölben oder Gewölben mit Gurtbögen können die Rippen bedingt als Auflager für Kappen und schalenartige Teilgewölbe dienen. Wenn die Rippen ohne Verbund mit dem Gewölbemauerwerk erstellt wurden, lösen sie sich allerdings oft von der Gewölbeschale, sobald auch nur geringfügige Auflagerverschiebungen im Gesamtsystem entstehen. Dadurch entziehen sie sich den Gewölbelasten und die Gewölbeschale wird freitragend.

Kuppelgewölbe

In zweifach gekrümmten Gewölben wirken Normalkräfte in beiden Richtungen der Schalenkrümmung. Bei einer gurtbogenlosen Kuppel, einer Kugelkalotte, bilden sich horizontale Zonen aus, die als Druckringe bezeichnet werden können. Die scheitelnahen Mauersteine bewegen sich geringfügig nach innen. Da sie sich auf die benachbarten Steine stützen, entsteht ein Ringdruck.

In Auflagernähe kehrt sich dieser Ringdruck in einen zunehmenden Ringzug um. Die Schale will nach außen ausweichen, der Radius wird geringfügig größer und es entstehen Ringzugkräfte, die zu Rissen führen, sobald die Zugfestigkeit des Mauerwerks in Stoßfugenrichtung überschritten ist. Charakteristisch sind in Meridianrichtung verlaufende Risse unterhalb einer ringförmig umlaufenden Zone, die sich in einem Winkel von etwa 52 Grad zum Zentrum einstellt. (Abb. 164) Die zusammenhängend aufgeführte Kuppel wird durch die Rissbildung in Gurtbögen geteilt.

Beim Pantheon wirkte man dem Ausweichen des Gewölbes und damit dem Ringzug durch Auflast an der überhöhten Mauerkrone des zylindrischen Sockels entgegen. (Abb. 165) Alternativ hätte in

25 So geschehen in der ehemaligen Klosterkirche, Au am Inn.
26 Barthel 1996, S. 21–33.

164

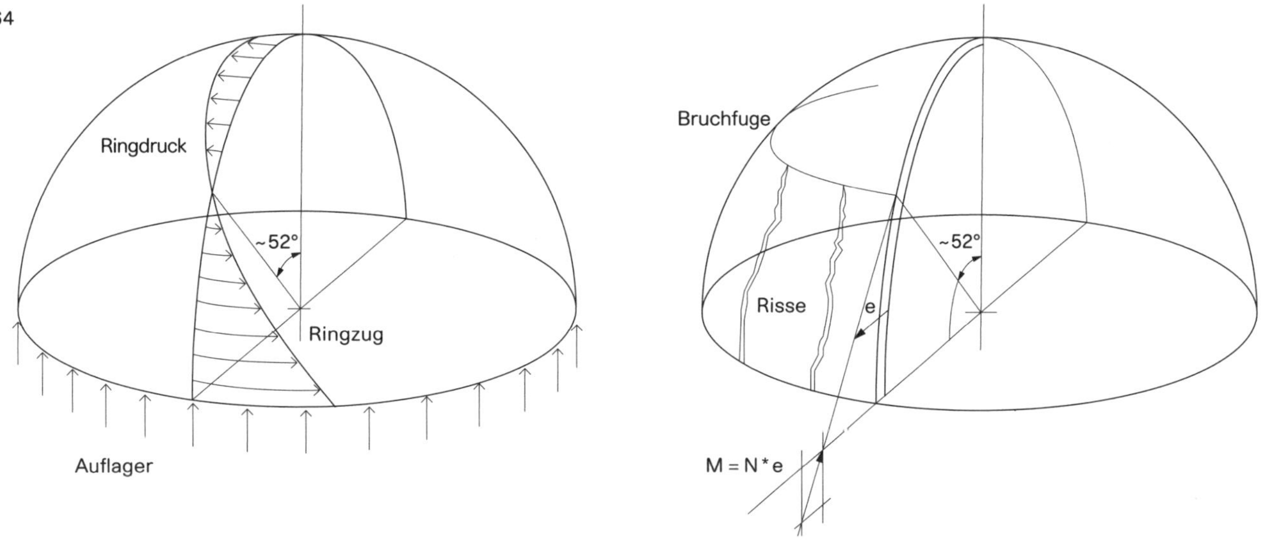

165

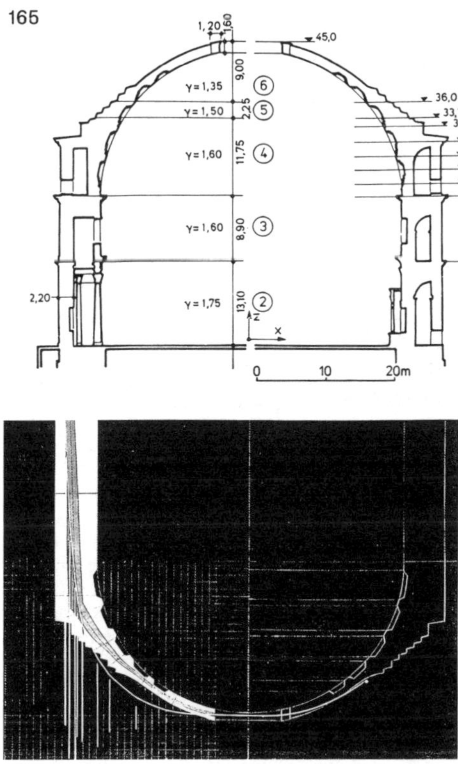

Abb. 162 St. Peter, Dillingen, ab 1619, historische Sicherungsmaßnahmen am gemauerten Gewölbe.

Abb. 163 Kräfteverlauf in einem Stichkappengewölbe nach Rainer Barthel.

Abb. 164 Kraftfluss in einer Kuppel mit Wechsel von Ringdruck zu Ringzug und typische Rissbildung an einer Kuppel.

Abb. 165 Pantheon, Rom, statische Untersuchung des Gewölbes nach Thode 1975.

Abb. 166 Kräfteverlauf bei einer massiven bzw. einer dünnwandigen Mauerwerkskuppel mit Zugring.

166

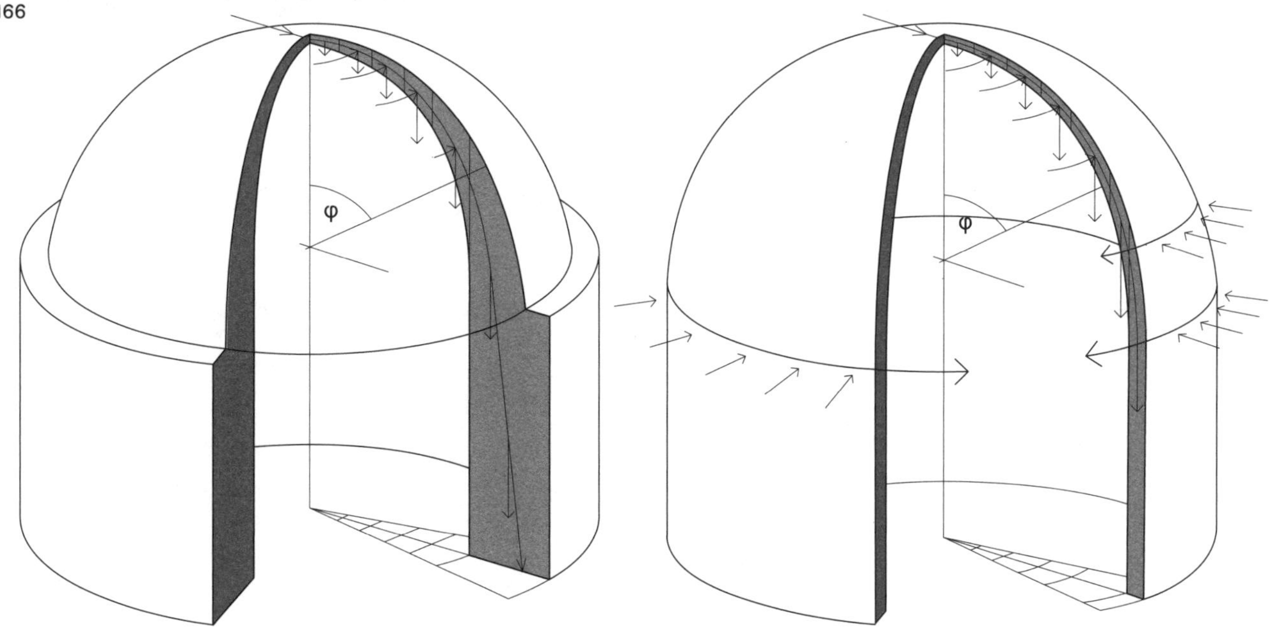

Abb. 164, 166: Darstellung: Tobias Bastier

167

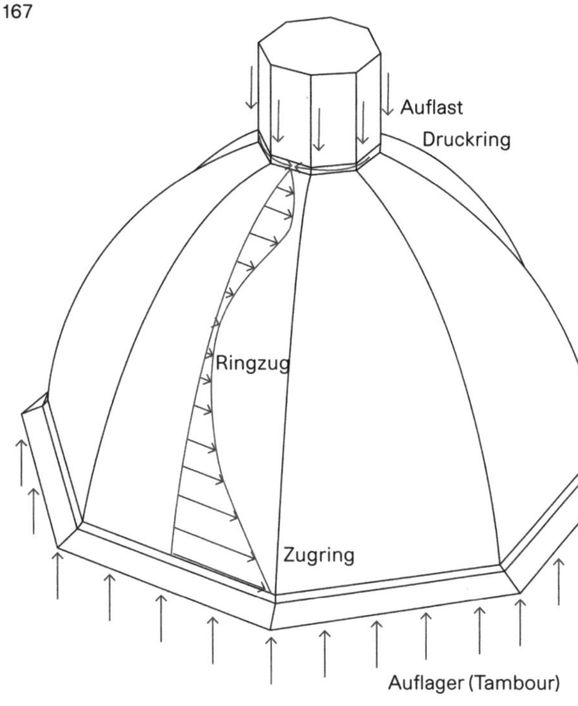

168

169

170

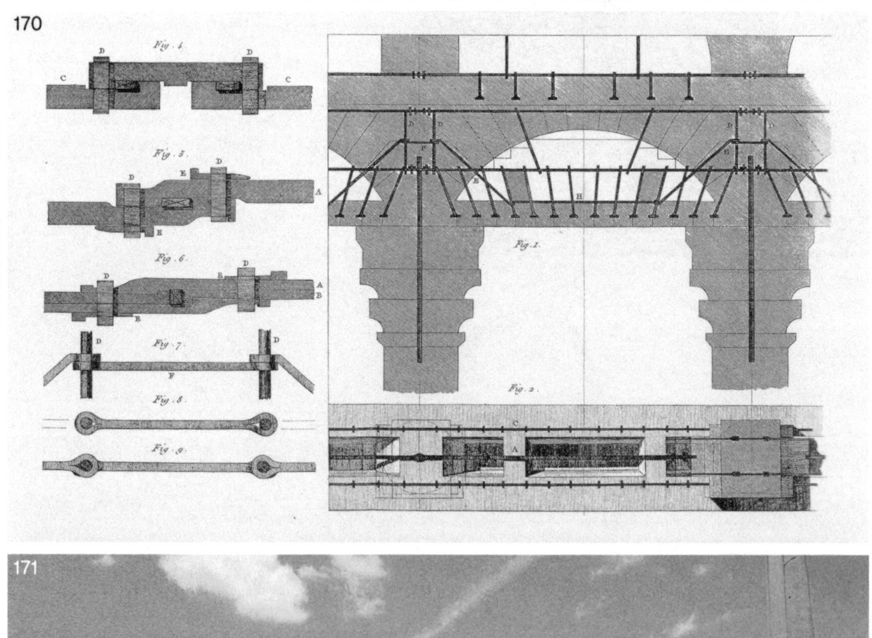

171

Abb. 167 St. Ursula, München, Kräfteverlauf in der Kuppel mit Laterne.
Abb. 168 St. Ursula, München, Rissbild in der unbewehrten Betonkuppel mit Laterne.
Abb. 169 St. Paul's, London, hölzerne äußere Kuppelschale.
Abb. 170 Pantheon, Paris, 1814, Bewehrungseinlagen, historische Darstellung nach Jean-Baptiste Rondelet.
Abb. 171 St. Peter, Rom.

Abb. 167: Darstellung: Joram Tutsch; Abb. 168: Darstellung: Sebastian Nägele

dem entsprechenden Bereich ein Zugband eingesetzt werden können.[27] (Abb. 166) Bei steileren Kuppeln liegt die Nulllinie näher am Kämpfer, sodass optimalerweise kein Ringzug entsteht.

Der Kraftfluss verändert sich in einer Kuppel in der Form einer Kugelkalotte maßgeblich, wenn eine Laterne, also eine zusätzliche Punktlast, am Zenit aufgesetzt wird. Schon knapp unterhalb der Laterne wirken dann abhängig von deren Gewicht Ringzugkräfte. (Abb. 167) Dies ließ sich auch anhand von Rissbildern bei der aus unbewehrtem Beton hergestellten Kuppel der katholischen Kirche St. Ursula in München feststellen. (Abb. 168) Diese wurde nach Plänen von August Thiersch (1843–1917) in den 1890er-Jahren errichtet. Bei jüngst durchgeführten Untersuchungen konnten die dokumentierten Risse auch rechnerisch nachvollzogen werden.[28]

Interessant ist die Ausführung der dreiteiligen Kuppel der St. Paul's Cathedral (1676–1708) nach Plänen von Christopher Wren (1632–1723). Er wandte das genannte Hooke'sche Gesetz von 1676 an, wonach die Gewölbegeometrie möglichst genau der umgekehrten Kettenlinie entsprechen sollte. Hier wurde erstmals im Vorfeld eines Bauvorhabens eine statische Untersuchung angestellt, die auch dokumentiert ist. So entstand für die Kuppel von St. Paul's eine nach außen nicht wahrnehmbare, sehr steile, fast kegelförmige Kuppel mit Laterne. Eine innere, ebenfalls gemauerte Kuppel, ist kugelförmig ausgebildet. Die äußere Kuppel besteht aus leichtem Holz. (Abb. 169) So gelang es Wren, die wesentlichen Lasten, die überwiegend aus der massiven Laterne stammen, über die steile, mittig angeordnete Kuppel abzutragen. Die innere Kuppel verursacht durch die hohe mittige Kuppel eine nur geringe Schubeinwirkung auf die Pfeiler der Vierung. Das äußere Erscheinungsbild mit hohem Tambour unterscheidet sich ganz grundsätzlich von der inneren Wahrnehmung.

Schalenartige Gewölbe als flächig wirksame Tragsysteme wurden mit in der Neigung der Gewölbekrümmung versetzten Mauersteinen hergestellt. Die Schlankheit eines Gewölbes wird als Verhältnis von Schalendicke zu Gewölbedurchmesser ausgedrückt und kann bis zu 1:500 reichen. Das Pantheon in Rom ist in diesem Zusammenhang sehr konservativ ausgeführt mit einem Verhältnis von etwa 1:33. Die Kuppel von St. Ursula in München erreicht bereits ein Verhältnis von 1:70. Viele halbsteinstarke barocke Gewölbe wurden mit einem Verhältnis von 1:100 bis 1:120 ausgeführt. Erst durch die Bewehrung von Gewölbekonstruktionen wurden dann entscheidend schlankere Schalen erzeugt. Den Verzicht auf Stützkonstruktionen mithilfe von ins Mauerwerk eingelegten Bewehrungen nahm Balthasar Neumann um 1740 wie erwähnt vorweg – in der Klosterkirche von Neresheim nach Planungen von Ignaz Michael Neumann in der zweiten Hälfte des 18. Jahrhunderts zumindest geplant. Planmäßig vorgegeben und ausgeführt wurden Bewehrungen bei der Errichtung des Pantheón in Paris von 1764 bis 1790 nach Plänen von Jacques-Germain Soufflot (1713–1780). (Abb. 170) Nach dem Tod Soufflots im Jahr 1780 vollendete unter anderen Jean-Baptiste Rondelet (1743–1829) das Bauwerk.

Während in Schalen Druckkräfte in der Richtung der Krümmung eines Gewölbes aufgenommen werden, sind es in Membranen ausschließlich Zugkräfte. So führen bei Membrankonstruktionen im Allgemeinen bereits minimale Punktlasten zu erheblichen Verformungen. Die Formfindung ist heute für den Membranbau sehr wichtig und war seit den 1950er-Jahren zentrales Forschungsgebiet für zahlreiche Institute.

In der römischen Antike waren halbkreisförmige Bögen und Gewölbe verbreitet, weil geometrische Grundformen nicht nur in der Mathematik, sondern auch in der statischen Wirkweise als ideal angenommen wurden. In der Romanik ab dem 8. Jahrhundert übernahm man diesen Ansatz. Nach der scholastisch begründeten Verschlankung aufstrebender Gebäude in der Gotik kam es in der Renaissance wiederum zu einer Rückbesinnung auf antike Formen. Auch der Petersdom in Rom, dessen Kuppel 1591 vollendet wurde, war nach Prinzipien der Renaissance geplant.

Nach dem Auftreten von Rissen in der Kuppel des Doms untersuchte der italienische Baumeister Giovanni Poleni schon im 17. Jahrhundert deren Stützlinienverlauf. Er verwendete wohl erstmals eine Kette, an die er proportional zugeordnete Gewichte hängte, die das tatsächliche Gewicht der Kuppel simulierten. Die sich einstellende Form der Kette stellte die Stützlinie dar, die nun invers innerhalb des Querschnitts der Kuppelschalen von St. Peter liegen sollte.[29] (Abb. 171) Dabei betrachtete Poleni nur einen gurtartigen Ausschnitt der Gesamtkuppel. Auch für das Pantheon in Rom wurden auf diese Weise nachträglich Untersuchungen mithilfe der Kettenlinienmethode vorgenommen. Die Ermittlung der Kettenlinie bzw. der Stützlinie sollte noch jahrhundertelang als Hilfsmittel dienen. Antoni Gaudís Kettenmodell bildete für die Sagrada Familia das dreidimensionale Tragwerk ab. (Abb. 172)

27 Nach Hart 1965, S. 21.
28 Rehm 2018, S. 175–181.
29 Polenis Kettenlinie zur Kuppel des Petersdoms wird auch im Kapitel Tragwerk und Innovation behandelt.

5.

TRAGWERKSTYPEN

In der vorliegenden Arbeit über historische Tragkonstruktionen werden in erster Linie solche Bauwerke und Konstruktionen betrachtet, von denen noch Zeugnisse überdauert haben und die unseres besonderen Schutzes bedürfen. Neben den vielen antiken Beispielen sind dabei Zeugnisse des christlichen Abendlandes von besonderem Interesse. Der Sakralbau ist mit Blick auf den Mauerwerksbau bis ins 18. Jahrhundert hinein der spannendste Bereich. Hier wurden durch gemeinschaftliche Kraftanstrengungen besonders große und eindrucksvolle Gebäude errichtet. Vorbild für den christlichen Sakralbau war die antike Basilika, die häufig als Markthalle Verwendung fand. (Abb. 173) Kaiser Konstantin, der um das Jahr 300 das Christentum zur Staatsreligion erhob, führte solche Basiliken einer neuen Nutzung zu und machte sie zu christlichen Kirchen. Trier wurde in dieser Zeit Bischofssitz. Hier steht mit der Hohen Domkirche St. Peter, die 310 bis 320 n. Chr. errichtet wurde, eine der ältesten „römischen" Kirchen überhaupt. (Abb. 174) Die Basilika war bis in die Gotik hinein eine der wichtigsten architektonischen Würdeformen im christlichen Sakralbau. Aus der Basilika mit einem mittigen, über die Seitenschiffe hinausragenden Hauptschiff, entwickelten sich auch viele Formen für Deckenabschlüsse und Gewölbe. Wird der basilikale Querschnitt unter einem durchgehenden Dach verborgen, spricht man von einer Pseudobasilika. Diese besitzt keine Obergadenfenster. Die Höhe des Mittelschiffs im Vergleich zu den Seitenschiffen wurde in der späten Gotik aber angeglichen. Ein Beispiel für die Übergangsform einer Stufen- oder Staffelhalle ist die Münchner Frauenkirche. Als reine Hallenkirche, bei der alle Schiffe gleich hoch sind, wurde St. Martin in Landshut errichtet. Sogenannte Saalkirchen findet man häufig im Barock vor. Sie besitzen nur ein Schiff, also einen Längsraum. Als Zwischenschritt von der Dreischiffigkeit zur Saalkirche sind Wandpfeilerkirchen zu bezeichnen, wie sie im frühen Barock, beispielsweise als Kloster-

Abb. 172 Sagrada Familia, Barcelona, ab 1882, Hängemodell zur Ermittlung der Stützlinien für das Gewölbe nach Antoni Gaudí.

Abb. 173 Beispielhafte Querschnitte von Sakralbauwerken von links nach rechts: Saal; Wandpfeilerkirche; Basilika; Stufenhalle; Halle.

172

173

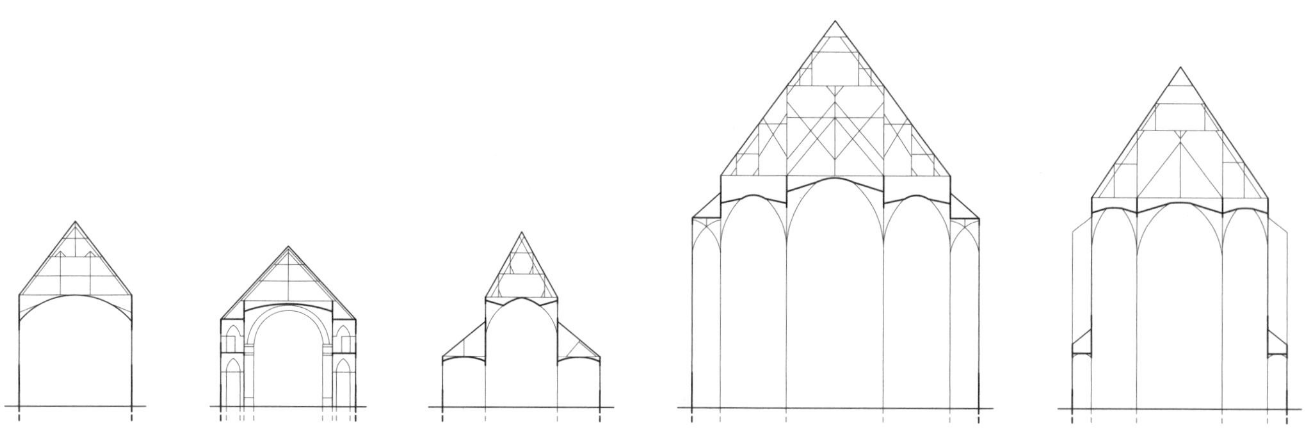

174

175

176

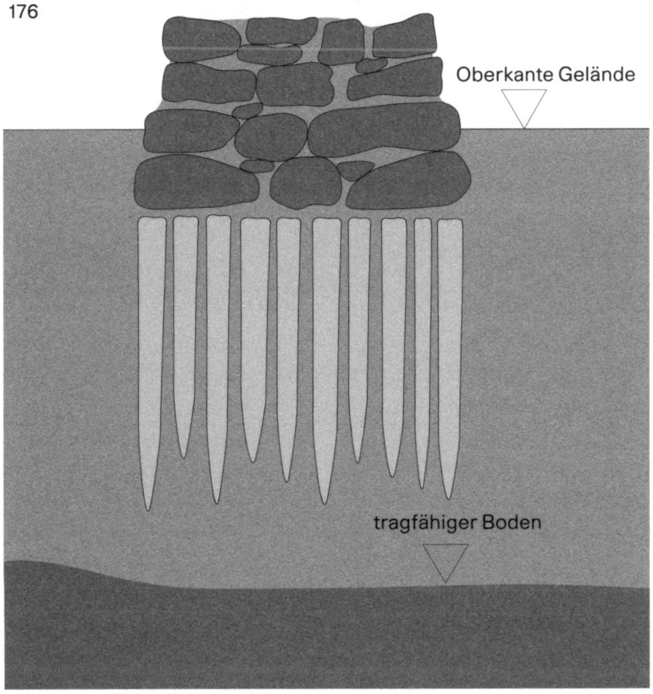

177

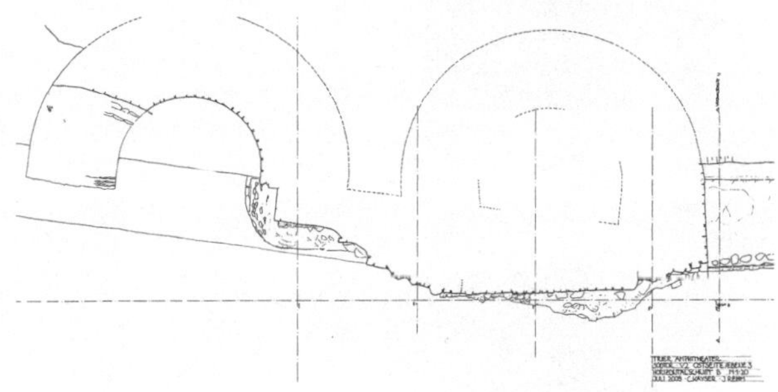

Abb. 174 Basilika St. Petrus, Trier.
Abb. 175 Klosterkirche, Gars am Inn, Innenraum.
Abb. 176 Schwebende Gründung mit Pfählen in nicht tragfähigem Boden.
Abb. 177 Amphitheater, Trier, Teilgrundriss des nördlichen Zugangs mit Darstellung der Entlastungskörper.
Abb. 178 Eingestampftes Mauerwerk (opus emplecton).

178

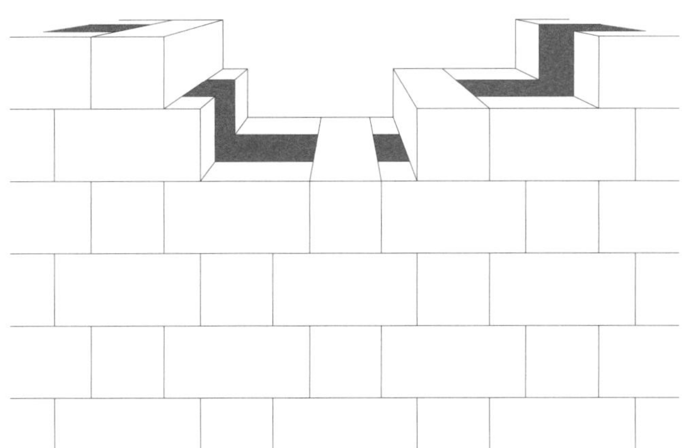

Abb. 175: Foto: Siddhartha Finner; Abb. 176: Darstellung: Tobias Bastier

179

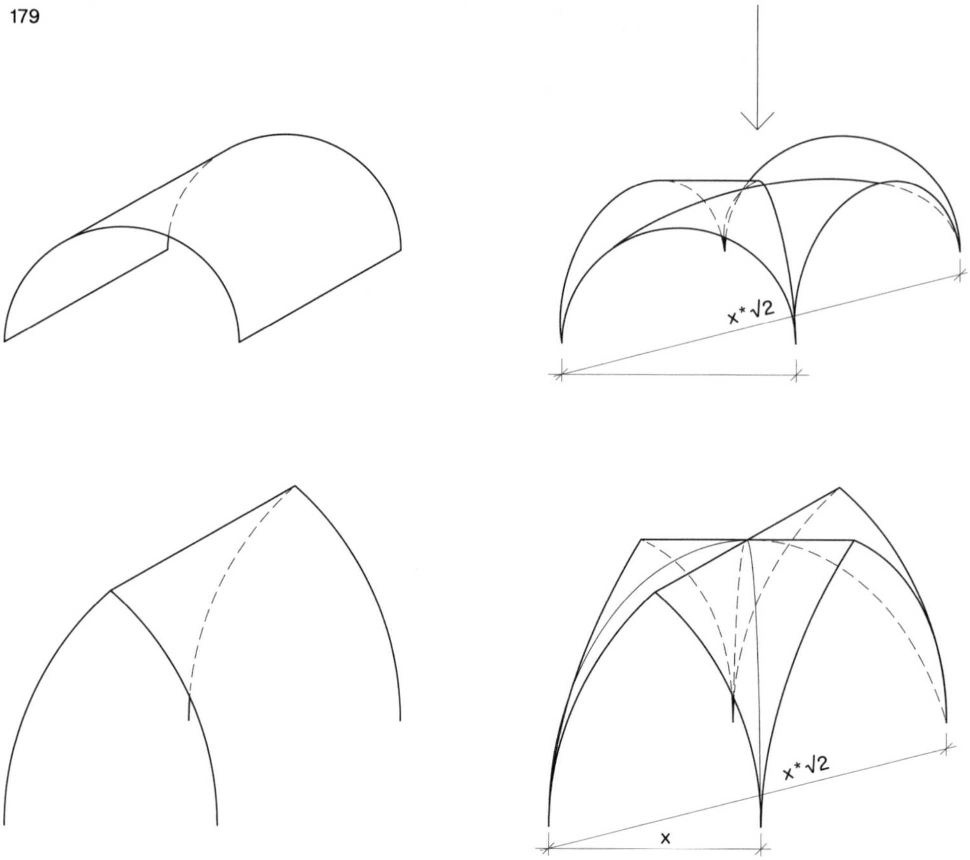

180

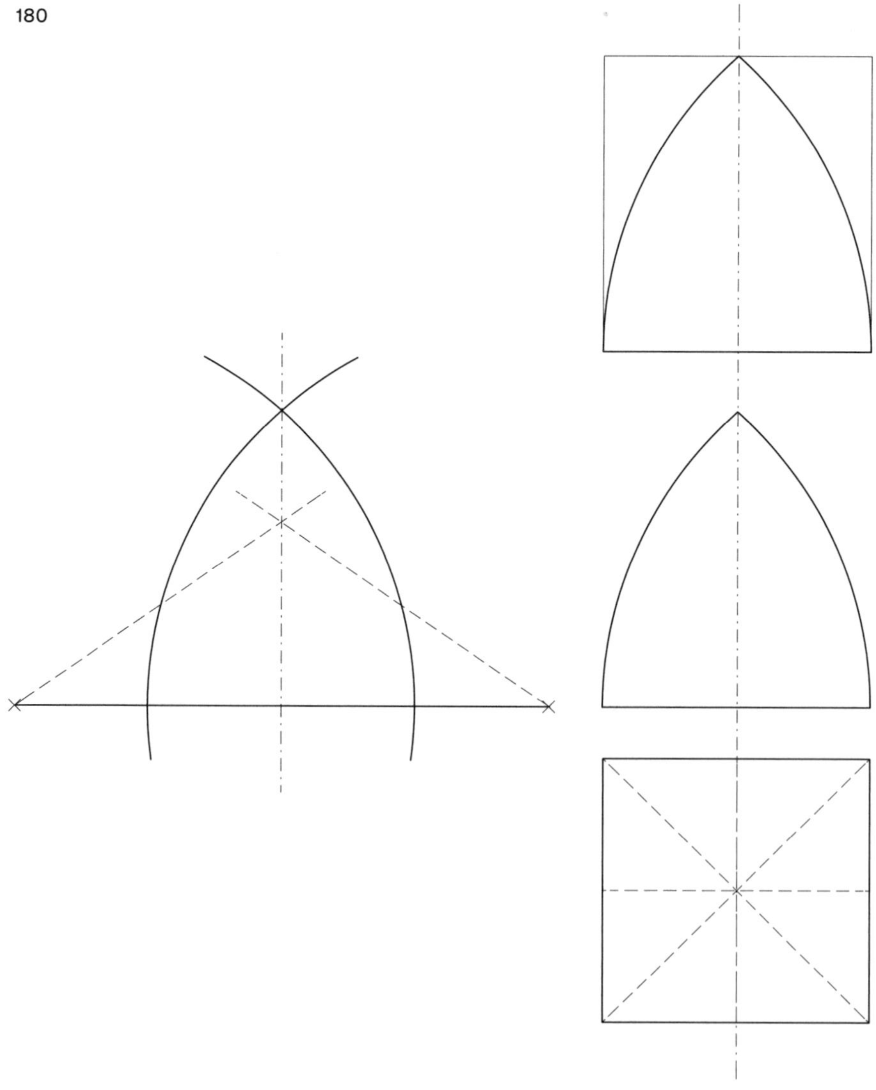

Abb. 179 Tonnengewölbe und Spitztonnengewölbe.
Abb. 180 Geometrische Ermittlung einer Spitztonne.

Abb. 179, 180, 181, 184: Darstellung: Tobias Bastier

181

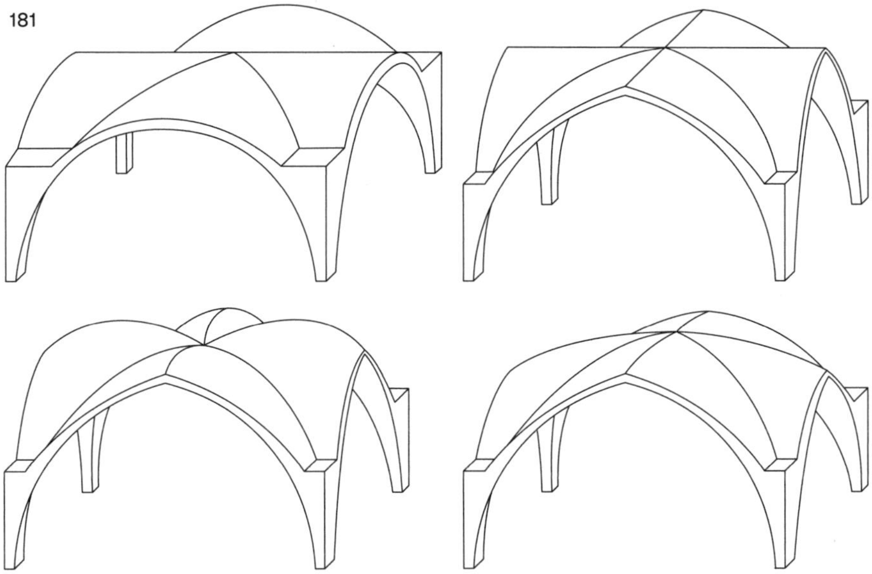

Abb. 181 Gewölbearten von links oben nach rechts unten: kreiszylindrisches Kreuzgewölbe mit geradem Scheitel; spitzbogiges Kreuzgewölbe mit geradem Scheitel; gebustes Kreuzgewölbe; kuppelartiges Kreuzgewölbe.

Abb. 182 Klosterkirche Vierzehnheiligen: geplantes Gewölbe (punktierte Linie); tatsächlich ausgeführtes Gewölbe (durchgezogene Linie); 1917.

Abb. 183 Pantheon, Rom.

Abb. 184 Von links nach rechts: Umkreiskuppel; Inkreiskuppel mit Pendentifs; achtseitiges Klostergewölbe; Klostergewölbe mit Tambour und Trompen.

183

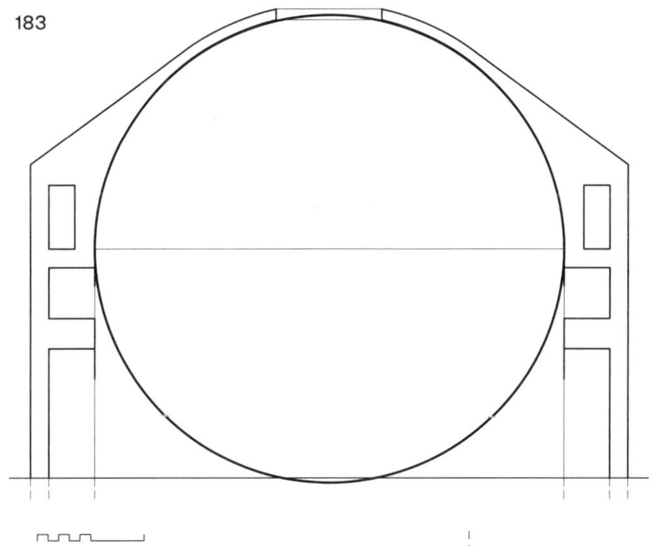

182

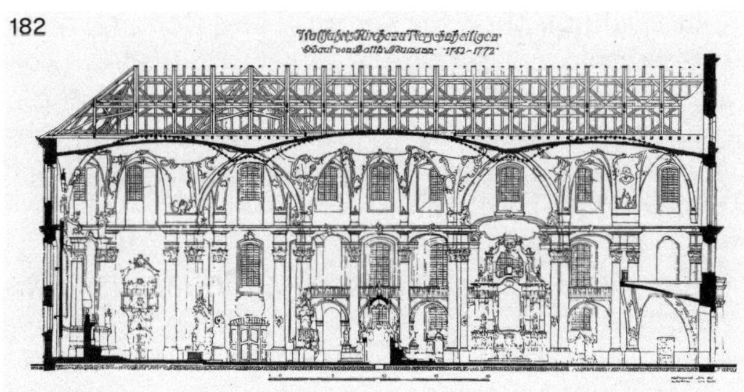

184

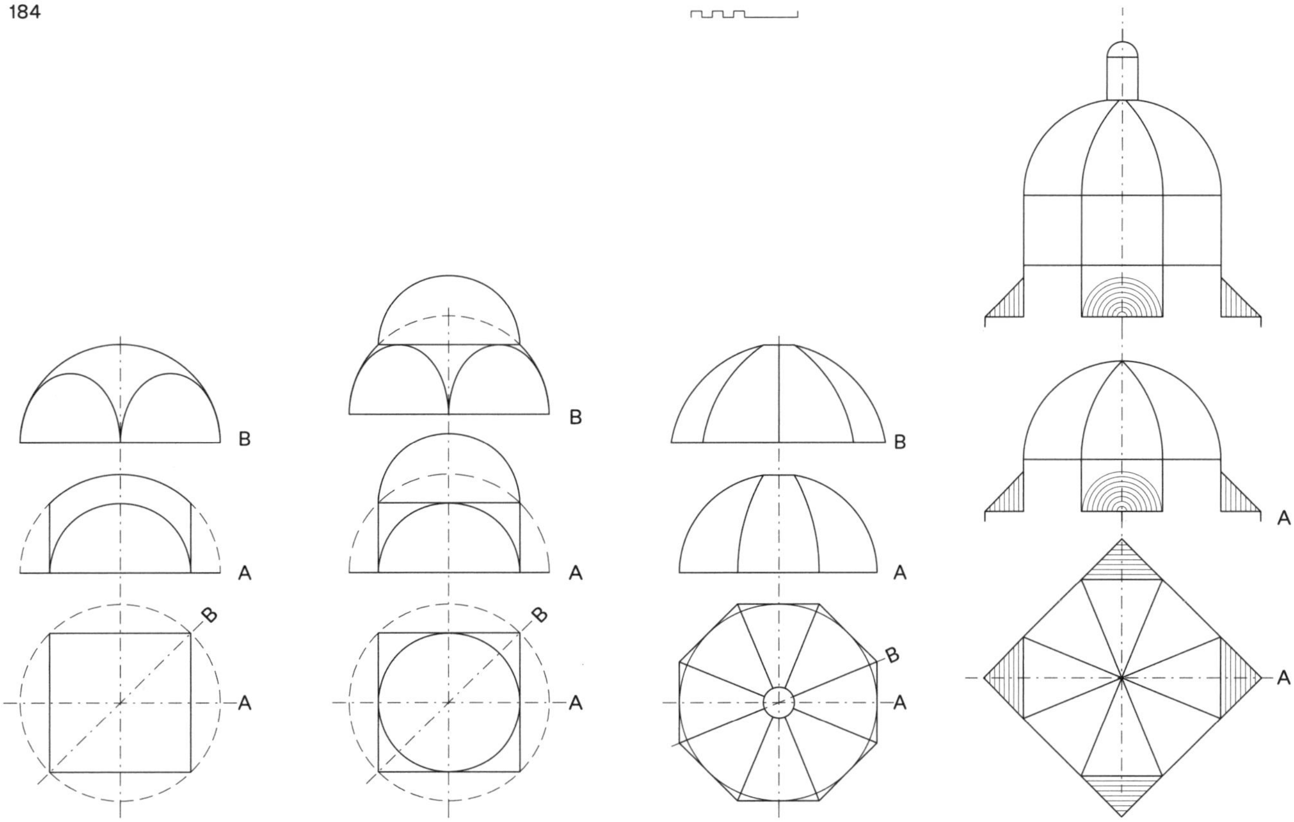

kirchen entlang des Inns entstanden. (Abb. 175) Dabei werden die Seitenschiffe auf Nischen reduziert, die durch quer zu den Fassaden eingesetzte Wände (Wandpfeiler) voneinander getrennt sind. Während der zentrale Raum ein längs verlaufendes Gewölbe aufweist, wurden über diesen Nischen Stichkappen zur Ausführung gebracht.

Ebenfalls ausgehend von der Antike wurden Zentralbauwerke und Vierungen im christlichen Sakralbau mit Kuppeln überwölbt. Einen frühen Höhepunkt der Wölbtechnik stellt das Pantheon in Rom dar, das bis heute in der gegebenen Größe und Bauweise seinesgleichen sucht. Interessant ist der Vergleich zu nachfolgenden Kuppelkonstruktionen bis ins 18. Jahrhundert. Die dabei angestellten Überlegungen zur Verhinderung von Rissen führten zu ganz außergewöhnlichen Bauweisen, wie wir es bei St. Paul's in London sehen können.

Ebene Bautypen

Gemauerte Fundamente bestanden häufig aus natürlichen Bruchsteinen, die entweder trocken, also mörtellos, oder aber mit hydraulischen Mörteln hergestellt wurden. Auch Fundamente aus gebrannten Ziegeln lassen sich insbesondere im Mittelalter und der Barockzeit häufig finden. Im Holzbau dagegen wurde auf gemauerte Fundamente oft verzichtet, wie im Kapitel Holzbau näher ausgeführt wird. Befand sich der tragfähige Grund in zu großer Tiefe, konnte also ein Fundament im Tagebau nicht hergestellt werden, dann rammte man hölzerne Pfähle in den Boden und stellte so eine Tiefengründung her. (Abb. 176) Darüber verlegte man einen Trägerrost, der als Grundlage für das aufgehende Mauerwerk diente.

Aus der Jungsteinzeit und der Antike sind uns massive Mauerwerkswände bekannt, die entweder frei stehend oder mit einbindenden Querwänden bzw. Strebepfeilern (beim Amphitheater in Trier mit den oben beschriebenen Entlastungskörpern) ausgeführt wurden. (Abb. 177) Die Wandkonstruktionen wurden spätestens in der Antike, zumal in der römischen, differenziert hergestellt. Ganz allgemein versuchte man den Prozess der Herstellung der teils erheblichen Wandstärken zu beschleunigen, indem nur die äußeren Schalen auf Sicht und somit repräsentativ gestaltet wurden. Der Binnenbereich wurde mit Bruchsteinen gefüllt, ab dem 3. Jh. v. Chr. als Schüttbeton mit hydraulischen Bindemitteln. Dieses opus caementitium wird im Kapitel Eisenbeton näher erläutert. Unabhängig davon, ob hydraulische Bindemittel eingesetzt wurden oder nicht, ist den antiken Bauweisen gemein, dass die äußeren Schalen in regelmäßigen Abständen zusammengebunden wurden. Auch Arbeitsabschnitte wurden so definiert. Die Griechen sprachen vom opus emplecton, dem eingestampften Mauerwerk (Abb. 178), bei dem durchbindende Steine Verwendung fanden. In der römischen Antike wurden die bereits erwähnten Ziegeldurchschüsse eingesetzt. (Vgl. Abb. 117) Zu den ebenen Typen gehören auch die bereits erwähnten, oft sehr alten, falschen Gewölbe, bei denen die Lagerfugen des Mauerwerks horizontal blieben.

Einfach gekrümmte Typen

Gewölbe, bei denen die Wölbsteine radial angeordnet wurden, eröffneten große Gestaltungsmöglichkeiten. Dabei bildete sich rein aus der Art der Wölbtechnik eine glatte Unterseite, die entweder steinsichtig blieb oder verputzt werden konnte. In der römischen Antike, in der großer Wert auf geometrische Grundformen gelegt wurde, setzte sich zunächst der Kreisbogen als ideale Wölbform durch. Neben den zahllosen Bogenstellungen für Via- und Aquädukte wurden aber auch längsrechteckige Tonnengewölbe mit und ohne Gurtbögen ausgeführt. Zwei sich im rechten Winkel durchdringende Tonnengewölbe ergeben geometrisch ein Kreuzgewölbe, bei dem die Diagonale bei gleichbleibenden Höhen für Kämpfer und Scheitel nicht kreisförmig, sondern gedrückt ellipsoid ist. Ein solches Gewölbe entsteht auch, wenn einem Längsgewölbe Stichkappen gegeben werden, zum Beispiel für eine bessere Belichtung. Die Scheitellinien bleiben dabei horizontal.

In der Gotik entwickelte sich das Tonnengewölbe zu einer Spitztonne, was einerseits in der Scholastik begründet liegt. Andererseits beförderte die Veränderung in der Geometrie von Gewölben die Erkenntnis, dass die überhöhte Form eines Bogens statisch günstiger ist. Aus der Vielzahl von Gewölbeformen soll hier neben dem genannten kreiszylindrischen Kreuzgewölbe auch das spitzbogige Kreuzgewölbe mit geraden Scheiteln behandelt werden. Es besitzt in der Diagonalen näherungsweise halbkreisförmige Kreuzbögen und ist ebenfalls eine einfach gekrümmte Wölbform. (Abb. 179, 180)

Einfach gekrümmte Gewölbe wurden insbesondere im 19. Jahrhundert mithilfe von Eisenträgern als sogenannte preußische Kappen zur Ausführung gebracht. Dabei wurden T-Profile auf oft gusseiserne oder monolithische steinerne Stützen gelegt und dann mit kappenartigen Ausmauerungen, die gegebenenfalls auch horizontal sein konnten, versehen.

Zweifach gekrümmte Typen

Zwei weitere Kreuzgewölbe, die auf sich verschneidende kreiszylindrische Gewölbe zurückgehen, haben doppelt gekrümmte Anteile. Beim gebusten Gewölbe sind die Kappen doppelt gekrümmt mit parabelförmigen Scheitellinien. In einem Rippengewölbe können die gebusten Kappen freihändig, also ohne Schalung aufgemauert werden. Beim kuppelartigen Kreuzgewölbe sind die Kreuzbögen genauso gekrümmt wie die Gurt- und Schildbögen. (Abb. 181) Die Kreuzbögen werden aber insgesamt bei gleicher Kämpferhöhe am zentralen Scheitelpunkt höher, weil die Diagonallinien länger sind. Es bildet sich im geometrisch idealen Fall eine kugelförmige Gewölbefläche.

Im Barock kam man von den komplizierten Gewölbeformen wieder ab. Bildhafte Darstellungen rückten in den Vordergrund, was in der Kunst und Architektur der Renaissance bereits eingeleitet worden war. Der durch gebaute Architektur angestrebte Gottesbeweis trat hinter einem bildmächtigen Erzählstil zurück. Licht blieb aber ein wichtiges Stilmittel und Flächen, die Raum für Malereien ließen, gewannen an Bedeutung. Gewölbe wurden wieder deutlich flacher konstruiert und es gab sogar eine Tendenz dazu, Flachdecken auszuführen. Ein Beispiel für diesen Trend ist das Gewölbe der Wallfahrtskirche Vierzehnheiligen bei Bad Staffelstein in Oberfranken, das nach Plänen von Balthasar Neumann ab etwa 1750 ausgeführt wurde. Seine bereits äußerst ambitionierte Planung steigerte der vor Ort beauftragte Baumeister noch, sodass ein zwischen sphärisch verzogenen Gurtbögen eingesetztes Gewölbe fast ebenflächig ist. (Abb. 182) In diesem Zusammenhang wurden auch eiserne Bewehrungsstangen geplant und teilweise eingesetzt.

Bei Kuppelkonstruktionen scheint es erforderlich, zunächst die Begrifflichkeiten näher zu erläutern. Älteste Kuppeltragwerke wurden in der römischen

Abb. 185 Hagia Sophia, Istanbul; Lithographie von 1852.

Antike einer Kugelform angenähert. In das Pantheon in Rom, das im frühen 2. Jh. n. Chr. in seiner noch heute bestehenden Form gebaut wurde, lässt sich eine exakte Kugel mit einem Durchmesser von 43,46 m einbeschreiben. Diese Größe für eine Kuppel aus Mauerwerk wurde seitdem nur mehr annähernd erreicht. (Abb. 183) Der geometrisch perfekte Innenraum wirkt von außen eher unansehnlich zylindrisch, was auch auf den römischen Städtebau an sich schließen lässt. Zwar handelt es sich um einen Solitärbau, der verputzt war, aber dennoch war er auf dem Marsfeld weitgehend eingebaut. Prächtig ist die vorangestellte Säulenhalle. Sie sollte der repräsentativen Außendarstellung Genüge tun. Teile davon stammen wohl noch von einem Vorgängerbauwerk.

Die antike Basilika wurde, wie bereits erwähnt, häufig als Markthalle genutzt und wurde zur Würdeform frühchristlichen Kirchenbaus.[30] Um eine Kreuzform als Sinnbild zu schaffen, kreuzte man das Langhaus mit einem Querhaus. Schon in der Romanik wurde diese sogenannte Vierung mit einer Kuppel versehen. Den quadratischen, von vier massiven Pfeilern gebildeten Unterbau veränderte man nach oben hin zu einem Oktogon, also einem Achteck. Dies bedeutete nichts anderes als die Näherung an einen Kreis. Die Vermittlung von einer sogenannten Vierung über zwei sich kreuzenden Schiffen zum Oktogon war – geometrisch wie bautechnisch – eine große Herausforderung. Das sogenannte Klostergewölbe ist ein frühes Ergebnis daraus. Von allen acht Seiten werden gewölbte Flächen bis zu einem Abschluss geführt, der noch Raum für eine Laterne lässt. (Abb. 184) Die Domkuppel von Florenz stellt ein solches Gewölbe dar, wenngleich relativ spitz zulaufend und über achteckigem Grundriss.

Sollte der Unterbau quadratisch sein und darüber ein oktogonales Klostergewölbe zur Ausführung kommen, so muss der Übergang gestalterisch, aber vor allem auch bautechnisch gelöst werden. Den Verzug schaffte man in frühen Gewölben mit Trompen, die in der Form einer Kugelkalotte ein eigenes kleines Gewölbe bilden. (Abb. 185) Eine kreisrunde Kuppel kann man einem Quadrat einbeschreiben (Inkreiskuppel) oder sie außen um dieses herumführen (Umkreiskuppel). (Abb. 184) Eine Inkreiskuppel benötigt eine Übergangszone vom quadratischen Unterbau zur einbeschriebenen Kuppel. Dies wird mit sogenannten Pendentifs oder den bereits genannten Trompen geschafft.[31] Bei Pendentifs handelt es sich um gekrümmte Kappen, die von den Pfeilern der Vierung an den Gurtbögen entlangführen, an den Ring der Kuppel anschließen und so den Sockel für diese bilden. (Abb. 184) Eine Pendentifkuppel ist beispielsweise die Hagia Sophia, die im 6. Jahrhundert erstmals erbaut wurde.

Eine Umkreiskuppel kann mit einem kuppelartigen Kreuzgewölbe verglichen werden. Der Kämpfer dieser Kuppel verläuft über den Eckpunkten des quadratischen Unterbaus. Die Verschneidung erfolgt in Verlängerung der Schildwände des Unterbaus. Man spricht auch von einer Stutzkuppel. Ein sogenanntes böhmisches Kappengewölbe stellt eine reine Form einer Stutzkuppel dar. (Vgl. Abb. 185)

Sonderformen

Zu den gekrümmten Tragwerkstypen zählen auch Treppen aus monolithischen Natur- oder Kunststeinen. Gewundene Treppenanlagen, bei denen Keilstufen einerseits im begleitenden Mauerwerk eingespannt werden, andererseits auf der Seite des Treppenauges sich gegenseitig abstützen, zählen zu den wunderlichsten Gestaltungselementen. (Abb. 186) Auch gerade Treppenläufe lassen sich mit einseitig eingespannten Keilstufen herstellen. Es bildet sich eine äußerst flache Stützlinie aus. (Abb. 187)

Abb. 186 Gewundene Kragstufentreppe, München, 1910.
Abb. 187 Gerade, gewinkelte Kragstufentreppe, Hannover, 1910.

186

187

30 Siehe Lieb 2018, S. 18.
31 Siehe auch Breymann 1896, S. 198.

6.

GEFÄHRDUNGEN

Risiken, die sich aus der Konstruktion und ihrem Tragverhalten ergeben, sind von solchen, die durch äußere Einflüsse verursacht werden, zu unterscheiden. Die äußere Einflussnahme, vornehmlich witterungsbedingt, ist nicht gänzlich abzuhalten. Putze, Fugmörtel oder aber an Fassaden auf Sicht gesetzte Mauersteine selbst sind davon betroffen. Putze und Fugmörtel stellen Verschleißschichten dar, die die tragende Konstruktion schützen, aber selbst immer wieder erneuert, überarbeitet oder instand gehalten werden müssen. Verschiedene Gesteine oder auch Ziegel reagieren ganz unterschiedlich auf äußere Einflüsse. Die Mischung verschiedener Gesteinsarten ist noch komplexer. So werden die am Regensburger Dom verbauten Sandsteinquader von den zugleich verwendeten Kalksteinen bei Bewitterung beeinträchtigt. (Abb. 188) Wenn säurehaltiger Niederschlag den Kalkstein anlöst, bildet sich Gips, der in den Sandstein eingetragen wird. Da Gips wasserlöslich ist und je nach Wassergehalt quillt und schwindet, wird das Sandsteingefüge allmählich zerrüttet. Die Feuchte des Baugrundes kann das Bauwerk ebenso beeinträchtigen wie die Feuchte, die aufgrund der Nutzung im Bauwerk entsteht.

Umwelteinflüsse

Tiefengesteine vulkanischen Ursprungs setzen sich im Wesentlichen aus Feldspat, Quarz und Glimmer zusammen. Bei Feldspat handelt es sich um ein Tonmineral. Je höher der Anteil des Feldspats, umso leichter kann das Tiefengestein verwittern. Selbst Granit wird also durch Feuchtigkeit beeinträchtigt. Bei Sandstein handelt es sich um Verwitterungsprodukte, die unter hohem Druck „verbacken" wurden. Kalksandstein bildete sich unter Wasser. Sandstein ist aufgrund seiner Porosität witterungsanfällig. Reiner Kalkstein ist hingegen gut haltbar, reagiert aber wie beschrieben empfindlich auf Säuren. Überhaupt ist Salztransport infolge von Feuchteeinwirkung oder Säurebeaufschlagung einer der wichtigsten Faktoren für die Zerrüttung des Mörtels und der Mauersteine selbst. Eine Maßnahme an einem Bauwerk im Bereich von Fugen und Putz muss darum eine Entsalzung des Mauerwerks beinhalten, oder aber der Reparaturmörtel muss die Aufnahme von Salzen schadlos überstehen. Zunächst ist jedoch zu klären, ob Salzgehalte schädigend auf die Tragfähigkeit wirken. In jedem Fall müssen die Eigenschaften von Reparatur- und Ergänzungsmörtel auf den bestehenden Untergrund mit Blick auf den E-Modul und die Wasseraufnahmefähigkeit abgestimmt werden. Ein zu hoher E-Modul des Ergänzungsmörtels wird zu einem beschleunigten Schadensverlauf der darunterliegenden Schichten führen. (Abb. 189)

188

189

Abb. 188 Dom, Regensburg, Mauerwerk aus Kalk- und Sandstein; Foto von 2010.

Abb. 189 Klosterkirche, Birkenfeld; Schadensbilder; Foto von 2008.

Statische Beeinträchtigungen

Neben der Bewitterung können auch mechanische Einwirkungen Schäden wie Verformungen oder Risse verursachen. Einwirkungen, die sich aus dem Tragwerk selbst ergeben oder aus Änderungen am Bau- bzw. Tragwerk im Laufe seiner Nutzung, sind jedoch die wichtigste Ursache für Schäden. In jedem Fall muss am Anfang einer Maßnahme eine genaue Untersuchung des Bauwerks erfolgen. Eine Bestandsaufnahme hat dabei zunächst den Zweck, auch die Instandhaltungs- oder Instandsetzungsgeschichte genau nachzuvollziehen. Ein für sich richtig konstruiertes und konzipiertes Bauwerk kann durch eine gestalterisch motivierte Veränderung, wie sie beispielsweise in der Barockzeit häufig vorgenommen wurde, in einer Weise gestört worden sein, dass Schäden die Folge waren. Auf der Grundlage einer solchen Bestandsaufnahme kann eine genaue Schadensaufnahme erfolgen, die dann auch Grundlage für die Ursachenforschung werden kann. Die Übersichtlichkeit einer Schadensaufnahme gibt dem Gutachter die Möglichkeit, statische Mechanismen festzustellen. Liegen die Ursachen in einem instabilen Baugrund? Wurden im Umgriff des Bauwerks in der Vergangenheit Veränderungen vorgenommen? Erfolgten Abgrabungen oder wurden Leitungen verlegt? Hat sich der Grundwasserpegel verändert? Woraus besteht das Gewölbe? Ist es massiv und haben sich die Außenwände verformt? Wie verlaufen die Risse in diesem Gewölbe? Alle Phänomene müssen rein objektiv dokumentiert werden. Die Ermittlung der Ursachen kann aber erst im Zusammenspiel mit der genauen Bestandsaufnahme funktionieren. (Abb. 190)

Bei der Instandsetzung von Mauerwerk geht es darum, eine gleichmäßige Lastaufnahme und -weitergabe zu erzielen. Abgegangener oder schadhafter Fugmörtel ist zu ersetzen. In den hohlraumreichen Kern von Mauerwerksquerschnitten kann Mörtel nachträglich injiziert werden. Schadhafte Steine oder Teile davon müssen ersetzt werden, wenn der verbliebene Querschnitt nicht mehr ausreichend ist, um die Lasten aufzunehmen. Für den Tragwerksplaner sind werkstofftypische Eigenschaften von Interesse bei der Beurteilung des Tragwerks. Die Versetzmörtel sind in diesem Zusammenhang von entscheidender Bedeutung, wie weiter oben bereits erläutert. Ein Nachweis der Druckfestigkeit von Versetzmörteln ist in der Praxis schwierig, weil zusammenhängende Prüfkörper nur schwer zu entnehmen sind. Oft ist auch der Bindemittelanteil so gering, dass eine solche Entnahme gar nicht denkbar erscheint. Örtliche Lastversuche können dabei hilfreich sein, Risiken für eine geplante Nutzung zu minimieren. Entscheidend ist aber für die Erhaltung zunächst, die Schadensphänomene eindeutig zuzuweisen. Lokale Schäden, zum Beispiel an Putzoberflächen

190

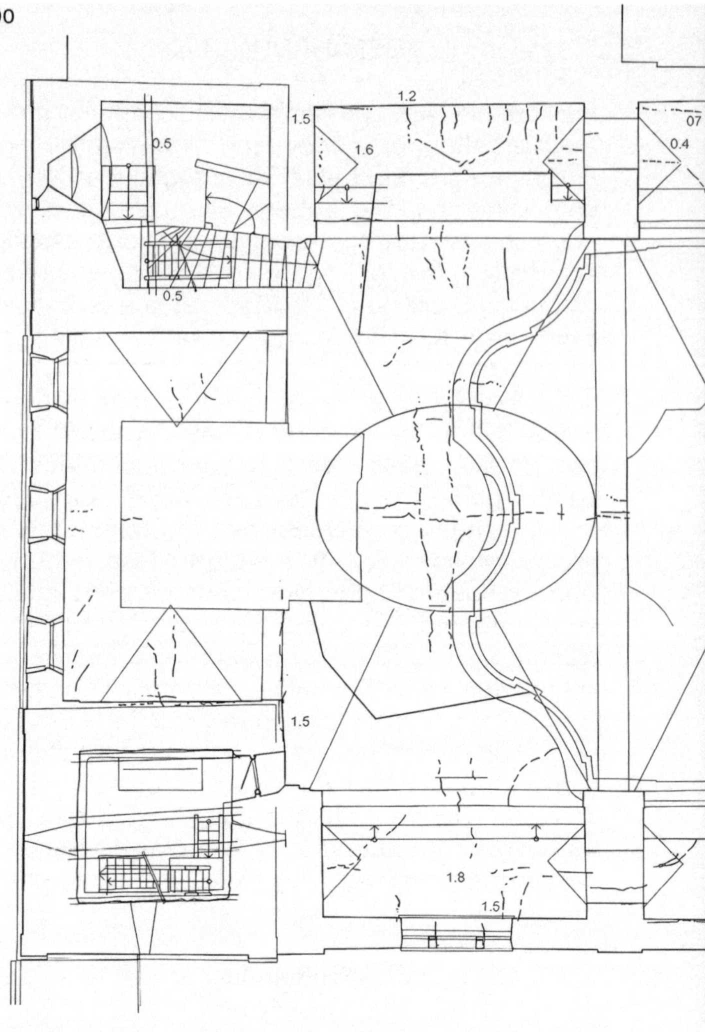

oder Fugmörteln, sind von globalen Schäden wie Rissen oder Verformungen zu unterscheiden. Intakte Fugmörtel gewährleisten aber die Funktion der Versetzmörtel, die so in ihrer Lage gehalten werden.

Sollten statische Mängel bestehen, die auf ein globales Versagen des Tragwerks hindeuten, so müssen unter Umständen Ertüchtigungen zur Ausführung gebracht werden. Typische Schäden sind Verformungen aufgrund von Gewölbeschub. Bestehende Deformationen haben oft auch zur Folge, dass das Gewölbe selbst ertüchtigt und nicht nur der fortschreitenden Verformung Einhalt geboten werden muss. Ein Beispiel ist die Versteifung des Gewölbes (Abb. 191) unter Einsatz von Zugankern.[32] Dabei ist die Ertüchtigungskonstruktion nur ein Teil der Maßnahme. Risse müssen mit Mörtel verfüllt werden, um den Kraftfluss im Querschnitt der Konstruktion wieder zu ermöglichen. Gelenke, die sich bereits gebildet haben, werden überbrückt.

32 Siehe hierzu auch Jagfeld 2000. Darin werden Phänomene der Verformungen und deren Ursachen insbesondere bei Gewölben genau untersucht.

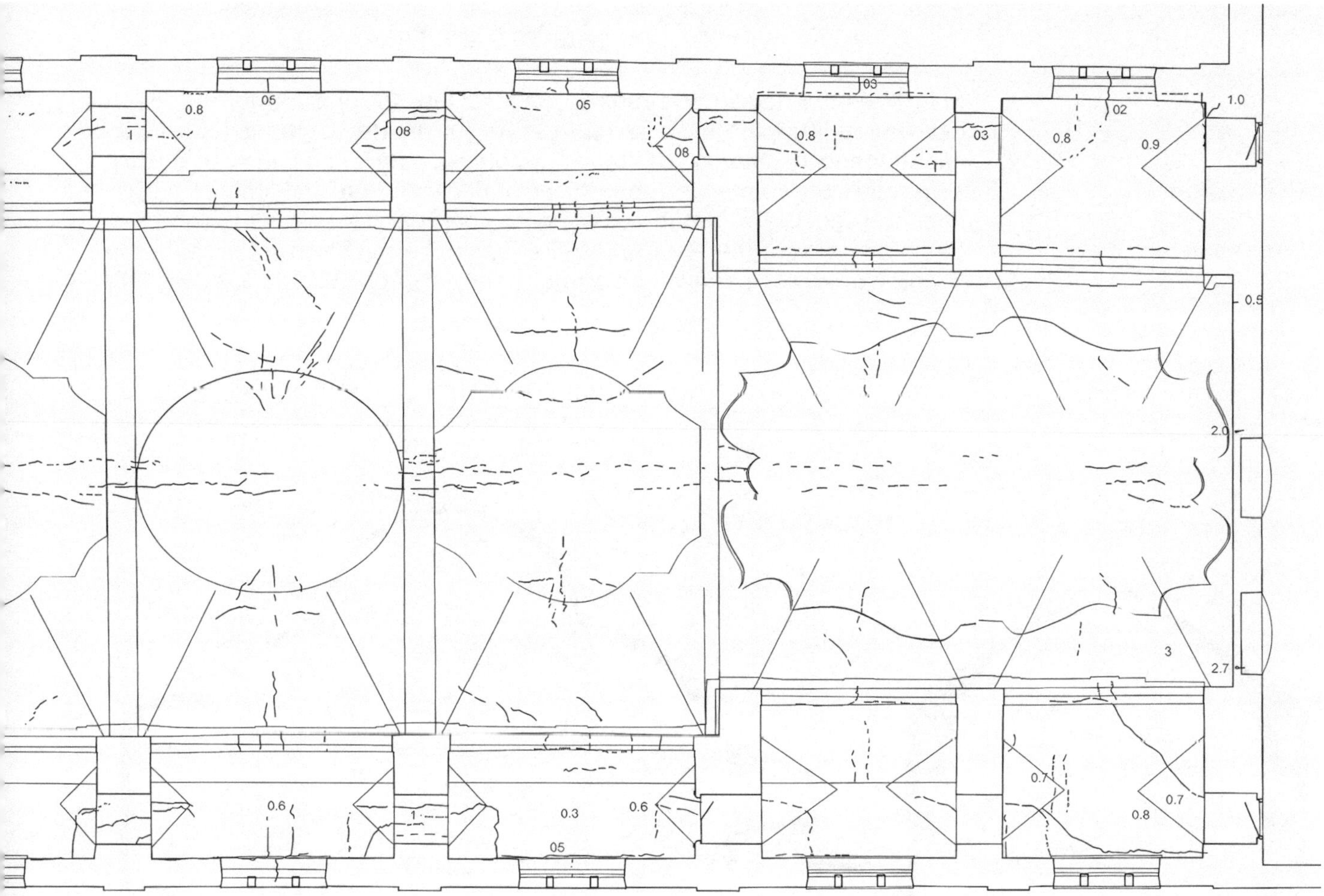

Abb. 190 Klosterkirche, Gars am Inn, Risskartierung Gewölbeunterseite.
Abb. 191 Klosterkirche, Gars am Inn, Ertüchtigungsmaßnahme am Gewölbe während der Montage.

191

Beim Mauerwerksbau sind ganz besonders Gewölbe und speziell mehrfach gekrümmte Kuppeltragwerke interessant für die Betrachtung. Es werden nachfolgend im Katalog erhaltene Kuppeltragwerke der letzten 2 000 Jahre aufgeführt. Sie können im inneren und äußeren Aufbau maßstäblich verglichen werden. Die aufgeführten Kuppeln überspannten bis ins 19. Jahrhundert hinein die größten Räume Mitteleuropas. Erst mit Eisen und Eisenbeton konnten größere Spannweiten erreicht werden. (Abb. 192, 193, 194, 195, 196)

192

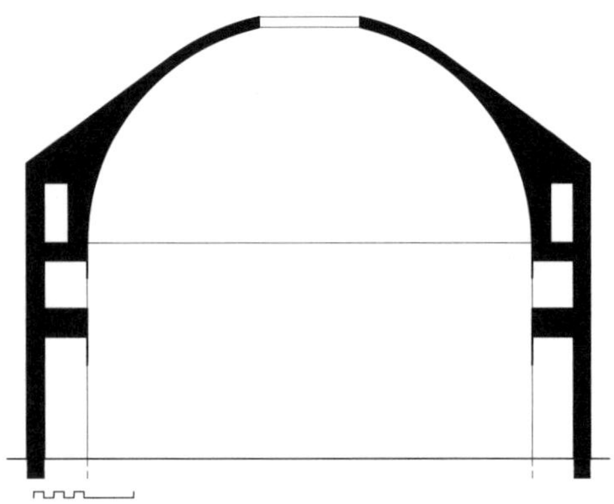

193

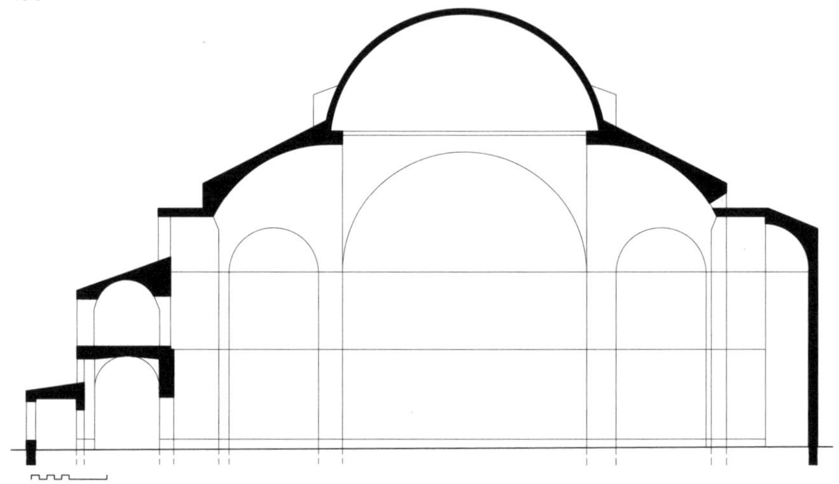

194

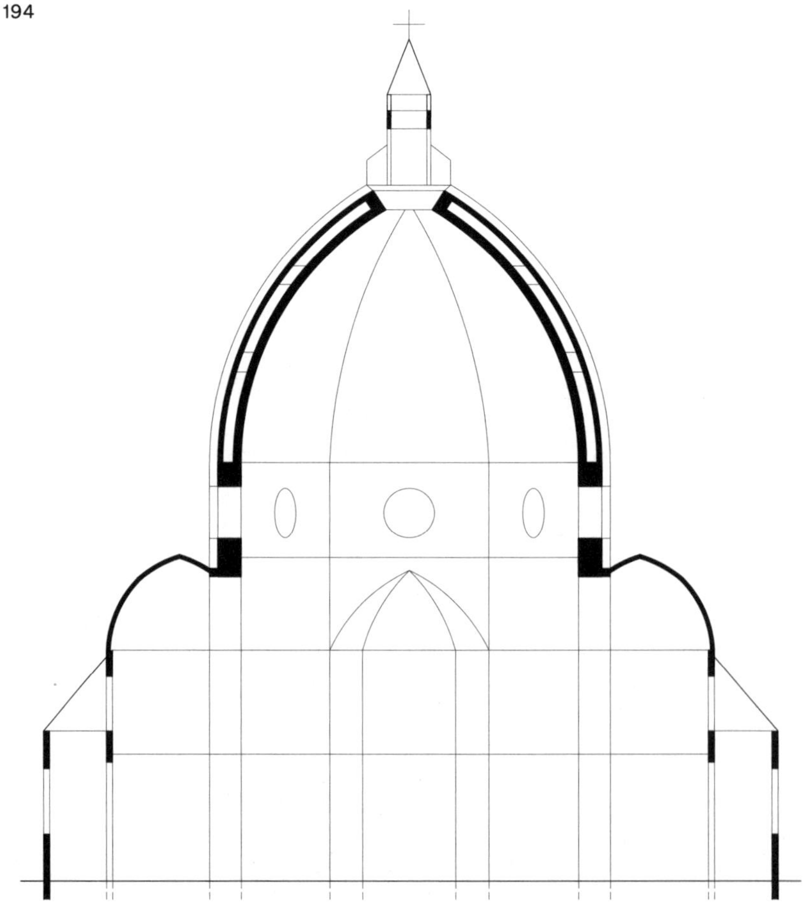

Abb. 192 Kuppelquerschnitte im Vergleich: Pantheon, Rom.
Abb. 193 Kuppelquerschnitte im Vergleich: Hagia Sophia, Istanbul.
Abb. 194 Kuppelquerschnitte im Vergleich: Dom, Florenz.

195

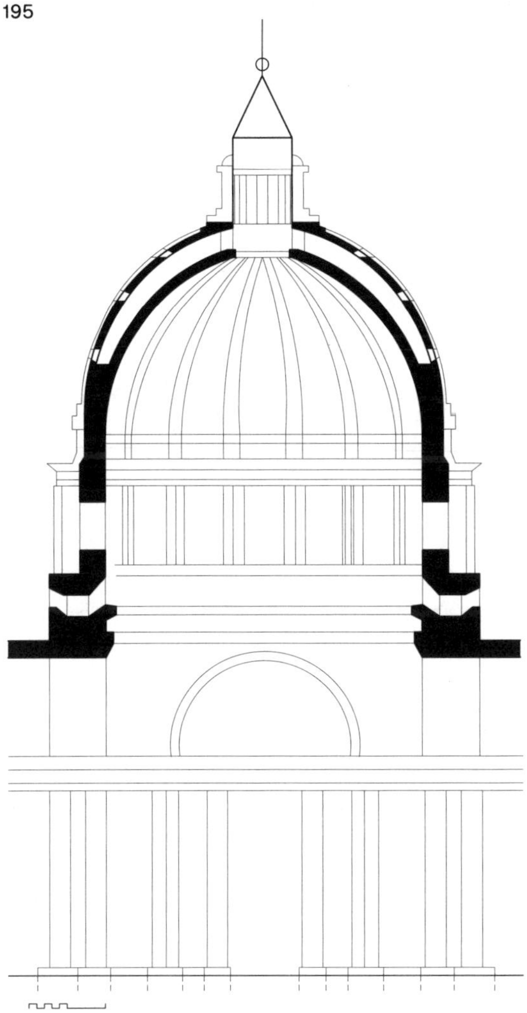

Abb. 195 Kuppelquerschnitte im Vergleich: St. Peter, Rom.
Abb. 196 Kuppelquerschnitte im Vergleich: St. Paul's, London.

196

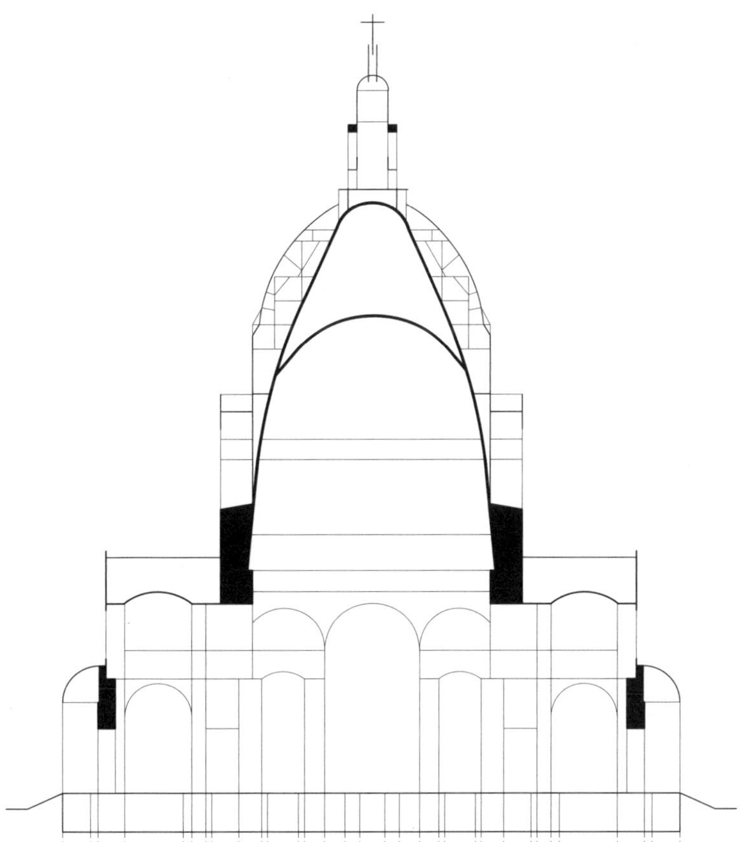

Pantheon, Rom

Ausführungszeit	114–125
Bautypus	Repräsentationsbau, Kuppel
Bauweise	opus caementitium
Merkmale	gegossenes Mauerwerk mit Ziegeldurchschüssen
wesentliche Maße	Kuppel: Innendurchmesser 43,46 m, Höhe: 43,44 m, Schalendicke Kuppel 1,35–1,60 m, Dicke Ringmauer 5,93 m
Beteiligte	Apollodorus von Damaskus

197

Abb. 197 Pantheon, Rom.

Das Pantheon in Rom wurde 114 n. Chr. begonnen und etwa 125 n. Chr. vollendet. Dabei wurde der Portikus des Vorgängerbaus aus dem Jahr 27 v. Chr. integriert. (Abb. 197) Die aus römischem Gussmauerwerk, dem opus caementitium, errichtete Konstruktion besitzt einen Innendurchmesser von 43,46 m bei einer Raumhöhe von 43,44 m. Es lässt sich dem Innenraum also eine exakte Kugel einbeschreiben. Ein Raum in dieser Größe wurde aus Mauerwerk oder unbewehrtem Beton seither nur mehr annähernd erreicht, etwa mit dem Bau des Doms von Florenz mit 42 m Durchmesser. Das Pantheon ist ein einzeln stehendes Repräsentationsgebäude, das als Podiumsrundbau zu bezeichnen ist, ein hier erstmals realisierter Bautypus, der Vorbild für zahllose weitere repräsentative Bauwerke werden sollte. Die weitgehend geschlossenen Fassaden muss man sich verputzt vorstellen mit einer nachgezeichneten Steinquaderung.

Der Bau des Pantheons ist eng verknüpft mit dem Baumeister Apollodorus von Damaskus (um 65–um 130), der zuvor bereits in Rom an den Trajansmärkten tätig war und dort bereits Kuppeln mit bis zu 30 m Spannweite realisiert hatte. Der zylindrische Unterbau des Pantheons hat Wandstärken von 5,93 m und wurde auf ein 4,5 m tief gründendes Fundament gesetzt. Dieser Unterbau ist gleichwohl vielfach durchbrochen mit Nischen, die auch für den vertikalen Transport von Material verwendet wurden.[33] Die Kuppel setzt oberhalb eines Gesimses in 21,72 m Höhe an. Von außen betrachtet schaut nur ein Teil der Kuppel als Kalotte aus dem Bauwerk heraus. Erst in 30,4 m Höhe, der Attikahöhe, beginnt der abgestufte Aufbau, der in die obere Kalotte des Gewölbes überleitet. In der Nähe des Opaion, der Oberlichtöffnung mit knapp 9 m Durchmesser, beträgt die Stärke des Gewölbes nur mehr etwa 1,35 m. Das Opaion ist die einzige natürliche Lichtquelle.

Der zylindrische Unterbau ist in 28 Zonen gegliedert, die durch die Kassetten im Gewölbe markiert sind und gestalterisch mit der zweigeschossigen Ordnung des Sockels in Zusammenhang stehen. (Abb. 198)

Beim Pantheon gelangte römische Baukunst zu einer bemerkenswerten Reife. Die Umsetzung war durchaus mutig. Das opus caementitium wurde lagenweise eingebracht. Der römische Beton, bestehend aus Kalk, Sand und Puzzolanerde, wurde mit faustgroßen Brocken aus Naturstein oder Ziegelfragmenten durchsetzt. Im Bereich der oberen Kalotte wurden leichtere Zuschläge wie Kalktuff verwendet, um das Gewicht der Kuppel zu reduzieren. Die Druckfestigkeit des Betons erreicht etwa 20 N/mm². In regelmäßigen Abständen von etwa 1,3 m wurden Durchschüsse aus Ziegelplatten, den bipedales, eingefügt. (Abb. 199)

Das Gewölbe wurde auf der Oberseite mit einer 15 cm dicken Mörtelschicht zur Wasserableitung bedeckt, auf die Bronzeplatten verlegt wurden. 735 wurden dann Bleiplatten aufgelegt.

Erhaltungszustand: Eine kontinuierliche Instandhaltungsgeschichte sorgte für das recht authentische Überkommen der bauzeitlichen Konstruktion. Schon im 7. Jahrhundert wurde das Pantheon zur Kirche.

Literatur: Rasch, Jürgen J. „Pantheon“. In: *Beiträge im Wintersemester 95/96*, hrsg. von Eberhard Schunck. München 1996; Hart, Franz. *Die Kunst der Wölbung*, München 1965.

33 Eindrücklich dargestellt bei Heene 2008, S. 51.

198

Abb. 198 Pantheon, Rom, Innenaufnahme.
Abb. 199 Pantheon, Rom, römischer Beton mit abnehmender Masse der verwendeten Zuschläge von unten nach oben (Kalkstein wird nach und nach durch Ziegelbruch und Tuff substituiert).

199

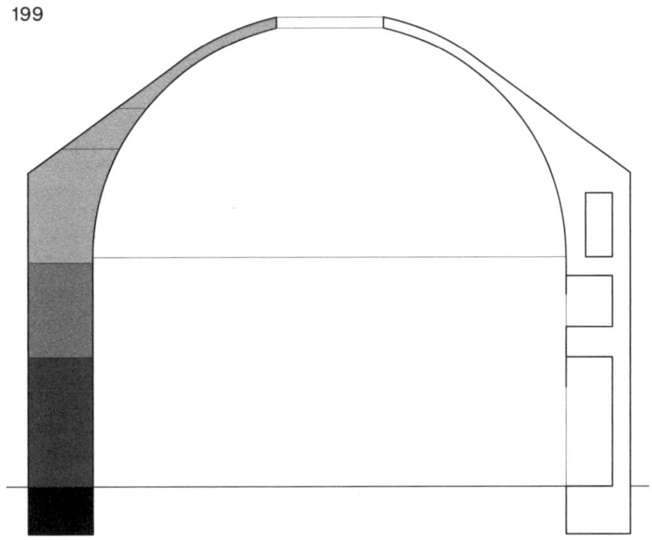

Hagia Sophia, Istanbul

Ausführungszeit	532–537, Erneuerung Kuppel 558
Bautypus	Sakralbau, Kuppel (Pendentif)
Bauweise	Mauerwerksbau
Merkmale	durchbrochene Kuppel, auf vier Pfeilern ruhend
wesentliche Maße	Durchmesser Kuppel 33 m, Scheitelhöhe Kuppel 55 m, Schalendicke 0,9 m, Dicke innere Schale ca. 1,2 m, äußere Schale ca. 0,75 m
Beteiligte	Isidoros von Milet der Ältere bzw. Isidoros der Jüngere für die zweite Kuppel

Die noch unter Kaiser Konstantin errichtete Vorgängerkirche brannte bei Unruhen im Jahr 532 nieder. Kaiser Justinian ließ sofort Arbeiten für die Errichtung einer neuen Kirche einleiten. Die Spannweite der neuen Kirche, wie wir sie heute kennen, sollte 33 m erreichen, die Dicke der Kuppelschale 0,9 m. Als Baumeister der ersten Kuppel wurde Isidoros von Milet der Ältere (442–537) eingesetzt. Schon 537 n. Chr. wurde der Sakralbau eingeweiht. Die Grundrissabmessungen des Bauwerks misst 75 × 30 m, die Scheitelhöhe unter der Kuppel beträgt 55 m. Die zentrale Kuppel ruht auf vier Pfeilern, die mit vier Schildbögen dazwischen versehen wurden. Zwischen Pfeilern und Schildbögen verziehen Pendentifs die Raumschale zur Kuppel hin. Es handelt sich also um eine Inkreiskuppel. In Ost-West-Richtung übernehmen die überkuppelten Apsiden die Schubkräfte. In Nord-Süd-Richtung fehlen abstrebende Elemente. Im Jahr 558 stürzte nach einem Erdbeben ein Teil der Kuppel ein. Isidoros der Jüngere, Neffe von Isidoros dem Älteren, errichtete eine neue Kuppel mit eine Überhöhung von 6 m, wobei die Schildwände verstärkt wurden. Weitere Teileinstürze sind aus den Jahren 989 und 1346 dokumentiert. Seitdem steht die Kuppel. Sie wurde jedoch noch mehrfach instand gesetzt. (Abb. 200)

200

Abb. 200 Hagia Sophia, Istanbul, historische Außendarstellung von 1889.

Die Oberflächen sind mit Putzen, Ornamenten und Mosaiken bedeckt. Es sind noch byzantinische Werkstoffe und Mauerwerksabschnitte aus der ersten Bauzeit vorhanden, darunter Ziegelplatten und dicke Mörtelfugen. Die Pfeiler bestehen aus Kalksteinquadern und grünlichem Granit. Bögen und Kuppeln bestehen aus Ziegelmauerwerk. Dierk Thode stellt die Qualität der Ziegel mit Mz 12[34] fest. Das lässt eine Druckfestigkeit von wenigstens etwa 10 N/mm^2 erwarten. Der Mörtel selbst erreichte die Qualität einer Mörtelgruppe II mit hydraulischem Zuschlag. Das entspricht einer Mindestdruckfestigkeit von 2,5 N/mm^2.

vermutet, dass der verwendete Luftkalkmörtel für die kurze Bauzeit nicht ausreichend schnell abbinden konnte. Das steht in gewissem Widerspruch zu seiner Aussage, dass hydraulische Mörtel Verwendung fanden.

Die Hagia Sophia entsprang oströmischer Bautradition mit gekuppelten Zentralräumen, während Westrom die basilikale Markthalle für den Sakralraum übernahm. (Abb. 201) Die Überkuppelung der Vierung solcher Basiliken sollte die Herausforderung von Baumeistern für Sakralbauten werden. Die Hagia Sophia stellte etwas ganz Neues dar aufgrund ihrer Größe und der hohen Kuppel, die auf den vier schlanken Vierungspfeilern ruhte. Außerdem war sie wegen der 33 Fenster am Fuß der Kuppel von Licht durchflutet. Im Gegensatz dazu war der Pantheon in Rom ein Massivbau mit nur einer Öffnung im Scheitel der Kuppel.

201

Abb. 201 Hagia Sophia, Istanbul, Längsschnitt nach Wilhelm Salzenberg.

Die Standsicherheit der zweiten Kuppel von 558 ermittelte Thode nach der Membrantheorie. Das Verhältnis von Kuppeldurchmesser zu Schalendicke beträgt 1 : 37. Beim Pantheon sind es etwa 1 : 33. Die von Thode ermittelte Mauerwerksspannung liegt nur bei etwa 0,35 N/mm^2! Die erste Kuppel muss aber am Pfeilerfuß eine 2,6- bis 4,2-fache Überlastung aufgewiesen haben. Das löste deutliche Verformungen aus, die noch heute zu sehen sind. So sind die Vierungspfeiler in Nord-Süd-Richtung um bis zu 51 cm ausgelenkt (pro Richtung). 60 % der Verformungen haben sich wohl bereits in den ersten 20 Jahren eingestellt. Thode

Erhaltungszustand: Die erste Kuppel wurde 537 eingeweiht. Sie stürzte aber 21 Jahre später ein. Die heutige Kuppel wurde in ihrer Form im Jahr 558 festgelegt. Der Unterbau ist noch aus der ersten Bauphase erhalten. Die Kuppel von 558 stürzte jedoch teilweise noch zwei weitere Male ein.

34 Druckfestigkeitsklasse Mz 12: nach DIN 105 werden Mauerziegel der 1. Klasse mit einer mittleren Druckfestigkeit von 15 N/mm^2 so bezeichnet.

Literatur: Thode, Dierk. „Hagia Sophia“. In: *Beiträge zur Geschichte des Bauingenieurwesens 8, Vorträge im Wintersemester 96/97*, hrsg. von Eberhard Schunck. München 1997, S. 19–28.

Kathedrale Santa Maria dei Fiori, Florenz

Ausführungszeit	1418–1434
Bautypus	Sakralbau, Kuppel (Klostergewölbe)
Bauweise	Mauerwerksbau
Merkmale	schalungsfreier Aufbau der Kuppel mithilfe ringförmiger Aufmauerung in Ziegelmauerwerk, auf Tambour
wesentliche Maße	Durchmesser 42 m, Höhe 33 m, Dicke innere Schale 2,1–2,4 m, äußere Schale 0,6 m
Beteiligte	Entwurf: Francesco Talenti, Ausführung Kuppel: Filippo Brunelleschi

202

Die Kuppel der Florentiner Kathedrale wurde zwischen 1418 und 1434 (Vollendung des Schlussrings unter der Laterne: 1436) ausgeführt. Sie ist als achtseitiges Klostergewölbe auf entsprechender achteckiger Vierung mit Laterne ausgeführt. (Abb. 202) Ihr Durchmesser beträgt 42 m und ist damit nur wenig kleiner als jener der Kuppel im Pantheon. Diese galt selbst im 15. Jahrhundert hinsichtlich des Machbaren als Maßstab und Vorbild. Im Unterschied zur zweifach gekrümmten Kuppel des Pantheons besteht das Klostergewölbe in Florenz aus acht einfach gekrümmten Schalen. Die zweiteilige Kuppel besitzt eine Dicke der inneren Schale von 2,1 bis 2,4 m. Die äußere Schale ist 0,6 m dick und über die Eckrippen mit der inneren verbunden. Im verbleibenden Zwischenraum ist ein Aufgang eingebaut, über den man zur Laterne gelangt. Die Kuppel lagert auf einem Tambour auf, der über den vier dreieckigen massiven Pfeilern der Vierung mit je etwa 140 m² Grundfläche aufgeführt wurde. Die Kuppel beginnt in etwa 50 m Höhe. Sie ist ca. 33 m hoch.

Insgesamt lässt sich im Grundriss wegen der erheblichen Dicke der Innenschale ein 0,4 m breiter Kreis innerhalb des Schalenquerschnitts einbeschreiben, der als Druckring bezeichnet werden kann. Dies ist eine wichtige Tatsache, die es dem Baumeister möglich machte, die Kuppel schalungsfrei auszuführen. Die außen sichtbaren Rippen wurden also nicht als Erstes errichtet und die Felder dazwischen danach ausgemauert, sondern es wurde durchgehend ringweise gemauert. Dabei wurde in die Mauerwerkslagen nach einigen horizontalen Mauersteinen ein Ziegel senkrecht eingesetzt. (Abb. 203) Diese senkrecht überstehenden Steine sicherten den Halt der nächsten Ziegelreihe. Es ließen sich kurze Gewölbesegmente ausbilden. Die Steine konnten nicht nach innen wegrutschen und herunterfallen. Die Außenschale ließ sich dagegen nur mithilfe von in die Neigung des Gewölbes verkippten Mauerwerksbögen herstellen.

Schon im Jahr 1294 fällt der Beschluss zum Bau eines neuen Domes. Der erste Entwurf wird 1367 von Baumeister Francesco Talenti noch einmal deutlich erweitert, die Grundmaße der Vierung werden auf die genannten 42 m Durchmesser festgelegt. 1417 wird ein Wettbewerb ausgeschrieben, bei dem es konkret um die Realisierung der Kuppel geht. Filippo Brunelleschi geht daraus als Gewinner hervor, weil er eine gerüstlose Errichtung der Kuppel in Aussicht stellt und dies mithilfe von Modellen nachweisen kann. Er legt die letztendliche Geometrie der Kuppel fest, die aber auf den Entwurf von Talenti zurückgeht. (Abb. 204) Die Laterne entwirft Brunelleschi selbst.

Warum Brunelleschi nicht auf eine rotationssymmetrische Kuppelform umschwenkte, lässt sich

203

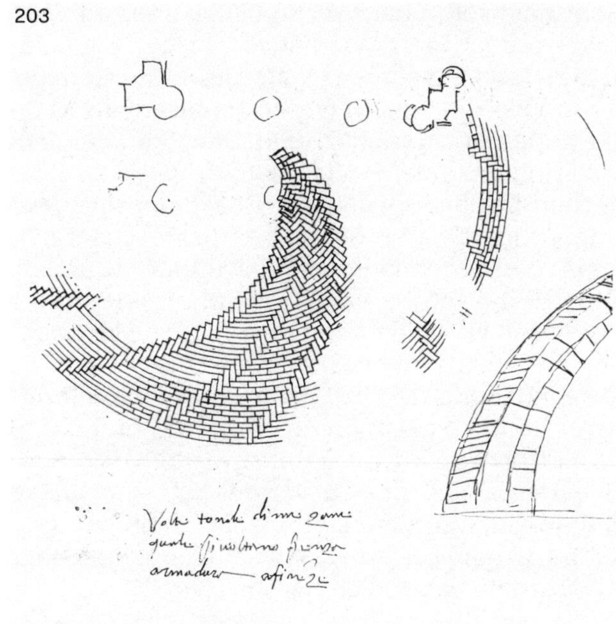

Abb. 202 Dom, Florenz, 1880.

Abb. 203 Dom, Florenz, Mauerwerkstechnik der Kuppel in einer zeitgenössischen Skizze von Antonio da Sangallo il Vecchio.

Abb. 204 Dom, Florenz, isometrischer Ausschnitt der Kuppelkonstruktion; historische Darstellung nach Breymann 1896.

204

nicht nachvollziehen. Vermutlich waren die Vorgaben jedoch streng und unverrückbar. Die Geometrie des achtseitigen Klostergewölbes ist dabei nur möglich, indem die Fugen genau auf die Mitte der Kuppel ausgerichtet sind. Dann kann eine in Kreisringen umlaufende Mauerung hergestellt werden. Es entsteht dabei im Bauablauf eine ganz eigenartige Geometrie, wobei die Flächen zwischen den Ecken in Bogenschwüngen verlaufen. (Abb. 205) Nach Rainer Graefe übernehmen die Eckrippen im vollendeten Zustand die Hauptlasten. Zur zusätzlichen Sicherung und Aufnahme von Ringzugkräften ließ Brunelleschi auch Ringanker einbauen, wobei vier steinerne Ringe und ein hölzerner Ring ausgeführt wurden. Ein Auseinanderdriften des Gewölbes können diese Ringanker zwar nicht aufhalten, die Idee ist aber richtig. Graefe vermutet, dass die Ringanker eher im Bauzustand hilfreich waren.[35]

Erhaltungszustand: Der Dombau ist auch nach bald 600 Jahren bis auf geringfügige Rissbildungen im Unterbau weitgehend schadensfrei überkommen.

Literatur: Graefe, Rainer. „Die Kuppeln von Florenz und Rom". In: *Beiträge zur Geschichte des Bauingenieurwesens 7, Vorträge im Wintersemester 95/96*, hrsg. von Eberhard Schunck. Technische Universität München. München 1996.

35 Graefe 1996, S. 46, dort auch mit Abbildung.

Abb. 205 Dom, Florenz, Kuppelgeometrie im Aufbau.

205

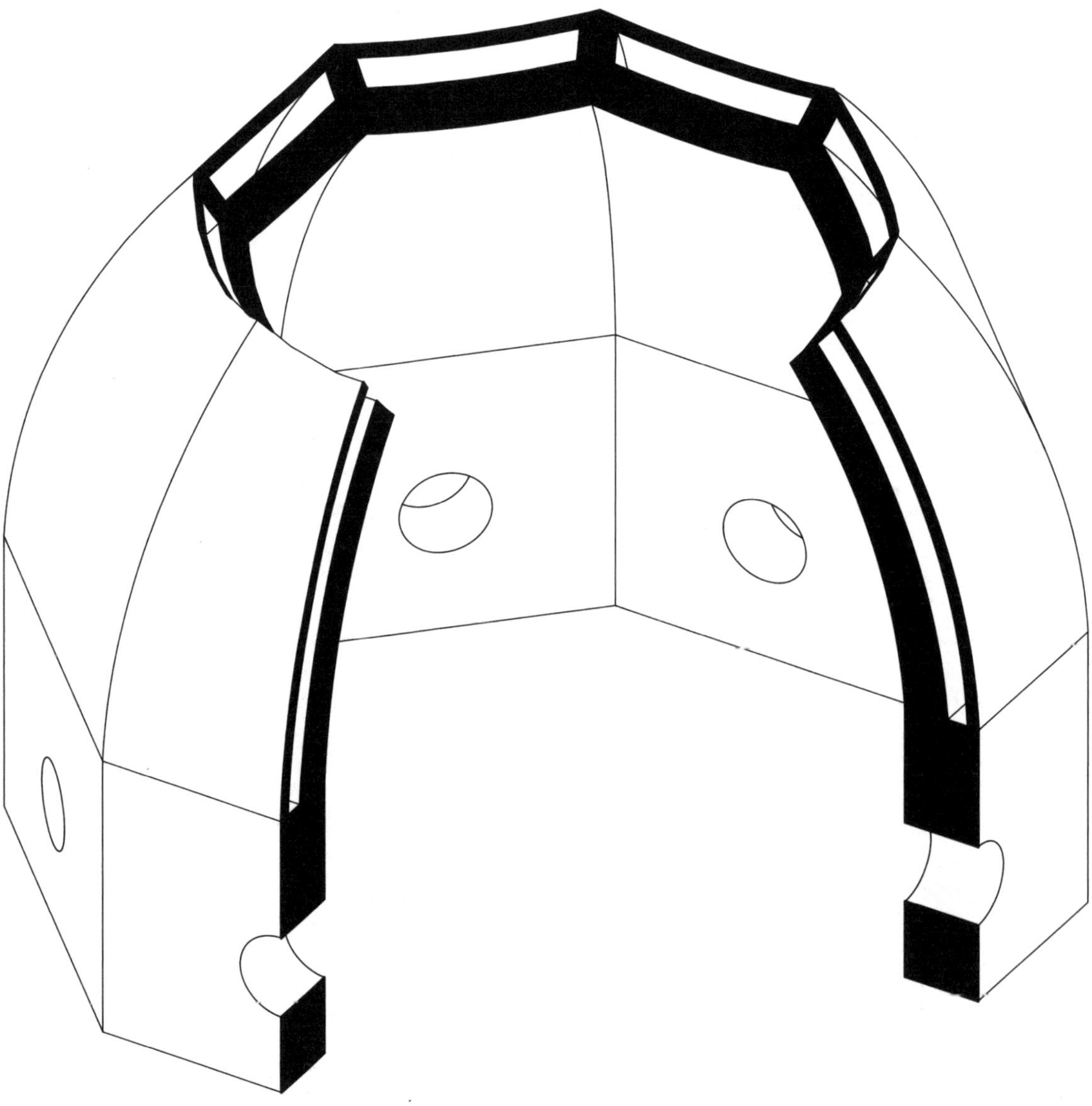

Darstellung: Konrad Rinke

Petersdom, Rom

Ausführungszeit	1506–1626
Bautypus	Sakralbau, Kuppel (16-eckig)
Bauweise	Mauerwerksbau
Merkmale	geschalter Aufbau der Kuppel mit Ziegeln auf Tambour
wesentliche Maße	Durchmesser 42,3 m, Höhe 43,2 m, Gesamthöhe 133,3 m
Beteiligte	Entwurf: Donato Bramante, Vorlage für Ausführung durch Michelangelo Buonarroti

Mit den Entwürfen zum Neubau von St. Peter durch Donato Bramante (1444–1514) und den Beginn der Arbeiten ab 1506 wurde auch das christliche Zentrum der Kirchenbaukunst nach Rom geholt. Allein die Finanzierung mithilfe von Ablässen sollte gewaltige Proteste auslösen und letztlich zu einer nachhaltigen Spaltung der Kirche führen. Nach dem Tod von Bramante 1514, der einen mathematisch entwickelten Baukörper entwarf, stockte der Weiterbau erheblich, und es tauchten schon ohne das Aufsetzen der Kuppel statische Probleme auf. 1547 übernahm Michelangelo Buonarroti (1475–1564), der zu dem Zeitpunkt bereits 72 Jahre alt war, die Aufsicht und verstärkte umfassend die Pfeilerkonstruktionen. Er blieb bei dem von Bramante geplanten Zentralbau mit vier Apsiden. Im Zentrum steht der Altar mit dem vermuteten Petersgrab darunter. Erst durch den Beschluss, das gewaltige Langhaus zur Ausführung zu bringen, erhielt die Kirche eine Ausrichtung nach Westen. Dieses Langhaus wurde von Giacomo della Porta (um 1532–1602) ab den 1570er-Jahren geplant und umgesetzt. Unter ihm wurde aber auch die 16-eckige Kuppel über dem Tambour 1591 fertiggestellt. Gegenüber der Planung von Michelangelo wurde die Kuppel leicht überhöht ausgeführt, wohl auch aus statischen Gründen. Sie besitzt vergleichbar mit dem Dom von Florenz einen Innendurchmesser von 42,3 m und eine Höhe von 43,2 m. Zusammen mit der Laterne (Höhe = 16,6 m), dem Tambour und den Vierungspfeilern (Höhe = 53 m) erreicht das Gebäude außen 133,3 m und innen bis unter die Kuppel 117,6 m. Der Scheitel des Gewölbes über

Abb. 206 St. Peter, Rom, Längsschnitt.

206

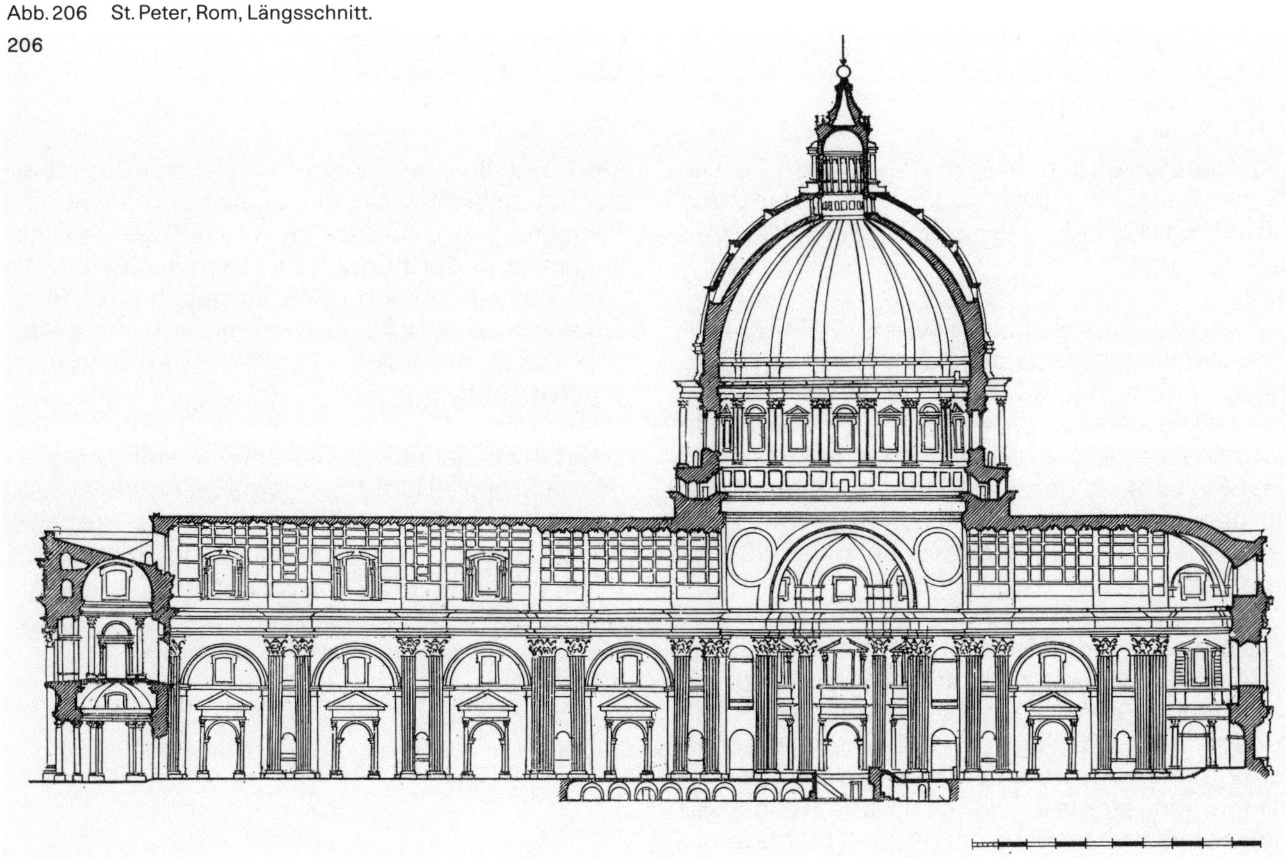

207

Abb. 207 St. Peter, Rom.

dem Hauptschiff liegt in 45 m Höhe. (Abb. 206) Die Kirche ist insgesamt im Grundriss 186 m lang und 138 m breit (Ausdehnung der Schiffe in Längs- und Querrichtung).

Der Portikus wurde erst zwischen 1607 und 1614 als kolossale Schaufassade nach Plänen von Carlo Maderno (um 1556–1629) vor dem östlichen Abschluss des Langhauses errichtet. Dieser Fassade wurde später noch die geschwungene Kolonnade von Gian Lorenzo Bernini (1598–1680) vorgelagert, die den weitläufigen, leicht abschüssigen Platz einfasst. Dadurch gerät die Kuppel mit Blick vom Petersplatz etwas in den Hintergrund.

1743 verfassten drei Mathematiker eine Abhandlung, in der sie erstmals in der Architekturgeschichte eine systematische Dokumentation von Schäden und Überlegungen zu deren Ursachen vorlegten. So wurden die Risse in der Kuppel in Plänen eingetragen und gerissene Ringanker festgestellt. Giovanni Poleni (1683–1761) hatte die Idee, mithilfe eines Hängemodells, das die Lasten der Kuppel simulierte, die ideale Form der Kuppel nachzubilden. Dabei stellte er fest, dass die Ringzugkräfte in der Kuppel die Risse auslösten. Die von Michelangelo bereits vorgesehenen Ringanker waren zu schwach, um diese Kräfte aufzunehmen. In der Folge wurden weitere Ringanker ergänzt. (Abb. 207)

Erhaltungszustand: Die Kirche ist vollständig erhalten. Erste Ertüchtigungsmaßnahmen wurden bereits ab Mitte des 18. Jahrhunderts durchgeführt, weil sich Risse im Gewölbe gebildet hatten. Dabei wurden zusätzliche Ringanker eingesetzt.

Literatur: Hart, Franz. *Kunst und Technik der Wölbung.* München 1965.

St. Paul's Cathedral, London

Ausführungszeit	1676–1708
Bautypus	Sakralbau, Kuppel (Pendentif mit Tambour)
Bauweise	Mauerwerksbau
Merkmale	Anwendung des Hooke'schen Gesetzes der umgekehrten Kettenlinie
wesentliche Maße	Durchmesser Kuppel 34 m
Beteiligte	Christopher Wren, Robert Hooke (Beratung)

Abb. 208 St. Paul's, London.

208

Foto: Diliff

209

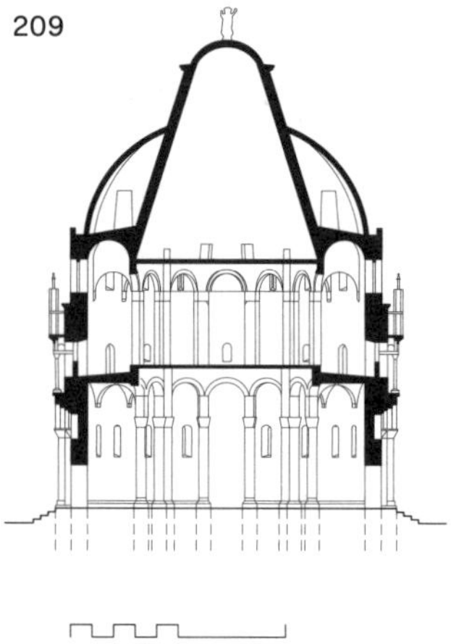

Abb. 209 Baptisterium, Pisa.
Abb. 210 St. Paul's, London, Innenaufnahme.

210

211

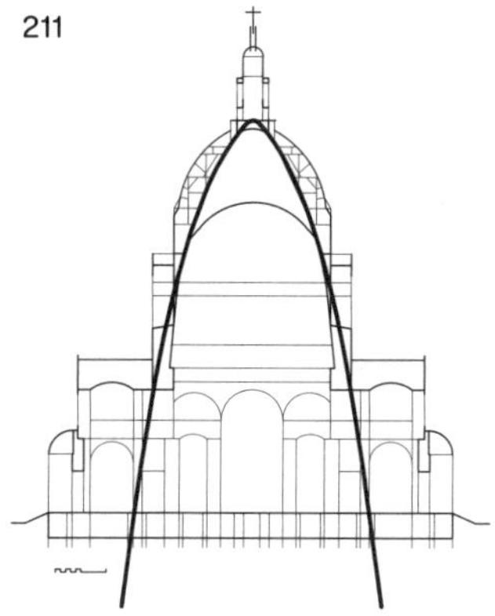

Abb. 211 St. Paul's, London, Querschnitt der Vierungskuppel mit Eintragung des Stützlinienverlaufs.

Abb. 212 St. Paul's, London, eisernes Maßwerk an einem dreibahnigen Fenster.

212

Die Planungen für den Wiederaufbau der St. Paul's Cathedral begannen gleich nach dem großen Stadtbrand von 1666, in dessen Folge 1668 wesentliche Teile der Kathedrale einstürzten. Die Neuplanungen sahen einen basilikalen Querschnitt vor, den Christopher Wren (1632–1723) durch eine Lochfassade im Obergeschoss zu kaschieren suchte. (Abb. 208) Die Kuppelkonstruktion wurde zwischen 1705 und 1708 ausgeführt. Wren, der während der gesamten Zeit die Geschicke der Planung und Ausführung verantwortlich begleitete, erlebte auch noch die Fertigstellung. Originell und neu war die Herstellung von drei übereinander angeordneten Kuppeln, wobei Wren Funktion und Gestalt zu trennen wusste.

Die Kuppel hat einen Innendurchmesser von 33 m und ist damit in ihrer Größe vergleichbar mit der Kuppel der Hagia Sophia in Istanbul. Die mittlere Kuppel nimmt die mächtige Laterne mit einem Gewicht von 85 t auf, während die äußere Kuppel aus Holz besteht, relativ leicht ist und nur angesetzt wurde. Die Schalendicke der massiven mittleren Kuppel beträgt nur 0,45 m. Diese Kuppel läuft konisch zu und besitzt einen eisernen Zugring am Fuß bzw. Übergang von mittlerer zu innerer Kuppel. Die ebenfalls gemauerte innere Kuppel wiederum trägt nur sich selbst. Es ist kaum vorstellbar, dass die Form der mittleren Kuppel ohne ein Kettenmodell zustande kam. In jedem Fall erschien Wren das Ergebnis des Konus so extravagant, dass er ihn mit einer additiven inneren und äußeren Kuppel kaschierte, die optisch wirksam wurden. Interessant ist, dass das Baptisterium in Pisa, dessen Kuppel im 14. Jahrhundert fertiggestellt wurde, eine ganz ähnliche Form erhielt, die von innen auch sichtbar blieb. (Abb. 209)

Die innere Kuppel nimmt im weiteren Verlauf die Kettenlinie auf. So ist die Innenseite des Tambours leicht geneigt. Er ist in 32 Strebebögen unterteilt. Der Tambour lagert auf der massiven Vierung, die aus vier kräftigen Eckpfeilern und je zwei dazwischen angeordneten Pfeilern besteht. (Abb. 210)

Der Wissenschaftler Robert Hooke (1635–1702) befasste sich um 1670 intensiv mit dem nach ihm benannten Hooke'schen Gesetz, wonach die umgekehrte Kettenlinie einen stabilen Bogen ergeben muss. Hooke war eng befreundet mit Christopher Wren, der unter anderem für den Wiederaufbau von St. Paul's verantwortlich war. Für die ideale Form der tragenden mittleren Kuppel entstanden wohl zahlreiche Modelle aus Stein bzw. aus Stein und Holz.[36] Entscheidend ist, dass die Stützlinie fast exakt die Form der mittleren Kuppel abbildet. (Abb. 211) Eine Zeichnung stammt vermutlich aus den 1680er-Jahren, noch bevor David Gregory

36 Huerta 2021, S. 37–38.

(1659–1708), ein schottischer Mathematiker, die Theorie der umgekehrten Kettenlinie weiter festigte. Darin sind bereits die drei Kuppelschalen dargestellt, eine innere, aus der Vierung heraus sichtbare, eine mittige, sehr steile und eine äußere, leichte, aus Holz hergestellte Kuppel, die die Außenwirkung ausmacht und dabei an die Kuppel von St. Peter in Rom erinnert.[37]

Eine Besonderheit ist zu erwähnen: die Konstruktion der Öffnungsverschlüsse. Diese erhielten bei St. Paul's keine gemauerten Trennungen der Fensterbänder, sondern aus Gusseisen bestehende, durchbrochene und innen angesetzte Stützungen. Die Verglasung ist dadurch außen flächig wahrnehmbar. (Abb. 212)

Erhaltungszustand: Der Dom ist weitgehend schadensfrei überkommen und erhalten.

Literatur: Addis, Bill. *Physical Models. Their historical and current use in civil and building engineering design.* Berlin 2021, S. 37–38, 84–86; Heinle, Erwin/Schlaich, Jörg. *Kuppeln aller Zeiten, aller Kulturen.* Stuttgart 1996; Hart, Vaughan. „Sir Christopher Wren – St. Paul's Cathedral London 1675–1710". In: *Phaidon 3,* Hongkong 1999.

37 Abgebildet ist diese Zeichnung in Addis 2007, S. 207.

EISENBAU

1.

EINFÜHRUNG

Ohne den Einsatz von metallischen Werkstoffen ist das Bauwesen heute kaum noch vorstellbar. Dabei reicht ihre Herstellung nur etwa 7500 Jahre zurück. Als Baumaterial wurden sie wohl zunächst nicht eingesetzt. Die Steinzeit endet mit der Kupfersteinzeit (Chalkolithikum), als erstmals kalt geschmiedetes, gediegenes Kupfer (Schmelzpunkt: 1083 °C) hergestellt wurde. Es folgte die Bronzezeit. Bronze, eine Legierung aus Kupfer und Zinn (Schmelzpunkt von Zinn: 232 °C), war gegenüber reinem Kupfer in der weiteren Be- und Verarbeitung vorteilhaft.

Die Ära der Eisenzeit begann vor etwa 3200 Jahren. Der hohe Schmelzpunkt des Elements Eisen (1536 °C) trug dazu bei, dass es nur sehr schwer aus dem Erz gewonnen werden konnte. Dies gelang zu Anfang mithilfe eines Rennofens, wobei ein Gemisch aus Eisenerz und Holzkohle bei bis zu 1200 °C erhitzt wurde. Aus dem sich ergebenden, schlackehaltigen Klumpen wurden die unerwünschten Anteile durch Schmieden, also mechanische Bearbeitung, ausgetrieben. Die Entwicklung ging von Mesopotamien aus. Im deutschsprachigen Raum (Hallstadt) wurde Eisen vor ca. 2800 Jahren erstmals gewonnen.

Wegbereitend für die massenhafte Herstellung von Eisen war die Verwendung von Steinkohle statt Holzkohle. Der Kokshochofen, möglicherweise noch mitentwickelt von Abraham Darby (1676–1717), wurde erstmals im englischen Coalbrookdale im Jahr 1720 eingesetzt. Dort entstand 1779 auch die erste Brücke mit ca. 30,5 m Spannweite, die vollständig aus Gusseisen bestand. (Abb. 213) Es muss aber darauf hingewiesen werden, dass die Produktion von Roheisen und auch die Nutzung von Eisen im Ingenieur- und Hochbau bis ins 19. Jahrhundert hinein in Russland am höchsten war, das auch ins westliche Europa exportierte.[1]

Ab 1784 konnte mithilfe des Puddelofens schmiedbares Roheisen produziert werden. Solches Schmiedeeisen sollte in der Folge allmählich gegenüber dem Gusseisen zum bevorzugten Werkstoff werden. Die von Henry Bessemer (1813–1898) 1855 und von P. E. Martin, Wilhelm und Friedrich Siemens 1864 entwickelten Verfahren ermöglichten dann die Gewinnung eines wesentlich homogeneren Materials: Der Flussstahl oder das Flusseisen, wie es bis ins 20. Jahrhundert hinein genannt wurde, wird im Kapitel Eisenbeton näher betrachtet.

Der Einsatz des kostbaren Werkstoffs war besonderen Anwendungsbereichen vorbehalten. Im Bauwesen wurde geschmiedetes Eisen bereits in der Antike verwendet, beispielsweise um Steinquader miteinander zu verklammern. (Abb. 214) Im Mittelalter wurde Eisen eingesetzt, um Zuganker in Gewölben anschließen zu können. Die Verbin-

1 Fedorov et al. 2022.

213

Foto: Nilfanion

Abb. 213 Brücke über den Fluss Severn bei Coalbrookdale, 1779.
Abb. 214 Verbindungsklammern aus Metall an antiken Tempelanlagen in einer Bauaufnahme des 19. Jahrhunderts.
Abb. 215 Baumwollspinnerei, Salford, England, Skelettkonstruktion aus Gusseisen, Darstellung von 1801.

214

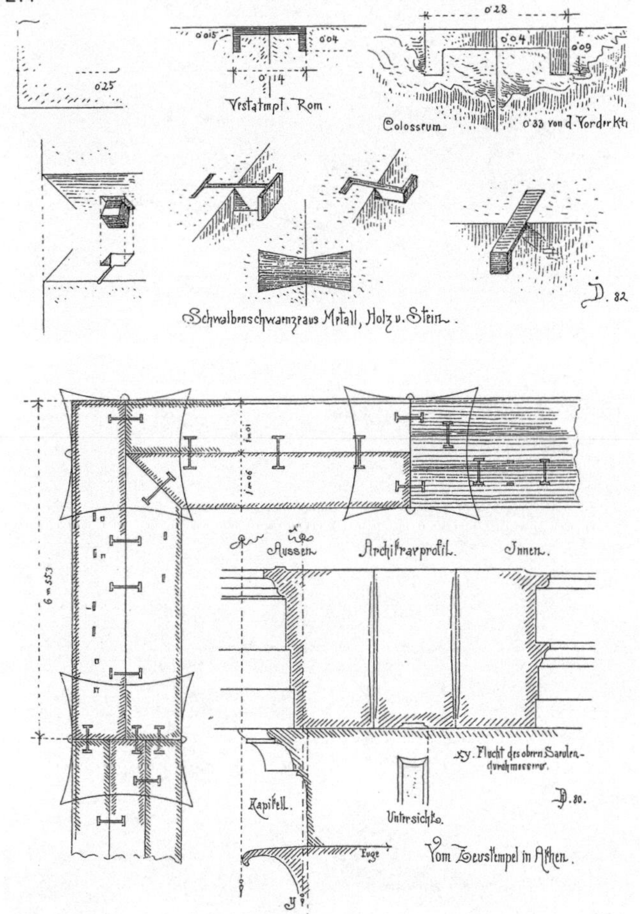

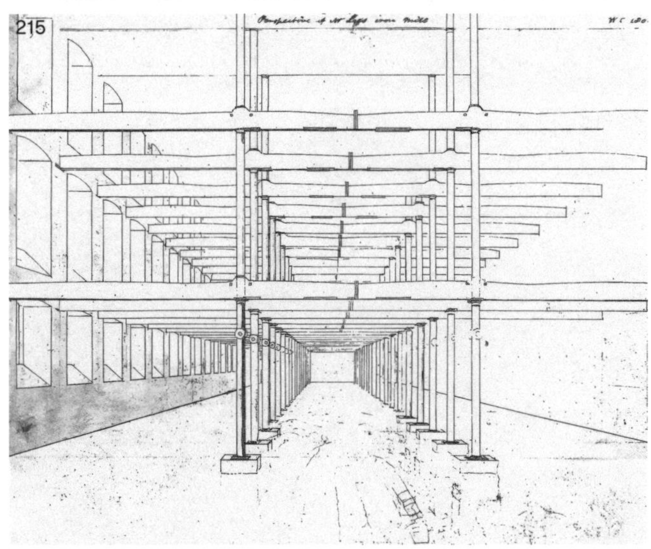

dungstechnik im Bauwesen war schon zu dieser Zeit mit dem Werkstoff eng verbunden. Splintverbindungen wurden entwickelt und schon in der Barockzeit auch Schrauben mit Muttern eingesetzt (vgl. Kapitel Holzbau). Der Bronzeguss, beispielsweise um Glocken herzustellen, spielte parallel dazu eine Rolle. Gusseisen dagegen kam wirklich erst im 18. Jahrhundert auf und sollte nach 1720 über etwa 150 Jahre hinweg verbreitet im Bauwesen eingesetzt werden.

Die Roheisenproduktion war der entscheidende Motor für die Industrialisierung, die von England ausging. Allein die Erfindung der Dampfmaschine, Antrieb für alle möglichen Anwendungen von der Lokomotive bis zur Pumpe, setzte den Einsatz dieses Materials voraus. Es ist interessant, dass die Verfügbarkeit von Eisen als Baustoff mit einer zunehmenden Trennung der Berufsgruppen Architekt und Bauingenieur einherging. Frankreich eröffnete bereits 1747 die École royale des ponts et chaussées und 1794 eine erste École polytechnique, um gezielt Ingenieure ausbilden zu können. Die Trennung der genannten Berufsgruppen sollte sich in der Folge festigen. Die technischen Möglichkeiten, die mit der Verfügbarkeit von Eisenwerkstoffen einhergingen, waren den traditionsbewussten Architekten suspekt und sie hatten Mühe, Denken und Handeln der innovativen Ingenieure nachzuvollziehen. Die Ingenieure besetzten dabei völlig neue Gebiete des Bauwesens, während sich die Architekten auf die traditionellen Bauaufgaben konzentrierten. Neu waren infrastrukturelle Aufgaben wie weitgespannte Brücken, Gleisanlagen, Bahnhöfe, Markthallen, Fabriken etc.

Mit Fabrikgebäuden besetzten Ingenieure jedoch auch den Stockwerksbau, der eigentlich Architekten vorbehalten war. Ein Beispiel ist die Baumwollspinnerei (Abb. 215) von Salford in England von 1801 nach Plänen von Matthew Boulton (1728–1809) und James Watt (1736–1819) mit gusseisernen Säulen und ebensolchen Deckenträgern, die als Unterkonstruktion für gemauerte Gewölbe dienten. (Abb. 216) Dabei handelte es sich um einen frühen typisierten Skelettbau aus Gusseisen.[2] Auch zu nennen ist die Schokoladenfabrik Menier (Abb. 217) in Noisiel, die von 1865 bis 1872 nach Plänen von Jules Saulnier (1817–1881) errichtet wurde. Der Skelettbau aus Eisen ruht auf einer umlaufenden eisernen Fußschwelle.[3] Zaghafte Versuche vonseiten der Architekten, Eisen für ihre Zwecke einzusetzen, wurden in der Architektenschaft kritisch gesehen. Friedrich August Stüler (1800–1865) nutzte beim Bau des Neuen Museums in Berlin, begonnen 1842, die neuen technischen Möglichkeiten. Er verwendete, wohl auch durch schlechte Bodenverhältnisse veranlasst, leichte Eisenkonstruktionen

2 Schädlich 2015, S. 124–125; auch Addis 2015, S. 281. Darin ist nachzulesen, dass die Träger mit Hülsen gegossen wurden, in die die gusseisernen Stützen gesteckt werden konnten. So entstanden um 1800 einfache Montagesysteme für vollständige Skelettkonstruktionen mit weitreichendem Vorfertigungsgrad (Spannweiten 2 bis 3 m).
3 Hart et al. 1994, S. 10–11.

216

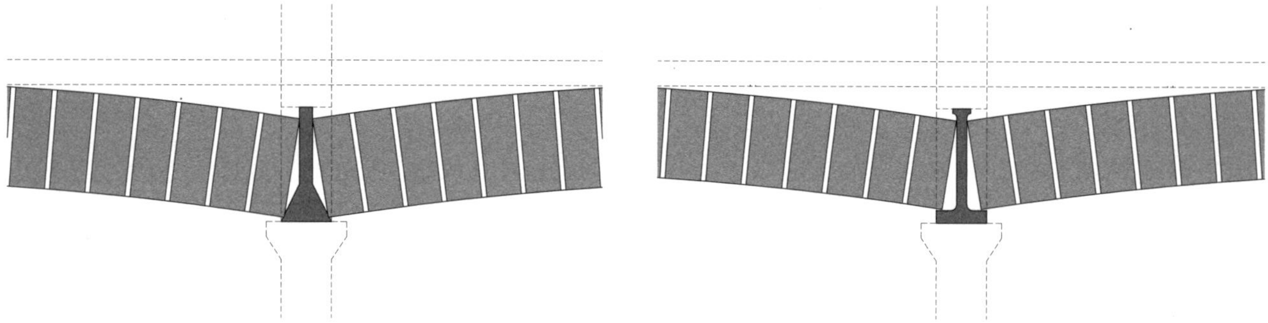

217

218

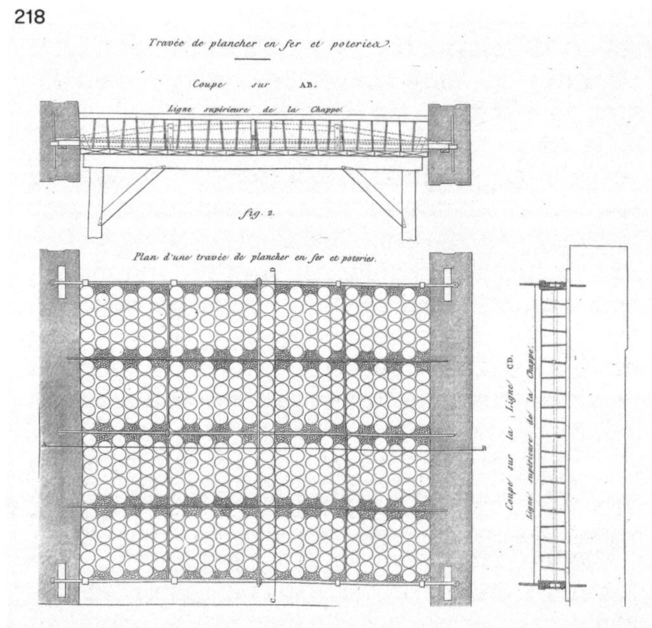

219

220

221

Abb. 217: Foto: Benh LIEU SONG; Abb. 221: Foto: Marie-Lan Nguyen

Abb. 216 Massive Decken in der Art preußischer Kappen mit gusseisernen Trägern.
Abb. 217 Schokoladenfabrik Menier, Noisiel, Frankreich, 1865–1872.
Abb. 218 Verbundflachdecke aus Eisen und Tontöpfen als Musterkonstruktion, Darstellung nach Eck 1841.
Abb. 219 Neues Museum, Berlin, ab 1842, mit tönernen Hohlkörpern hergestellter Gewölbeabschnitt.
Abb. 220 Guaranty Building, Buffalo, New York, 1895; Foto von 1896.
Abb. 221 Bibliothek Sainte-Geneviève, Paris, 1843–1851.
Abb. 222 Kaufhaus Schlesinger & Mayer, Chicago, Skelettbau aus Stahl; Foto von 1903.

222

und Tontöpfe für seine Deckengewölbe, um Lasten zu reduzieren. (Abb. 218, 219) So verschaffte er dem Eisen einen frühen Einsatz bei Repräsentationsbauten.[4] Etwa zur selben Zeit wurde eine filigrane Eisenkonstruktion zum zentralen Gestaltungselement bei der Bibliothek Sainte-Geneviève in Paris, die nach Plänen von Henri Labrouste (1801–1875) zwischen 1843 und 1851 entstand. (Abb. 221) Allerdings bleibt die Wirkung des Eisens jeweils auf den Innenraum beschränkt. Kritik kam dazu u. a. von Gottfried Semper (1803–1879), dem Begründer des Begriffs der Bekleidung in Zusammenhang mit Fassadengestaltungen.[5] Er lehnte den Eisenbau für repräsentative Bauwerke ab, weil das Eisen seinem Wesen nach als schlanke Stabkonstruktion eingesetzt würde und sich somit umso mehr dem Auge entzöge, je vollkommener die Konstruktion sei. Friedrich Schinkel, der den Bau der Bibliothek nicht mehr erlebte, sagte Bauwerken aus Eisen keine lange Standzeit voraus, weil das Vertrauen in die Feinheit der Glieder zu gering sei, um sie lange zu erhalten. Metallkonstruktionen seien zu leicht zerstörbar. Man müsse am Monument Masse fühlen.[6]

Wirklich aufhalten ließ sich der Stahlskelettbau aber nicht. So wäre der Hochhausbau in den USA seit den 1870er-Jahren ohne Stahl nicht denkbar gewesen und Louis Sullivan (1856–1924) hätte nie Gelegenheit bekommen, die Gestalt seines Guaranty Buildings (Abb. 220) von 1895, das einer antiken Säule nachempfunden ist, mit dem Satz „Form follows function“ zu begründen.

Eisen gilt als Motor der Industrialisierung. Eine Industrialisierung im Bauwesen ist bis heute in der Entwicklung. Viele Ansätze in der Vergangenheit schwankten zwischen „Triumph und Pleite“, wie es Eberhard Möller nennt.[7] Eine umfassende Beschleunigung erfuhr das Bauen dennoch schon dadurch, dass Konstruktion und Ausbau zunehmend getrennt wurden. (Abb. 222) Im Zentrum eines Neuen Bauens, wie es die Klassische Moderne der 1920er-Jahre so sehr forderte, sollten größere Präzision, größere Geschwindigkeit, geringere Kosten, bessere Arbeits- und Produktionsbedingungen, flexiblere Anpassung an Nutzungsänderungen oder auch Witterungsunabhängigkeit stehen. Die Gründe dafür, dass die Industrialisierung im Bauwesen nicht weiterkam, liegen nach Peter Blake[8] bereits in den verschiedenen Maßsystemen und allgemein in der mangelhaften Kompatibilität von Systemen. Die Industrialisierung findet dagegen bei der Herstellung der Baustoffe statt. Einer Industrialisierung im Bauwesen konnte die Digitalisierung nachhelfen. Nicht von ungefähr gilt mit Konrad Zuse ein Bauingenieur als Erfinder des Computers (1941). Neben der Unterstützung komplexer Bemessungsmethoden erfolgte die Formfindung (Zuschnitte der Paneele und Seilnetze) seit den 1970er-Jahren mithilfe von Computern. Dies wurde beim Olympiadach in München von Frei Otto (1925–2015) von 1972 und beim Guggenheim-Museum in Bilbao von Frank Gehry (*1929) in den 1990er-Jahren so gemacht. Vermutlich wuchs das Bauwesen über seine Möglichkeiten einfach hinaus, während im 19. Jahrhundert nichts unmöglich schien und immer wieder in kürzester Zeit wahre Weltwunder entstanden. Es ist wohl nie wirklich

4 Lorenz 2014.
5 Auf Semper sollten sich in der Folge zahlreiche Architekten berufen, die Skelettkonstruktionen mit einer Fassade „bekleideten“.
6 Lorenz. In: Schunck 1999, S. 19–20.
7 Möller. In: Nerdinger et al. 2010, S. 31–37.
8 Ebd., zit. nach einer Polemik Blakes aus dem Jahr 1977.

gelungen, die Industrialisierung auf die Ebene der täglichen Bauaufgaben zu bringen, die letztlich auf der Baustelle gelöst werden.

Ein letzter Umstand sei zur Einführung in diesen Werkstoff genannt, der zunächst den Siegeszug von Stahl im Bauwesen beförderte und dann jäh durch die Konkurrenz des Betons einen Dämpfer erhielt: die Brennbarkeit bzw. Feuersicherheit. Diese zwei Begriffe liegen nah beisammen und sind doch ganz wesentlich voneinander zu trennen. Stahl ist natürlich nicht brennbar, ein Vorteil, der seinen Einsatz förderte. Dafür ist er aber umso anfälliger für Hitzeeinwirkung. Viele der in diesem Kapitel behandelten Bauwerke wurden durch in Brand geratene Ausstattungen oder Lagerware zerstört.

2.

WERKSTOFFE

Jürgen Villain

Reines Eisen ist weich, verformbar, hat eine relativ geringe Festigkeit (Zugfestigkeit 180–200 N/mm², Streckgrenze 100 N/mm², Bruchdehnung < 40 %) und ist daher als Konstruktionswerkstoff nicht geeignet. Durch die Zugabe von beispielsweise Kohlenstoff erhöht sich die Festigkeit, während die Duktilität verringert wird.

Die Verwendung von Eisen bzw. Stahl als eigenständigem Konstruktionsmaterial setzte im Bauwesen in Europa ab Mitte des 18. Jahrhunderts in Form von Gusseisen ein. Im Vergleich zu Holzbauten zeigten diese gusseisernen Konstruktionen eine hohe Druckfestigkeit (20 Mal höhere Druckbelastbarkeit als Eichenholz)[9], aber eine geringe Zugfestigkeit und waren begrenzt feuerfest. Sie verloren also ab einer bestimmten Temperatur und Feuereinwirkung auch ihre Festigkeit (bei lamellarem Grauguss sinkt ab ca. 300 bis 400 °C die Druckfestigkeit deutlich).[10] Ab den 1790er-Jahren wurde verstärkt graues lamellares Gusseisen in Form von Säulen und Balken eingesetzt.[11] Ab ca. 1860 wird auch Stahlguss z. B. als Brückenlager verwendet[12], verstärkt aber erst viel später seit den 1970er-Jahren.

Ab der 2. Hälfte des 19. Jahrhunderts entwickelten sich neue Verfahren zur Herstellung von höherwertigen Eisen und Stählen, wie Flusseisen und -stahl oder später Elektrostahl. So wurde der 1889 fertiggestellte Eiffelturm in Paris aus nichtschmelzschweißbarem Puddeleisen mittels Nieten erstellt, auch weil dieses aufgrund seines hohen Phosphorgehalts relativ korrosionsbeständig ist. Diese zu der Zeit recht reinen Stähle lieferten den Ausgangspunkt für unsere heutigen Baustähle und hochfesten Stähle mit ausreichender Duktilität.

Gewinnung und Herstellung

Eisen- und Stahlwerkstoffe werden prinzipiell aus Eisenerz (höherwertige Eisenoxide, die hauptsächlich mit Mangan-, Phosphor-, Silizium- und Schwefeloxiden vereinigt sind) gewonnen. Für die chemischen Reaktionen werden Kohle bzw. Koks zur Reduktion sowie Kalk und Quarzsand zur Bindung unerwünschter Begleitelemente benutzt.[13]

Das nach Reduktions-, Aufkohlungs-, Entkohlungs- und Entschwefelungsprozessen dann vorliegende flüssige Roheisen enthält 2 bis 5 Gewichtsprozent Kohlenstoff und je nach Prozess mehr oder weniger Anteile von Mangan, Silizium, Schwefel und Phosphor. In Abhängigkeit von der verwendeten Technik war bis ca. 1910 auch noch mehr oder weniger Schlacke als spröde Bestandteile enthalten. Das führte an Bauteilen zu faserigen Brüchen.

Im Laufe der Zeit wurden die Prozesse bei der Herstellung von Roheisen- und Gusseisensorten immer mehr verfeinert und reproduzierbar. So wurde vom 14. bis zum Ende des 18. Jahrhunderts Roheisen erster Schmelzung direkt abgestochen und in Formen gegossen. Dieses enthielt einen hohen Schlackeanteil, war aber durchaus brauchbar. Ab 1794 wurde im sogenannten Kupolofen Roheisen zweiter Schmelzung gewonnen, welches eine konstantere Zusammensetzung aufwies, auch durch Aufschmelzen des ersten Gusses mit Gussbruch und/oder Schrott.[14]

Kohlenstoff liegt im erstarrten Roheisen in Abhängigkeit von den Legierungsbestandteilen und der Prozesstechnik entweder als Graphit vor[15] oder als Zementit[16]. Die Graphitbildung wird von Silizium, die Zementitbildung von Mangan unterstützt.

Aus dem grauen Roheisen wird bis ca. 1950 meist lamellares Gusseisen hergestellt. Der Graphit liegt im grauen Gusseisen (auch Grauguss genannt) in zwei Modifikationen vor: lamellar oder globular.[17] (Abb. 223, 224) Lamellares Gusseisen[18] wurde bis in die 1830er-Jahre im Ingenieurbau für Tragwerke verwendet. Die ersten Gusseisenfabriken entstanden 1619 in den USA und 1664 in Frankreich und produzierten lamellares Gusseisen.[19] Nach der

9 Meyer 1908, Bd. 2, Eisenbau, S. 537.
10 BDG 2015.
11 Herring 1892.
12 Wetzk 2010.
13 VEB 1972.
14 Näheres ebd.
15 Graphit: 100 % Kohlenstoff; geschichteter Aufbau; weiche Phase; graues Roheisen; Bruchfläche grau bis schwarz.
16 Zementit: Fe_3C; harte intermetallische Phase; weißes Roheisen, Bruchfläche hell bis glänzend.
17 Benkißer et al. 2006, S. 381–395.
18 Lamellarer Grauguss: alte Bezeichnung: GG oder GGL; neue Bezeichnung ab 1997: GJL.
19 Stefanescu 2017.

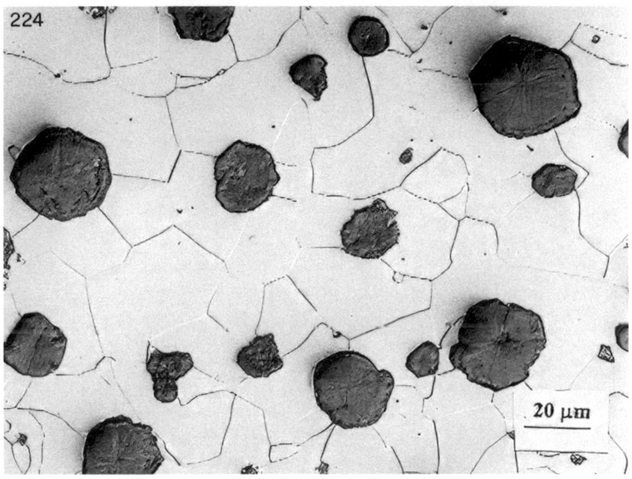

Abb. 223 Lamellarer Grauguss nach Benkißer 2006.
Abb. 224 Globularer Grauguss nach Benkißer 2006.

Erfindung neuer Hochofen- und Erschmelzungstechniken und dem Einsatz von Koks im 18. Jahrhundert wurde die Erzeugung von Gusseisen kostengünstig. Dennoch wurde der lamellare Grauguss ab Mitte des 19. Jahrhunderts von neu entwickelten und preiswerten Stählen abgelöst.

Erst ab ca. 1950 gelang durch Zugabe von z. B. Magnesium und Cerium die industrielle Herstellung von globularem Grauguss[20], der dann hauptsächlich im Maschinenbau eingesetzt wurde.[21] Im Hoch- und Ingenieurbau wurde Gusseisen ganz allgemein nicht mehr benötigt.

Um aus dem weißen Roheisen Eisen und Stähle herzustellen, die dann schmiedbar und härtbar sind, müssen der Kohlenstoffgehalt, aber auch die Elemente Silizium, Mangan, Phosphor und Schwefel deutlich auf den gewünschten Wert reduziert werden. Deshalb schließt sich an den Hochofenprozess der chemische Prozess des Frischens an. Dabei werden im teigigen oder flüssigen Zustand des weißen Roheisens Kohlenstoff vermindert (Entkohlung), Mangan, Silizium, Phosphor und Schwefel oxidiert und in der Menge eingestellt sowie gleichzeitig nicht lösliche Oxide entfernt, was mit Zufuhr von Luft (Sauerstoff) abläuft. Bei Bedarf können gewünschte Elemente zulegiert werden.[22]

Bei den im Bauwesen bezeichneten Werkstoffen Eisen und Stahl handelt es sich um Eisen-Kohlenstoff-Legierungen mit oder ohne absichtlich zugegebenen Legierungselementen. Der Unterschied besteht im Kohlenstoffgehalt. Es kann in erster Näherung gesagt werden, dass mit steigendem Kohlenstoffgehalt (Zementitgehalt) die Festigkeit ansteigt, die Dehnbarkeit aber abnimmt. Die Vor- und Nachsilbe eines Eisen- oder Stahlwerkstoffs ab ca. 1800 beschreibt den Herstellprozess und die Eigenschaften: Puddel- verweist auf Frischen im teigigen Zustand; Fluss- auf Frischen im flüssigen Zustand (Thomas-Verfahren, Bessemer-Verfahren, Siemens-Martin-Verfahren); -eisen bedeutet schmiedbar, aber nicht härtbar; -stahl schmiedbar und härtbar.

Die Bezeichnung Schweiß-/Schmiedeeisen oder -stahl kennzeichnet einen Werkstoff, der von ca. 1000 v. Chr. bis ca. 1900 n. Chr. mit Schlackeanteilen hergestellt wurde. Dabei wurden Stangen und Bänder im festen Zustand beim Schmieden „verschweißt" (Feuerschweißung; Pressschweißung). Diese Werkstoffe sind nicht schmelzschweißbar. Ab ca. 1925 wird Stahl mit einem Kohlenstoffgehalt von max. 0,2 Gewichtsprozent hergestellt und auch Schweißstahl genannt. Dieser Begriff steht nun aber für einen schmelzschweißbaren Stahl (siehe Kapitel Fügetechniken). Damit hat der Begriff „Schweißstahl" über die Jahrhunderte hinweg zwei Bedeutungen.

Die Begriffe Eisen und Stahl waren von zeitlichen und örtlichen Schwankungen bestimmt. Zu Beginn des 20. Jahrhunderts wurden nicht härtbare Eisen-Kohlenstoff-Legierungen mit einer Zugfestigkeit $< 500\,N/mm^2$ ($< 50\,kp/mm^2$) als Schmiedeeisen und $> 500\,N/mm^2$ ($> 50\,kp/mm^2$) als Stahl bezeichnet, weil zu der Zeit die Angabe des Kohlenstoffgehalts zu ungenau war.[23] Die Angaben zur Unter- und Obergrenze von Kohlenstoff bei Stählen schwankten regional stark. In der zeitgenössischen Literatur wird die untere Grenze von Kohlenstoff mit > 0,35 Gewichtsprozent angegeben.[24] 1925 beschloss der Werkstoffausschuss des Vereins deutscher Eisenhüttenleute, dass alle ohne Nachbehandlung schmiedbaren Eisen als Stahl bezeichnet werden sollten.[25] So muss z. B. der Kohlenstoffgehalt für einen heutigen Baustahl S235JR (alt: RSt37-2) dann < 0,17 Gewichtsprozent sein, Phosphor und Schwefel dürfen bei max. 0,045 Gewichtsprozent liegen.[26] Der heutige

20 Globularer Grauguss: alte Bezeichnung: GGG; neue Bezeichnung ab 1997: GJS.
21 BDG 2007.
22 Hegemann et al. 2020.
23 Nähere Informationen in SVAG 1924, S. 1.
24 Hütte 1915, S. 487.
25 Pasternak et al. 2010, S. 11.
26 DIN EN 10025: 2005-04.

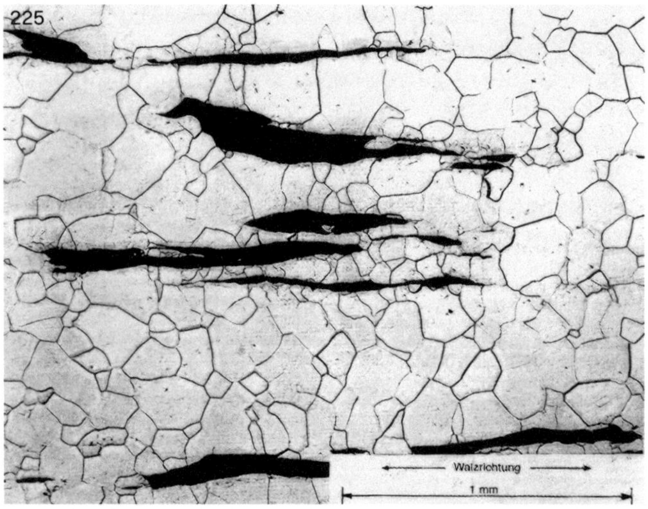

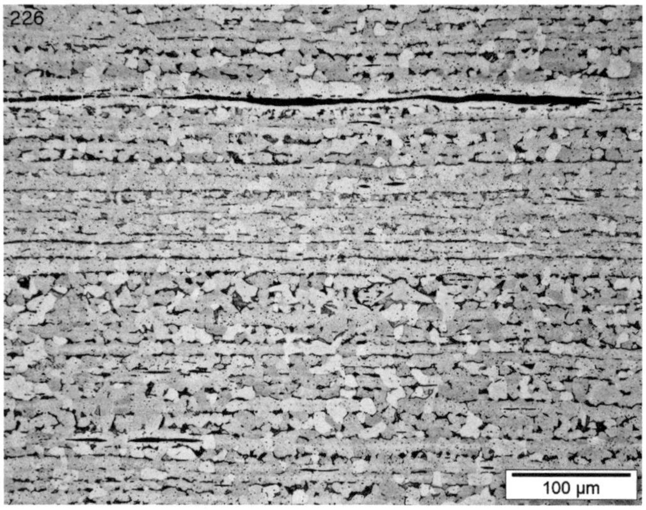

Abb. 225 Puddelstahl, in Walzrichtung ausgeformt nach Käpplein 2001.
Abb. 226 Stahlblech, Längsschliff parallel zur Walzrichtung nach Pettendorf.

ZEIT	HERSTELLVERFAHREN	EISEN	STAHL
ab ca. 8. Jh. v. Chr. im nordalpinen Raum	Frischen im festen/teigigen Zustand		
14. bis Anfang 18. Jh.	Hochofen; Frischen mit Holzkohle	Luppe (Eisenteil mit Schlacke)	Stahl durch Schmiede- und Glühtechniken
Beginn 18. Jh.	Hochofen; Frischen mit Koks (Anstieg der Produktionsmenge)	Luppe (Eisenteil mit Schlacke)	Eisen mit 0,4–1,2 Gewichtsprozent Kohlenstoff > Stahl
Mitte 18. Jh. bis ca. 1900	Puddelverfahren (Frischen mit Sauerstoff/Luft)	Puddeleisen (Schmiedeeisen, Schweißeisen*)	Puddelstahl; (Schweißstahl*)
ab ca. 1862	Frischen im flüssigen Zustand	Flusseisen	Flussstahl
ab ca. 1862 bis ca. 1950	Bessemer-Verfahren (Beginn der Herstellung von Massenstahl)	Flusseisen	Bessemer-Stahl (Blasstahl)
ab ca. 1864 bis ca. 1990	Siemens-Martin-Verfahren		SM-Stahl (Herdstahl)
ab ca. 1878 bis ca. 1970	Thomas-Verfahren (Luft)		Thomas-Stahl (Blasstahl)
ab ca. 1920	Lichtbogen-Verfahren/ Induktionsverfahren		Elektrostahl (Herdstahl)
ab ca. 1925			Schweißstahl** (max. 0,2 Gewichtsprozent Kohlenstoff)

* Feuerschweißen (Schmiedetechnik) von Stangen (fester Zustand): ** Schmelzschweißbarer Stahl

Tab. 1

Begriff Stahl bezeichnet schmied- und härtbare Werkstoffe, die einen Kohlenstoffgehalt nach Definition von 0,1–2,06 Gewichtsprozent haben. Legierungselemente wie Mangan (Erhöhung der Festigkeit) und Chrom (Erhöhung der Korrosionsbeständigkeit ab 12 Gewichtsprozent) wurden im Laufe der Zeit gezielt zugegeben und mit Wärme- und Verformungsprozessen kombiniert, um Werkstoffe mit bestimmten Eigenschaften zu erhalten.[27]

Abbildung 225 zeigt das Gefüge eines grobkörnigen Puddelstahls mit starken Schlackenanteilen, die in Walzrichtung ausgeformt sind, und eines gewalzten Stahlblechs (Abb. 226) von ca. 1930. Diese und ältere Stähle enthalten meist relativ viel Schwefel und Phosphor. Die grauen Körner sind Ferrit (reines Eisen), der lang gestreckte schwarze „Faden“ ist eine ausgewalzte Schlacke und die kleinen dunklen bis schwarzen Körner im Stahlblech von 1930 sind Perlit. (Siehe auch Abb. 223) Dieses streifige Gemenge aus Ferrit und Zementit ist in der Vergrößerung nicht sichtbar. Spröde Schlacken führen verstärkt zu einer Verminderung der Festigkeit (Kerbwirkung), wenn sie, wie die Graphitlamellen, senkrecht zur Belastungsrichtung liegen.

Die in Tabelle 1 angegebenen Herstellverfahren und die entsprechenden Eisen- und Stahlbezeichnungen beziehen sich auf Deutschland und überlappen sich zeitlich stark. Nicht nur die Weiterentwicklungen in der Metallurgie (z. B. Frischen, Legieren), sondern besonders auch die in einem Schmelzprozess herstellbaren Mengen stiegen stark an. Das maximale Chargengewicht für Puddelstahl betrug um 1910 ca. 0,3 t, für Elektrostahl um 1930 ca. 150 t.[28] Zeitlich war nur eine grobe Unterteilung möglich, weil die Entwicklung bei der Verhüttung und der weiteren Eisen- und Stahlherstellung ebenfalls lokal sehr unterschiedlich war. Aus Tabelle 1 kann auch abgelesen werden, dass zwischen 1870 und 1980 v. a. Siemens-Martin-Stahl hergestellt wurde, wobei die Produktion um 1940 einen Höhepunkt erreichte. Siemens-Martin-Stahl ersetzte zunächst den Bessemer-Stahl (max. Produktion um 1880) und später auch den Thomas-Stahl.[29]

Stahlguss (Stahlformguss) ist in Formen gegossener Stahl mit einem Kohlenstoffgehalt < 2,06 Gewichtsprozent. Er wurde bereits 1742 hergestellt. 1830 brachte die Firma Krupp verbesserte Stahlgusslegierungen u. a. für den Maschinenbau, den Eisenbahnbau und den Schiffsbau auf den Markt, die aber zu der Zeit noch nicht in der Architektur verwendet wurden.[30] Diese Teile erfahren, abgesehen von einer spanenden Bearbeitung, keine weiteren Umformungen und zeichnen sich durch stahlähnliche Eigenschaften aus. Stahlguss ist, im Gegensatz zu Gusseisen, schweißbar, für Stoß- und Schwingbelastung geeignet und somit Gusseisen deutlich überlegen. Die Herstellung ist aber relativ aufwendig und damit teuer. Weitere Nachteile sind ein hohes Schwindmaß, Poren- und Lunkerbildung.

Mechanische Eigenschaften

Aus der Sicht der historischen Tragwerkslehre ist es wichtig, die Entwicklung der festigkeitsbestimmenden Werkstoffkennwerte zu kennen, die von der herstellungsbedingten Gefügestruktur bestimmt werden. Nur so kann man die Entstehung immer leichterer, hochbelastbarer Tragwerke verstehen, auch wenn zwischenzeitlich Rückschläge beim Einsatz neuer Werkstoffe auftraten. So brachen z. B. durch Schwingbelastung und Überlastung gusseiserne Träger der Dee-Brücke am 24. Mai 1879[31] oder am 28. Dezember 1879 gusseiserne Anschlussstücke für Traversträger[32] der Firth-of-Tay-Brücke. Auf Dauer nicht bewährt haben sich auch die siliziumlegierten „hochfesten“ Stähle, die zwischen 1920 und 1938 in Deutschland eingesetzt wurden, aber dann eine zu geringe Tieftemperaturfestigkeit, auch bedingt durch schlechte Schmelzschweißbarkeit, zeigten (siehe den Abschnitt Fügetechnik in diesem Kapitel).

Die für Bauingenieure, Tragwerksplaner und Architekten wichtigsten mechanischen Werkstoffkennwerte sind der E-Modul, die Zugfestigkeit, die Streck- oder Fließgrenze/Dehngrenze, die Bruchdehnung und die zulässigen Spannungen (Bemessungsspannung).[33]

Die Spannungs-Dehnungs-Diagramme verschiedener metallischer Werkstoffe aus der Zeit von ca. 1895 bis 1910 werden in Abbildung 227 einander gegenübergestellt. Deutlich ist die geringe Verformungsarbeit bis zur plastischen Verformung – die Fläche unter der Kurve bis zur Maximalkraft – von Gusseisen im Vergleich zu Flusseisen und Stählen zu erkennen.

Mit steigender Temperatur sinkt die Streckgrenze von beispielsweise einfachem Baustahl, bis sie bei etwa 500 °C fast bei null liegt. Das gilt aber tendenziell für alle metallischen Werkstoffe. Es fin-

27 Ausführliche Erklärungen zum Einfluss von Legierungselementen in Stählen. In: Bergmann 2013. Deutsche und englische Bezeichnungen alter Stähle. In: De Bouw et al. 2009, S. 2775–2787; VDEh 1907, S. 776–777.
28 Fraunhofer 1980, S. 4, 7.
29 Lüddecke 2006.
30 Pottgiesser 2004.
31 Nachzulesen unter: https://www.wikiwand.com/de/Eisenbahnunfall_auf_der_Dee-Brücke (28.10.2023).
32 Nachzulesen unter: https://www.wikiwand.com/de/Eisenbahnunfall_auf_der_Firth-of-Tay-Brücke (28.10.2023).
33 Zur Definition der oben genannten Werkstoffkennwerte sei auf die DIN EN ISO 6892-1: 2020-06 verwiesen.

227

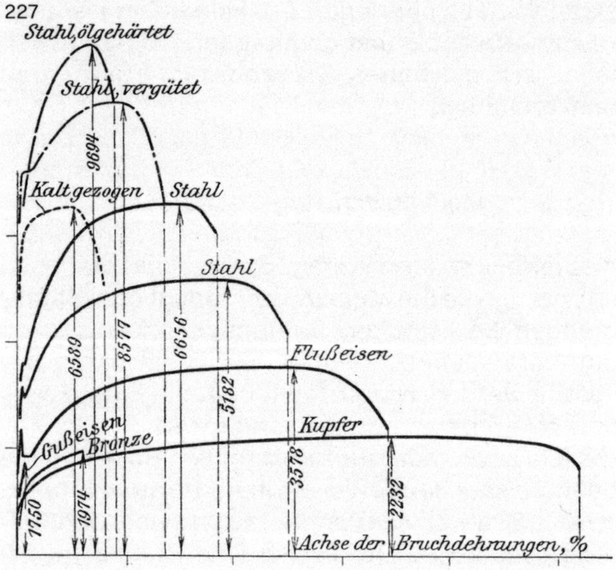

Abb. 227 Spannungs-Dehnungs-Linien verschiedener Metalle nach Bach 1920.

det also dann schon bei kleinster Belastung eine plastische Verformung statt. Das ist mit ein Grund dafür, dass die Zwillingstürme des World Trade Centers in New York nach dem Flugzeugattentat kollabiert sind.

Bis 1993 wurde die Zugfestigkeit auch in den genormten Bezeichnungen der Eisen-Kohlenstoff-Legierungen genannt. Um ca. 1895 wurde ein Stahl mit einer Zugfestigkeit von 37 bis 44 kg/mm^2 (370–440 N/mm^2) als Normalgüte bezeichnet, wovon sich ab ca. 1925 die spätere Bezeichnung St 37 ableitete. Ab ca. 1910 wurde die Streckgrenze für die Gütebestimmung von Betonrundeisen anstelle der Bruchfestigkeit (Zugfestigkeit) vom damaligen Deutschen Betonverein und der Eisenindustrie wegen der ungenauen Bestimmung der Streckgrenze kontrovers diskutiert.[34] Seit 1993 taucht die Streckgrenze in der modernen Kennzeichnung von Baustählen auf.[35]

1886 werden erstmals für Walzprofile aus Schweißeisen eine Mindestzugfestigkeit und eine maximale Bruchdehnung festgelegt. Für die Festlegung zulässiger Spannungen sind in dieser Zeit die regionalen Bauaufsichtsbehörden zuständig.[36]

Gusseisen, besonders mit lamellarem Graphit, ist gut auf Druck belastbar, aber wenig auf Zug und Biegung (spröde; kein plastischer Verformungsbereich). Es besitzt aber gute Dämpfungseigenschaften. Die Graphitlamellen führen verstärkt zu einer Verminderung der Zugfestigkeit (Kerbwirkung), wenn sie senkrecht zur Belastungsrichtung liegen, weil sich an den Lamellenenden die Kraftliniendichte (mechanische Spannung) erhöht, sodass es dort zur Rissbildung kommen kann.

ZEITRÄUME	ZUGFESTIGKEIT [N/mm^2]	DRUCKFESTIGKEIT [N/mm^2]
14. Jh. bis ca. 1794	60–100	k. A.
ca. 1860–1900	80–210	320–760
ca. 1900–1930 (1909 erste nicht bindende Norm)	180–320	700–850

Tab. 2

Tabelle 2 gibt eine grobe Übersicht über die Eigenschaften und die Entwicklung der mechanischen Kennwerte bei Gusseisen. Die Werte geben den Bereich an, in dem eine oder mehrere Sorten enthalten sein können, weil die Entwicklung neuer Verfahren teilweise 40 bis 60 Jahre brauchte. Die große Streuung der Festigkeitswerte ist dadurch bedingt, dass diese stark von der Größe und Verteilung der Graphitphasen, dem Gefüge und der Wanddicke des Gussteils bestimmt werden (eine größere Wanddicke bedeutet niedrigere Festigkeitswerte, besonders beim lamellaren Gusseisen). Gerade bei älteren lamellaren Gusswerkstoffen sind deshalb die Werkstoffkennwerte auch innerhalb eines Bauteils sehr starken Schwankungen unterworfen. Im Vergleich dazu hat das globulare Gusseisen eine ca. 2- bis 3-fache Zugfestigkeit, eine ca. 1,5-fache Druckfestigkeit und eine ca. 8-fache Bruchdehnung. Das Gusseisen wurde durch das Puddeleisen (ca. 1840 bis 1910) und dann durch Stähle (ab ca. 1890) aller Art ersetzt.

Stähle können im Gegensatz zu Gusseisen sehr gut statische und dynamische Zug-, Druck- und Biegekräfte aufnehmen, wie sie in vielen Tragwerken auftreten, beispielsweise bei Brücken durch wechselnde Belastung und bei Stahlskelettkonstruktionen durch Windkräfte.

Bei den Stählen wurden durch neuere Glüh- und Walzprozesse sowie durch metallurgische Verfahren im Laufe der Jahrhunderte zum einen höhere Festigkeits- und Dehnungskennwerte und zum anderen eine geringere Streuung der Festigkeitskennwerte in einer Charge erreicht. (Tab. 3)

Ab etwa 1925 kamen schmelzschweißbare Stähle auf den Markt. Man spricht von Schweißbarkeit, wenn ein optimales Zusammenspiel zwischen Konstruktion, Schweißverfahren und Werkstoff vorliegt. Zum Beispiel soll ein schmelzschweißbarer Stahl einen maximalen Kohlenstoffgehalt von 0,2 Gewichtsprozent besitzen (Gefahr der Aufhärtung), möglichst keine großen Schlackenanteile haben (Kerbwirkung) und die Legierungselemente

34 Kugener 1913, S. 887–888.
35 Zum Beispiel St 37 alt: St: Stahl; 37: Mindestzugfestigkeit 37 kg/mm^2; S235JR neu ab 1993: S: structural steel; 235: Streckgrenze in N/mm^2; J: Kerbschlagarbeit 27 J; R: Prüftemperatur Raumtemperatur.
36 Prokop 2011.

JAHR/DIN	ZUGFESTIGKEIT [N/mm²]	STRECKGRENZE [N/mm²]	BRUCHDEHNUNG [%]
1855 Schweißeisen (Längsproben) (aus Werner et al. 1992)	300–390	220–310	20–6
1895 Schmiedeeisen* (aus Kelton 2010)	300–400	203–305	21–9
1915 weiche Stähle (0,2 Gewichtsprozent Kohlenstoff) (aus Hütte 1915)	440–470	k. A.	23–19
1915 Flusseisen (0,16 Gewichtsprozent Kohlenstoff) (aus Hütte 1915)	410–440	k. A.	26–21
1920–1930 Si-Stähle** (aus Lorenz 2023)	500–520	> 300	20
1924 Baustähle DIN1612 (1924)	370–440	k. A.	30–24
1925 Beginn hochfester Stähle, Gruppe St52 (aus Helmerich 2005)	520–620	> 360	k. A.
1928 St48 (alt: F-Stahl) (aus Werner et al. 1992)	480–580	k. A.	k. A.

* FK – Feinkornstähle; ** TM – thermomechanisch behandelte Stähle; k. A. – keine Angabe.

Tab. 3

STAHLGUSS	STRECKGRENZE [N/mm²]	ZUGFESTIGKEIT [N/mm²]	BRUCHDEHNUNG [%]
ca. 1915	min. 210	370–650	35–12

Tab. 4

Schwefel, Phosphor, Mangan, Molybdän, Chrom, Kupfer und Nickel dürfen zusammen mit dem Kohlenstoffgehalt (Kohlenstoffäquivalent) einen festgelegten Grenzwert nicht überschreiten (Versprödungsgefahr; Aufhärtung).

In Tabelle 4 sind die wichtigsten mechanischen Eigenschaften von Stahlguss (Normalgüte) zusammengefasst. Mit steigendem Kohlenstoffgehalt steigen auch die Festigkeitskennwerte, während die Dehnungskennwerte fallen.

Jüngere Entwicklung

Ab ca. 1930 setzte verstärkt eine Entwicklung zu höherfesten Stählen ein (Tab. 5).

TM-Stähle (Thermomechanische Behandlung zur Festigkeitssteigerung) und Feinkornstähle mit hoher Festigkeit und guter Zähigkeit werden ab ca. 1960 hergestellt. Heute werden die für Tragwerke wichtigen Stähle in folgende Hauptgruppen unterteilt: Baustähle, Betonstähle und Spannstähle.

Stahlguss besaß vermutlich durch kriegsbedingte Manganeinsparung zwischen 1939 und 1945 eine etwas geringere Festigkeit[37] und wird erst ab ca. 1970 verstärkt auch im Bauwesen (Flughäfen, Offshore-Anlagen, Hallenbauten, Olympiastadion München) eingesetzt. Stahlgussteile können eingesetzt und in ihrer Form freier gestaltet werden als Stahlkonstruktionen. Das betrifft beispielsweise Knotenpunkte, Gelenke und Auflager.

Bei der Weiterentwicklung von Stählen ist auch das Verhalten unter Belastung bei tieferen Temperaturen im Winter ab der Einführung der Schmelzschweißtechnik (ca. 1920) zu beachten. Neben gut schmelzschweißbaren Stählen müssen außerdem die Aufhärtung beim Schmelzschweißen in der Schweißnaht und der mehrachsige Spannungszustand in Mehrfachstößen von z. B. Brücken betrachtet werden. Abbildung 228 zeigt den Verlauf der Schlagarbeit bzw. Schlagenergie in Abhängigkeit von der Temperatur für verschiedene Stähle. Die Schlagarbeit bzw. Schlagenergie ist ein Maß für die Belastbarkeit metallischer Werkstoffe unter stoßartiger Belastung und einem mehrachsigen Spannungszustand. Diese Stähle sind dann gut verwendbar, wenn die Einsatztemperatur im oberen Ast der Kurve liegt (Verformungsbruch).

So brach beispielsweise verformungslos die Eisenbahnbrücke am Bahnhof Zoologischer Garten in Berlin 1936 in einer kalten Winternacht an

37 Heinrichs 1947, S. 63, im Vergleich zu Hütte 1936, S. 759.

JAHR/DIN	ZUGFESTIGKEIT [N/mm²]	STRECKGRENZE [N/mm²]	BRUCHDEHNUNG [%]
1934 gewalzter Flussstahl, unlegierte Stähle, DIN 1612, z. B. St37.12	370–520	k. A.	> 22
1939 feinkörniger St52, schmelzschweißbar; Nachfolger für Si-Stähle (aus Lorenz 2023)	> 520	> 360	k. A.
DIN 17100-1966-09-00 (bis 1980), allg. Baustähle	330–850	190–370	28–10
1970 normalisierte FK-Baustähle, DIN EN 10113-T2*	350–720	275–460	24–17
1991 DIN EN 10025, unlegierte Baustähle	290–900	175–360	26–3
1993 TM-Stähle DIN EN 10113-T3**	360–720	275–460	24–17

* FK – Feinkornstähle; ** TM – thermomechanisch behandelte Stähle; k. A. – keine Angabe.

Tab. 5

228

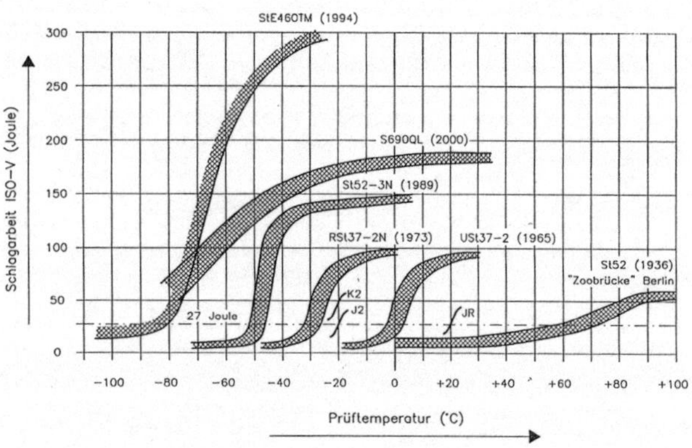

Abb. 228 Schlagarbeit von Stählen in Abhängigkeit von der Temperatur nach Saal et al. 2001.

einer Schweißnaht, weil dort ein am Ende der 1920er-Jahre entwickelter schlecht schweißbarer Stahl (Gruppe der St52-Stähle) verwendet wurde.

Das Ziel der Werkstoffentwicklung von Stählen war und ist es, hochfeste Werkstoffe mit einem hohen Streckgrenzenverhältnis, großer zulässiger Spannung, möglichst hoher Zähigkeit auch bei tieferen Temperaturen und später auch guter Schmelzschweißbarkeit zu erzeugen, sodass mit immer kleineren Bauteilquerschnitten filigrane und immer komplexere und höhere Bauten bei möglichst geringem Eigengewicht errichtet werden können.

Korrosionsschutz

Das Phänomen der Korrosion von Metallen beschäftigt den Menschen, seit Metalle aus Erzen gewonnen werden können. Der Schutz metallischer Werkstoffe vor Korrosion spielt folglich eine große Rolle. Korrosionsprodukte beeinträchtigten auch den Geschmack von in Behältnissen aus Metall aufbewahrten Speisen und Getränken. Gold galt aus diesem Grund historisch als besonders begehrenswert, weil es nicht anfällig für Korrosion ist. Schon Plinius der Ältere (23 oder 24–79) hob in seiner „Naturalis Historia" im 1. Jh. n. Chr. diese besondere Eigenschaft von Gold hervor.[38] Von ihm wurden auch bereits Versuche zum Schutz von Metallen vor Korrosion mithilfe eines Überzugs aus Zinn dokumentiert. Solches Weißblech, aus dem noch heute Getränkedosen bestehen, also ein verzinntes Stahlblech, wurde im 16. Jahrhundert vermehrt hergestellt. Darüber hinaus ergaben Legierungen wie Bronze (Kupfer, Zinn) ein relativ haltbares, korrosionsbeständiges Material, das seit Jahrtausenden bekannt ist. Man suchte in der frühen Phase nach Erzen, die beide Metalle enthielten. Schützende Überzüge aus Mennige (Bleioxid), Bleiweiß (basisches Bleicarbonat), Gips (Calciumsulfat), Bitumen und Teer sind darüber hinaus mindestens seit dem Mittelalter bekannt.

Erst im 17. Jahrhundert erkannte man im Angriff durch salzige Lösungen die tatsächlichen Ursachen für Korrosion. Man folgerte daraus, dass eine sogenannte Passivierung das Metall vor Korrosion schützen könne. In derselben Zeit wurde man sich des Zusammenhangs zwischen verstärkter Korrosion und Luftverschmutzung durch Kohlefeuerung bewusst. Diese elektrochemischen Vorgänge bei der Korrosion untersuchte Alessandro Volta 1792.

Ab Anfang des 20. Jahrhunderts wurde es möglich, korrosionsbeständige Stähle herzustellen, wie den Chrom-Nickel-Stahl. Im Bauwesen spielte aber sogenannter Edelstahl lange eine untergeordnete Rolle, allein weil er sehr kostenintensiv in der Herstellung ist. Der Fokus lag auf anderen, vornehmlich mechanischen Eigenschaften, die beim Bau wichtig sind. Korrosionsschutz war historisch gesehen ein nachgelagertes und vielleicht unterschätztes Phänomen.

38 Hübner 2010, S. 134.

3.

FÜGETECHNIK

mit Jürgen Villain

Der Gedanke an eine industrialisierte Bauweise wohnt Konstruktionen aus Eisen förmlich inne. Die Bearbeitbarkeit ist eingeschränkt und macht auf der Baustelle einige Mühe, wenn man an Schneiden, Bohren oder Schweißen denkt. Es ist also sinnvoll, die Bauteile werkseitig gut vorzubereiten und bauseitig nur die Montage vorzunehmen. Der Fügetechnik kommt deshalb besondere Bedeutung zu. Waren bis ins frühe 19. Jahrhundert zunächst Steckverbindungen üblich, gewannen Schraubverbindungen und später Niet- und Schweißverbindungen zunehmend an Bedeutung. Wie gut eine Schraube die jeweilige Bohrung ausfüllt, hat ganz wesentlichen Einfluss darauf, wie gut die Verbindung Scherkräfte übertragen kann. Geleitet von diesem Gedanken sollten in der Folge noch weitere Verbindungstechniken entwickelt werden.

229

Foto: Christian Kayser

Abb. 229 Turmhelm, Freiburger Münster, schmiedeeiserner Ankerknoten in einem Eckpfeiler.

Stecken, Schrauben

Früheste metallische Klammerverbindungen erfolgten historisch durch die möglichst maßhaltige Herstellung einer Ausnehmung in den zu verbindenden Steinblöcken.[39] Da dies nur näherungsweise gelang, vergoss man Lücken häufig mit Blei. Die Vorgehensweise wurde über viele Jahrhunderte hinweg gepflegt. Ein Beispiel dafür ist der Turmhelm des Freiburger Münsters aus dem 14. Jahrhundert.[40] (Abb. 229) Der Grund dafür ist, dass eine möglichst unmittelbare Kraftübertragung vom steinernen auf das eiserne Bauteil gewährleistet sein sollte, sodass die einzelnen Elemente des Tragwerks also unmittelbar auf äußere Einflüsse reagieren, bevor Verformungen auftreten.

Der Umgang mit schmiedeeisernen Bauteilen verlangte seit dem Mittelalter auch verbindungstechnische Lösungen. Die Splintverbindung, eine typische Steckverbindung, stellt eine solche Lösung dar.[41] Auch die radialen Verspannungen bei der Brücke von Coalbrookdale von 1779 wurden mit Steckverbindungen gefügt. (Abb. 230) Sie bestanden aus halben Schwalbenschwänzen, die in die Sassen der Bögen eingesetzt wurden. Bei dieser Brückenkonstruktion wurden darüber hinaus Schlaufen aus Bandeisen als Verbindungsmittel eingesetzt.

Gusseiserne Bauteile wurden außerdem mithilfe von Muffen und Flanschen gefügt. Während Muffen reine Steckverbindungen darstellen, müssen Flansche miteinander verschraubt werden. Schraubverbindungen, die jedoch nur vereinzelt bei gusseisernen Konstruktionen eingesetzt wurden, stellen typische bauseitige Montagehilfen dar. Werkseitig versuchte man, sie zu vermeiden. Terminierend für die werkseitige Vorbereitung war die Transportfähigkeit der Bauteile, die von Gewicht und Größe bestimmt wurde.

Schrauben sind beim Bauen mit Eisen oder Stahl die am wenigsten favorisierten Verbindungsmittel, weil erst in der jüngsten Vergangenheit die Verbindung passgenau ausgeführt werden kann, um die Kraftübertragung zu verbessern. Zu nennen sind der Passbolzen bzw. der hochfeste Stoß. Außerdem kann sich eine aufgedrehte Mutter lösen, wenn sie nicht gekontert wird, und Feuchte kann leichter in die Verbindung eindringen, um nur einige der Nachteile einer Schraub- oder Bolzenverbindung zu nennen.

Eine weitere, sehr interessante Brücke, die nach dem Steckprinzip hergestellt wurde, ist die sogenannte Lavesbrücke im Welfengarten in Hannover. Sie wurde zwischen 1843 und 1846 gebaut und ist nach dem Architekten Georg Laves (1788–1864) benannt. Die Brücke wird von zwei Linsenträgern getragen, die untereinander gegen Kippen gesichert sind. Die äußerst feingliedrigen Bauteile wurden offenbar gesteckt oder teilweise mit Eisenstiften verbunden.[42] (Abb. 231, 232) Laves hatte zu seinen Trägersystemen umfangreiche Überlegungen angestellt. (Abb. 233)

39 Schädlich 2015, S. 34: Hinweis auf eiserne Klammern zur Verbindung von Steinblöcken bei griechischen Tempelbauwerken ab dem 5. Jh. v. Chr.
40 Kayser 2014-2, S. 83.
41 Siehe dazu Kapitel Holzbau, Fügetechnik.
42 In der *Allgemeinen Bauzeitschrift* von 1840 wurden auf Tafel 338 zahlreiche Trägersysteme von Georg Laves abgedruckt.

Nieten

Das Nieten ist ebenfalls eine sehr alte Technik, die schon vor 2500 Jahren gepflegt wurde.[43] Nietverbindungen, hauptsächlich mittels Warmnieten, wurden im 19. Jahrhundert dann im Ingenieurbau üblich. So konnten bei geringem Verzug der einzelnen Bauteile verschiedene metallische Werkstoffe bei verbesserter dynamischer Belastbarkeit verbunden werden. Als Nietwerkstoffe, die möglichst artgleich zum Verbindungsteil sein sollten, wurden in zeitlicher Abfolge Schweißeisen, zähes Flusseisen, Tiegeleisen, zäher Flussstahl und nickelhaltige Stähle verwendet, die eine 2- bis 2,5-fach höhere Festigkeit besitzen als Schweißeisenniete.[44] Flach- oder Winkeleisen wurden so zu größeren Trägern oder räumlichen Tragwerken zusammengesetzt. Da Gusswerkstoffe schlagempfindlich sind, können sie nicht genietet werden.

Das Nieten war eine aufwendige Tätigkeit, die nicht mehr oder nur zu restauratorischen Zwecken praktiziert wird. Es waren immer mindestens zwei Arbeiter erforderlich, um Nieten zu setzen. Die Nieten mussten erhitzt und mit gezielten Hammerschlägen in der dafür vorgesehenen Bohrung unter Herstellung eines Nietkopfes verpresst werden. (Abb. 235) Dabei füllt der Niet die Bohrung vollständig aus. (Abb. 234) Eine Nietverbindung ist weitgehend scherfest.[45]

Nietverbindungen erweisen sich als sehr dauerhaft. Es wurden schon um 1850 in England riesenhafte Brückenbauwerke hergestellt wie die Forth Bridge und die Britannia Bridge,[46] die ausschließlich mit Nietverbindungen gefügt wurden. (Abb. 236) Auch in München existiert mit der sogenannten Hackerbrücke zumindest eine genietete Großkonstruktion, die von 1890 bis 1894 entstand. (Abb. 237) Genietet wurde nicht nur im Werk, sondern auch auf der Baustelle. Allerdings existieren zahlreiche Konstruktionen, bei denen die werkseitigen Verbindungen genietet und die bauseitigen Montagestöße geschraubt wurden. (Abb. 238, 239)

Nietverbindungen ermöglichten den Ingenieuren einen großen gestalterischen Freiraum. Die Konstruktionen konnten streng auf die jeweils erforderliche Tragfähigkeit abgestimmt werden. So waren vielschnittige Verbindungen, aber auch konisch zulaufende Träger möglich, die nicht im Walzverfahren herstellbar gewesen wären. (Abb. 240) Reparaturen an der Hackerbrücke in München wurden übrigens nach dem Zweiten Weltkrieg wiederum im Nietverfahren durchgeführt. Diese Maßnahme wäre heute kaum noch denkbar, weil es einfach keine Fachkräfte mehr gibt, die das Verfahren beherrschen.

43 Eine reich verzierte und gänzlich aus Bronzeblechen bestehende Kline von 550 v. Chr. ist bei Aichele 2015, S. 28, abgebildet.

44 Hütte 1915, S. 754.

45 Zu den Arbeitsschritten beim Nieten siehe Hönisch 1931, S. 213.

46 Die Britannia Bridge – sie ist in ihrer ursprünglichen Ausführung nicht mehr erhalten – wie auch die nur wenige Jahre zuvor errichtete Conwy Railway Bridge wurden als Kastenträger konzipiert (Planung: Robert Stephenson, Beratung: William Fairbairn und Eaton Hodgkinson), siehe auch Chilton 2017.

231

232

Abb. 230 Brücke über den Severn bei Coalbrookdale, 1779, Detail der Verbindungen.
Abb. 231 Lavesbrücke, Welfengarten in Hannover, 1843–1846.
Abb. 232 Lavesbrücke, Detail der Steckverbindungen.
Abb. 233 Mögliche Arten von Lavesträgern, Darstellung von 1840.
Abb. 234 Schnitt durch einen verbauten Niet nach Clark 1850.
Abb. 235 Schematische Darstellung des schrittweisen Nietvorgangs.

233

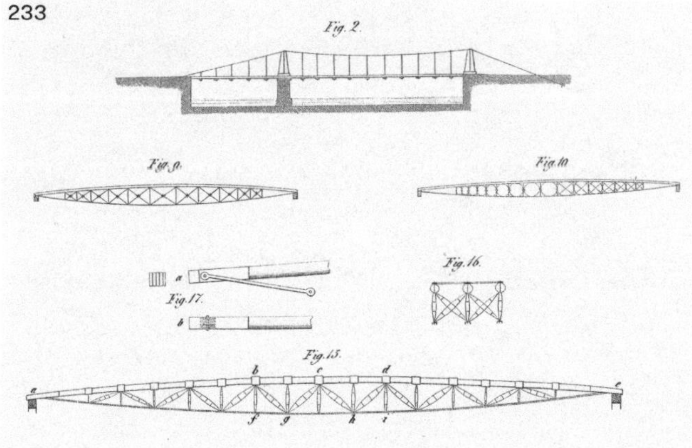

234

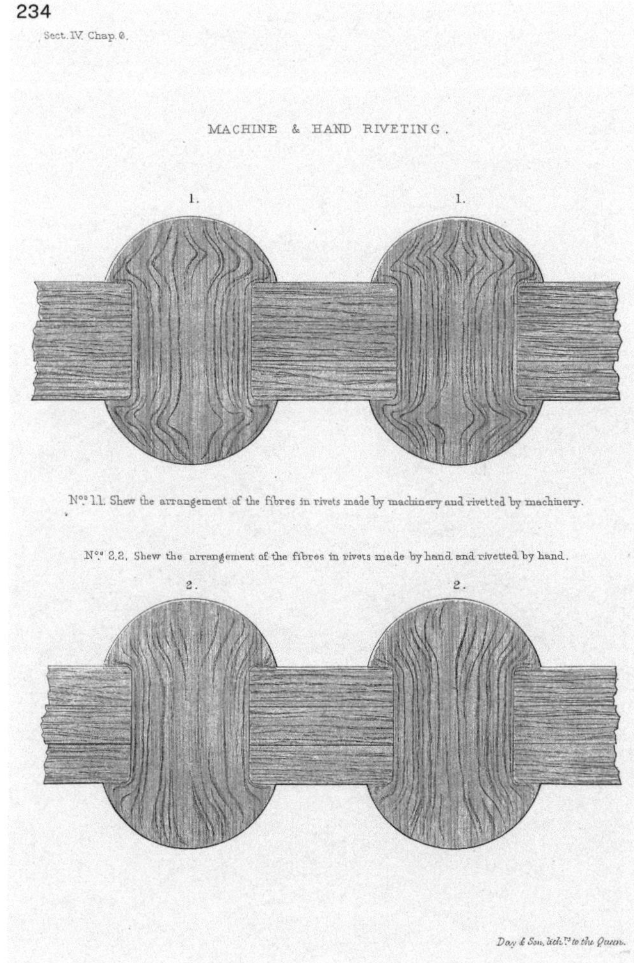

235

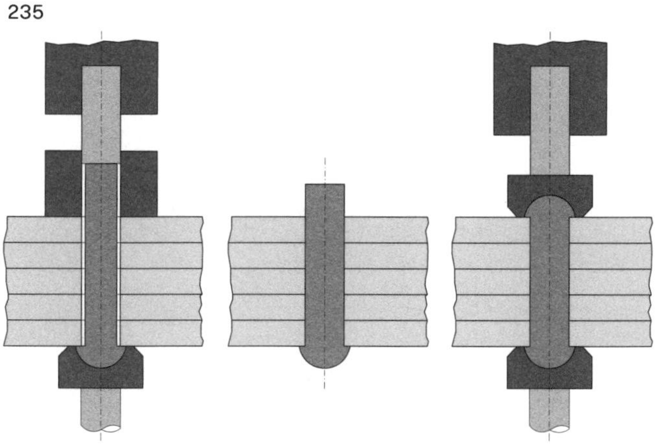

236
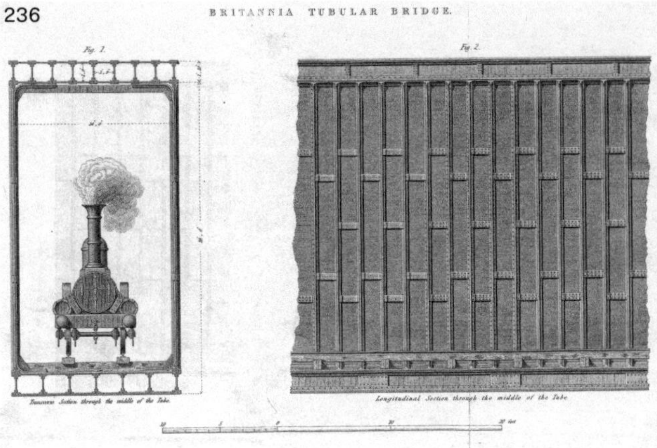

237

238

239
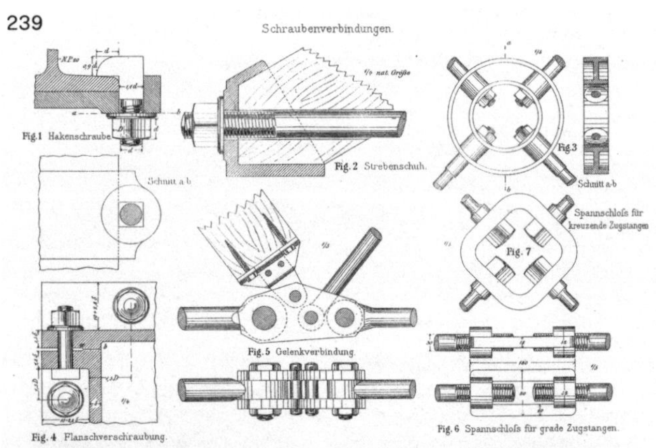

240
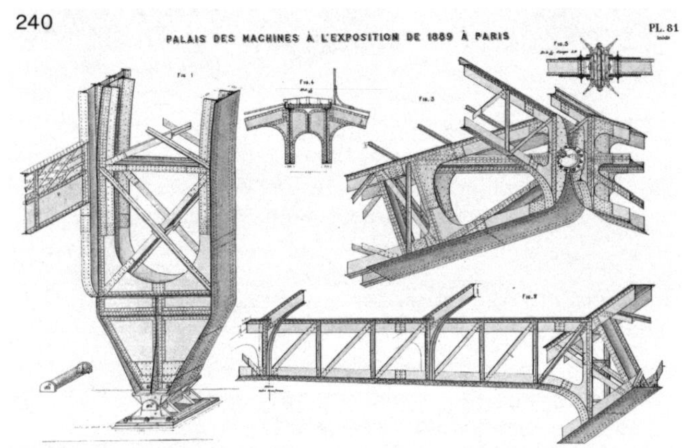

241

Abb. 236 Britannia Bridge, 1850, Querschnitt und Teilansicht eines Tunnelstücks, 1849.
Abb. 237 Hackerbrücke, München, 1890–1894.
Abb. 238 Wasserturm, Oberhaching, Bayern, 1898, Detail der eisernen Konstruktion auf Höhe des Wasserbehälters.
Abb. 239 Ingenieursmäßige Verbindungen aus Stahl in einer historischen Darstellung nach Breymann 1890.
Abb. 240 Galerie des machines, Paris, Zeichnung der Binderkonstruktion, 1889.
Abb. 241 Schmiedewerkstatt und Schweißwerkstatt, Fotos aus der Städtischen Gewerbeschule Kiel, 1926.
Abb. 242 Mikroskopischer Schnitt durch eine Schweißnaht.

242
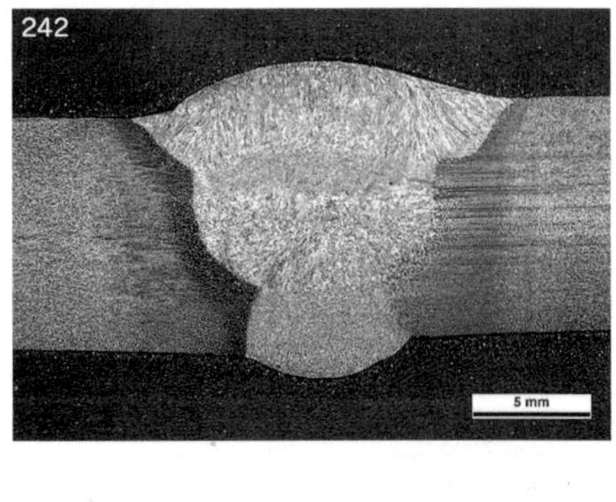

Löten, Schweißen

Grundsätzlich werden beim Löten und Schmelzschweißen zwei getrennte Teile aus Metall durch Wärmeeinwirkung (z. B. Gasflamme bis ca. 3 200 °C[47]; mit Lichtbogen abschmelzende Elektrode zwischen ca. 3 600 und 6 300 °C[48]) miteinander dauerhaft und unlösbar, also nicht zerstörungsfrei trennbar, verbunden. Beim Löten werden die zu fügenden Bauteile nicht angeschmolzen. Es wird ein artfremdes Material zum Löten verwendet. Beim Schmelzschweißen werden dagegen die Verbindungsteile angeschmolzen und ein möglichst artgleicher Zusatzwerkstoff verwendet.

Das Löten ist eine Fügetechnik, die wohl schon vor 6 000 Jahren und in der Bronzezeit Anwendung fand.[49] Sehr häufig wurden und werden zum Weichlöten (Schmelztemperatur/Liquidustemperatur[50] < 450 °C) Zinn-Blei- (alte Technik; SnPb6040: Schmelztemperatur 183 °C) bzw. Zinn-Silber-Legierungen (neue Technik) verwendet. Diese werden aber nicht im Ingenieurbau eingesetzt. Werden höhere Festigkeiten gefordert, müssen Hartlötverbindungen (Schmelztemperatur > 450 °C; Lotlegierungen: Silberbasislegierungen für z. B. Kupfer) eingesetzt werden.

Das Gasschmelzschweißen wurde an einigen Tragwerken, z. B. bei der Bauausstellung in Berlin 1931, erprobt, konnte sich aber gegenüber dem Lichtbogenschmelzschweißen nicht durchsetzen.[51]

Beim Schmieden gibt es eine Form des Schweißens, das sogenannte Feuerschweißen, das aber im hoch erhitzten festen Zustand erfolgt (Pressschweißen) und seit der frühen Eisengewinnung bekannt ist. (Abb. 241) Dabei werden oxidfreie Oberflächen mithilfe von Hammerschlägen miteinander in so enge Berührung gebracht, dass dann atomare Bindungskräfte eine feste Verbindung hervorrufen.

Heute verstehen wir unter Schweißen das Schmelzschweißen, bei dem sowohl die zu verbindenden Teile partiell und der Zusatzwerkstoff (z. B. Drähte, Elektroden) in der Schweißnaht vollständig aufgeschmolzen werden. Es können jedoch nur schweißbare Stähle bzw. Stahllegierungen miteinander verschweißt werden.[52] In der Schweißnaht kommt es dadurch zu einer metallurgischen Verbindung von Schmelzgut und den zu fügenden Teilen. Im Anschluss an die Schmelznaht sind die sogenannten Wärmeeinflusszonen (WEZ) erkennbar, in denen es werkstoff- und verfahrensbedingt zu Aufhärtungen und damit Versprödungen kommen kann. (Abb. 242)

Das Schmelzschweißen ist eine Verbindungstechnik, die von den ausführenden Personen ein hohes Maß an Ausbildung und Sorgfalt verlangt. Da auch die erforderlichen Werkzeuge, Ausrüstungsgegenstände und Schutzmaßnahmen umfangreich sind, erfolgte und erfolgt noch heute das Schmelzschweißen möglichst immer werkseitig.

Die so hergestellten Bauteile wurden und werden im Allgemeinen mit Montagestößen versehen, sodass sie auf der Baustelle verschraubt, also weiter gefügt werden können. Das Schmelzschweißen löste relativ unmittelbar die arbeitsintensiven genieteten Konstruktionen ab.

Der Baustahl St52.11, ein siliziumhaltiger Vorgänger des späteren St52 nach DIN 17 100, wurde ab ca. 1930 als Nachfolger für den St37 im Brückenbau eingesetzt und erfüllte die damaligen Richtlinien für die Schweißbarkeit auch bei größeren Dicken. Bei sehr tiefen Temperaturen brachen Bauwerke zusammen. Zwischen 1938 und 1939 wurde diese Art von Stählen deshalb für diesen Einsatz verboten. Bis 1939 wurde ein feinkörniger St52 entwickelt (siehe auch Kapitel Werkstoffe).[53] Auch hier gibt es eine Doppelbenennung im Laufe der Zeit wie beim Schweißeisen und Schweißstahl.

4.

TRAGMECHANISMEN

Das Bauen mit Eisen und Stahl ist maßgeblich bestimmt von dem Gedanken, stabförmige Bauteile zu verwenden. Die statische Bestimmbarkeit von Tragwerken aus eisernen Stäben löste Mitte des 19. Jahrhunderts einen Entwicklungsschub im Bauwesen aus. Mit minimalem Einsatz an Material konnten maximal große Spannweiten erreicht werden. Die aufkommenden Berechnungsmethoden zur Bemessung von Fachwerkkonstruktionen unterstützten die Vertrauensbildung in die neuartigen Bauweisen. Eine ideale Fachwerkkonstruktion kann als Stabtragwerk oder als vektororientiertes Tragsystem angesehen werden, bei dem alle Lasten an den Knoten aufgenommen werden und diese ausschließlich gelenkig ausgebildet sind.

Eine grafische Methode zur Bestimmung der Kräfte in einzelnen Stäben stammt vom italienischen Ingenieur Luigi Cremona (1830–1903) und wurde 1872 öffentlich gemacht. Im sogenannten Cremona-Plan werden alle Lasten und Stabkräfte maßstäblich dargestellt. Im statischen Zustand

47 Puhrer 1968, S. 24.
48 Conn 1959, S. 43.
49 Aichele et al. 2015, S. 250.
50 Als Liquidustemperatur bezeichnet man die Temperatur, bei der eine Legierung aus einer homogen flüssigen Phase zu erstarren beginnt.
51 Hönisch 1931, S. 213–214.
52 Zur Schweißbarkeit siehe Kapitel Werkstoffe.
53 Siehe zu diesem Thema auch Mantel 1951, S. 114–128.

sind in den Knoten alle Kräfte im Gleichgewicht. Es bestehen also keinerlei Exzentrizitäten. Cremona entwickelte daraus einen zusammenhängenden Kräfteplan. Damit kann jede einwirkende Kraftlinie in zwei weitere Komponenten zerlegt werden. Die Methode fußt auf der bereits an anderer Stelle genannten Theorie des Kräfteparallelogramms. Voraussetzung für die Anwendung des Cremona-Plans ist, dass das Tragwerk statisch bestimmt ist.[54] Zur Untermauerung der Theorie oder sozusagen zur tieferen Vertrauensbildung wurden dennoch sehr oft Modelle gebaut, die auch Belastungsversuchen unterzogen wurden. Für die Britannia Bridge wurden 40 Modelle im Maßstab 1:6 bis 1:33 hergestellt.[55]

Dem Misstrauen gegenüber den neuen Bauweisen in Zusammenhang mit Eisenkonstruktionen begegnete man – neben der Suche nach Bemessungsmethoden – auch dadurch, dass eingeführte Techniken, in die das Vertrauen bereits hoch war, angewendet bzw. weiterentwickelt wurden. Wenn eine eingeführte Bauweise mit einem neuen, aber viel besseren Werkstoff umgesetzt wurde, war das Risiko gering, innovativ waren solche Methoden allerdings nicht. Beachtet man hingegen anerkannte Entwurfsregeln und überträgt sie auf eine neuartige Fügetechnik, dann geht man ein höheres Risiko ein. Besonders herausfordernd wird es, wenn wie beim Bauen mit Eisen sowohl neue Entwurfsregeln angewendet werden als auch bei Fügetechnik und Spannweite neue Wege gegangen werden sollen. Die Prüfmodelle sollten daher möglichst im Originalmaßstab errichtet werden und die Belastungsversuche gingen den tatsächlichen Ausführungen voraus. Aber auch die ausgeführten Bauwerke wurden immer zunächst getestet, bevor sie ihrer Bestimmung übergeben wurden.[56]

Volumentragwerke (masseaktive Systeme)

Wie bereits erwähnt, fanden zunächst gusseiserne und – wegen der geringen Zugfestigkeit des Materials – massive Träger Anwendung. Diese wurden schon bald von walzbarem Schmiedeeisen abgelöst. So hergestellte Halbzeuge wurden auch im Hochbau eingesetzt, beispielsweise für Deckenkonstruktionen. Weit verbreitet sind hierbei sogenannte preußische Kappendecken.[57] Dabei handelt es sich letztlich um einfache Biegeträger, eventuell mit Durchlaufwirkung, deren Felder mit Mauersteinen gefüllt, später auch ausbetoniert wurden. Da Gusseisen wenig geeignet ist, um auf Biegung belastet zu werden, war der Materialverbrauch für diese Einsatzgebiete hoch. Schienen für Gleise benötigten einen auffälligen Bauch im Bereich des höchsten Moments, in Feldmitte. Dennoch konnten mit Gusseisen um wenigstens 10-fach höhere Lasten aufgenommen werden, als dies etwa mit Holz möglich war.

Ein Rahmentragwerk wird durch die Biegesteifigkeit der Knoten definiert. Solche Knotenbildungen kennen wir aus dem traditionellen Holzbau, bei dem der Anschluss von Stütze zu Balken mit Knaggen oder Kopfwinkelhölzern ausgesteift wird. Wichtig für Konstruktionen aus Eisen war wiederum das Vorbild, das der Bogenbohlenbinder nach Philibert de l'Orme im ausgehenden 16. Jahrhundert lieferte. Dieses Stecksystem wurde im Kapitel Holzbau vorgestellt. Die Kuppel der Halle aux blés in Paris von 1783 wurde nach diesem Vorbild in Holz errichtet und erreichte 41 m Durchmesser. Das Tragwerk brannte 1802 ab. Es wurde bis 1811 nach Plänen von François-Joseph Bélanger und François Brunet in Eisen ersetzt. Heute wird das Gebäude als Bourse de commerce (Handelsbörse) genutzt. (Abb. 243, 244, 245) Bei der Eisenkonstruktion handelt es sich um eine Rahmenkuppel aus 51 Meridianen und 13 Ringen. Eine symmetrische Belastung stellt für diese Kuppel kein Problem dar. Bei asymmetrischen Lasten kommt es jedoch zu Verformungen der rechteckigen Maschen, wenn die Verbindungen von Meridianen und Ringen nicht biegesteif ausgeführt sind. Daher kommt der Begriff „Rahmenkuppel".

Obwohl das um 1825 entstandene Gewächshaus in den Bicton Park Botanical Gardens seine Standsicherheit aus Eisentragwerk und Glasfüllung ableitet, kann die Konstruktion ebenfalls als Rahmentragwerk bezeichnet werden, weil aussteifende Diagonalen fehlen.

Bögen (formaktive Systeme)

Gerade die frühen Konstruktionen aus Gusseisen zeichnen sich durch die Anwendung damals bereits bekannter Tragstrukturen aus dem Holz- oder Mauerwerksbau aus. Einfach gekrümmte Wölbkonstruktionen, die mit gusseisernen Elementen hergestellt wurden, funktionieren wie massiv gemauerte Gewölbe und sind dann standsicher, wenn sie ausschließlich Druckkräfte aus Gleichlast aufnehmen. Brückentragwerke erfahren jedoch exzentrische bzw. dynamische Belastungen aus dem Verkehr. Besonders anschaulich kann das mit einer doch sehr schweren Lokomotive erklärt werden, die über eine Brücke fährt. Fragen der dynamischen Belastung konnte man historisch nur näherungsweise lösen.

54 Siehe hierzu auch das Sonderkapitel Graphische Statik.
55 Vgl. Addis 2021 (physical models), der das Thema Modellbau ganz explizit erörtert.
56 Vgl. ebd. Darin werden sehr ausführlich und anschaulich physikalische Modelle dokumentiert, die auch im Bauwesen bis in die Gegenwart hinein eine ganz zentrale Rolle zur Vertrauens- und Kenntnisbildung spielen.
57 Zum prinzipiellen Aufbau eines solchen Gewölbes siehe auch Hart et al. 1967, S. 103.

243

244

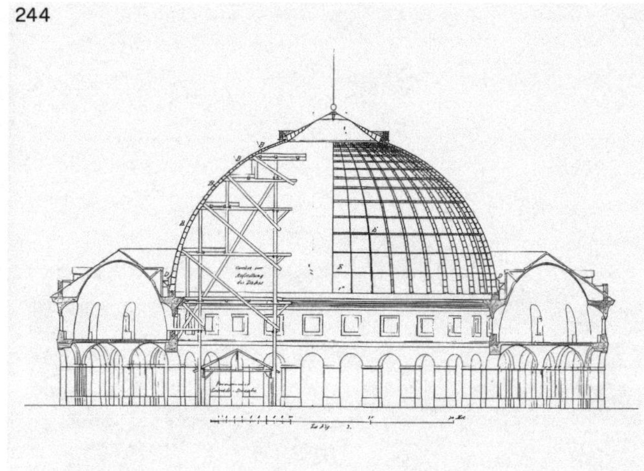

245

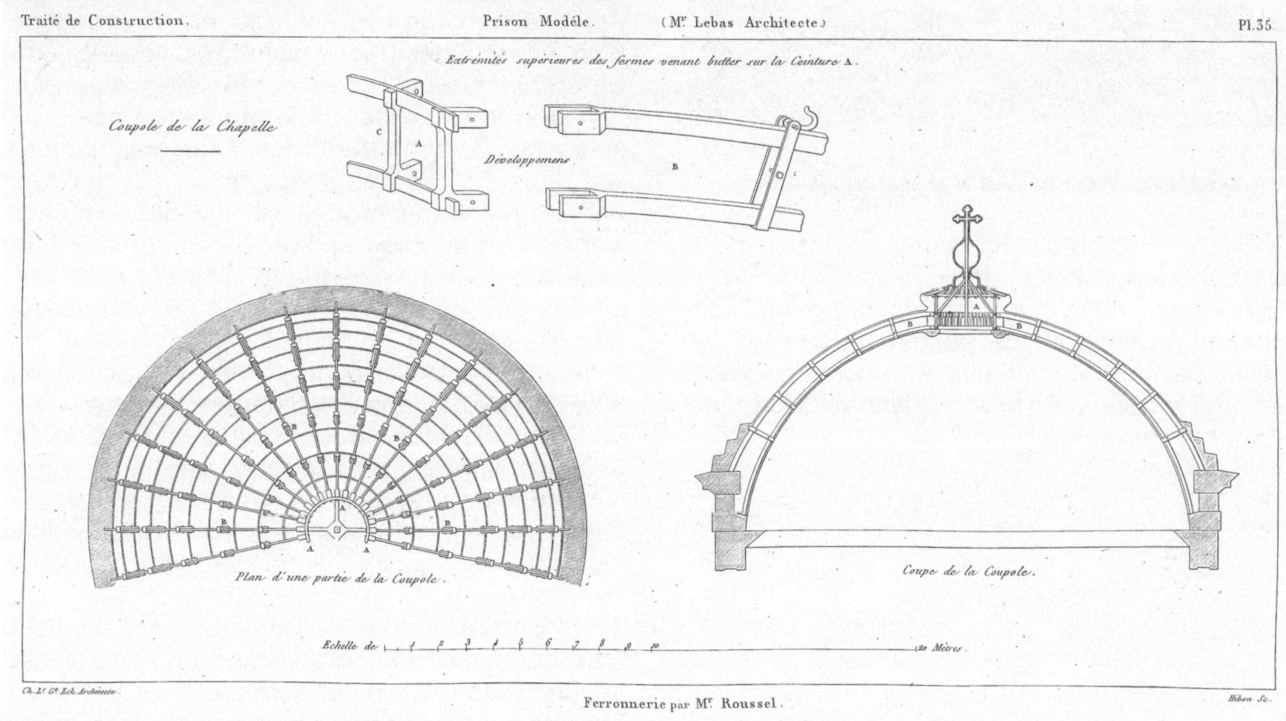

Abb. 243 Kuppel der Halle aux blés, Paris, aktuelle Untersicht.
Abb. 244 Halle aux blés, Paris, Konstruktion von 1811, Konstruktionszeichnung ohne Datierung.
Abb. 245 Rahmenkuppel als Steckkonstruktion, historische Darstellung einer Musterbauweise nach Eck 1841.

Aus Sorge vor Verformung der filigranen gusseisernen Glieder eines Bogentragwerks führte man schon 1779 bei der Brücke von Coalbrookdale radial und längs verlaufende Verspannungen ein. Das Ergebnis war ein räumliches Tragwerk, das aber nur mithilfe der eigens ausgebildeten Knoten einigermaßen verformungsresistent wurde. Ein weiterer wichtiger Punkt waren bei den frühen Bogenbinderkonstruktionen die massiven Widerlager, um Schubkräfte aufzunehmen.

Diese räumlichen Bogenbinder nahmen letztlich dennoch Fachwerkkonstruktionen vorweg und können mit de l'Ormes Bogenbindern aus Holz verglichen werden. Auch er schuf 1591 Verbindungen zwischen zwei Gewölbeebenen eines Dachs, sozusagen Verspannungen.[58] (Abb. 246) Ganz klar wird die tragwerksplanerische Absicht im Detail aber bei diesen Konstruktionen nicht.

Isambard Kingdom Brunels (1806–1859) von 1854 bis 1859 errichtete Bogenbrücke, ein ebenfalls sehr beeindruckendes Bauwerk, besteht aus einem Bogenbinder, der jedoch eine Unterspannung erhielt (Abb. 247) und schon wegen seines überdimensionierten Druckbogens nicht als rein formaktives System bezeichnet werden kann.

58 Jörg Schlaich führt das näher aus in Schlaich 1999, S. 68.

246

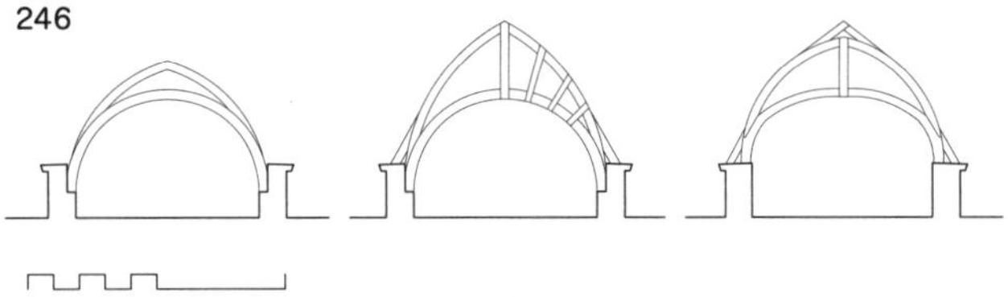

247

Stabtragwerke (vektoraktive Systeme)

Einen großen Schritt in Richtung Optimierung und Nutzbarmachung der Möglichkeiten des Werkstoffs Eisen ging man mit der Schaffung von Fachwerkkonstruktionen, bei denen einerseits den Stäben bestimmte Spannungen zugemessen wurden, andererseits die Knoten planmäßig keinerlei Momente aufnahmen.

248

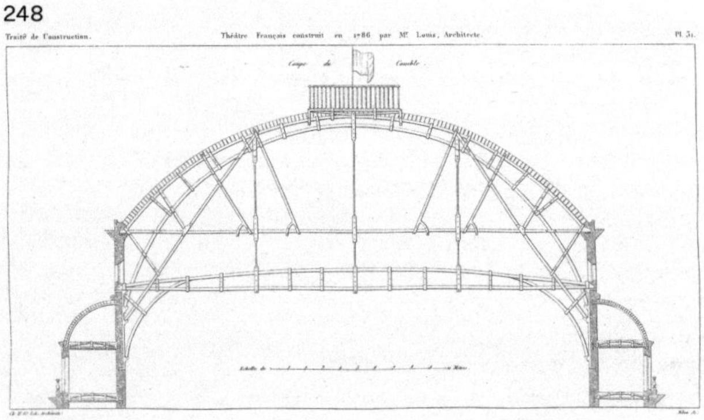

Wurden zunächst gerade Fachwerkkonstruktionen zur Ausführung gebracht, ging man schon bald in Anlehnung an die mögliche Vereinigung von Träger zu Stütze zu gekrümmten Fachwerken über. Ein frühes Vorbild stellt die Konstruktion über dem Théâtre Français aus den Jahren 1786 bis 1790 in Paris dar. Es handelt sich um einen Bogenbinder mit Unterspannung und Zugband in Kämpferhöhe aus gusseisernen Stäben.[59] (Abb. 248) Diese Fachwerkbinder erhielten global gesehen zwei bis drei Gelenke. Eine Dreigelenkbrücke wurde 1865 nach Entwurf von Johann Wilhelm Schwedler (1823–1894) über die Spree errichtet. Erste Fachwerkbögen entstanden 1848 in Berlin nach Plänen der Borsig-Werke. Erste Gelenke im Kämpfer- bzw. Auflagerbereich wurden in den 1820er-Jahren zur Ausführung gebracht.

Abb. 246 Bogenbohlenbinder nach Philibert de l'Orme, 16. Jahrhundert.
Abb. 247 Royal Albert Bridge bei Plymouth, England, 1854–1859.
Abb. 248 Théâtre Français, Paris, 1786–1790, nach Eck 1841.

Wundersam in diesem Zusammenhang und zugleich absolut irritierend für alle Traditionalisten im Bauwesen war die Errichtung der Galerie des machines in Paris zur Weltausstellung 1889 auf dem Champ des Mars gegenüber dem Eiffelturm. (Abb. 249) Es handelt sich im Querschnitt um einen Fachwerk-Dreigelenkbogen mit einer Spannweite von 115 m bei einer Scheitelhöhe von etwa 46 m. Mit Blick auf die Spannweite übertraf die Halle alles bisher Dagewesene. Die Fachwerkbinder wurden in einem Zug vom Auflager am Fußpunkt bis zum Scheitel des Dachs durchgezogen. Auf eine Unterspannung wurde verzichtet. Alle Lasten wurden den Binderkonstruktionen zugewiesen. Die statische Bestimmtheit des Dreigelenkbinders war dabei für die Planer von großem Vorteil, weil das Tragwerk gut modelliert und dimensioniert werden konnte. Hier fand die bereits existierende Fachwerktheorie Anwendung. Die Fußpunkte wurden eingeschnürt, um deutlich zu machen, dass hier das Moment gleich Null ist. Das traf auf das vollkommene Unverständnis der Architekten, die eine sichere Basis erwartet hätten.[60] Mit den zwei- und dreigelenkigen Bogentragwerken wurde ingenieurtechnisch Neuland betreten. Jetzt wurde nicht mehr intuitiv, sondern wissenschaftlich planend konstruiert. Tragwerke wurden systematisch entworfen und ganzheitliche Lösungen gesucht.

Zuvor zierten verspannte Bogenbinder zahlreiche Bahnhofshallen des 19. Jahrhunderts. Sie sehen letztlich aus wie Speichenräder. Dies kam dem Umstand entgegen, dass einfach gekrümmte Hallendächer auf asymmetrisch einwirkende Lasten empfindlich reagieren. Mithilfe der Unterspannungen wurde sehr viel Material bei der Ausbildung des Bogens gespart. (Abb. 250) Interessant ist die Weiterentwicklung der genannten seilverspannten Fachwerkbögen durch Vladimir Šuchov (1853–1939) (Abb. 251) in den 1890er-Jahren.[61]

59 Diesen Bogenbinder beschreibt Jörg Schlaich in Schunck 1998, S. 68.
60 Vergleiche dazu Giedion 1941.
61 Schlaich 1999, S. 70.

Abb. 247: Foto: Geof Sheppard

Abb. 249 Galerie des machines, Paris, 1889, Binderkonstruktion.
Abb. 250 Östliche Bahnsteighalle, Victoria Station, London, 1906.

Gewölbe (Schalen bzw. flächenaktive Systeme)

Abgesehen von Rippenkuppeln, bei denen zumindest eine Primärkonstruktion von einer Sekundärkonstruktion unterschieden wird, wurde im Eisen- oder Stahlbau im 19. Jahrhundert versucht, schalenartige Konstruktionen zu entwickeln. Schalen haben wir im Kapitel Mauerwerksbau kennengelernt. Sie können ganz allgemein nur Normalkräfte aufnehmen. Auf Biegung reagieren sie mit Verformung und Rissbildung. Als Hilfsmittel für die Beurteilung des Spannungsverlaufs in Schalen dient die Finite-Elemente-Methode. Dabei werden mithilfe der Triangulierung des Tragwerks Spannungsbereiche und Lastkonzentrationen festgestellt. Schalen sind aber streng genommen von Fachwerken zu unterscheiden, die in die Krümmung eines ein- oder zweifach gekrümmten Gewölbes gelegt werden. Während vielfach unbestimmte Wölbkonstruktionen, die aus Schalen gebildet werden, als flächenorientierte Tragsysteme anzusehen sind, sind Fachwerke statisch bestimmt und somit vektororientiert.

Wie kann man nun beurteilen, ob eine gekrümmte Stabwerkskonstruktion als Schale (flächenorientiert) oder als Fachwerk (vektororientiert) anzusehen ist? Dem Darmstädter Architekten Georg Moller (1784–1852) gelang es bei der Umsetzung der Vierungskuppel über dem Mainzer Dom 1828, eine sehr schlanke Konstruktion aus Eisenstäben herzustellen. Tatsächlich handelt es sich um

251

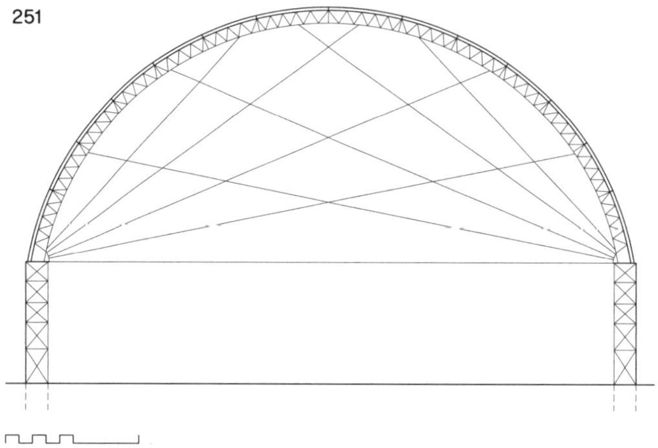

252

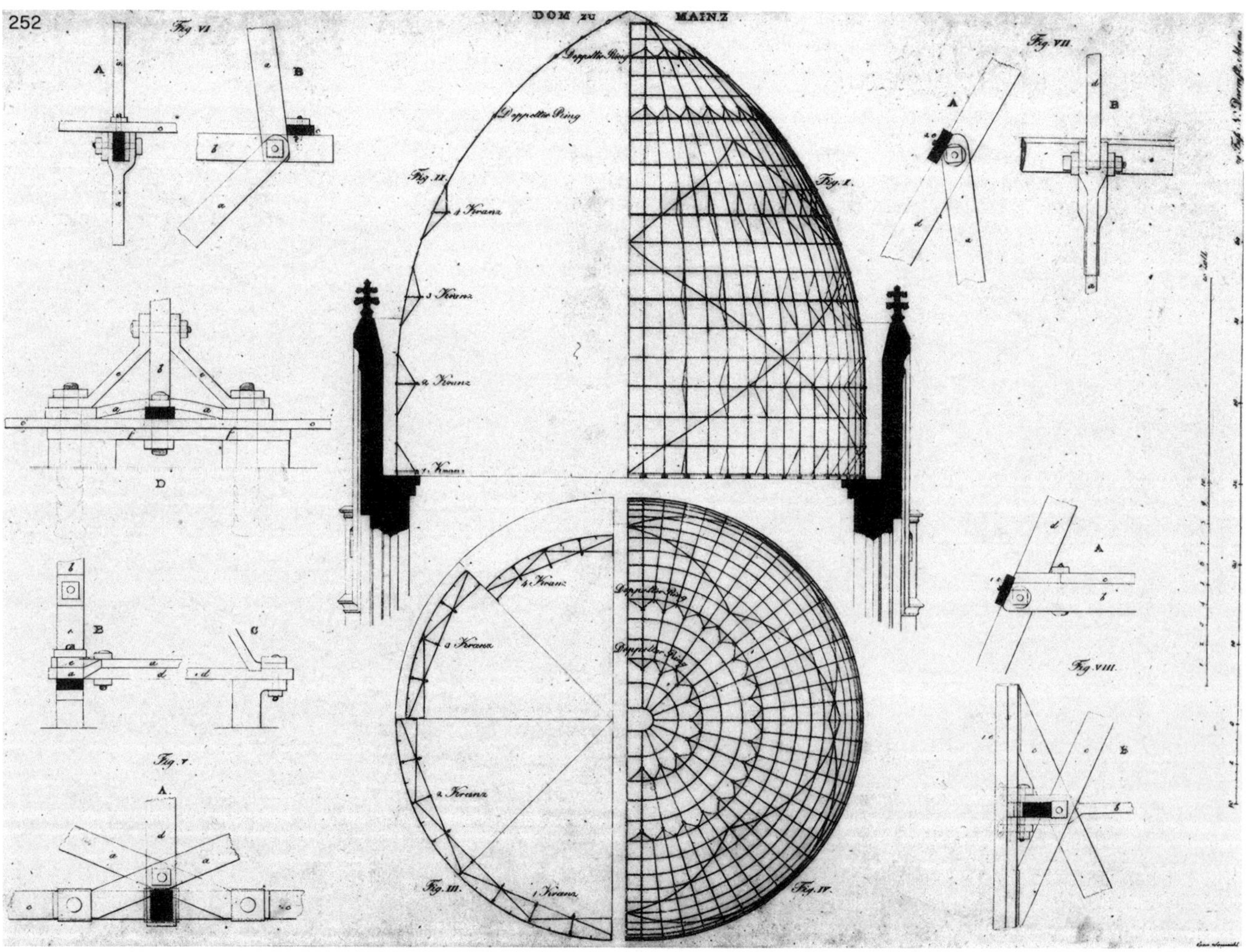
DOM ZU MAINZ
Fig. VI
Fig. VII
Fig. VIII
Fig. V
Fig. I
Fig. II
Fig. III
Fig. IV
Doppelter Ring
1. Kranz
2. Kranz
3. Kranz
4. Kranz

Abb. 251 Maschinenhalle, Allrussische Ausstellung, Nischni Nowgorod, 1896, Vladimir Šuchov, seilverspannter Bogenbinder.
Abb. 252 Vierungskuppel, Mainzer Dom, 1828.
Abb. 253 Neue Synagoge, Berlin, 1863, Kuppel.

eine Mischung aus dünner Schale, gekrümmtem Fachwerk und Rahmenkuppel. Die Kuppel ist leider nicht erhalten. Moller leitete seine neue Bauweise interessanterweise aus der Gotik ab. Die Konstruktionen bzw. Bauteile sollten keinerlei Biegung erfahren, so seine nah an der Fachwerktheorie angesiedelte Idee. (Abb. 252) Er legte auf die Kuppelkonstruktion, wie sie François Brunet beim Rahmentragwerk über der Halle aux blés 1802 vorstellte, diagonal verlaufende Bandeisen und schuf so unverschiebliche Dreiecke, die eine Verformung der Kuppel verhindern sollten. Zugleich konnten die Knoten nun gelenkig ausgeführt werden, was zu einer willkommenen Vereinfachung und Reduktion der Querschnitte führte. Viele Knoten überbrückte Moller aber noch mit Unterspannungen, wie die erhaltenen Konstruktionszeichnungen zeigen, und versteifte sie dadurch.

Johann Wilhelm Schwedler gelang 1863 der nächste Schritt hin zu einer Fachwerktragwirkung bei der Planung der Kuppel über der Neuen Synagoge in Berlin. Er versah jedes Trapez der Kuppel, das sich aus Meridianen und Ringen bildete, mit gekreuzten Zugstäben. (Abb. 253) Dies ermöglichte ihm bei der Überdachung von Gasbehältern enorme Spannweiten von über 60 m. Schwedler berechnete seine Kuppeln nach der Fachwerktheorie. Dazu vereinfachte er die Berechnung, indem er die gekrümmten Fachwerke als Ebene ansah. August Föppl (1854–1924) gelang es dann um 1890, die Theorie auf räumliche Strukturen zu übertragen. Dennoch handelt es sich auch bei einer Schwedlerkuppel nicht um ein reines Fachwerk, weil die Meridiane und Ringe durchlaufen und so die Knoten nicht gelenkig ausgebildet sind. Vielmehr wird auch hier eine Mischung von vektororientiertem und masseorientiertem Tragsystem angeboten.

253

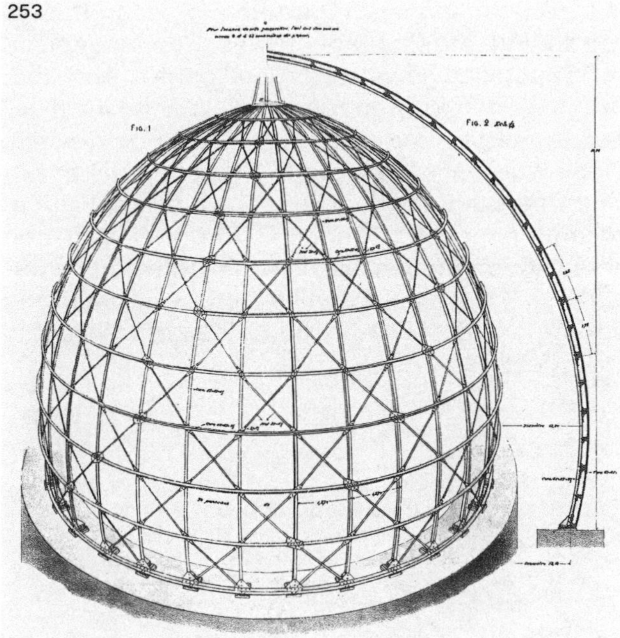

Šuchov war es wohl letztlich, dem erstmals wirklich flächenaktive Schalen aus Eisen gelangen. Die vorgestellten hyperbolischen Tragwerke, insbesondere für die Errichtung von Turmkonstruktionen, erzeugen Rotationsflächen, deren weitere Rotation durch Ringe sozusagen verhindert wird. Das dabei entstehende Tragwerk ist sehr stabil und könnte, ginge es nach Šuchov, auch mehrere Hundert Meter hoch sein. Ebenfalls schalenartig sind Tragwerke aus Lamellen wie die in den 1920er-Jahren entwickelten Konstruktionen nach dem Vorbild von Friedrich Zollinger (1880–1945).[62]

62 Siehe Tutsch 2020 zu Lamellentragwerken nach Junkers und Hünnebeck; siehe auch Kapitel Holzbau.

Die antiken Anwendungen von Eisen im Bauwesen sind zumeist nur noch archäologisch nachweisbar. So wurden nach dem Untergang des Römischen Reiches die verbliebenen Bauwerke häufig als Steinbrüche verwendet, um neue, der nachrömischen Bevölkerung entsprechende Behausungen zu errichten. Eisenwerkstoffe waren sehr begehrt, sodass beispielsweise Klammern ausgebaut wurden, um daraus andere Gegenstände des täglichen Bedarfs herzustellen. Ein eindrucksvolles Beispiel für diese räuberische Entwendung von eisernen Bauteilen stellt die Porta Nigra in Trier dar. Dort sind die Spuren der Abarbeitungen an den Natursteinquadern, um an die eisernen Klammern zu kommen, bis heute zu sehen. (Vgl. auch Abb. 131, Kapitel Mauerwerksbau) Noch heute können wir in Mitteleuropa mittelalterliche Zuganker in Sakralbauten finden, die aus der Errichtungszeit stammen, wie bereits im Kapitel Holzbau erörtert. Darüber hinaus können wir in historischen Bauwerken immer wieder eiserne Bauteile zur Sicherung von Sprengwerken finden. Seit der Barockzeit kamen auch Schraubverbindungen zum Einsatz.

254

Foto: Diego Giannoni

Vollständig aus Eisen hergestellte Tragwerke sind aber erst aus der Zeit ab dem 18. Jahrhundert erhalten, als Eisen aus Kokshochöfen in größerer Menge zur Verfügung stand.[63] Die zunächst von tradierten Bauweisen wie dem Holz- oder dem Mauerwerksbau abgeleitete Anwendung emanzipierte sich mit Blick auf die Möglichkeiten des Werkstoffs erst allmählich, nachdem biegebeanspruchbares Schmiedeeisen und später Flusseisen hergestellt werden konnten. Wie filigran freilich die dann entstandenen Tragwerke, überwiegend Fachwerkkonstruktionen, waren, versetzt uns noch heute in Staunen.

Während man in der Barockzeit, anders als in der Gotik, auf die Überlagerung von Tragwerken setzte, wurden die Konstruktionen mit Einsatz von Eisen wieder zunehmend klarer. Hans Ulrich Grubenmann schuf ausdrucksstarke, sich überlagernde Konstruktionen (siehe Kapitel Holz). Aus der Mitte des 19. Jahrhunderts sind auch Träger nach Albert Fink (1827–1897) zu nennen, die in dieser Tradition des Barocks konzipiert wurden. (Abb. 254)

Profile

Im 18. Jahrhundert war das gewonnene Roheisen relativ kohlenstoffreich und wurde folglich für den Guss verwendet. Die so gewonnenen Bauteile wurden ohne weitere Bearbeitung im Bauwesen eingesetzt, sei es als Stützen (Abb. 255)[64] oder als Träger (Abb. 256). Der Formenreichtum der so gewonnenen Profile ist umfassend. Während Stützen im Querschnitt zumeist als Rohr, als Kreuz (auch gebaucht) oder H-förmig hergestellt wurden, wurden Träger überwiegend mit unterseitigem Flansch gegossen.[65] Einen besonderen Einsatz erfuhr das Gusseisen im Verkehrswesen. So wurden in der frühen Phase gleisgeführte Dampfmaschinen auf Schienen aus Gusseisen gesetzt. Auch diese Schienen weisen die für Biegeträger aus Guss typischen Bauchungen auf. Diese Gussteile wurden als Einfeldträger auf hölzerne Schwellen gesetzt. (Abb. 257)

Mit zunehmend verringertem Kohlenstoffanteil wurde industriell hergestelltes Schmiedeeisen verfügbar, das gewalzt werden konnte. (Abb. 258) Durch Walzen wurden zunächst einfache flach gewalzte Platten und L-förmige Profile hergestellt. Diese wurden, wie bereits weiter oben näher beschrieben, mithilfe der Niettechnik zu Tragwerken zusammengesetzt. Doppel-T-Träger hatten den entscheidenden Vorteil, dass die aufwendige Fügung sich auf die Knoten konzentrierte, während der Träger selbst im Werk durch Walzen vollständig fertiggestellt wurde.

63 Frühe Tragwerke des 17. Jahrhunderts aus Schmiedeeisen in Russland dokumentierte und analysierte Aleksandra Andreevna Kosykh kürzlich in ihrer Dissertation (Kosykh 2022). Das Bauen mit Eisen hat demnach Tradition in Russland. Vgl. auch das zweibändige Werk von Fedorov et al. 2022.
64 Vgl. Schädlich 2015, S. 120.
65 Siehe auch Erläuterungen bei Mainstone 2001, S. 149.

Abb. 254 Finkträger, Peru, 1871.
Abb. 255 Bahnhof Liverpool Street, London, 1874, gusseiserne Stützen.
Abb. 256 Gusseiserne Trägerkonstruktion mit Unterspannung.
Abb. 257 Verkehrszentrum, Deutsches Museum, München, gusseiserne Bahnschwellen (Rekonstruktion).
Abb. 258 Gusseiserne und gewalzte Stahlprofile, Querschnittsformen: oben Stützenquerschnitte (1784–1846), unten links Walzträger (ab 1854), unten rechts Gussträger (1796–1830).

258

Abb. 256: Bill Addis

Ein Doppel-T-Träger aus Schmiede- oder Flusseisen hatte statisch außerdem bedeutsame Vorteile. Der Steg konnte sehr schlank sein, da die Flansche Torsion und seitliches Ausweichen verhinderten. Diese Träger besitzen ein hohes Trägheits- und Widerstandsmoment. Schon seit Mitte des 18. Jahrhunderts wurden in geringem Umfang Walzträger aus Schmiedeeisen produziert, jedoch erst ab 1830 Eisenbahnschienen und ab 1854 Doppel-T-Träger hergestellt. Walzprofile sollten zum Wahrzeichen der Industrialisierung und des technischen Fortschritts werden.

Frühe Rahmenkonstruktionen im Hochbau in Großbritannien, Frankreich und Deutschland

Bill Addis

Der Übergang vom traditionellen Holzrahmenbau (vgl. Abb. 363, Kapitel Eisenbeton) zum Metallrahmenbau[66] begann in Großbritannien mit der Verwendung von gusseisernen Stützen und Trägern in den 1790er-Jahren. Sie wurden bis etwa 1880 verwendet. Ab Mitte der 1850er-Jahre ersetzte dort Schmiedeeisen das Gusseisen bei den Trägern und in den 1860er-Jahren bei den Stützen. Diese Entwicklung begann in Großbritannien, Frankreich und Deutschland holten aber ab den 1860er-Jahren rasch auf. Der Hauptgrund für diesen Übergang war die ständige Suche nach Möglichkeiten, die Anfälligkeit von Gebäuden für Brandschäden zu verringern. Ermöglicht wurde dies durch die Entwicklung neuer Baukonstruktionen, die den beiden neuen Werkstoffen angepasst waren, und durch die Entwicklung neuer Herstellungsmethoden, die die anfänglich hohen Kosten der Verwendung von Eisen reduzierten.

Zweckmäßige vier- bis sechsstöckige Rahmengebäude wurden erstmals im frühen 18. Jahrhundert gebaut, um als Lagerhäuser für die wachsende Zahl von Hafenanlagen zu dienen. Während die Außenwände aus Mauerwerk bestanden, wurden die Stützen, Balken und Geschossdecken aus Holz gefertigt. Diese Bauweise wurde im 18. Jahrhundert für die frühen Mühlen[67] bzw. Fabriken in Großbritannien übernommen, in denen Maschinen zum Spinnen und Weben von Seide und Baumwolle sowie zum Mahlen von Mehl und anderen Materialien untergebracht waren. Die potenziellen Brandgefahren in solchen Gebäuden dürfen nicht unterschätzt werden. Abgesehen von den Holzkonstruktionen selbst war die Atmosphäre in einer Baumwollspinnerei oder Mühle hochentzündlich: Sie war voller feiner Baumwollfasern oder Mehlstaub, und zusammen mit den Dämpfen der Öle, die zur Schmierung der Maschinen verwendet wurden, bildete die Atmosphäre ein Gemisch nahe an der Selbstentzündung. Zusammen mit den offenen Flammen, die zur Beleuchtung verwendet wurden, und den gelegentlich Funken sprühenden Maschinen war der Cocktail ganz wörtlich explosiv.

Die Kosten solcher Brände hatten schwerwiegende finanzielle Folgen für die Mühlenbesitzer, und da die Mühlen immer größer und die Anlagen immer teurer wurden, mussten sie auch immer höhere Versicherungsprämien zahlen. Im Jahr 1791 ging die prächtige, siebenstöckige Mühle von Albion an der Themse bei einem solchen Brand verloren.[68] Da sie sich in Sichtweite des Finanzzentrums der Stadt London befand, konnten die Bankiers im wahrsten Sinne des Wortes sehen, wie ihr Geld in Rauch aufging, und sie fragten sich, wie man solche Brände verhindern könne, anstatt sie als unvermeidlich hinzunehmen.

259

Foto: Bill Addis

Abb. 259 Ditherington Flax Mill, Shrewsbury, England, 1796, Charles Bage und William Hazledine; Stütze und Träger aus Gusseisen mit Ziegelgewölbe.

66 Unter Rahmenbauten versteht man solche Konstruktionen mit zumindest bedingt biegesteifen Ecken.

67 Auf Englisch wurden die Gebäude „Mills" („Mühlen") genannt, weil sie mit Wasserkraft betrieben wurden.

68 Addis 2007, S. 265–268.

260

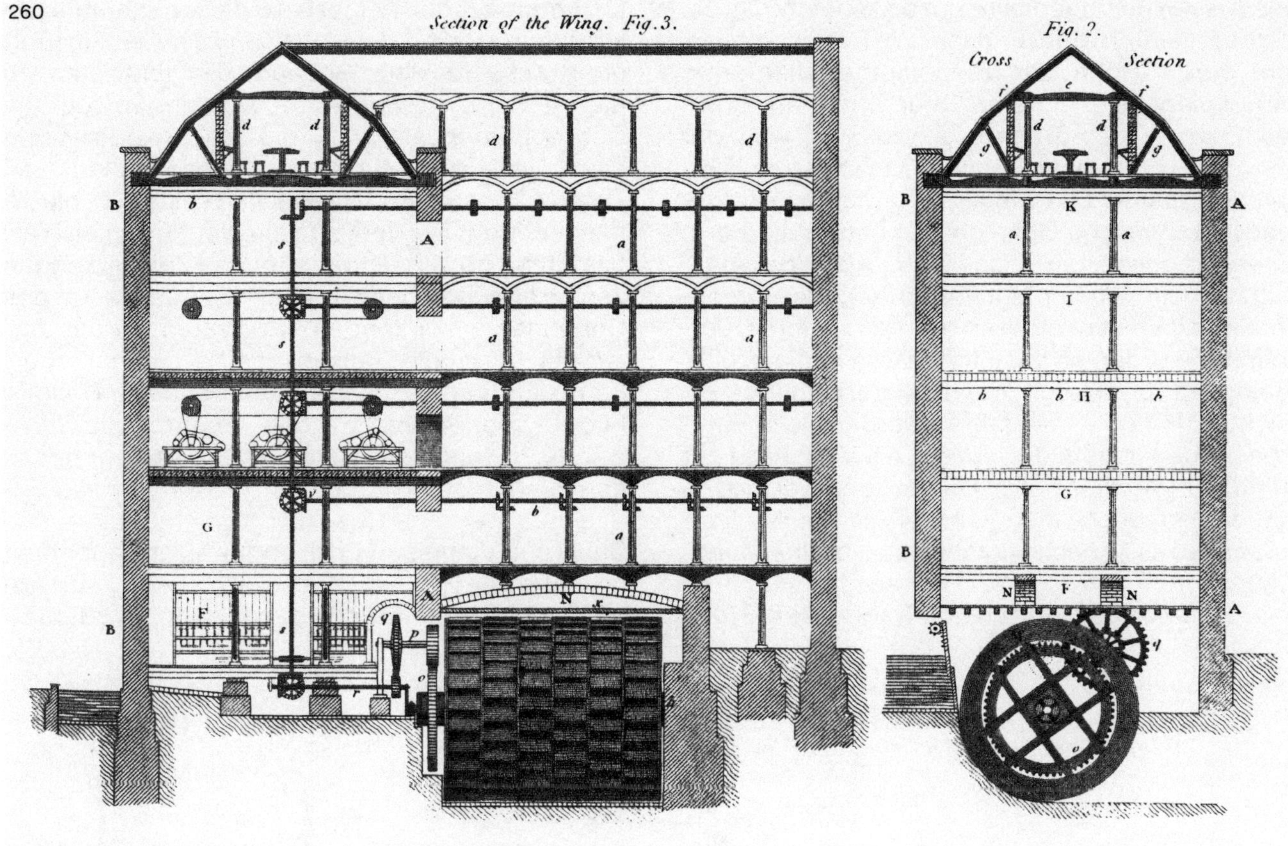

Abb. 260 North Mill, Belper, England, 1804, William Strutt.

Der Begriff „feuerfeste Geschossdecke“ wurde erstmals 1773 in einem Patent verwendet. Er beschrieb eine Methode, bei der Holzbalken mit einer weniger als 0,5 mm dicken Eisenplatte abgedeckt wurden.[69] Eine ähnliche Idee setzte William Strutt (1756–1830) 1793 in einer sechsstöckigen Baumwollspinnerei in Derby um.[70] Bei diesem Gebäude wurden auch gusseiserne Stützen eingebaut und die Holzböden wurden durch Ziegelgewölbe ersetzt, die sich 2 bis 3 m zwischen parallelen Deckenträgern erstreckten, auf denen sich eine Sandschüttung mit Fliesenboden befand. Die Umfassungsmauern waren aus Ziegeln. Der Bau wurde als erste feuerfeste Mühle überhaupt bezeichnet. Bei der Ditherington Flax Mill unternahm Charles Bage (1751–1822) den letzten Schritt 1796, indem er die Holzbalken durch Gusseisenträger ersetzte; auch das Dachtragwerk war aus Gusseisen.[71] (Abb. 259) Die Mühle von Ditherington gilt zu Recht als das erste Gebäude der Welt mit Eisenrahmen.

Das perfekteste aller frühen Eisenrahmengebäude war wahrscheinlich die 1804 fertiggestellte North Mill von William Strutt in Belper nördlich von Derby. Sie wies alle Merkmale auf, die im vorangegangenen Jahrzehnt entwickelt worden waren, und wurde zur Illustration des Artikels über „Die Herstellung von Baumwolle“ in einer bekannten Enzyklopädie der damaligen Zeit verwendet. (Abb. 260)

Gusseisen war in den 1790er-Jahren ein relativ neues Material, und es war nicht möglich, anhand von Präzedenzfällen und bewährten Konstruktionsregeln geeignete Abmessungen für Stützen und Träger auszuwählen, wie es bei Holzbauteilen seit vielen Jahrhunderten der Fall war. Im Gegensatz zu Holz und Stein, die auf eine geeignete Größe zugeschnitten werden mussten, fing man bei gusseisernen Bauteilen mit nichts an und musste die Mindestquerschnitte bestimmen, die für die Erfüllung ihrer Aufgabe erforderlich waren. Schon bei der ersten Verwendung von gusseisernen Stützen und Trägern nutzten Strutt und Bage die wissenschaftlichen Theorien des Knickens und Biegens sowie die experimentell gemessene Festigkeit des Metalls, um die Formen und Abmessungen der Stützen und Träger zu verstehen und festzulegen.[72] Die Qualität des Eisens war jedoch bekanntermaßen Schwankungen unterworfen, sodass die Konstrukteure einen Multiplikationsfaktor (heute als Sicherheitsfaktor bekannt) einführten, um variable Festigkeiten zu berücksichtigen. Einige Prototypen testete der Eisenunternehmer William Hazledine (1763–1840).

69 Der Begriff „fireproof“ (feuerfest) war ab den 1770er-Jahren über ein Jahrhundert lang von größter Bedeutung für das Bauwesen in der englischsprachigen Welt. Er bezog sich jedoch nur auf die Baumaterialien, nicht auf den Inhalt eines Gebäudes. Daher konnten „feuerfeste“ Gebäude immer noch durch Feuer beschädigt oder zerstört werden. Siehe auch Wermiel 1993; Addis 2007, S. 255–258; Addis 2012.

70 Johnson et al. 1955–1957.

71 Giles et al. 2015.

72 Skempton 1956.

Das Wissen der Ingenieure um die einfache Strukturtheorie führte dazu, dass sie Träger entwarfen, deren Höhe das Biegemomentdiagramm widerspiegelte und deren Querschnitt am unteren Flansch des Trägers größer war, was der geringeren Zugfestigkeit von Gusseisen im Verhältnis zu seiner Druckfestigkeit entsprach (ungefähr 1:6). Typische Querschnitte hatten die Form eines umgekehrten T oder Y.[73] (Abb. 261) Auch Stützen waren in der Mitte oft dicker, um eine optimale Knickfestigkeit zu erreichen, und ihre Querschnitte wurden so gestaltet, dass sie die größte Steifigkeit für eine gegebene Materialmenge erreichten. In den ersten Jahren wurden sie in Form eines Plus ausgebildet, später, als Verfahren zur Herstellung langer, hohler Gussteile zur Verfügung standen, erzeugte man Rohre. Trotz der Ähnlichkeiten gab es, je nach Vorliebe des einzelnen Ingenieurs, große Unterschiede bei den Querschnitten und Aufrissen der Stützen und Träger. (Abb. 262)

Ein herausragendes Merkmal dieser Rahmenkonstruktion war die Art und Weise, wie bei einem fünf- oder sechsstöckigen Gebäude die Windlasten auf die Fundamente abgeleitet wurden. Sowohl die Deckenplatten als auch die Mauerwerkswände eines typischen Mühlengebäudes erfüllen zwei Zwecke: Sie tragen die vertikalen Lasten ab, die ihnen auferlegt werden, und sie dienen zugleich als Lastpfade für die auf das Gebäude einwirkenden Windkräfte. Das heißt, die auf die Längsseite des Gebäudes einwirkenden Windlasten werden horizontal durch die Deckenscheibe, die die Scherkräfte aufnimmt, zu den kurzen Wänden an beiden Enden geleitet. Dort werden sie durch die Stirnwände, die als Scherwand wirken, nach unten zu den Fundamenten abgeleitet. (Abb. 263)

Die große Vielfalt an Profilen für Eisenträger hielt bis Mitte der 1820er-Jahre an, als William Fairbairn (1789–1874) und Eaton Hodgkinson (1789–1861)

261

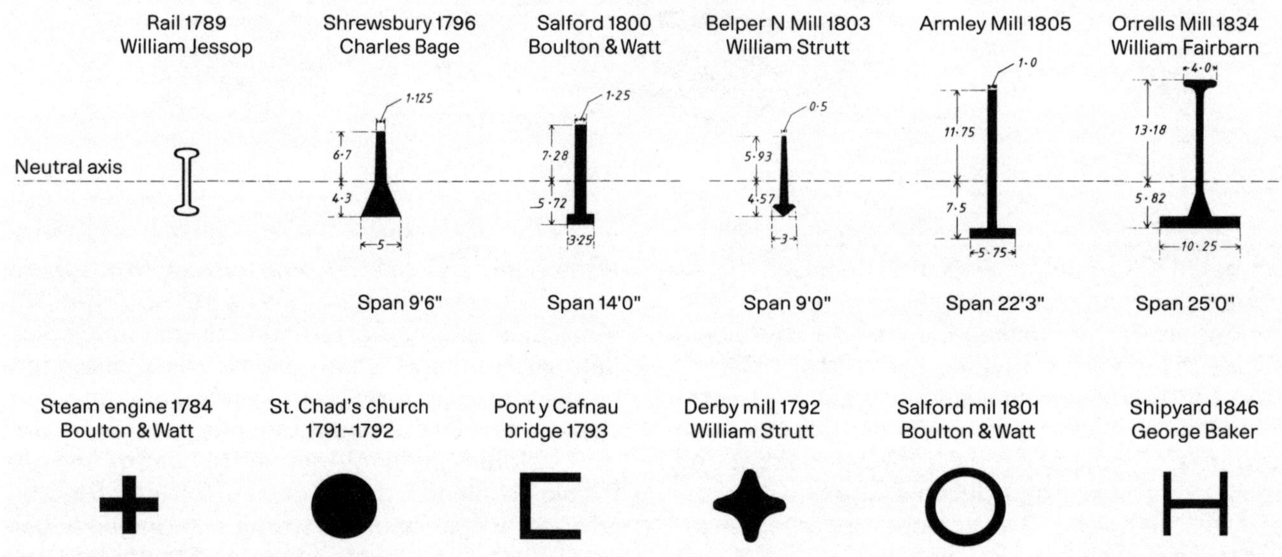

Darstellung: Bill Addis

Abb. 261 Querschnitte von Trägern und Stützen aus Gusseisen, 1784–1846.
Abb. 262 Armley Mills, Leeds, England, 1805, Benjamin Gott.
Abb. 263 Lastpfad-Diagramm in einer mehrstöckigen Mühle.

langwierige Untersuchungen durchführten, um die Form eines Trägers zu bestimmen, die strukturell am effizientesten war. Fairbairns Firma war das weltweit größte Eisenunternehmen für Kunstgegenstände aus Schmiede- und Gusseisen, darunter Kessel, Dampfmaschinen, Schiffe, Industriemaschinen sowie Träger und Stützen für den Bau von Fabriken. Angesichts der zunehmenden Größe und des Gewichts der in den Fabriken untergebrachten Industriemaschinen war es ihm ein besonderes Anliegen, den Einsatz von Eisen zu optimieren, um Kosten zu sparen. Hodgkinson war ein Ingenieurwissenschaftler, der am Manchester Mechanics Institute lehrte. Er führte Belastungstests an 35 Trägern mit unterschiedlichen Querschnitten und Aufrissen durch.[74]

73 Fitzgerald 1988, S. 127.
74 Hodgkinson 1831; Fairbairn 1857, S. 1–27.

262

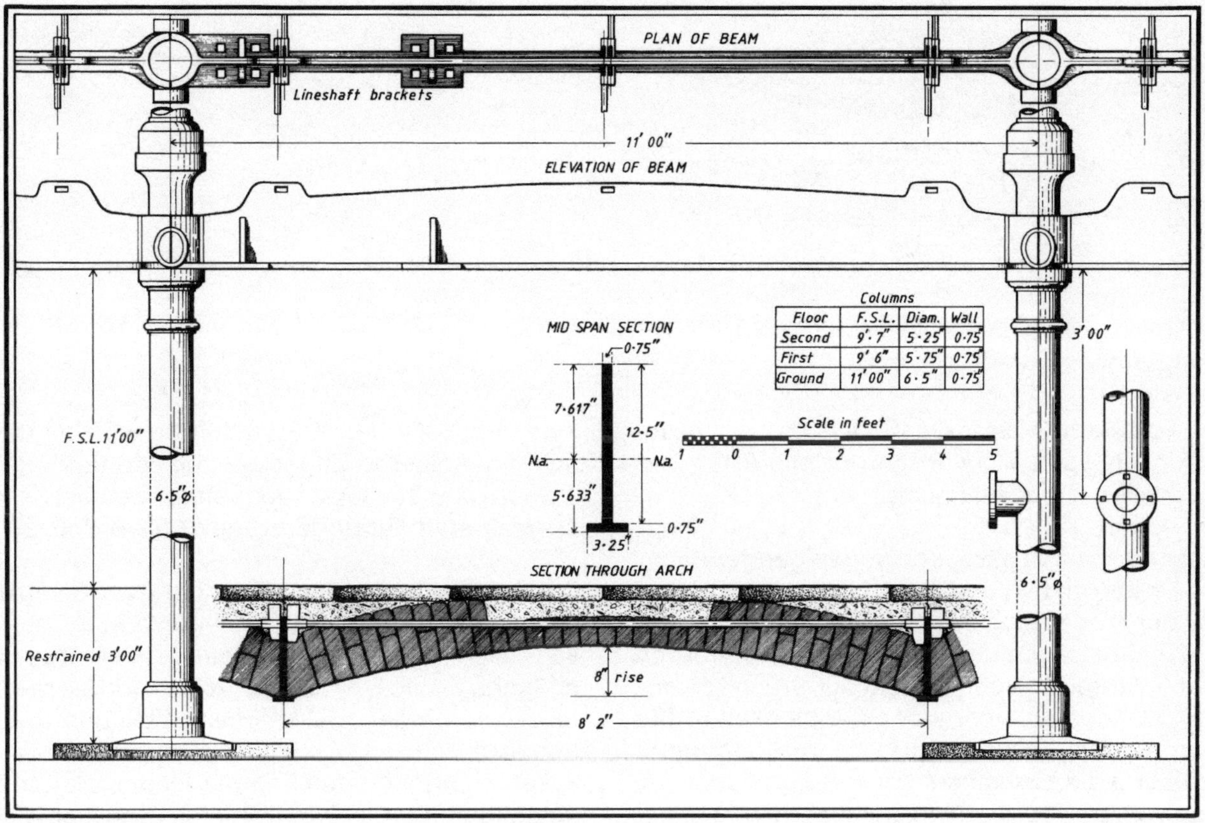

Hodgkinson zog daraus Schlussfolgerungen über das Verhalten und die Form von gusseisernen Trägern und Auslegern. Aber das weitreichendste Ergebnis dieser Arbeit war, dass die beste Form für den Querschnitt eines Trägers ein I-Querschnitt und nicht ein umgekehrtes T war; der I-Querschnitt entsprach jedoch nicht einem symmetrischen Querschnitt, wie wir ihn heute verwenden.

263

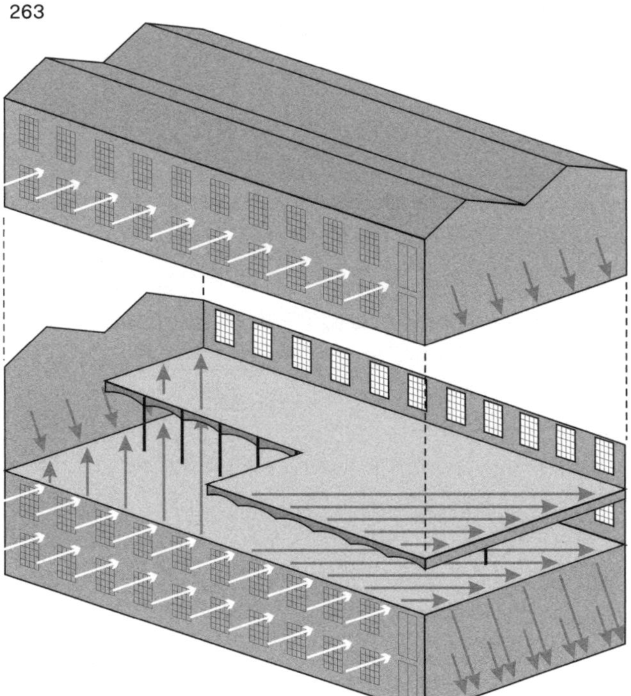

Abb. 263: Darstellung: Bill Addis

Vielmehr handelte es sich um einen asymmetrischen Querschnitt, bei dem die Fläche des unteren Flansches etwa sechs Mal so groß war wie die des oberen. Dies trug der Tatsache Rechnung, dass die Druckfestigkeit von Gusseisen etwa sechs Mal größer ist als seine Zugfestigkeit.[75] (Abb. 264) Dieser Querschnitt ergab eine gute und ungefähr gleiche Druckfestigkeit im oberen Flansch und eine entsprechende Zugfestigkeit im unteren Flansch und damit einen guten Widerstand gegen Biegung durch vertikale Lasten. Er bot auch einen guten Widerstand gegen das Ausknicken des oberen Flansches unter Druck und einen angemessenen Widerstand gegen das Biegedrillknicken. Über die Länge des Trägers nahmen sowohl die Höhe als auch die Breite des Querschnitts zur Mitte hin zu, und zwar proportional zum zunehmenden Biegemoment, das durch vertikale und horizontale Lasten entsteht. Mit den Ergebnissen dieser Arbeit konnte Fairbairn die Eisenmenge, die für die Herstellung von Trägern einer bestimmten Stärke benötigt wurde, um bis zu 30 % reduzieren – eine enorme Einsparung bei diesem teuren Rohstoff. Die erste Mühle, in der Fairbairn seinen „rationelleren Träger" einsetzte, war die 1834 fertiggestellte Orrell's Mill in Stockport bei Manchester. Sowohl die Spannweite (8 m) als auch die Schlankheit der Träger sind bemerkenswert. (Abb. 265)

75 Jewett 1967; Peterson 1980; Addis 2016.

264

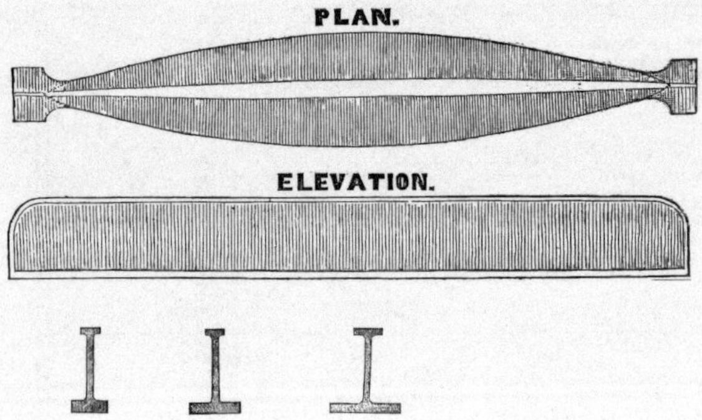

Abb. 264 Gusseisenträger, getestet von Eaton Hodgkinson, um 1826.
Abb. 265 Orrell's Mill, Stockport, England, 1834, William Fairbairn.
Abb. 266 Querschnitte typischer Träger und Stützen aus genietetem Schmiedeeisen oder Stahl.

Diese Form wurde bis in die 1870er-Jahre zur Standardform gusseiserner Träger für alle Arten von Gebäuden in Großbritannien.

Gusseisen besitzt zwei schwerwiegende Nachteile: Es ist relativ zugschwach, was die Spannweite der Träger einschränkte, und es ist spröde, was zu einem spektakulären Zusammenbruch führen konnte. Obwohl die Zahl der Brüche relativ gering war, lösten sie in der Öffentlichkeit große Besorgnis aus. In den 1830er-Jahren begannen Ingenieure, die Verwendung von Schmiedeeisen, das sowohl zugfest als auch duktil war, für Brücken sowie für Rippen und Träger in Schiffen zu erforschen. Dünne, gewalzte Abschnitte aus Schmiedeeisen in Form von flachen Bändern und L-förmigen Winkeln wurden in Europa seit Mitte des 18. Jahrhunderts für Dachkonstruktionen verwendet, waren aber für die Verwendung als Deckenträger zu schlank. Ab den 1830er-Jahren wurden dünne schmiedeeiserne Zugstäbe zur Verstärkung von Trägern aus Gusseisen verwendet, sowohl für Brücken als auch für Bodenträger.[76] (Abb. 256, 259)

Der Durchbruch bei der Verwendung von Schmiedeeisen für Deckenkonstruktionen kam, als es wirtschaftlich wurde, schmiedeeiserne Platten und einfache T- und L-Profile zu walzen und sie mit Nieten zu verbinden. Bereits seit Mitte des 18. Jahrhunderts wurden Kessel für Dampfmaschinen aus zusammengenieteten Schmiedeeisenplatten hergestellt. Ab den frühen 1830er-Jahren war William Fairbairn einer von mehreren Ingenieuren, die dieselbe Technik für den Bau von Schiffen und Brücken aus Schmiedeeisen verwendeten. 1837 entwickelte er, vielleicht ausgelöst durch einen

76 Sutherland 1963–1964; Sutherland 1990.

265

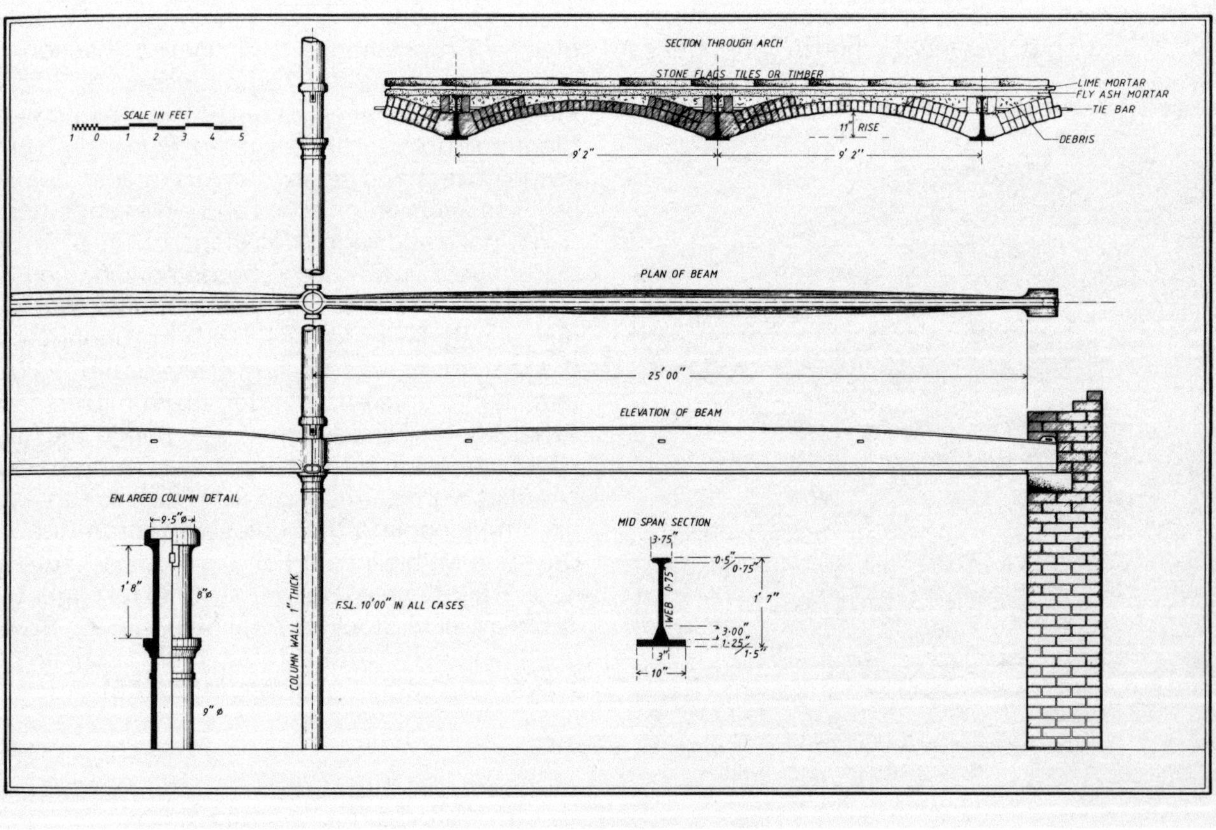

Abb. 263: Darstellung: Bill Addis

Streik der Nietarbeiter in seiner Fabrik, ein hydraulisches Nietwerkzeug, das den Nietvorgang produktiver machte und auch die Herstellung größerer Strukturen erleichterte. Im Jahr 1845, als er an Entwürfen für eine Röhrenbrücke über die Menai Strait arbeitete, unternahm er Experimente zur besten Form von schmiedeeisernen Trägern, die nicht weniger umfangreich waren als die Experimente, die er und Hodgkinson in den 1820er-Jahren mit gusseisernen Trägern durchgeführt hatten.[77] Diese Arbeit führte nicht nur zum erfolgreichen Bau der bis dahin längsten Trägerspannweite der Welt (Britannia Bridge, 139,5 m, vgl. Abb. 236), sondern überzeugte Fairbairn auch davon, dass schmiedeeiserne Träger mit Kasten- oder I-Profil als Deckenträger in Gebäuden geeignet wären; tatsächlich hatte er sie bereits als Rumpfträger in Schiffen und als Querträger in Brücken eingesetzt. Im Vergleich zu gusseisernen Trägern hatten sie den Vorteil, dass sie größere Spannweiten ermöglichten, nicht spröde und ebenso feuerfest waren. Im Jahr 1854 stellte er fest, dass „schmiedeeiserne Träger neueren Ursprungs sind“, und erörterte die Vorzüge verschiedener Trägerformen, die durch das Zusammennieten verschiedener Walzprofile hergestellt werden konnten, um größere, komplexere und effizientere strukturelle Querschnitte beliebiger Länge zu schaffen.[78] (Abb. 266) Dies ermöglichte den Bau einer unbegrenzten Vielfalt von I-Profilen, H-Profilen und Kastenprofilen, um den besonderen Anforderungen jeder Situation gerecht zu werden. Dennoch stellte Fairbairn schon 1857 fest, dass

266

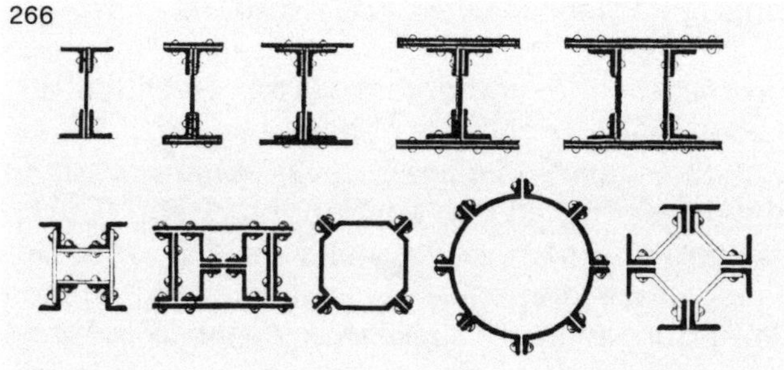

„beträchtliche Zweifel an der Wirksamkeit von schmiedeeisernen Trägern für die Abstützung von Ziegelgewölben in feuerfesten Gebäuden geäußert wurden“ und dass „sie früher aufgrund ihrer Dehnbarkeit und ihrer Anfälligkeit für seitliche Biegung als für einen solchen Zweck ungeeignet angesehen wurden“. Fairbairn sah keinen Grund für derartige Zweifel und berichtete, dass er diese Konstruktion sowohl bei Eisenbahnbrücken als auch zur Abstützung von Ziegelgewölben in der Norton's Corn Mill in Wolverhampton, die um 1855 fertiggestellt wurde, verwendet hatte.[79] In ihr wurden wahrscheinlich weltweit zum ersten Mal schmiedeeiserne Träger in einem Rahmengebäude verwendet – und sie wogen nur ein Drittel dessen, was für gusseiserne Träger nötig gewesen wäre. Im Nachhinein ist es verwunderlich, dass diese Konstruktion nicht schon 10 oder 15 Jahre früher zur Ausführung gekommen war, weil große schmiedeeiserne Träger damals bereits für Eisenbahnbrücken, Schiffe und große Bahnhofsdächer eingesetzt wurden. Vielleicht spiegelt dies die von Fairbairn erwähnten „erheblichen Zweifel“ wider.

Wie schon im späten 18. Jahrhundert wurde die feuerfeste Konstruktion als die vorteilhafteste Eigenschaft von Eisenrahmen angesehen. Sie war für Fairbairn von grundlegender Bedeutung, als er sich für Eisen als Baumaterial für Gebäude einsetzte, und er widmete diesem Thema etwa 40 Seiten in seinem bereits genannten Buch. In dieser Hinsicht war er nicht allein. Französische Bauherren hatten seit den 1780er-Jahren feuerfeste Böden aus Eisenstäben und Gips oder Hohltöpfen erfunden und verwendet.[80] Mehrere davon wurden 1837 in der *Allgemeinen Bauzeitung* in einer Artikelserie mit dem Titel „Eigenthümliche Konstruktionen an Gebäuden in Paris“ beschrieben und illustriert.[81] Die Deckenplatten bestanden hauptsächlich aus flachen Stabbögen aus quadratischen oder rechteckigen Schmiedeeisenstäben, die Gewölbe aus hohlen Tontöpfen trugen; der letzte Artikel beschrieb und illustrierte sogar das Verfahren zur Herstellung der Tontöpfe. Eine ähnliche Bauweise setzte Friedrich August Stüler beim Neuen Museum in Berlin (errichtet 1843–1855) ein. (Vgl. Abb. 219)

Trotz dieser Innovationen wurden die meisten Deckenscheiben in Paris im Jahr 1845 noch mit billigeren Materialien – Holzbalken und -brettern – gebaut. Ein Streik der Zimmerleute in jenem Jahr brachte den größten Teil der Bauarbeiten zum Stillstand, und die verbliebenen Bauarbeiter und Ingenieure sahen sich veranlasst, alternative Trägerkonstruktionen aus Schmiedeeisen zu entwickeln, um den Einsatz von Zimmerleuten zu vermeiden. Die schon 60 Jahre zuvor entwickelten Systeme wurden ignoriert, stattdessen gab man zwei neuen Ansätzen den Vorzug: Beim einen wurden dünne, gewalzte Eisenbänder verwendet, entweder vertikal oder gefaltet, um einen Rinnenquerschnitt zu bilden; beim anderen waren es gewalzte Träger mit I-förmigem Querschnitt. Die

77 Fairbairn 1857, S. 93–119; Addis 2021, S. 187–203.
78 Fairbairn 1857.
79 Ebd., S. 273.
80 Eck 1841 V. 1; Addis 2007, S. 254–257; sogar im Jahr 1895 widmete Freitag in seinem klassischen Buch *Architectural Engineering* 34 Seiten den feuerfesten Geschossdecken. Er begann sein Kapitel über Geschossdecken mit den Worten: „There is scarce a subject or detail in the present field of architectural engineering that has provoked such widespread attempts at improvement and perfection as the question of fire-proof floor systems.“ Siehe Freitag 1895, S. 54.
81 Anon 1837, Atlas, Tafel CLXI, CLXII, CLXIII.

267

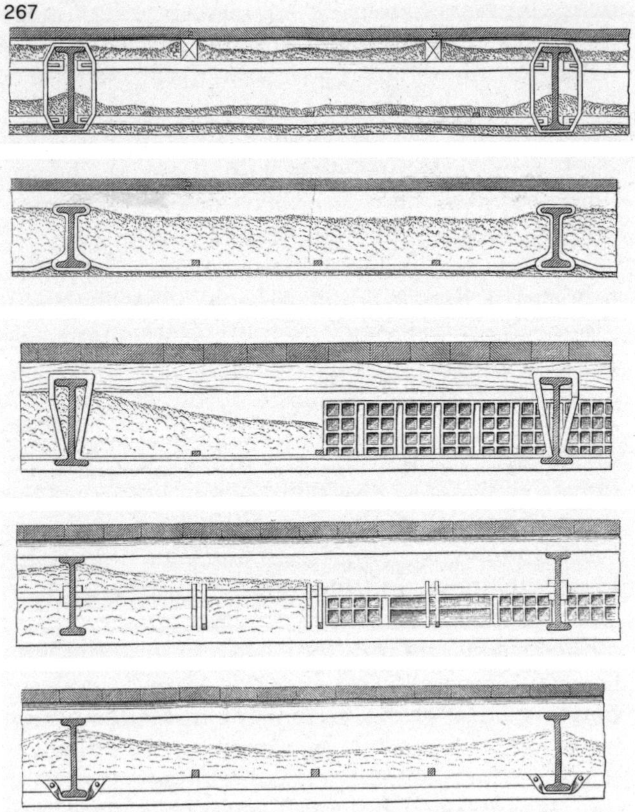

Abb. 267 Querschnitte einiger feuerfester Geschossdeckensysteme um 1855.

Abb. 268 Bootslager, Sheerness, England, 1858–1869, Colonel Godfrey T. Greene, Innenansicht mit gusseisernen Stützen und schmiedeeisernen Trägern.

Decken waren in der Regel etwa 0,15 m dick und erstreckten sich über eine Länge von bis zu 6 m, wobei die Eisenträger 0,5 bis 1,2 m voneinander entfernt waren und durch Eisenstangen gehalten wurden. Der Hohlraum wurde mit feuerfesten Materialien wie Hohlziegeln oder Gips ausgefüllt. In einer französischen Publikation aus dem Jahr 1853 wurde eine große Auswahl an gewalzten Schmiedeeisenprofilen vorgestellt, die zu der Zeit erhältlich waren[82], sowie etwa ein Dutzend verschiedene feuerfeste Fußbodensysteme, bei denen einige der gewalzten Profile verwendet wurden.[83] Etwa die Hälfte der patentierten Systeme kam auch zum Einsatz. Die Nachricht von dieser Veröffentlichung und den innovativen Deckensystemen verbreitete sich schnell, sowohl in Großbritannien als auch in Deutschland, wo sie in Fachzeitschriften veröffentlicht und diskutiert wurden. Auch Fairbairn erwähnte zwei solche Systeme.[84] Im Jahr 1860 beschrieb und überprüfte ein französischer Autor nicht weniger als 24 davon.[85] (Abb. 267) Keiner dieser Autoren gab an, in welchem Maße diese neuen Systeme in Frankreich, Großbritannien oder Deutschland übernommen wurden.

Gegenwärtig scheint wenig darüber bekannt zu sein, wie sich schmiedeeiserne Träger ab Mitte der 1850er-Jahre allmählich durchsetzten. In Großbritannien herrschte in der Industrie, die ein halbes Jahrhundert lang gusseiserne Träger geliefert hatte, eine beträchtliche Trägheit, doch in anderen Ländern gab es dieses Hindernis nicht. Gusseiserne Stützen waren besser geeignet als gusseiserne Träger und wurden sowohl in Großbritannien als auch in Kontinentaleuropa bis in die späten 1880er-Jahre verwendet. Daneben kamen üblicherweise schmiedeeiserne Träger zum Einsatz. Diese waren genietet, weil es in den 1860er-Jahren nicht möglich war, Träger in der für ein Tragwerk erforderlichen Größe zu walzen (etwa doppelt so tief wie die gewalzten I-Träger, die für feuerfeste Decken verwendet wurden).

Ein frühes und bemerkenswertes Gebäude aus dieser Zeit, errichtet von 1858 bis 1860, ist ein dreistöckiges Bootslager in der Marinewerft in Sheerness östlich von London mit einem Grundriss von 64 × 41 m. Es ist vielleicht das erste Gebäude in Vollrahmenbauweise, das ohne tragende Umfassungsmauern auskommt.[86] (Abb. 268) Lange schmiedeeiserne Träger und einige kurze gusseiserne Träger werden von gusseisernen Stützen getragen. Schmiedeeiserne Träger nehmen die Schienen auf, die einen Laufkran tragen. Die Stützen sind bemerkenswert, weil sie eine der ersten Ver-

82 Obwohl I-Profile mit einer Höhe von bis zu 300 mm abgebildet sind, ist nicht klar, ob sie tatsächlich gewalzt verwendet wurden.

83 Zorès 1853.

84 Burnell 1854; Plathner 1854, 1855, 1856; Fairbairn 1857, S. 89–90.

85 Chapron 1860.

86 Skempton 1959–1960; der ikonische Crystal Palace, der 1851 fertiggestellt wurde, war ein zweistöckiges Gebäude mit gusseisernen Stützen und Trägern sowie genieteten schmiedeeisernen Gitterträgern von bis zu 22 m Länge und 1,8 m Höhe. Es handelte sich jedoch um ein Ausstellungsgebäude, das keinen nennenswerten Einfluss auf den Bau anderer Arten von mehrstöckigen Gebäuden hatte. Addis 2006.

Abb. 268: Foto: Bill Addis

wendungen eines I- oder H-förmigen Profils in einer Stütze darstellen. Aufgrund ihres Standorts unterlag die Konstruktion nicht den üblichen Bauvorschriften und es war nicht notwendig, die Träger auf Mauerwerk zu stützen. Die Fassade aus Wellblech und Glas ist nämlich unabhängig von der Haupttragstruktur, wie es heute bei vielen Gebäuden der Fall ist. Die militärische Nutzung des Gebäudes bedeutete jedoch auch, dass es nicht weithin bekannt war und nicht als Vorbild für andere dienen konnte. Ein weiteres frühes Gebäude in Eisenfachwerkbauweise, das in einer historischen Sackgasse verblieb, war das von 1855 bis 1857 errichtete U.S. Marine Hospital in New Orleans. Es hatte einen Grundriss von etwa 4 000 m² und bestand aus gusseisernen Stützen, gewalzten Eisenträgern mit Ziegelgewölbe und einer gusseisernen Umfassungsstruktur hinter Ziegelmauern.[87] Das Gebäude wurde genutzt, aber nie fertiggestellt und verfiel, ehe es in den 1870er-Jahren abgerissen wurde.

Abb. 269 Magazingebäude, Karlsruhe, 1863, Heinrich Lang.
Abb. 270 Magazingebäude, Karlsruhe, 1863, Heinrich Lang, Details.

269

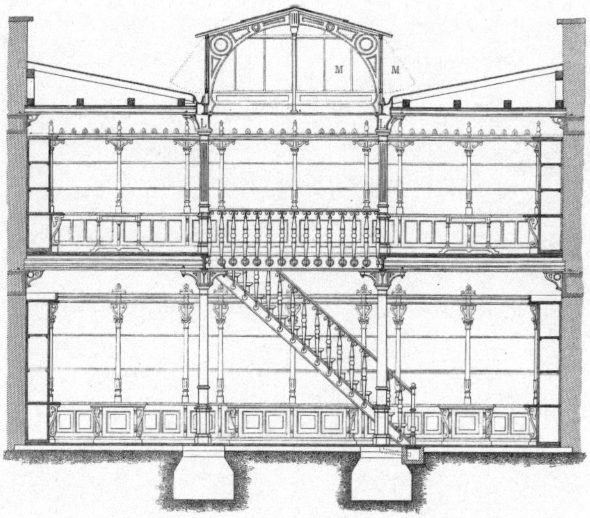

270

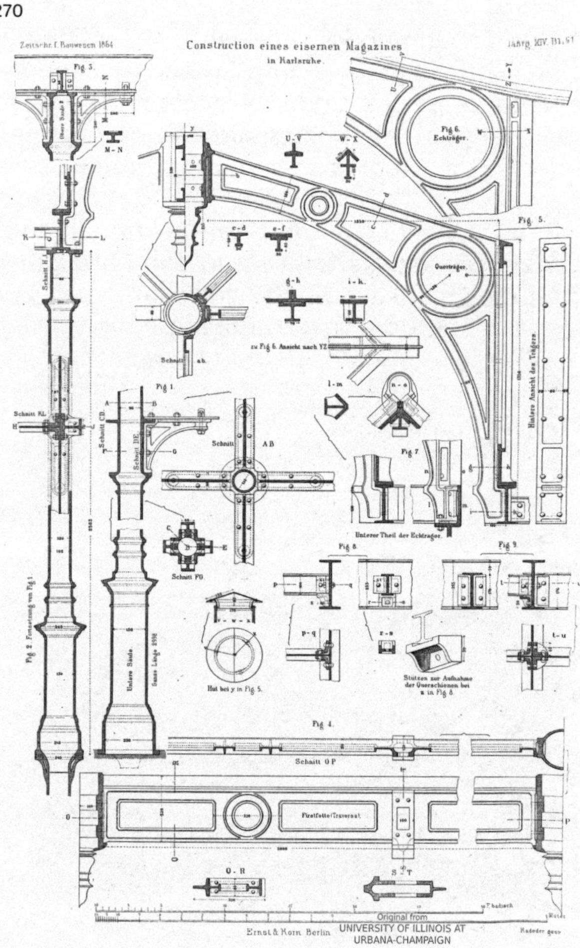

Eines der ersten Eisenrahmengebäude in Deutschland war ein zweistöckiges Kaufhaus in Karlsruhe aus dem Jahr 1863. Das Obergeschoss war mit einem Glasdach versehen, um den Kunden einen gut beleuchteten Raum für die Warenpräsentation zu bieten. Die gewalzten schmiedeeisernen Träger mit Höhen von 23,5, 17,6 und 10 cm wurden wegen ihres geringen Gewichts gewählt. Sie spannten von den Umfassungswänden bis zu einem Raster von drei mal zwei gusseisernen Stützen.[88] (Abb. 269, 270)

Das wahrscheinlich erste mehrstöckige Gebäude mit einer vollständigen tragenden Eisenkonstruktion in Frankreich war eine vierstöckige Schokoladenfabrik, die von Wasserturbinen angetrieben wurde. Das 1872 von Armand Moisant (1838–1906) fertiggestellte Gebäude besticht von außen durch seine senkrechten und diagonalen genieteten Eisen-I-Profile in der Backsteinfassade. Im Inneren bestehen die großen Eisenträger, die die Stützen tragen, aus genieteten Kastenprofilen, die Querträger aus genieteten Gitterträgern. Die oberen Stockwerke wurden aus genieteten I-Profil-Trägern hergestellt, die Ziegelgewölbe tragen. Die Innenstützen sind aus Gusseisen.[89] (Abb. 271)

Moisant war auch der Unternehmer für den Wiederaufbau des Bon Marché, des führenden Pariser Kaufhauses, das mit Eisenrahmen errichtet wurde. Um den Betrieb des Kaufhauses aufrechtzuerhalten, wurde der Bau von 1872 bis 1877 in mehreren Etappen durchgeführt, wobei mehrere bestehende Gebäude ersetzt wurden. Das fünfstöckige Gebäude hatte Stützen aus Gusseisen und schmiedeeiserne Träger, die sowohl aus genieteten I-Profilen als auch aus Kastenprofilen und kleineren Walzprofilen bestanden.[90] (Abb. 272)

87 Wermiel 2012.
88 Lang 1864; Schädlich 2015, S. 207.
89 Anquetin 1872.
90 Boileau 1880.

271

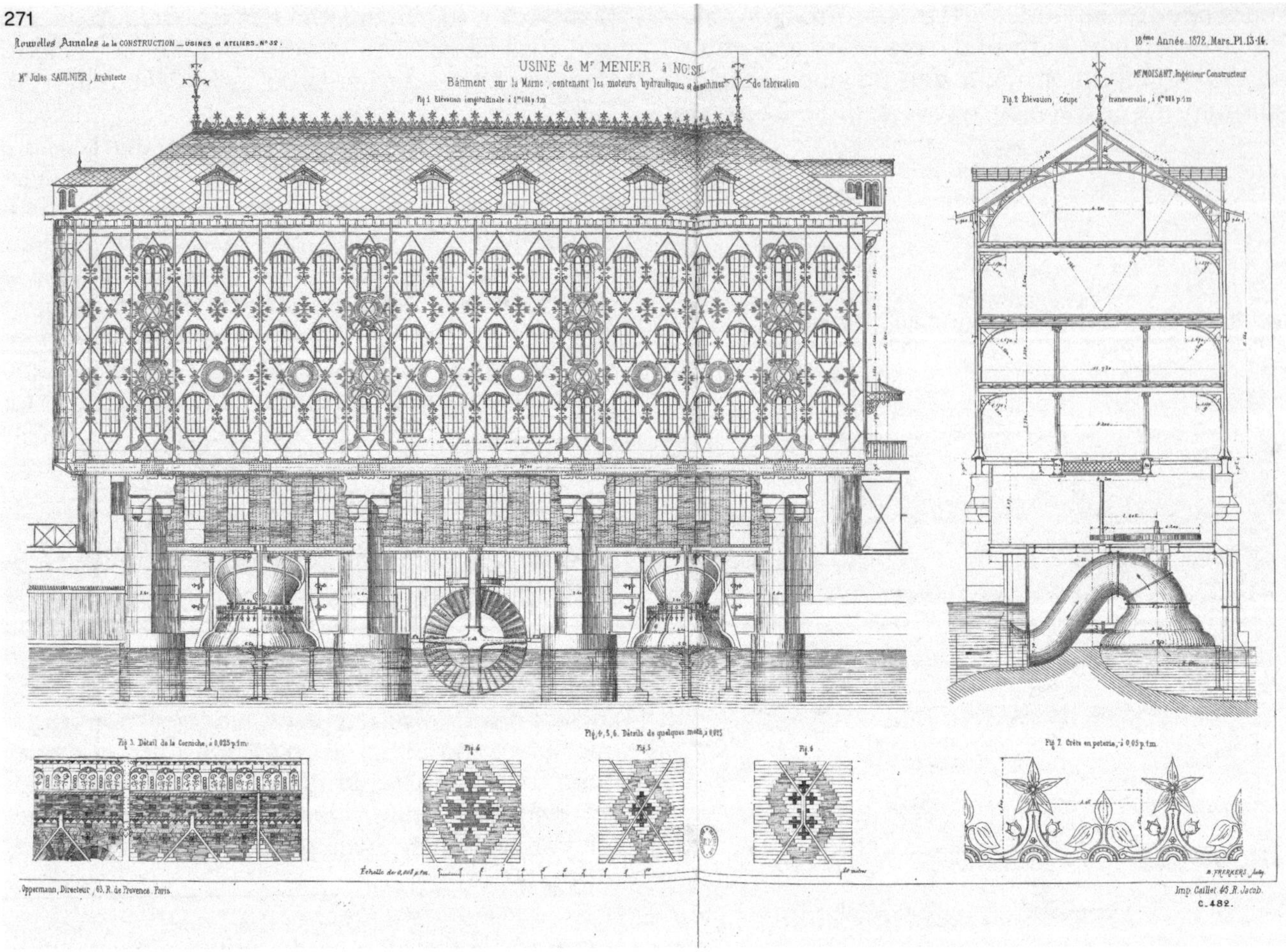

In Deutschland bauten in den 1880er-Jahren mehrere Universitäten ihre Bibliotheken neu oder wieder auf und verwendeten für ihre Konstruktion Eisen. Die Eisenrahmen bestanden aus gusseisernen Stützen und genieteten oder gewalzten Eisenträgern. Die fünfstöckige Bibliothek in Halle, die 1885 fertiggestellt wurde und immer noch in Betrieb ist, hat gusseiserne Stützen und gewalzte I-Träger aus Eisen mit Höhen von 45 cm für die Hauptträger und 25 cm für die Nebenträger.[91] Wie andere Bibliotheksneubauten hatte auch die 1884 fertiggestellte Bibliothek der Universität Göttingen ein eigenes System zur Integration der gusseisernen Stützen und schmiedeeisernen Trägern.[92] (Abb. 273)

Mit der zunehmenden Verwendung von Eisen griffen auch einige bekannte Architekten auf dieses Material zurück, und zwar nicht nur, wenn es einen weitgehend funktionalen Zweck erfüllte, sondern auch, wenn sie es in ihre Architektur integrierten. Der Münchner Architekt Gabriel Seidl (1848–1913) stellte die Eisenkonstruktion im 1885 eröffneten Franziskanerkeller in den Mittelpunkt der Aufmerksamkeit. Die Stützen waren grün und weiß gestrichen, die Träger „hausroth“ und weiß.[93] (Abb. 274)

91 Tiedemann 1885; Schädlich 2015, S. 244–245.
92 Kortum 1884, Bl. 41.
93 Anon 1885.

272

273

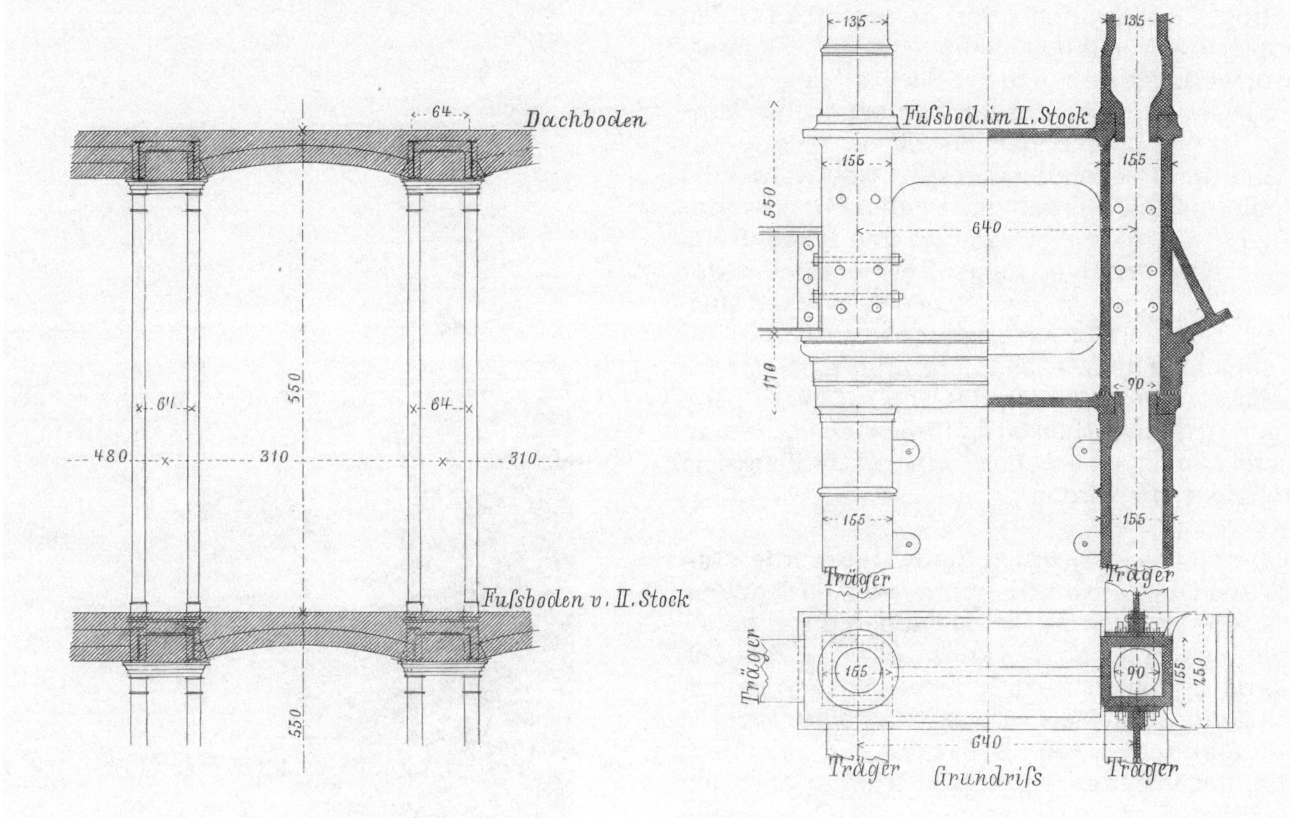

Abb. 271 Schokoladenfabrik Menier, Noisiel, 1872.
Abb. 272 Kaufhaus Bon Marché, Paris, 1872–1877, Armand Moisant.
Abb. 273 Universitätsbibliothek, Göttingen, 1884.
Abb. 274 Franziskanerkeller, München, 1884, Architekt: Gabriel Seidl, Bauunternehmer: F. S. Kustermann.

274

Mitte der 1880er-Jahre begann der Stahl das Schmiedeeisen im Bauwesen zu ersetzen, und sowohl in Großbritannien[94] als auch insbesondere in den Vereinigten Staaten[95] begann die Endphase des Übergangs zu Gebäuden in Vollrahmenbauweise, bei denen die tragenden Mauerwerkswände durch Stahlstützen ersetzt wurden. Das zehnstöckige Home Insurance Building in Chicago, das von William Le Baron Jenney (1832–1907) entworfen wurde, wurde 1885 fertiggestellt. Jenney hatte 1856 seine Ausbildung als Architekt und Ingenieur an der École Centrale des Arts et Manufactures in Paris abgeschlossen, nur ein Jahr, nachdem Gustave Eiffel sein Diplom in Chemie erhalten hatte.

Stab- und Rahmentragwerke allgemein

Der Wissenstransfer für Konstruktionen aus Eisen kam, wie bereits erwähnt, von den zimmermannsmäßigen Holzkonstruktionen. Hinsichtlich der Fügung konnten Steckverbindungen im Gussverfahren recht einfach hergestellt werden. Selbst die Sicherung einer Blattverbindung erfolgte mithilfe von Bolzen analog zum Holznagel. An der von 1777 bis 1779 errichteten und schon erwähnten Brücke über den Fluss Severn bei Coalbrookdale kann diese Art der Konstruktion gut nachvollzogen wer-

94 Clarke 2014.
95 Addis 2007, S. 387–406; Friedman 2020.

275

Foto: Mark A. Coleman

den. Der Querschnitt der gusseisernen Vollstäbe beträgt 23 × 23 cm, die Spannweite 30,48 m. Die tradierte Verbindungsmethode ist vom Zimmerhandwerk entlehnt, und mit Blick auf das globale Tragwerk setzte man auf Binderbögen, die ähnlich einem Druckbogen bei einem massiv gemauerten Brückenbauwerk konzipiert wurden. In Coalbrookdale wurden fünf Binderbögen nebeneinander angeordnet. Jeder Bogen besteht aus drei konzentrischen Ringen, die untereinander mit radial angeordneten Stäben verbunden sind. Nach dem Vorbild von Coalbrookdale wurde 1791 erstmals auf dem Festland eine Brücke bei Wörnitz gebaut. Interessant ist, dass mithilfe von Eisen tradierte Fügetechniken und Tragwerksformen zu einer neuen, synergetisch wirksamen Bauweise transformiert wurden.

Die ersten gusseisernen Stabwerke wurden um 1820 von Röhren- und Barrentragwerken abgelöst. Die Röhren oder Barren bestanden dabei ebenfalls aus Gusseisen. Das Prinzip des Druckbogens wurde bei den Röhrenbrücken beibehalten, jedoch mit geringerem Materialeinsatz, als dies zuvor bei den Stabtragwerken der Fall war. Die gemufften oder geflanschten Röhrenstücke hatten aber den Nachteil, dass sie wegen der vielen Stöße wenig formstabil waren. Bei der zwischen 1834 und 1836 errichteten Brücke von Mehadia wurden Spannweiten von bis zu 39 m erreicht.[96] Der zeitgenössisch verwendete Begriff „Barrenbrücke" bezeichnet solche Tragwerke, die mit allen möglichen Formen von vollwandigen Trägern oder Balken hergestellt wurden. Die Spannweiten waren dabei naturgemäß eingeschränkt oder von der Tatsache, einen ungestoßenen Balken nur in einer gewissen Länge herstellen zu können, begrenzt. Ende der 1840er-Jahre war die Entwicklung gusseiserner Brückentragwerke an ihre Grenzen gestoßen.

Ab 1840 sollte Schmiedeeisen beim Brückenbau das Gusseisen zunehmend ablösen, wie im Exkurs über die Entwicklung in England beschrieben. Um 1850 waren Fachwerkkonstruktionen aus Schmiedeeisen ausgereift und wurden durch Schwedler und Culmann mit Bemessungstheorien hinterlegt. Dabei wurden die älteren, ingenieurmäßigen, hölzernen Fachwerkträger von solchen aus Schmiedeeisen abgelöst.

Als neue Bauaufgabe entstanden in England ab den 1820er-Jahren Gewächshäuser, entwickelt und abgeleitet von den älteren Orangerien. Ein Beispiel ist das Palm House in den Kew Gardens, das zwischen 1841 und 1849 entstand. Beim Palm House in den Bicton Gardens in East Devon (Errichtung um 1825) handelt es sich um eine von Loudon entwickelten Netzstruktur. Dabei sollten Eisen und Glas zu einer gemeinsamen Tragwirkung gelangen. (Abb. 275) Lorenz nannte diese Bauten schalenartige Netztragwerke.[97] Dabei wird man aber davon ausgehen müssen, dass den zahlreichen Knoten des Netzes als rahmenartige Aussteifung ein höherer Stellenwert zukommt als dem Glas.

Die Idee des Gewächshauses wurde auf temporäre Ausstellungen und Markthallen übertragen. Die erste wichtige Weltausstellung fand 1851 in London statt. Das Gebäude aus Eisen und Glas wurde nach Plänen von Joseph Paxton errichtet, einem Landschaftsarchitekten, der zuvor im Gewächshausbau bereits einige Erfahrungen gesammelt hatte. Neu waren der hohe Grad der Vorfertigung und die kurze Errichtungszeit von nur etwa sieben

96 Schädlich 1996, S. 20.
97 Lorenz. In: Schunck 1999, S. 19–20.

Abb. 275 Palm House, Bicton Park Botanical Gardens, Budleigh Salterton, England, 1825.

276

277

Abb. 276 Glaspalast, München, 1854.
Abb. 277 Glaspalast, München, 1854, Innenraum, 1860/1861.
Abb. 278 Schrannenhalle, München, 1853; Foto von 1858.
Abb. 279 Schrannenhalle, München, 1853, Darstellung von 1856.

Monaten. Der Crystal Palace wurde damit zu einem Vorreiter der Industrialisierung im Bauwesen.

Kurz nach dem Crystal Palace in London wurde in München am Alten Botanischen Garten ein ähnliches Bauwerk errichtet, das aber 1931 durch einen Brand verloren ging. (Abb. 276, 277) Auch die Schrannenhalle in München mit 435 m Länge entstand in dieser Zeit (1853). Sie wurde 1914 abgebaut und eingelagert. Seit 2002 ist sie in Teilen wieder am historischen Viktualienmarkt an alter Stelle zu finden. (Abb. 278, 279) In Paris wurde schon 1852 ein ständiger Markt, Les Halles genannt, gebaut.

Den genannten Bauwerken ist gemeinsam, dass beispielsweise für Stützen oder druckbeanspruchte Bauteile immer lamellares Gusseisen verwendet wurde. Biegeträger, Aussteifungen oder Unterspannungen wurden aus Schmiedeeisen hergestellt. Bei diesen Stabwerksstrukturen wurde begonnen, den einzelnen Stäben gezielt bestimmte Kräfte zuzuweisen.[98] Mit einiger Konsequenz gelang dies ab 1850 nach dem Vorbild der Brücken.

Einen ersten absoluten Höhepunkt der Ingenieursbaukunst im 19. Jahrhundert stellen zwei Röhrenbrücken nach Plänen der Ingenieure Robert Stephenson und William Fairbairn dar. Eine davon ist die Britannia Bridge über die Menai Strait von 1850, die weiter oben bereits Erwähnung fand. Sie besitzt eine Spannweite über zwei Pfeilern von 139,5 m. Die beiden Kastenträger bestanden aus genietetem Schmiedeeisen. Diese Kästen sind als Stabwerke anzusprechen. Die beiden Kastenträgerkonstruktionen blieben einmalig und wurden kurz darauf dahingehend weiterentwickelt, dass zwar die Züge im Raumträger fuhren, aber dieser Träger zu einer Fachwerkkonstruktion aufgelöst wurde. Wannenförmige Kastenträger wurden auch in Deutschland als Eisenbahnbrücken eingesetzt. Die Brücke über die Schussen auf der Linie Ravensburg–Friedrichshafen von 1847 wurde vollständig aus Flach- und Winkeleisen zusammengesetzt und stellt einen solchen mithilfe von Nieten zusammengesetzten Träger dar. (Abb. 280) Die Brücke wurde rezent abgebaut und lagert vor Ort.

Fachwerke

Roland Krippner beschreibt den Begriff des Systems als „eine Gesamtheit von meist materiellen Objekten, die sich in einem ganzheitlichen Zusammenhang befinden".[99] Bewusst gemacht wurde die systematisierte Bauweise, die im 19. Jahrhundert so vehement verfolgt wurde, erst im 20. Jahrhundert, beispielsweise vom Architekten und Visionär Konrad Wachsmann. Er regte seit den 1920er-Jahren auch unter dem Eindruck der Avantgarde der Klassischen Moderne bewusst eine Industrialisierung des Bauens an. Le Corbusiers Buch *Vers une architecture* ist in dem Zusammenhang eine wichtige Quelle. Dabei ging es immer auch um die Standardisierung im Bauen. Gelebt wurden diese Themen bereits im frühen 19. Jahrhundert.

Mit Blick auf die Verwendung von Eisen im Bauwesen waren im 19. Jahrhundert zwei ganz grundsätzlich zu unterscheidende Bauaufgaben zu lösen: Brücken und Hallen, beide mit großen Spannweiten. Bei lang gestreckten Hallenbauwerken kamen in erster Linie zwei verschiedene Arten von Fachwerken als Tragsysteme zur Ausführung: der Bogenbinder, entweder aus Formstahl oder aufgelösten Gitterträgern (Beispiel: Bahnhof London St. Pancras), und der unterspannte Träger, zumeist als Polonceau-Träger (Beispiel: Gare d'Austerlitz). Der große Unterschied in der äußeren Gestalt ist die Form des Dachs, die bei Polonceau-Trägern immer die eines Sattels ist, während Bogenbinder bogen- oder sattelförmig gestaltet sein können.

Für Brückentragwerke lassen sich neben den bereits genannten Lavesträgern (1846) sowie Finkträgern (1852) u. a. noch der Pauliträger als Fachwerkträger anführen. Dabei handelt es sich um einen Linsenträger mit Ober- (Druckbogen) und Untergurt (Zugstab). In dem Feld dazwischen wird eine Fachwerkkonstruktion ausgeführt. Eine solche Trägerkonstruktion bestand von 1857 bis 1908 über der Isar bei Großhesselohe. (Abb. 281)

Auch der schmiedeeiserne Fachwerkträger für den Brückenbau wurde dem Zimmerhandwerk entlehnt und ab 1820 in den USA erstmals ausgeführt. Strebenfachwerke sind von Ständerfachwerken zu unterscheiden. Nur wenig später wurden Fischbauch- und Bogensehnenfachwerke ausgeführt.[100]

Johann Wilhelm Schwedler war als preußischer Baubeamter auch mit der Errichtung von Brückenbauwerken befasst. Er plante zahlreiche Strebenfachwerke. Um der Einwirkung durch dynamische Lasten zu begegnen, versah er die mittleren Felder der Brückentragwerke mit Auskreuzungen, während er in Auflagernähe nur Streben oder Zugstäbe einsetzte. (Abb. 282)

Für Fachwerkkonstruktionen wurde ab 1855 zunehmend das homogenere Flusseisen dem Schmiedeeisen vorgezogen. Biegeträger wurden additiv auf die Fachwerkträger aufgesetzt, um die Bestimmbarkeit des Tragwerks nicht zu beeinträchtigen. Auch für diese Biegeträger eignete sich Schmiede- und Flusseisen. Die Entwicklung

98 Der Crystal Palace ist global als Fachwerkkonstruktion zu bezeichnen.
99 Krippner. In: Nerdinger 2010, S. 18.
100 Schädlich. In: Schunck 1991, S. 25; dabei wird der Druckstab in der Benennung hervorgehoben.

280

281

Abb. 280 Genietete Kastenträger, ehemals über die Schussen bei Ravensburg, 1847.

Abb. 281 Brücke, Großhesselohe, Bayern, Pauliträger; Foto von 1857.

Abb. 282 Brückenkonstruktion nach Johann Wilhelm Schwedler für die Eisenbahnlinie bei Holzminden, Zeichnung von 1867.

282

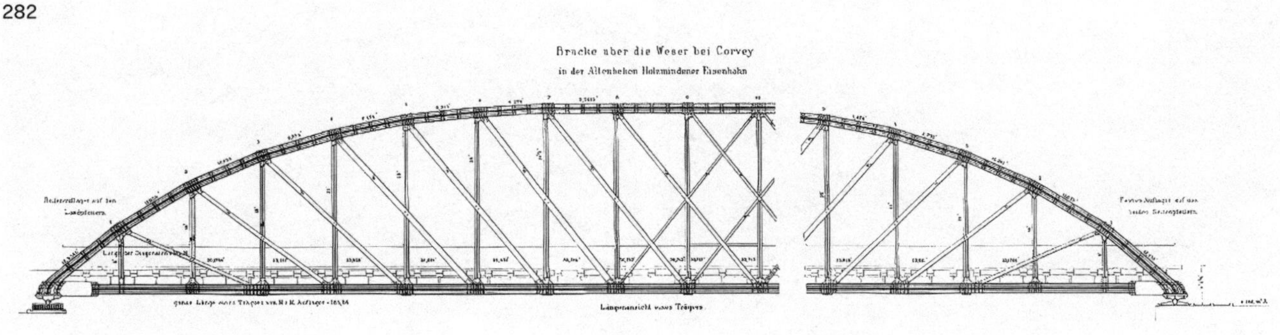

283

284

Abb. 283 Befreiungshalle, Kelheim, 1842–1863, gusseiserne Anläufer der Kuppelkonstruktion.
Abb. 284 Befreiungshalle, Kelheim, 1842–1863, schmiedeeiserne Fachwerkkonstruktion.
Abb. 285 Neues Museum, Berlin, ab 1842, Sehnenbogenträger.
Abb. 286 Träger nach Camille Polonceau, Zeichnung nach Romberg 1846.
Abb. 287 Victoria Station, London, 1860, Polonceau-Träger.
Abb. 288 Schlesischer Bahnhof (heute Hauptbahnhof), Berlin 1867–1869; Foto von 1937.
Abb. 289 Stabbogenbrücke, Safiental, Schweiz, 1897.
Abb. 290 Bahnhof St. Pancras, London, 1864–1868.
Abb. 291 Unterspannte Kuppelkonstruktion Hellweg 8 nach Johann Wilhelm Schwedler, Zeichnung von 1863.
Abb. 292 Nicht unterspannte Kuppelkonstruktion ähnlich wie in der Holzmarktstr. 28 nach Johann Wilhelm Schwedler, hergestellt in Berlin 1875.
Abb. 293 Vierungskuppel nach Plänen von Georg Moller, Mainzer Dom, 1828; Foto von 1868.

285

286

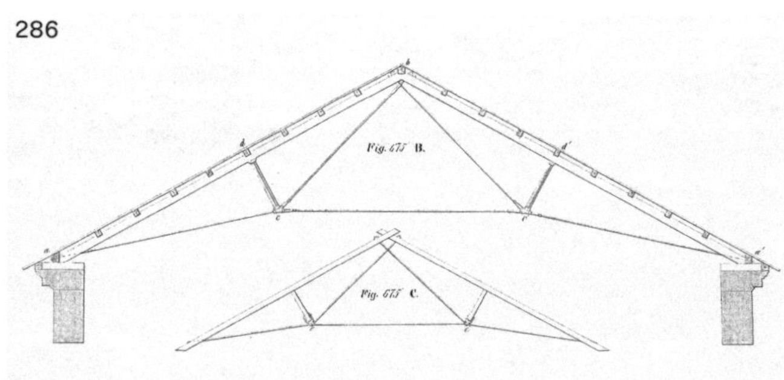

287

288

289

290

291

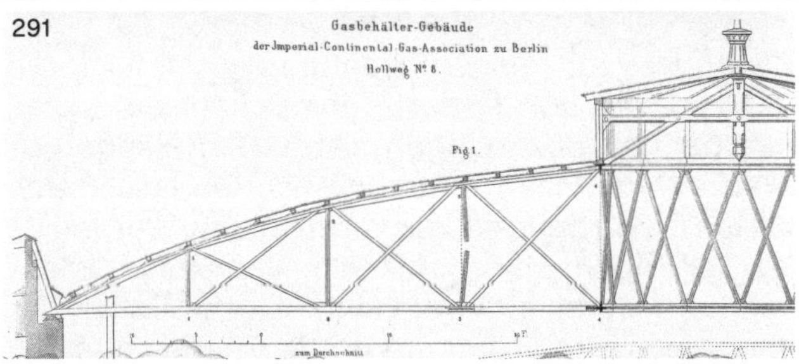

292

293

Abb. 292: Foto: Matthias Beckh

von Fachwerkbindern war letztlich wiederum eine Folge der Industrialisierung. Denn die Idee der seriellen Herstellung immer gleicher Elemente, die eine additiv zusammengesetzte Konstruktion zuließen, war bestechend und führte zur Trennung von werkseitiger Vorfertigung ganzer Bauteile und bauseitiger Montage. Die Ausbildung beweglicher Lager stand in Zusammenhang mit dieser Entwicklung. Gerade die großen Hallentragwerke erhielten neben Brücken solche beweglichen Rollenlager. Diese wurden schon Mitte des 19. Jahrhunderts von den Berliner Borsig-Werken eingeführt. Sie wurden im Eisenbau sehr wichtig, um Formänderungen durch Temperatur zuzulassen.

Dass Architekten aber durchaus auch bei entsprechenden Bauaufgaben auf die ingenieurtechnischen Möglichkeiten zurückgriffen, zeigt die ausgeführte und bis heute existierende Kuppelkonstruktion über der Befreiungshalle in Kelheim, die 1842 nach Plänen von Friedrich von Gärtner begonnen und nach dessen Tod 1847 von Leo von Klenze 1863 vollendet wurde. Über der gemauerten Kuppel des Zentralraums ließ Klenze ein Raumfachwerk zur Ausführung bringen, bestehend aus einer unterspannten Fachwerkkonstruktion, die auf ebensolchen beweglichen Rollenlagern zu liegen kommt. (Abb. 283, 284) Bis auf kleinere Ertüchtigungsmaßnahmen wie eine Abhebesicherung ist die Konstruktion vollständig erhalten. Auch Friedrich August Stüler, der bereits an anderer Stelle in Bezug auf das Neue Museum in Berlin Erwähnung fand, verwendete eindrucksvolle Konstruktionen, um Gewicht aus seinem Bauwerk zu nehmen. Er verwendete nicht nur für die Gewölbe Tontöpfe, er konzipierte auch sogenannte Sehnenträger als Bindertragwerke. Die segmentbogenartig überhöhten Träger erhielten eine untergesetzte Sehne, die den Schub aus dem Binder nahm. So konnte Stüler flache Deckengewölbe von besonders geringem Gewicht herstellen. (Abb. 285)

Der so differenzierte Polonceau-Träger ist nach Camille Polonceau (1813–1859) benannt. Dabei wurden druck- und zugbeanspruchte Bauteile kombiniert. Entscheidend sind die zugfesten Unterspannungen, die mittels kurzer Druckstäbe die als Biegeträger fungierenden Sparren entlasten. (Abb. 286) In der Folge entstanden viele Bahnhofshallen mit entsprechenden Dachtragwerken wie die genannte am Gare d'Austerlitz in Paris aus den Jahren 1862 bis 1870 oder noch früher die Victoria Station in London von 1860. (Abb. 287) Diese Tragwerke zeichnen sich durch eine ungeheure Leichtigkeit aus.

Mit Blick auf die Bogenbinder sind drei Typen zu unterscheiden: Der Sichelbinder und der Vollwandbinder als Zwei- und Dreigelenkbogen sowie der Fachwerkbinder als Dreigelenkbogen. Beim Schlesischen Bahnhof nach Plänen von Johann

Wilhelm Schwedler, errichtet von 1867 bis 1869, handelt es sich um einen Sichelbinder als Dreigelenkbogen. (Abb. 288) Genauso kam in der Schweiz bei der Versamer Tobelbrücke über den Rhein am Zugang ins Safiental ein Sichelbinder mit Gelenk im Scheitel zum Einsatz. (Abb. 289) Die Brücke mit einer freien Spannweite von 70 m wurde 1897 fertiggestellt. Beim Ostbahnhof in Berlin, gleichfalls nach Plänen Schwedlers, handelt es sich um einen Fachwerkbinder mit drei Gelenken. Der Bogenschub wurde dabei durch die Außenwände aufgenommen. Von 1874 bis 1876 wurde der Stettiner Bahnhof mit Vollwandbindern und untersetzten Zugbändern hergestellt. Alle Binderkonstruktionen haben eine Spannweite von ca. 35 m. Der Anhalter Bahnhof, errichtet von 1876 bis 1880, weist dann eine Spannweite von beachtlichen 62,5 m auf und ist vergleichbar mit der Bahnsteighalle von St. Pancras (Abb. 290) in London, die 73 m misst. Das Tragwerk besteht beim Anhalter Bahnhof aus Binderpaaren, die im Abstand von 3,5 m zu liegen kommen. Die Dreigelenkbinder sind Fachwerkkonstruktionen mit 2 m Höhe und besitzen ein Zugband. Das Scheitelgelenk ist im Obergurt angeordnet. Das westliche Auflager besteht aus Walzen, das östliche ist auf der Ostwand unverschieblich aufgesetzt. Damit ist die Konstruktion statisch bestimmt.[101]

Auch für zweifach gekrümmte Kuppelkonstruktionen können Fachwerkträger verwendet werden. Mit dem Aufkommen der Gasbehälter, einer ebenfalls weitgehend neuen Bauaufgabe im 19. Jahrhundert, wurden große, zylindrische Bauwerke errichtet, die nach oben einen geeigneten Abschluss benötigten. Die Behälter selbst und die Traggerüste des Zylinders wurden dabei zumeist auch aus eisernen Konstruktionen hergestellt. Für die flache Kuppel wurden Fachwerkträger als Unterbau oder Unterspannung verwendet, um die Kuppelschale darauf zu montieren. (Abb. 291) Johann Wilhelm Schwedler, der später als „Vater der neueren Eisenkonstruktionen"[102] bezeichnet wurde, kam auf den Gedanken, diese unterspannenden Fachwerke wegzulassen, nachdem die Kuppel im Hellweg 8 einstürzte. Die Kuppel würde selbst tragfähig, indem die durch Ringe und Meridiane gebildeten Felder derselben mit Auskreuzungen versehen werden, so seine Annahme. Die Meridiane (Sparren) endeten aus geometrischen Gründen in einem Druckring unterhalb des Scheitels. Am Fußpunkt wurde ein Zugring angeordnet. Die so geartete Kuppel wurde erstmals 1863 in der Holzmarktstraße 28 in Berlin ausgeführt. (Abb. 292) Als Vorbild für Schwedlers Kuppel diente die bereits 1828 von Georg Moller (1784–1852) ausgeführte Kuppelkonstruktion über der Vierung des Mainzer Doms. (Abb. 293)

Ein weiterer Entwicklungsschritt gelang im Bereich von Raumfachwerken nach Planungen von Richard Buckminster Fuller (1895–1983) Mitte des 20. Jahrhunderts, der zwei Gitterschalen miteinander verknüpfte. Die geodätischen Kuppeln von Fuller wurden erstmals 1951 patentiert und danach zahlreich umgesetzt. Dabei werden die einzelnen Schalen aus penta- und hexagonalen Feldern zusammengesetzt. Knoten, an die in verschiedene definierte Richtungen Stäbe angeschlossen werden konnten, stammten beispielsweise vom Hersteller Mero, der Systeme für Raumgerüste produzierte.[103]

Der Lehrter Bahnhof in Berlin aus den 1990er-Jahren ist ein Beispiel dafür, wie moderne Fertigungstechnik und Werkstoffe zu einer Synthese tradierter Formen von Bahnhofshallen und moderner Technik werden können. Der 62,44 m spannende Korbbogen, der über sechs Gleise hinweggeführt wird, ist eigentlich in Hinblick auf die Stützlinie ungünstig. Ermöglicht wird der flache Bogen jedoch mithilfe der fachwerkartig angeordneten Seilverspannungen, die den Verlauf der Momentenlinie nachzeichnen.[104]

Seiltragwerke

Besonders für den Brückenbau eignete sich die Verwendung von Ketten oder Seilen, um daran Fahrbahnen abzuhängen. (Abb. 294) Hängebrücken, die mit Seilen hergestellt wurden, lassen sich bis ins 6. Jahrhundert zurückverfolgen. Wurden da die Seile noch aus organisch gewachsenen Pflanzen hergestellt, eigneten sich eiserne Seile oder auch Ketten sehr gut, um große Spannweiten zu überbrücken. Ingenieurmäßige Hängebrücken, die mit Eisen hergestellt wurden, plante erstmals James Finley 1801 in den USA. Entscheidend ist der Knoten, der 1815 als Augenstab in Verbindung mit einem Hänger hergestellt wurde. Da oft mehrere Seile übereinander angeordnet werden mussten, wurden die Hänger alternierend an den verschiedenen Ketten festgemacht. Die Seile wurden dann aus Metall hergestellt.[105] (Abb. 295) Die Verbindung der Stäbe mit Augenstäben ist interessant und gut anhand des bei Eck 1841 abgedruckten Plans der Passerelle Saint-François bei Tréguier (Bretagne)

101 Lorenz 1999, S. 15.
102 Von seinem Zeitgenossen und Bauingenieurskollegen Max Förster (1867–1930). Zu lesen in Schädlich 2015, S. 105.
103 Auch bei Nerdinger 2010, S. 122, näher erläutert.
104 Schlaich 1999, S. 73.
105 Wagner. In: Graefe 1989.

294

295

296

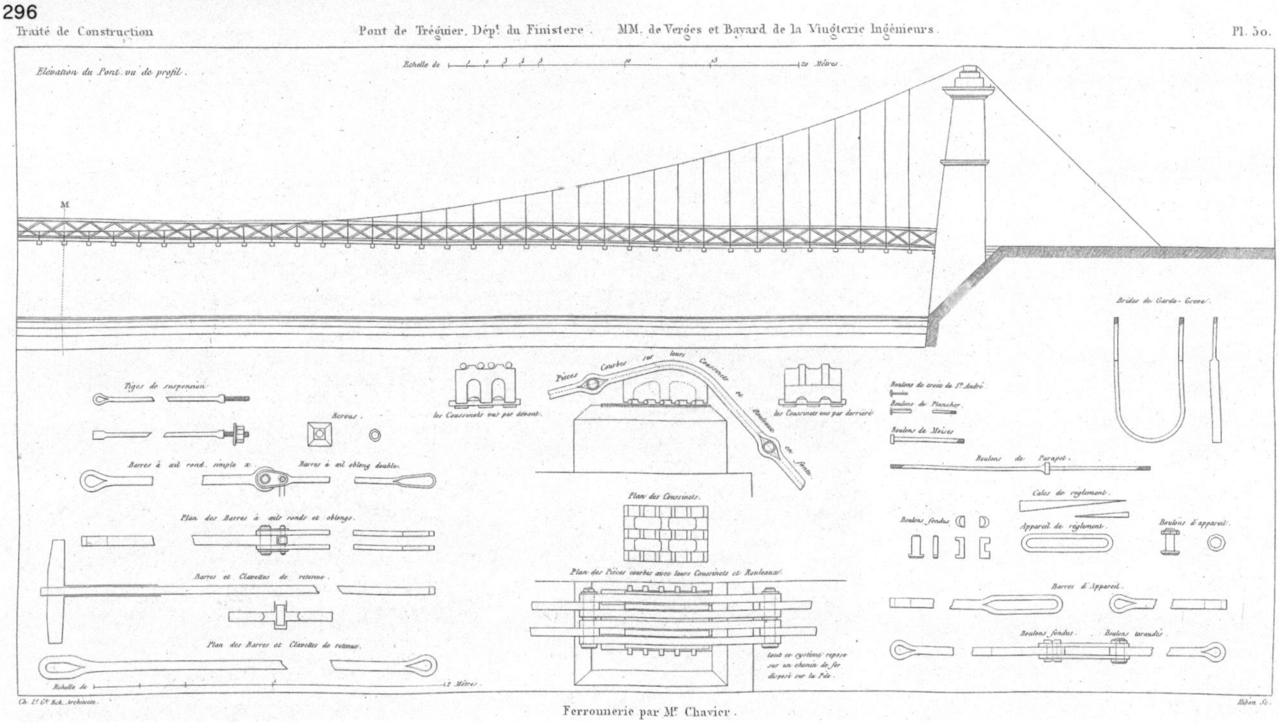

297

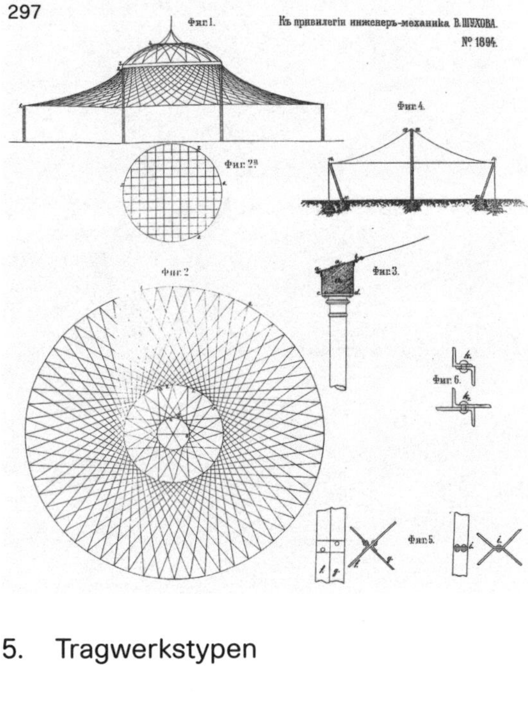

Abb. 295: Foto: DeFacto

Abb. 294 Zweite Brücke über den Fluss Forth, Schottland, Montage.
Abb. 295 Union Chain Bridge über den Fluss Tweed, 1819/1820; Foto von 2019.
Abb. 296 Passerelle Saint-François, Tréguier, Bretagne, errichtet nach Plänen von Marc Seguin, 1837, abgebaut 2012, Detail der Augenstäbe (vgl. Union Chain Bridge), Darstellung nach Eck 1841.
Abb. 297 Auszug aus der Patentschrift Nr. 1894 von Vladimir Šuchov für Hängedächer, 1895.

298

299

300

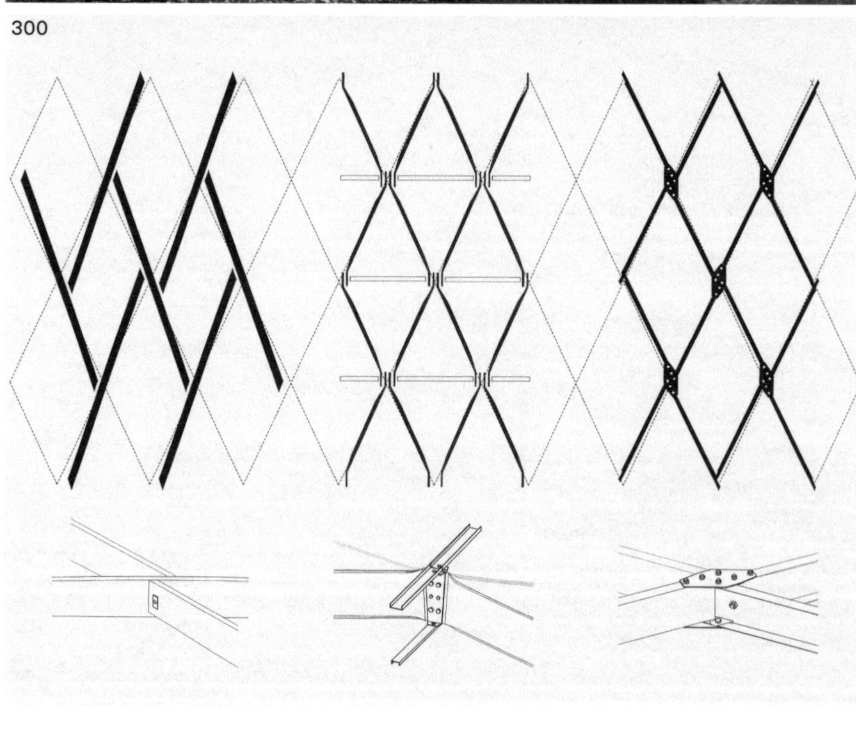

Abb. 298 Gitterschale, Bauweise Emil M. Hünnebeck, ab 1924.
Abb. 299 Wohnhaus mit Dachtragwerk nach Friedrich Zollinger, 1920er-Jahre; Foto von 1922.
Abb. 300 Gittertragwerke aus Holz und Stahl, von links nach rechts: Friedrich Zollinger (ab 1921, Holz); Hugo Junkers (ab 1924, Stahl); Emil M. Hünnebeck (ab 1930, Stahl).

Abb. 298: Foto: Joram Tutsch; Abb. 300: Darstellung: Joram Tutsch

dokumentiert. (Abb. 296) Diese Brücke existiert leider nicht mehr.

In Bezug auf Seiltragwerke ist auch Vladimir Šuchov (1853–1939) zu nennen, der 1894 ein Patent für sogenannte Hängedächer anmeldete.[106] Diese Konstruktionen erinnern uns deutlich an Zirkuszelte, und genauso ist auch die Bauweise gedacht. Zwischen einer mittig angeordneten Bockkonstruktion und außen angesetzten, schrägen Stützen werden Seile aus Stahl gespannt, über diese hinweggeführt und im Boden verankert. (Abb. 297) Im Grundriss waren die Bauwerke kreisrund, aber auch längsrechteckig. Es wurden damit freie Spannweiten von bis zu 25 m erreicht.

Schalen

Den Begriff der Schale haben wir bereits beim Mauerwerksbau behandelt. Eine dünne Schale definiert sich über den Quotienten aus Spannweite und Schalendicke. Je höher der Quotient, umso schlanker die Schale.[107]

Bei Tonnenschalen aus eisernen Stabwerken, also einfach gekrümmten Gewölben, ist es wichtig, dass eine flächige Tragwirkung erzielt wird. Mit dem Gedanken an ein Fachwerk gelingt dies, wenn die Maschen dreieckig sind. Vergleichbar ist das auch mit den hölzernen Schalentragwerken von Friedrich Zollinger, wobei dessen rautenförmige Felder mithilfe von längs verlaufenden Leisten in Dreiecke unterteilt wurden. Er verwendete einfache Stäbe und komplizierte Knoten. Er löste das entstehende geometrische Knotenproblem insofern, dass ein Stab jeweils durchläuft und einer mithilfe eines Schifterschnitts daran angeschlossen wird. Die weiteren Stäbe werden auf die Knoten aufgesetzt. Entwicklungen in Stahl gelangen den Ingenieuren Emil M. Hünnebeck und Hugo Junkers.[108] (Abb. 298, 299, 300) Hünnebeck griff zunächst die Idee Zollingers auf und ließ eine Lamelle am Knoten durchlaufen. Er kam jedoch später genau wie Junkers dazu, dass die vier Lamellen des Haupttragwerks immer an einem Knoten gestoßen werden. (Abb. 301) Das geometrische Problem der schraubenförmigen Lamellenführung lösten sie dadurch, dass die Lamellen am Knotenanschluss eine konische Verkröpfung erhielten oder mithilfe von angeflanschten Knotenblechen verbunden wurden. Die Dreiecksbildung erfolgte wiederum mithilfe von außen angesetzten Leisten, die auch als Pfette für die Unterkonstruktion der Dachhaut dienten.

Vladimir Šuchov gelang mit seinen räumlichen Tragwerken schon etwa 20 Jahre früher eine absolut materialsparende Schalenbauweise. Dazu spannte er zwischen Randträgern diagonal verlaufende Segmente, die sich rautenförmig kreuzten. Mithilfe von längs verlaufenden Rundstäben schuf er Dreiecke und steifte die gesamte Schale damit aus. Šuchov hob damit die Hierarchie unter den Bauteilen auf (Bsp. Gitterschalen an der Industriehalle in Vyksa, Russland, 1897 und 1898). (Abb. 302) Die von ihm konzipierten seilverspannten Bögen stellen Bogenbinder dar, die später als bewehrte Betonschalen weitergedacht wurden. Seine Bauweise geriet in Vergessenheit. Frei Otto sollte unabhängig von Šuchov viele Jahrzehnte später mit Hängemodellen die ideale Form für leichte Flächentragwerke suchen. Die Multihalle in Mannheim wurde beispielsweise mit gleich langen Stäben und verformbaren Knoten hergestellt. Das Gitter wurde mit noch nicht fixierten Knoten eben am Boden ausgelegt und dann in die zuvor – mithilfe des Hängemodells ermittelte – ideale Form gehoben. Anschließend wurden die Schrauben an den Knoten angezogen und folglich die Form fixiert. Durch die fixierten Fußpunkte und Spannseile wurde diese Form zusätzlich gesichert.

Einfache Schalen wie rotationssymmetrische Formen oder hyperbolische Paraboloide sind geometrisch wenig kompliziert und recht einfach darzustellen sowie herzustellen. Auch im Modell lassen sie sich leicht bauen. Wenn nun von der Triangulierung der Konstruktion abgewichen werden soll, so ergibt sich immer noch eine einfache Schale, wenn die viereckigen Felder zwar verschieden groß, aber eben sind. Die CNC-Technologie macht jedoch allgemein die Verabschiedung von bisher als vorteilhaft angesehenen immer gleichen Details oder Krümmungen möglich. So schafft heute die Digitalisierung in der Planung von Bauwerken ungeahnte Möglichkeiten der Formfindung und des Bauteilzuschnitts.[109]

6.

GEFÄHRDUNGEN

mit Jürgen Villain

Korrosion

Die Dauerhaftigkeit von Tragwerken aus Eisen hängt u. a. wesentlich vom Schutz der metallischen Bauteile vor Korrosion ab. Gusseisen ist dabei weniger anfällig als Schmiede- oder Flusseisen. Instandsetzungsmaßnahmen werden in jedem Fall dann erforderlich, wenn Querschnitte von Spaltkorrosion betroffen sind. Die Beurteilung der

106 Auch in Graefe 1989, S. 184.
107 Zur Schlankheit von Schalen siehe auch das Kapitel Mauerwerksbau.
108 Tutsch 2020.
109 Beckh. In: Nerdinger 2010, S. 38–43.

Verbindungen auf eine eventuell gegebene Schädigung ist in regelmäßigen Abständen notwendig und von einem Sachverständigen vorzunehmen.

Die metallische Korrosion, bei frei bewitterten Konstruktionen aus Eisen an Rostbildung erkennbar, läuft immer unter dem Einfluss von Feuchtigkeit und Sauerstoff ab. Begünstigt wird sie durch Salze oder allgemein durch Ladungsträger sowie durch die Gegenwart von edleren Metallen (Spannungsreihe).[110] Der Korrosionsschutz spielte daher sicher schon immer eine gewisse Rolle. Historisch konnte wohl kein eigens ausgeführter Korrosionsschutz hergestellt werden. Man verwendete so-

110 Die Spannungsreihe, auch Redoxreihe genannt, gibt an, wie groß die Bereitschaft eines Metalls ist, Elektronen aufzunehmen. Im Allgemeinen nehmen edlere Metalle leichter Elektronen auf als weniger edle.

zusagen Schwarzstahl (Stahl mit Zunderschicht). Neben Gusseisen korrodierte auch Puddeleisen nicht in dem Maße, wie dies bei den meisten Stählen der Fall ist.

Korrosion bedeutet nicht, dass die Bauteile sofort ihre Funktion verlieren. Sobald sich jedoch das innere Gefüge, also die Struktur des Bauteils verändert, sind Maßnahmen zu ergreifen. In Innenräumen wird bei normalen Nutzungsbedingungen kaum Korrosion ausgelöst, weil die Luftfeuchte zu gering ist. Häufig sind Bauteile aber der Witterung ausgesetzt. Wie bei allen Werkstoffen führt eine dauerhafte Durchfeuchtung zu Schäden. Darum müssen die Ursachen für das fortgesetzte und nachhaltige Feuchteangebot beseitigt werden. Es stehen heute auch wirksame Möglichkeiten zur Verfügung, um Bauteile aus Eisen oder Stahl dauerhaft vor Korrosion zu schützen, beispielsweise durch eine passivierende Beschichtung. Gerade die vielschichtigen, genieteten Konstruktionen aus dem 19. Jahrhundert, bei denen mehrere Flacheisen zusammengesetzt wurden, stellen jedoch eine gewisse Herausforderung dar, weil die Feuchtigkeit in die Fugen eindringen kann und dort möglicherweise über längere Zeit verbleibt. (Abb. 303)

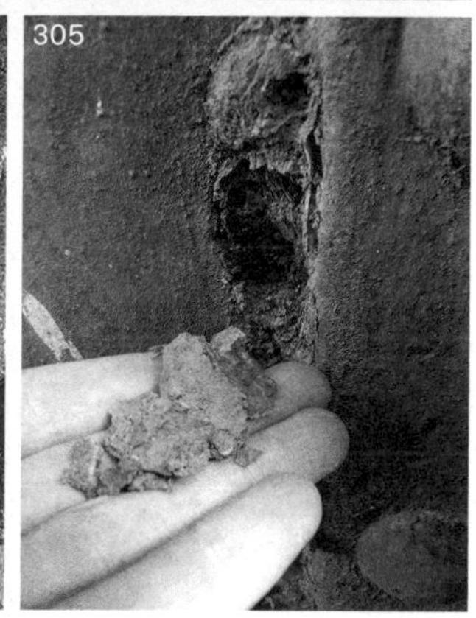

Abb. 301 Bahnsteighalle Bahnhof Brás, São Paulo, Brasilien, 1935, Überdachung nach System Junkers.
Abb. 302 Hallen, Vyksa, Russland, 1897/1898, nach Plänen von Vladimir Šuchov.
Abb. 303 Hackerbrücke, München, 1894, Korrosion.
Abb. 304 Spaltkorrosion an Bewehrungsstäben einer Brückenkonstruktion.
Abb. 305 Korrodierter Niet an einer historischen Konstruktion.

So nachteilig die genannten Konstruktionen sind, so vorteilhaft sind Nietverbindungen an sich. Die Nieten füllen den Raum so vollständig aus, sodass Korrosion lange Zeit keine Rolle spielt. (Abb. 304, 305) Geschraubte Verbindungen sind da wesentlich anfälliger.

Tritt Korrosion erst einmal auf, sind Maßnahmen zur Entrostung und gegebenenfalls Beschichtungsarbeiten sinnvoll. Priorität hat aber die Beseitigung der Ursachen, was freilich bei offen bewitterten Bauwerken wie Brücken schwierig zu bewerkstelligen ist. Durch regelmäßige Wartung der geregelten Entwässerung kann man bei Hochbauten Schäden vorbeugen.

Ermüdung, Kriechen und Relaxation

Ermüdung, Kriechen und Relaxation sind wichtige Effekte, die bis zum Bruch von Konstruktionsbauteilen führen können. (Abb. 306) Gründe für diese Schädigungen sind Betriebsbedingungen wie dynamische oder statisch-mechanische Belastung, Temperaturwechsel, UV-Strahlung, ionisierende Strahlung und Korrosion.

Der Begriff Ermüdung beschreibt besonders bei metallischen Werkstoffen einen Schädigungseffekt, bei dem durch mikroplastische Verformungen unter schwingender Belastung Risse auftreten, die sich nicht durch makroplastische Verformungen zeigen. Damit bricht ein Bauteil nach einer last- und frequenzabhängigen Belastung verformungslos. Um die Haltbarkeit von Bauteilen unter schwingenden Lasten zu garantieren, müssen die entsprechenden Lasten unter der sogenannten Dauerfestigkeit des Werkstoffs liegen, die für den Baustahl S235 JR ca. 60 % der Streckgrenze beträgt. Diese Art der Schädigung kann sich z. B. in Form von Ermüdungsrissen in Schweißnähten von Brücken zeigen.

Das Kriechen, das sowohl bei Metallen als auch bei Kunststoffen, Holz und Beton auftreten kann, ist eine von Zeit und Temperatur abhängige sichtbare Verformung unter konstanter Last, die kleiner als die Streckgrenze ist und langfristig zum Bruch des Bauteils führt. Das Kriechverhalten von Bauteilen aus den oben genannten Werkstoffen muss bauteilspezifisch untersucht und definiert werden. So führt z. B. das Kriechen von Beton in Spannbetonbrücken zur Verminderung der Vorspannung.

Eine Relaxation führt zu einem Spannungsabfall in einem Bauteil, das auf eine bestimmte Länge gedehnt wurde. Dadurch wird beispielsweise die Vorspannkraft von Spanndrähten im Spannbeton vermindert.

Unter bestimmten Betriebsbedingungen können sich auch mehrere Effekte überlagern. So sind Betonabplatzungen und korrodierte Spannglieder die häufigsten Schäden bei Stahlbetonbrücken. Es überlagern sich bei den Spanngliedern (Betonstahl, Spannstahl) meist Korrosion und Ermüdung. Weiterhin stellen z. B. unsachgemäß vorgespannte bzw. spielbehaftete Schraubverbindungen ein Risiko für die langfristige Bauteilsicherheit dar.

Bei der Frage der Ertüchtigung geschädigter Bauteile sind deshalb die Schaffung kraftschlüssiger Verbindungen, beispielsweise durch Austausch der Verbindungsmittel und Reduktion der Bewegungen in der Konstruktion wichtige Ziele. Gegebenenfalls ist auch über eine Reduktion der Lasten bzw. eine Einschränkung der Nutzung nachzudenken.

Überlastung

Die Planung eines statischen Systems, um bestimmten Anforderungen eines Tragwerks zu genügen, setzt gewisse Kenntnisse und die Beachtung des Kraftflusses voraus. Historisch hatten Planer häufig hiermit Schwierigkeiten. Gewisse Unsicherheiten und mangelnde Möglichkeiten der Bemessung von Tragwerken bestanden bis ins 20. Jahrhundert hinein. Verformungen bei Konstruktionen aus Eisen und Stahl haben häufig damit zu tun, dass nicht bedacht wurde, welche Kräfte im jeweiligen Stab wirksam werden, dabei haben wir es bei Konstruktionen aus Eisen und Stahl fast immer mit Stabwerken zu tun.

Wird ein Fachwerk nicht richtig konzipiert, dann erfahren möglicherweise Zugstäbe doch Druck und es kommt zum Ausknicken des entsprechenden Stabes. (Abb. 307) Diese Verformungen treten häufig unmittelbar nach der Nutzungsaufnahme auf. Kommt es zu Umlastungen, dann funktioniert das Tragwerk dennoch, wenn nicht, dann versagt es oder bricht. Die wenigsten Bauwerke mit solchen Schadensbildern haben bis heute überdauert, sodass eine Ertüchtigung nicht in Betracht kommt. Vielmehr muss das Ziel von gegenwärtigen Maßnahmen an historischen Tragkonstruktionen sein, das historisch vorgesehene Tragsystem wiederherzustellen.

Ursache für lokale Überlastungen und Einschränkungen in der Tragfähigkeit können jedoch auch rezent vorgenommene Veränderungen sein, sei es durch eine Umnutzung oder Verwendung von Bereichen des Bauwerks zur nicht zweckbestimmten Funktion. Es ist Aufgabe des Gutachters, solche Veränderungen festzustellen. Auch in diesem Zusammenhang sind die Grundsätze bauforscherischen Arbeitens zu berücksichtigen, also das Zusammentragen und Sichten aller verfügbaren Unterlagen, eine detaillierte Bestands- und Schadensaufnahme sowie eine gründliche Ursachenforschung.

Abb. 306 Materialermüdung an einer historischen Konstruktion.
Abb. 307 Verformungen an einem historischen Stabwerksträger.

Abb. 307: Foto: Rainer Barthel

Besonders interessant sind Bauwerke aus Eisen und Stahl mit aufgelösten Stabwerken. Die anfängliche Verwendung von gusseisernen Bauteilen wird im 19. Jahrhundert zunehmend von solchen aus Schmiedeeisen abgelöst. (Abb. 308) Binderkonstruktionen erreichten sehr große Spannweiten. Sie wurden zunächst häufig unterspannt. Besonders bemerkenswert sind auch im Stahlbau Kuppelkonstruktionen, die im späteren 19. Jahrhundert ohne Unterspannung auskamen und u. a. Vorbilder für Massivbauweisen wurden. (Abb. 309) Einen besonders innovativen Sonderweg schlug der russische Ingenieur Šuchov mit seinen äußerst materialsparenden Stabwerkskonstruktionen ein. (Abb. 310)

308

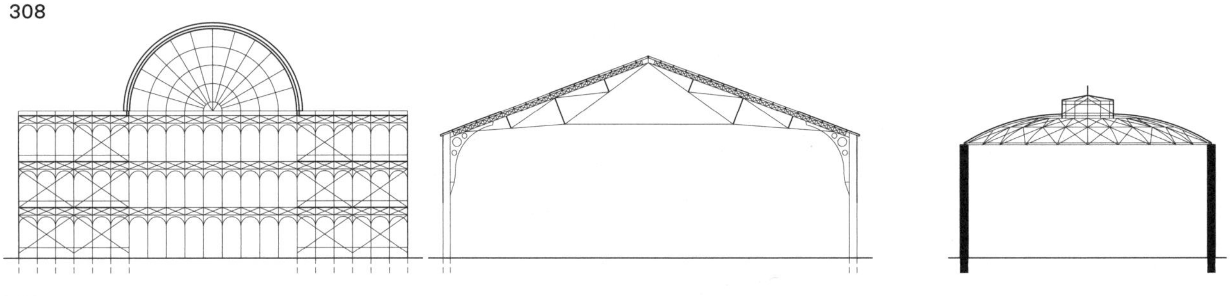

309

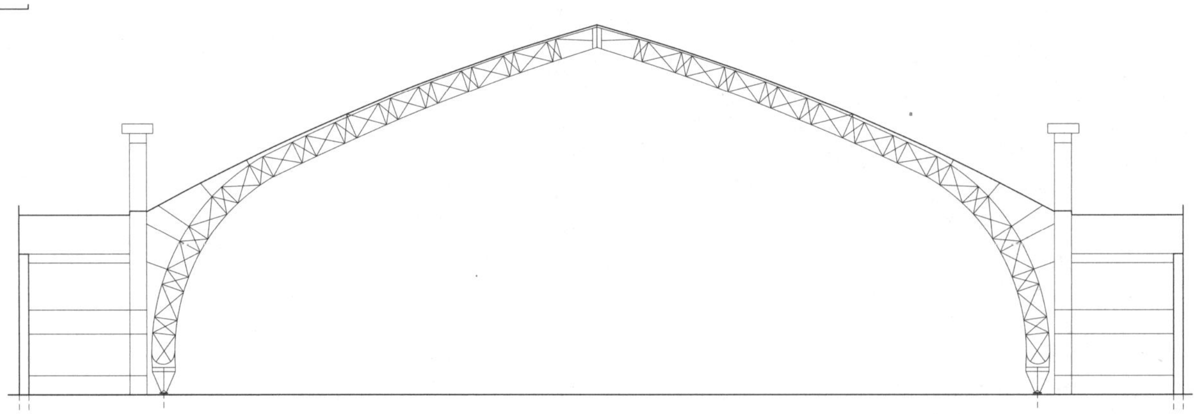

310

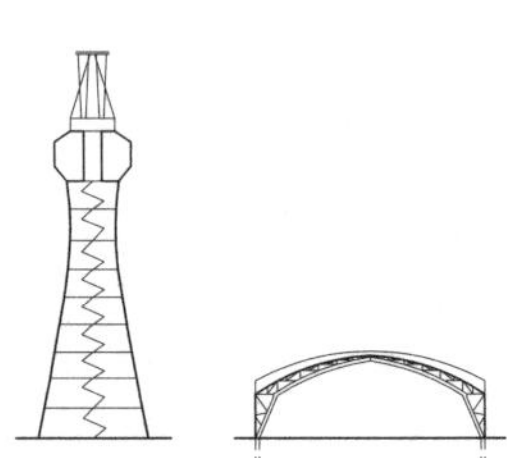

Abb. 308 Schematische Querschnitte von links nach rechts: Crystal Palace, London; Gare d'Austerlitz, Paris; Gasbehälter, Holzmarktstraße, Berlin.
Abb. 309 Galerie des machines, Paris.
Abb. 310 Wasserturm, Nischni Novgorod; Lagerhallen, Vyksa.

Crystal Palace, London

Ausführungszeit	1851 (existiert nicht mehr)
Bautypus	Ausstellungshalle
Bauweise	Eisen (Guss- und Schmiedeeisen), Skelettkonstruktion mit Gitterträgern
Merkmale	Montagebau als basilikale Gesamtanlage mit zentraler Tonne, 7 Monate Bauzeit
wesentliche Maße	größte Spannweite 22 m, größte Höhe 19,5 m, Grundfläche 563 × 124 m, 83 200 m² Glas
Beteiligte	Joseph Paxton

Der Crystal Palace wurde anlässlich der ersten Weltausstellung in London 1851 errichtet. Die Pläne stammten von Joseph Paxton, Obergärtner des Herzogs von Devonshire und Mitglied in mehreren Aufsichtsräten von Eisenbahngesellschaften. (Abb. 311) Die Konstruktion des Ausstellungspavillons bestand aus Gusseisen, Schmiedeeisen, Holz und Glas. Beton wurde nur für die Fundamente verwendet. Die zentrale Tonne bestand aus Holzbogenbindern mit liegenden Lamellen. Nachdem ein internationaler Wettbewerb ohne Empfehlung für die Ausführung endete, stellte Paxton im Mai 1850 ein Konzept vor. Er war zuvor mit dem Bau von Gewächshäusern aufgefallen, die er mit der Firma Fox, Henderson & Co. ausführte.

Die lieferbare Glasscheibengröße bestimmte das Raster des Gebäudes mit 10 × 50 Zoll (Scheibengröße etwa 122 × 24 cm). Die gusseisernen Stützen waren bis zu 6 m lang und besaßen einen Durchmesser von 20 cm. Die Wandungsstärken der Stützen wurden je nach Lastaufnahme variiert. Das Gebäude hatte eine Grundfläche von 563 × 124 m. Die maximale Spannweite des Mittelschiffs betrug 22 m, die größte Höhe 19,5 m. Es wurden 83 200 m² Glas verarbeitet, ein Drittel der englischen Jahresproduktion. Die Bauzeit betrug lediglich sieben Monate. Das war nur mit extremer Standardisierung bei Vorfertigung und Montage möglich. (Abb. 312, 313) Die Konstruktion wurde leihweise errichtet, weshalb alle bauseitigen Verbindungen geschraubt wurden. Wohl erstmals wurde die Ske-

Abb. 311 Crystal Palace, London, 1851, historische Fotografie.

311

lettstruktur vollständig mithilfe von diagonal eingesetzten Zugbändern mit mittigem Spannring ausgesteift. Spannglieder waren aber zuvor schon bekannt. (Abb. 314)

Beeindruckend war zudem die ausgeklügelte Entwässerung, die über hölzerne Rinnen erfolgte. In der Vertikalen wurde das Niederschlagswasser in den hohlen Gusseisenstützen durch die Fundamente in das Kanalnetz eingeleitet.

Erhaltungszustand: Die Halle wurde wieder abgebaut und an anderer Stelle erneut errichtet. Dort brannte sie 1936 ab.

Literatur: Graefe, Rainer. „Filigrane Hallen – Paxton und Šuchov". In: *Beiträge zur Geschichte des Bauingenieurwesens 8, Vorträge im Wintersemester 96/97,* hrsg. von Eberhard Schunck. Technische Universität München. München 1997. S. 6–12; Lorenz, Werner. *Das Neue Museum.* Berlin 2014, S. 77; Nerdinger, Winfried. *Zwischen Glaspalast und Maximilianeum. Architektur in Bayern zur Zeit Maximilians II. 1848–1864.* München 1997; Addis, Bill. „The Crystal Palace and its Place in Structural History". *International Journal of Space Structures Vol. 21 1 (2006).*

Abb. 312 Crystal Palace, London, 1851, Darstellung der Montage, 1850er-Jahre.
Abb. 313 Crystal Palace, London, 1851, Innenraumperspektive, 1850er-Jahre.
Abb. 314 Spannglied für Brückenkonstruktionen, Zeichnung von 1840.

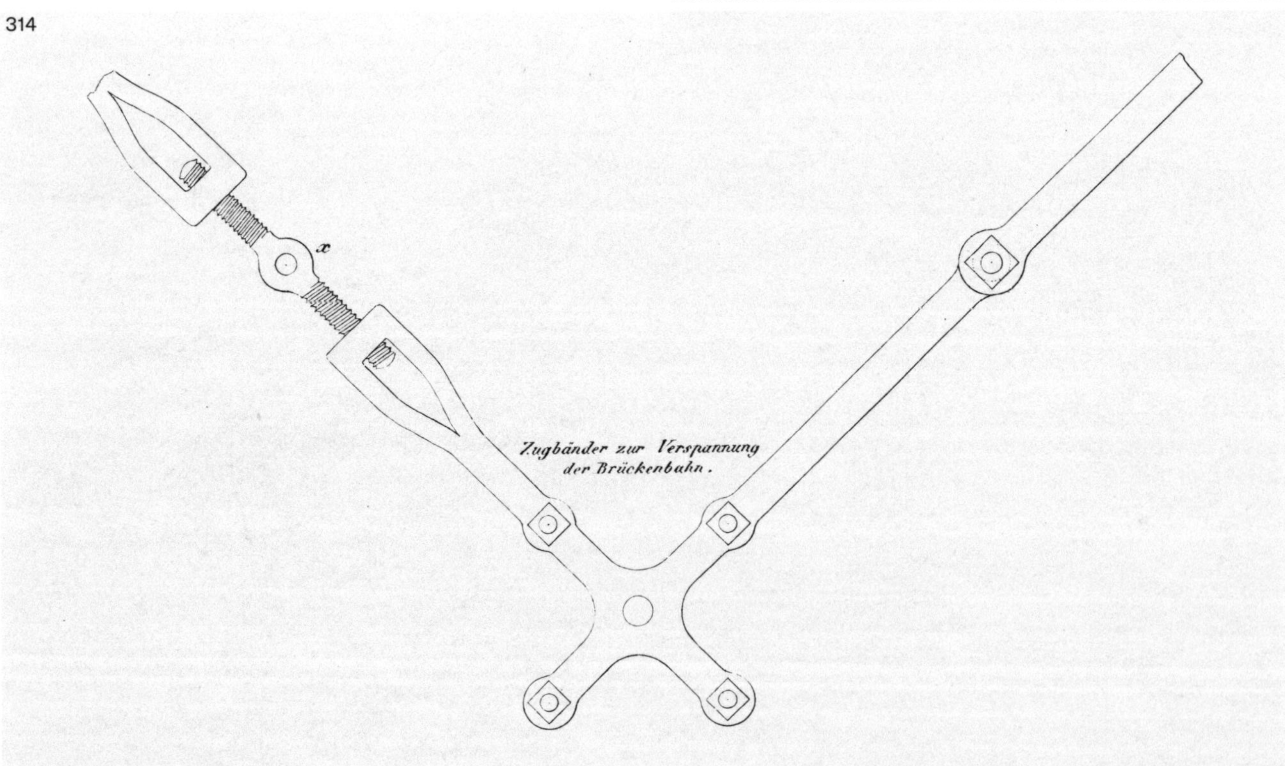

Abb. 315 Bahnsteighalle, Gare d'Austerlitz, 1862–1870.

Gare d'Austerlitz

Ausführungszeit	1862–1870
Bautypus	Bahnhofshalle
Bauweise	Gusseisen, Schmiedeeisen, unterspannte Binderkonstruktion nach Polonceau
Merkmale	Montagebau, Binder unterspannt als Dreigelenkkonstruktion
wesentliche Maße	Spannweite 51,5 m, Länge 280 m
Beteiligte	Architekt: Pierre-Louis Renaud, Ingenieur: Louis-Charles Sévène

Die Bahnsteighalle wurde von 1862 bis 1870 nach Plänen des Architekten Pierre-Louis Renaud und des Ingenieurs Louis-Charles Sévène errichtet. Sie besitzt eine anmutige Leichtigkeit und schließt mit einem flach geneigten Satteldach ab. Die Binder nach dem Vorbild von Polonceau überspannen 51,5 m, die Halle ist 280 m lang. Es handelt sich um unterspannte Biegeträger. Im Falle des Gare d'Austerlitz besteht der Biegeträger aus einem niedrigen Fachwerkträger, der als Sparrenbinder fungiert, an dem in knappen Abständen längs verlaufende Pfetten, ebenfalls als Fachwerkträger konzipiert, angeschlossen wurden. Um in kurzen Abständen den Sparrenbinder zu unterstützen, der für sich dadurch Durchlaufwirkung erfährt, wurden die genannten Unterspannungen eingesetzt, die nochmals in Längsrichtung mit dünnen Stäben verbunden sind, um deren Kippen zu verhindern. Die so ausgebildeten Träger wurden seitlich mit senkrechten Stielen abgeschlossen, die auf steinernen Wandpfeilern ruhen. Die Zwickel zwischen Binder und Stiel wurden mit ausgerundeten Konsolen versehen, die die Querkraftaufnahme am Auflager stärken und eine gewisse Rahmenwirkung der Gesamtkonstruktion sicherstellen. Gelenke wurden nicht planmäßig zur Ausführung gebracht.

Die Dachfläche ist teilweise mit Glas belegt, teilweise mit opaken Diagonalschalungen versehen, die zur Aussteifung in Längsrichtung beitragen. Im Bereich des Firstes wurde die Konstruktion angehoben, um den Rauch der Lokomotiven abführen zu können. Die Enden der Halle sind voll verglast und gleichfalls mit filigranen, die Architektur nachzeichnenden Eisenkonstruktionen versehen. Diese Giebel haben liegende unterspannte Träger gegen Windeinwirkung. (Abb. 315)

Erhaltungszustand: Der Bahnhof ist in Betrieb, steht unter Denkmalschutz und ist vollständig erhalten. Mindestens eine Instandhaltungsmaßnahme wurde in jüngerer Vergangenheit durchgeführt.

Literatur: www.wikipedia.org/wiki/Bahnhof_Paris-Austerlitz (11.8.2023).

Flachkuppeln auf Gasbehältern nach Schwedler, Berlin

Ausführungszeit	1863
Bautypus	Gasbehälter
Bauweise	Schmiedeeisen, Flachkuppel ohne Unterspannung
Merkmale	zweifach gekrümmte Fachwerkkonstruktion mit Laterne
wesentliche Maße	Spannweite 30,9 m
Beteiligte	Ingenieur: Willhelm Schwedler

316

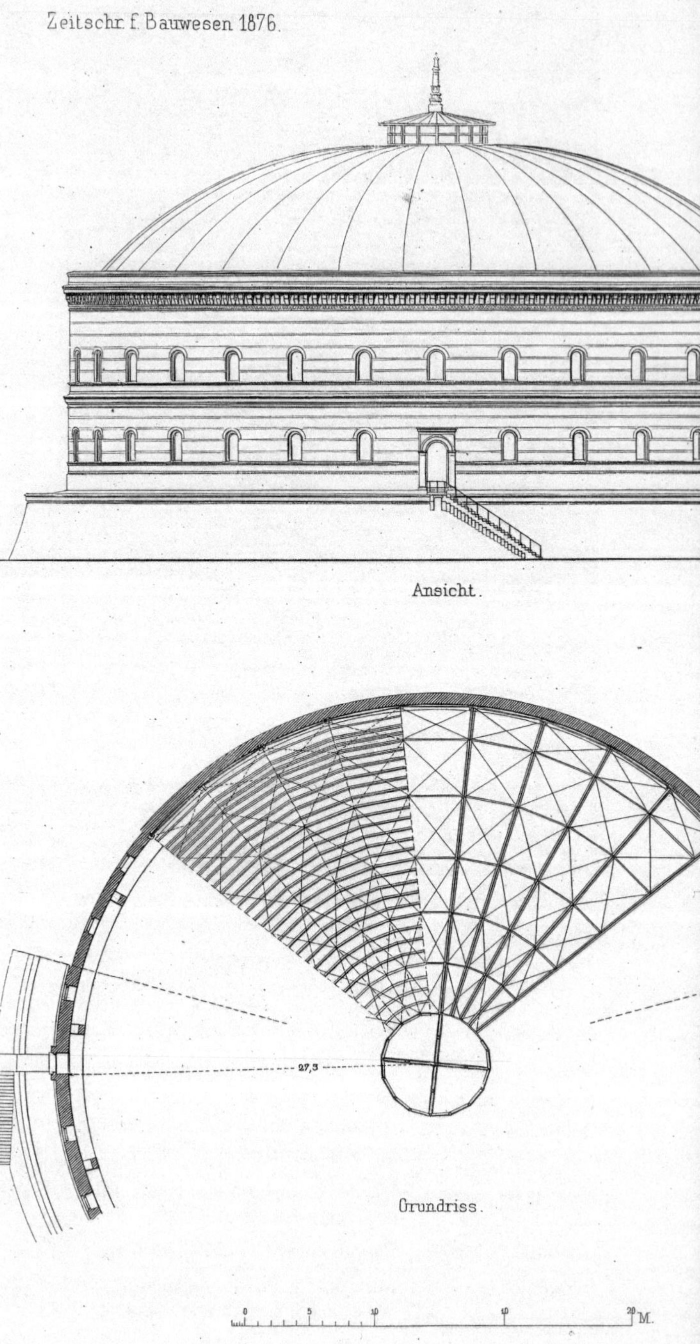

Abb. 316 Gasbehälter, Holzmarktstraße, Berlin, 1863, Darstellung von 1876.

Johann Wilhelm Schwedler hatte 1863 mit der Kuppel über dem Gasbehälter in der Holzmarktstraße 28 in Berlin (Spannweite 30,9 m) erstmals eine Flachkuppel ohne Unterspannung hergestellt. Später sollten Kuppeln nach seiner Konzeption auch Spannweiten von über 60 m erreichen. Die noch neue Bauaufgabe des Gasbehälters machte es auch nötig, eine geeignete Überdeckung herzustellen.

Schwedler selbst errichtete zunächst bis in die frühen 1860er-Jahre solche Dachkonstruktionen aus unterspannten Eisenträgern. Nach dem Einsturz einer solchen Flachkuppel hatte er die Idee, dass eine unterzuglose Haube genauso gut bzw. besser funktionieren müsste, wenn diese in sich versteift, also ohne Unterspannung tragfähig sei.[111] Für die Flachkuppeln verwendete Schwedler Halbzeuge aus Eisen für Meridiane und Ringe. In die verbleibenden Felder dazwischen fügte er jeweils diagonale Zugbänder ein, sodass jedes sich ergebende Feld für sich ausgesteift war. Damit schuf er ein vielfach unbestimmtes statisches System aus einem zweifach gekrümmten Fachwerk. Asymmetrische Lasten oder Punktlasten werden sofort auf die gesamte Gewölbefläche verteilt und führen so zu keinerlei Verformungen. Ein weiterer Vorteil war, dass Schwedler die Kuppel am Boden vorfertigen und insgesamt dann nach oben heben konnte. Die Bauweise wurde als Schwedlerkuppel bekannt.

Abgebildet ist die Flachkuppel eines der Gasbehälter in der Fichtestraße in Berlin von 1876. (Abb. 316) Bei einem Durchmesser von 54,6 m wurden 32 Meridiane und 7 Ringe ausgeführt. Die feldweisen Auskreuzungen aus Rundstäben treffen sich in der Mitte in einer Art Spannring. Die in der Werkstatt hergestellten Verbindungen wurden genietet, die Montagestöße vor Ort geschraubt. Die Vorfertigung sparte Kosten und Zeit.

111 Berger 2019, S. 148f.

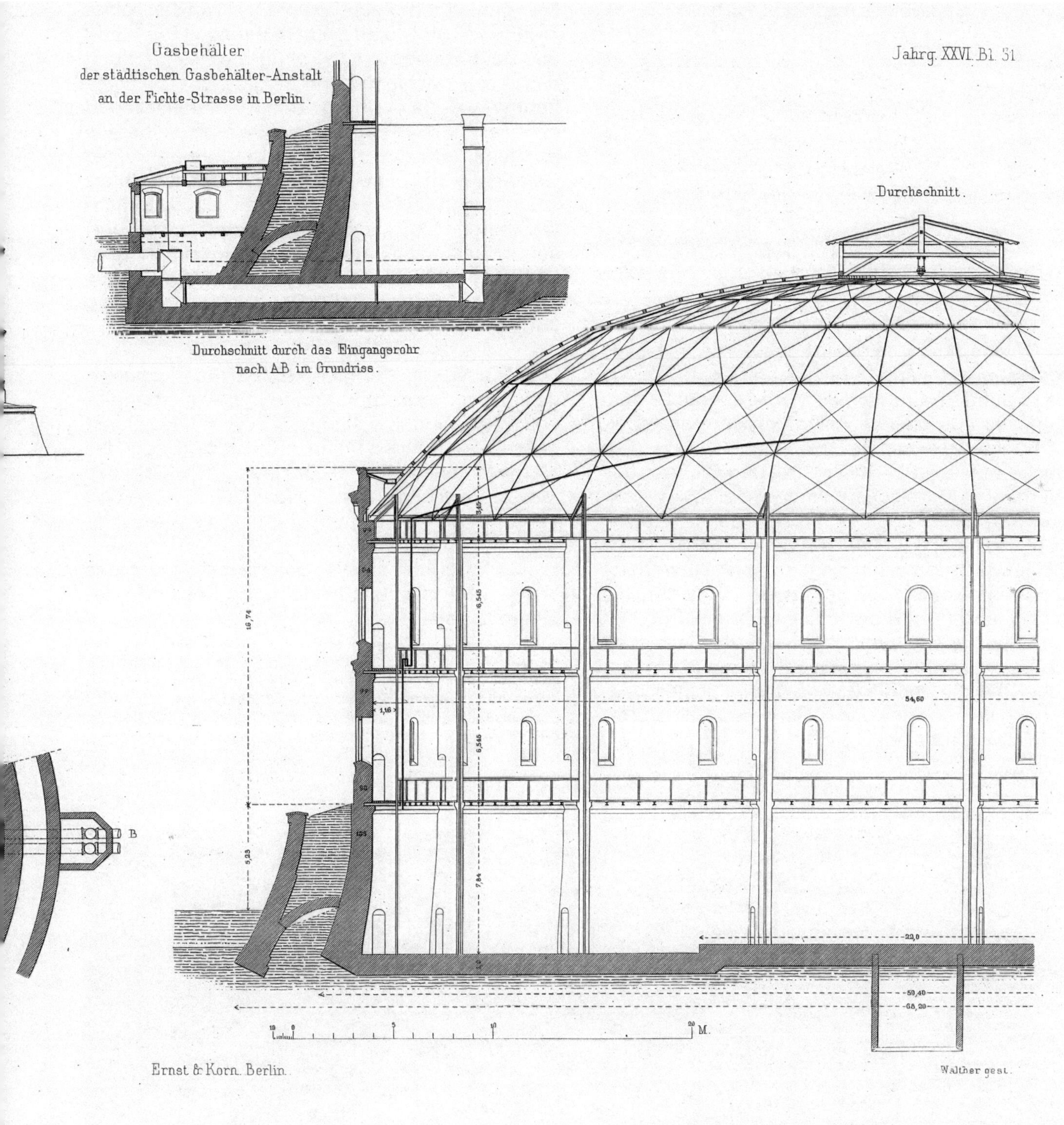

Erhaltungszustand: Von vormals vier Gasbehältern an der Fichtestraße ist der als zweiter im Jahr 1884 in Betrieb genommene einschließlich Kuppelkonstruktion noch vorhanden und steht seit 1991 unter Denkmalschutz. Der Betrieb der Behälter wurde schon 1937 eingestellt. Heute wird das Bauwerk für Wohnzwecke genutzt. Die Konstruktion in der Holzmarktstraße existiert nicht mehr.

Literatur: Berger, Barbara. *Der Gasbehälter als Bautypus.* München 2019; Rehm, Jörg. *Eisenbeton im Hochbau bis 1918. Dokumentation und Analyse realisierter Bauwerke im Raum München.* München 2019.

Galerie des machines, Paris

Ausführungszeit	1889
Bautypus	Ausstellungshalle
Bauweise	Eisen (Flusseisen), Dreigelenkbogenbinder
Merkmale	Montagebau, Binder aus Gitterträgern
wesentliche Maße	Spannweite der zentralen Halle 115 m, Scheitelhöhe 46 m
Beteiligte	Architekt: Charles Louis Ferdinand Dutert, Ingenieur: Victor Contamin

Die Galerie des machines in Paris wurde anlässlich der Weltausstellung 1889 errichtet. (Abb. 317) Sie stand auf dem Champ des Mars gegenüber dem ebenfalls aus diesem Anlass errichteten Eiffelturm. Die dreischiffige Anlage überdeckte eine Fläche von etwa 47 000 m². Bei den Bindern des überhöhten Mittelschiffs handelt es sich um Fachwerk-Dreigelenkbögen mit einer Spannweite von 115 m und einer Scheitelhöhe von etwa 46 m. Diese Größe wurde bis dahin nicht erreicht. Zuvor hatte die Bahnsteighalle von St. Pancras in London, die in den Jahren 1863 bis 1867 errichtet wurde, mit 73 m Spannweite den Rekord inne. Im Gegensatz zu dieser Bahnhofshalle, die mit Steinmauern umgeben wurde, war die Galerie des machines weitgehend schmucklos und vollkommen auf das Material Eisen abgestellt.

Die genieteten Fachwerkbinder wurden ohne Trennung von Stütze und Binder bzw. von Wand und Dach konstruiert. Die statische Bestimmtheit des Dreigelenkbinders war für die Planer von großem Vorteil, da das Tragwerk gut modelliert und dimensioniert werden konnte. So fand die bereits existierende Fachwerktheorie Anwendung. Bei der Galerie des machines verzichtete man auf Unterspannungen und wies alle Lasten rein den Fachwerkbindern zu, die also biegesteif ausgeführt sein mussten. Die Bogenform weicht von der idealen Stützlinie deutlich ab. Die Träger wurden aus Flusseisen hergestellt. Die Bemessungsspannung betrug 100 N/mm².

Die Ausbildung der eingeschnürten Fußpunktgelenke in dieser spektakulären Art war ebenfalls neu. Die Fußpunkte sind also dort auf den Punkt gebracht, wo die Kräfte am größten sind, aber das Moment gleich Null ist. Dort, wo man kraftvolle Masse erwartete, war hier eigentlich nichts – was bei den Architekten auf Unverständnis stieß.

Erhaltungszustand: Die Galerie des machines wurde 1910 trotz des Protests zahlreicher Ingenieure abgerissen.

Literatur: Schlaich, Jörg. „Bahnsteighallen – leicht, weit, hell. Lehrter Bahnhof in Berlin". In: *Beiträge zur Geschichte des Bauingenieurwesens 10. Vorträge im Wintersemester 98/99,* hrsg. von Eberhard Schunck. Technische Universität München. München 1999. S. 63–74; Giedion, Siegfried. *Bauen in Frankreich*. Leipzig 1928, S. 54.

Abb. 317 Galerie des machines, 1889; Innenraumfoto von 1889.

317

Stahlnetzkonstruktionen von Vladimir Šuchov (1853–1939), Russland

Ausführungszeit	1897
Bautypus	Lager- und Montagehalle
Bauweise	Eisen (Halbzeuge), Kuppelschale auf vier Stützen
Merkmale	unterspannte Netzkonstruktion
wesentliche Maße	Spannweite 14,6 m
Beteiligte	Ingenieur: Vladimir Šuchov, Firma Bari

Abb. 318 Hallen, Vyksa, 1896, nach Plänen von Vladimir Šuchov, Modell von 2010.

318

Šuchov wurde bereits mit 27 Jahren Chefingenieur bei der Firma Bari mit Sitz in Moskau. Seine Ideen für äußerst materialsparende Konstruktionen revolutionierten das Bauen mit Eisen im 19. Jahrhundert. Ästhetisch sprach er damit zu der Zeit niemanden an. Im Rückblick faszinieren seine reduzierten Konstruktionen, die ganz aus der Form entwickelt wurden. Šuchov war ein Universalgenie und fand für ganz unterschiedliche Aufgaben einleuchtende Lösungen, ob im Schiffs-, Brücken- oder Turmbau.

Šuchov entwickelte ab 1894 Netz- und Seilkonstruktionen, die er dann für die allrussische Ausstellung in Nischni Nowgorod in den Jahren 1895 bis 1896 realisierte. 1895 meldete er dazu zwei Patente an. Die Dachkonstruktionen bestehen aus Flach- und Winkeleisen, die sich rautenförmig kreuzen. Bei den Hängedächern aus Bandeisen stellte sich unter Eigengewicht die Form einer Kettenlinie ein. In Nischni Nowgorod wurden insgesamt acht Hallen von der Firma Bari nach Šuchovs Patenten errichtet. Seine Bauweise wurde zum Vorbild für Membran- bzw. schlanke Schalenkonstruktionen aus bewehrtem Beton. Šuchov schuf Netzwerkkonstruktionen, die entweder zug- oder druckbeansprucht waren. Die Hängedächer spannte er über Fachwerkstützen auf. Besonders interessant sind die Hallen von Vyksa (Abb. 318), wo er zweifach gekrümmte Schalen über einem rechteckigen Grundriss auf vier Stützen errichtete. Die Spannweite betrug 14,6 m. Dabei handelt sich um ein druckbeanspruchtes Netzwerk.

Erhaltungszustand: Die Hallen von Nischni Nowgorod wurden transloziert. Dort brannten sie ab. Die Hallen von Vyksa waren zuletzt noch erhalten, befanden sich aber in sehr schlechtem Zustand.

Literatur: Graefe, Rainer/Gappoev, Murat/Pertschi, Ottmar (Hrsg.). *Vladimir G. Suchov 1853–1939. Die Kunst der sparsamen Konstruktion.* Stuttgart 1990; Graefe, Rainer. „Šuchovs Türme". In: *Beiträge zur Geschichte des Bauingenieurwesens 4, Vorträge im Wintersemester 91/92,* hrsg. von Eberhard Schunck. Technische Universität München. München 1992. S. 70; Graefe, Rainer. „Filigrane Hallen – Paxton und Šuchov". In: *Beiträge zur Geschichte des Bauingenieurwesens 8, Vorträge im Wintersemester 96/97,* hrsg. von Eberhard Schunck. Technische Universität München. München 1997. S. 6–12; Nerdinger, Winfried/Barthel, Rainer/Krippner, Roland. *Wendepunkte im Bauen. Von der seriellen zur digitalen Architektur.* München 2010, S. 89.

Turmbauwerke von Vladimir Šuchov, Russland

Ausführungszeit	1896
Bautypus	Wasserturm mit Aussichtsplattform
Bauweise	Eisen (Halbzeuge), Hyperboloid
Merkmale	von kreisrunden Ringen gehaltenes Stabwerk
wesentliche Maße	Höhe 25,6 m
Beteiligte	Ingenieur: Vladimir Šuchov, Firma Bari

319

Abb. 319 Wasserturm, Allrussische Ausstellung, Nischni Novgorod, 1896, nach Plänen von Vladimir Šuchov; Foto von 1989.

Besonders beeindruckend sind die hyperbolischen Turmkonstruktionen, die Šuchov erstmals bei der Petersburger Peter-und-Paul-Kathedrale verwirklichte. Vorbilder für diese Konstruktionsidee gibt es nur wenige. Zumindest Charles F. A. Leroy ist zu nennen, der 1838 einen Hyperboloiden mit elliptischem Grundriss darstellte.[112] Šuchov entwickelte Konstruktionen, die flächig tragen und aus immer gleichen Teilen zusammengesetzt sind. Schon 1896 meldete er ein Patent für eine Turmkonstruktion an. Eingesetzte Ringe, die den Hyperboloid in regelmäßigen Abständen aufspannen, versteifen die Konstruktion zusätzlich durch Dreiecksbildung.

Ein erster Gitterturm von Šuchov wurde noch im selben Jahr, 1896, auf der allrussischen Ausstellung in Nischni Nowgorod mit einem 25,6 m hohen Schaft errichtet. (Abb. 319) Auf den Schaft setzte man einen 114 000 l fassenden Wasserbehälter und schloss ganz oben mit einer Aussichtsplattform. Insgesamt plante Šuchov wohl etwa 100 Wassertürme in ähnlicher Bauweise und brachte sie auch zur Ausführung. Die Formfindung erfolgte jeweils anhand eines zylindrischen Stabmodells. Im Prinzip kann man einen Hyperboloiden aus Mikadostäben nachahmen. Durch Verdrehen der Enden ergab sich jeweils die gewünschte hyperbolische Form, die durch die Ringe ihre Fixierung erhielt. Die Wassertürme erreichten Höhen von bis zu 70 m.

In einem nächsten Schritt konzipierte Šuchov Türme, die mit Segmenten aus jeweils in sich geschlossenen hyperbolischen Teilen bestanden. Erstmals ins Werk setzte er einen solchen Turm für die Radiostation Moskau. Sein Konzept für einen 350 m hohen Turm wurde jedoch aufgrund von Materialknappheit verworfen. Der Turm in Moskau wurde 150 m hoch. Šuchov stapelte die einzelnen Hyperboloide, indem er den jeweils nächsten Abschnitt am Boden vorfertigte und innen nach oben zog. Dieses von Šuchov erfundene Teleskopverfahren ist seitdem weit verbreitet. Um die kleineren Segmente durch den Aufsetzring des unteren ziehen zu können, wurde dieser mit Hölzern aufgespreizt, die nach dem Durchziehen wieder entfernt wurden. Dadurch schloss sich der Ring und das durchgeführte Bauteil konnte aufgesetzt werden. Bis zu 135 m Höhe erreichten Hochspannungsmasten, wie sie an der Oka bei Nigres von 1927 bis 1929 entstanden (Abb. 320, 321). Als Aufstiegshilfe sah Šuchov lediglich eine freie Leiter und abschnittsweise eingefügte Körbchen zum Ausruhen vor.

Erhaltung: In Teilen sind Turmbauwerke von Šuchov noch erhalten. Sie wurden jedoch jeweils außer Betrieb genommen.

Literatur: Graefe, Rainer/Gappoev, Murat/Pertschi, Ottmar (Hrsg.). *Vladimir G. Šuchov 1853–1939. Die Kunst der sparsamen Konstruktion.* Stuttgart 1990; Graefe, Rainer. „Šuchov's Türme". In: *Beiträge zur Geschichte des Bauingenieurwesens 4, Vorträge im Wintersemester 91/92*, hrsg. von Eberhard Schunck. Technische Universität München. München 1992. S. 55–70; Beckh, Matthias. *Hyperbolische Stabwerke. Šuchovs Gittertürme als Wegweiser in den modernen Leichtbau.* München 2012.

Foto: Rainer Graefe

112 Graefe 1992, S. 60 (wohl nicht ausgeführt).

320

Foto: Igor Kazus 1989

Abb. 320 Hochspannungsmasten an der Oka bei Nigres, Russland, 1927–1929, nach Plänen von Vladimir Šuchov; Foto von 1989.

321

Abb. 321 Blick in einen der Türme an der Oka bei Nigres; Foto von 1989.

Foto: Igor Kazus 1989

EISENBETONBAU

1. Einführung
2. Werkstoffe
3. Fügetechnik
4. Tragmechanismen
5. Tragwerkstypen
6. Gefährdungen
7. Beispielhafte Bauwerke

1. EINFÜHRUNG

Die ältesten Belege für die Verwendung von „gegossenem Stein“ finden wir in der Antike. Zuvor war es jedoch bereits seit der Jungsteinzeit üblich, Estriche herzustellen. Bei den ältesten Ausführungen verwendete man Lehm und/oder Kalk als Bindemittel, um eine feste, gut begehbare Oberfläche herzustellen. Unter dem Begriff opus caementitium[1] verstand man im alten Rom ein hydraulisch abbindendes Gemisch aus Bindemitteln und Wasser mit Zuschlagsstoffen wie Sand, Kies und Tonscherben. Die Bindemittel bestanden aus Kalk und überwiegend mehlfein gemahlenen vulkanischen Erden (Puzzolane). Aber auch die mehr oder weniger stark gebrannten Ziegelreste, die in zahllosen Töpfereien als Abfall anfielen, haben eine gewisse hydraulische Wirkung und wurden dem antiken „Beton“ beigemischt. Die Baumeister erkannten rasch, dass die Ausgangsstoffe geeignet waren, einen Mörtel zu schaffen, der auch unter Wasser seine Eigenschaft behielt, ja sogar Wasser benötigte, um zu härten. Opus caementitium eignete sich deshalb auch dazu, Hafenanlagen zu errichten. Ansonsten wurde der römische Beton in großen Mengen bei Hochbauten eingesetzt, als Verfüllung zwischen zwei Wandschalen, aber auch als Sichtbeton für Gewölbe und reine Zweckbauten. Die Hydraulizität beruht auf der Eigenschaft der sogenannten Hydraulefaktoren, Wasser in einem so hohen Maße an sich zu binden, dass ein Feststoff entsteht. Dieser Abbindevorgang findet ohne Luftzufuhr statt. Es wird dabei Energie in Form von Wärme frei.

Griechische und römische Baumeister stellten Schwergewichtsmauern her, indem sie in eine Schalung aus Mauerwerksscheiben oder Holz das oben genannte Gemisch füllten und es lagenweise einstampften. So ist auch der älteste Begriff für opus caementitium[2] opus emplecton, was so viel wie eingestampftes Werk bedeutet oder, wie Heinz O. Lamprecht schreibt, das „verflochtene Mauerwerk“.[3] Die Bauweise verbreitete sich im gesamten Einflussgebiet des Römischen Reichs. Noch heute können Zeugnisse der Schalungstechnik beispielsweise im Kolosseum in Rom besichtigt werden. (Abb. 322) Die äußere Schale oder Verkleidung wurde ganz unterschiedlich ausgebildet und diente der Repräsentation.

Die Kenntnis der antiken Baumeister um die hydraulische Abbindefähigkeit des Materials verschaffte dem Römischen Reich enorme Vorteile. So konnten in kurzer Zeit große Bauwerke hergestellt werden. Gerade Hafenanlagen waren von großer Bedeutung. Es ist anzunehmen, dass sowohl Schalungskörper in Wasser eingesetzt wurden, um darin Fundamente herzustellen, als auch vorfabrizierte Kunststeine angefertigt und anschließend versenkt wurden. Die Bauweise war einfach und effizient. Abfälle und Bruch aus den zahlreichen Manufakturen, in denen irdenes Geschirr oder auch Ziegelplatten hergestellt wurden, wurden ebenfalls im opus caementitium weiterverarbeitet. Der Ton aus diesen Manufakturen wurde nicht bis zur Sinterung gebrannt. Das war mit den antiken Holzfeuerungen kaum möglich. Dennoch erreichten diese Produkte durch das Brennen eine latente hydraulische Wirkung, wenn sie zerkleinert wurden. Sie trugen so zudem zum Abbinden bei.

Im Mittelalter ging dieses Wissen nur teilweise verloren. So zeigen beispielsweise noch bestehende Gewölbekonstruktionen aus der Zeit, dass auch vor der Wiederentdeckung der *Zehn Bücher über Architektur* von Vitruv die antiken Bauweisen nicht nur mit Blick auf die Schalungstechnik kopiert wurden, sondern auch ein Mörtel hergestellt werden konnte, der nach einer befriedigend kurzen Zeit eine ausreichende Festigkeit erreichte. Beispiele hierfür finden sich in Graubünden, Wien oder Görlitz. (Abb. 323) Auch Günter Huberti dokumentiert in seiner frühen Abhandlung *Vom Caementum zum Spannbeton* einige Beispiele, die man sich im frühen 19. Jahrhundert nicht erklären konnte.[4] In jedem Fall scheint die Zugabe von zerkleinerten gebrannten Ziegelstücken in den Kalkmörtel fortgesetzt worden zu sein.

Selbst der Einsatz von Eisen lässt sich im antiken Betonbau nachweisen. So ist anhand von Befunden zu vermuten, dass beim Bau von Hypokaustenheizungen kurze Spannweiten mithilfe von Flachdecken aus einer Schicht Ziegelplatten und unterlegten, geschmiedeten Eisenstäben überbrückt wurden.[5] (Abb. 324) Darauf wurde das übliche opus caementitium, also Gussmauerwerk, aufgebracht.

Der moderne bewehrte Betonbau, der im 20. Jahrhundert seinen beachtlichen Siegeszug im Bauwesen antreten sollte, ist Ergebnis einer ingenieursmäßigen Kraftanstrengung. Nachdem die ideengebenden Patente von einigen Bauunternehmen im ausgehenden 19. Jahrhundert dazu genutzt wurden, um weitere Entwicklungen im Eisenbetonbau voranzubringen, wurden auch bald systematische Versuchsreihen gestartet, um die optimale Bewehrungsführung festzulegen. Die bereits seit den 1870er-Jahren etablierten Materialprüfanstalten übernahmen diese Aufgabe. Sie wurden zumeist an den Hochschulen eingerichtet und als halbstaatliche Institutionen betrieben.

1 Zu Deutsch etwa „Werk aus Bruchstein“.
2 Der erste Nachweis hierfür stammt von 121 v. Chr. vom Concordiatempel. Vgl. Börries 1993. Wahrscheinlich ist der Einsatz seit 3 000 Jahren.
3 Lamprecht 1993, S. 37.
4 Huberti et al. 1964, S. 27–28.
5 Stark et al. 1998, S. 83; Lamprecht 1993, S. 216.

Der bewehrte Betonbau wurde also von privaten Unternehmen und staatlichen Hochschulen gemeinsam einer Normierung zugeführt.

Abb. 322 Kolosseum, Rom, 1. Jh. n. Chr., Schalungsabdrücke in einem Gewölbe.
Abb. 323 Stephansdom, Wien, Schalungsabdrücke in einem Kreuzgewölbe, wohl 12. Jahrhundert.
Abb. 324 Rekonstruierte Kanalabdeckung aus der Antike, ohne Datierung.
Abb. 325 Kontorgebäude, München, 1910, glatte Bewehrungsstäbe.

322

323

324

325

2.

WERKSTOFFE

Bewehrung[6]

Der Begriff Eisenbeton beinhaltet bereits die beiden wesentlichen Inhaltsstoffe Eisen und Beton, die im Verbund zu einer gemeinsamen statischen Wirkung gelangen. Um 1940 wurde der Begriff im deutschsprachigen Raum von „Stahlbeton" abgelöst. Im Gegensatz zu Stahl (Kohlenstoffgehalt < 0,5 %) war die in der frühen Phase verwendete Bewehrung jedoch wesentlich kohlenstoffärmer (< 0,1 %). Es wurde das seit den 1880er-Jahren industriell hergestellte Flusseisen verwendet. Dieses löste bis 1905 die Produktion von Schmiedeeisen fast vollständig ab. Flusseisen hatte im Vergleich zu Stahl eine hohe Duktilität, also plastische Formbarkeit, und war deshalb für die Bewehrungsarbeit vor Ort besser geeignet als der sprödere Stahl. Das Flusseisen wies zudem im Vergleich zu Schmiedeeisen homogenere Eigenschaften auf. Folgerichtig wurde auch in den ersten Bestimmungen für die Ausführung von Eisenbetonkonstruktionen der Einsatz von Flusseisen für Bewehrungen gefordert. Es ist davon auszugehen, dass in Deutschland ab 1904 im Allgemeinen die für die Bewehrungsarbeit verwendeten Stäbe aus Flusseisen bestanden.[7]

Flusseisen und Stahl unterscheiden sich noch in weiteren wesentlichen Eigenschaften. So ist Flusseisen nicht härtbar und weist eine hohe Bruchdehnung von etwa 25 % auf. Bei Stahl beträgt sie nur 5 bis 8 %. Unter Berücksichtigung der erforderlichen Biegerollendurchmesser konnten Bewehrungskörbe aus Stäben mit relativ geringen Durchmessern zwischen 6 und 28 mm eingesetzt werden. Die Verwendung mehrerer Stäbe mit kleinerem Durchmesser hatte zugleich den Vorteil der Oberflächenvergrößerung. Bei Durchmessern von 6 mm spricht man von Draht. Die Oberflächen der Stäbe waren anfangs im deutschen Raum grundsätzlich glatt, also unprofiliert. (Abb. 325) Erst in den späten 1940er-Jahren wurden gerippte Stäbe üblich. Matten kamen ab den 1930er-Jahren zum Einsatz und setzten die Schweißbarkeit der verwendeten Stäbe voraus.

6 Siehe hierzu den Exkurs Eisenwerkstoffe von Jürgen Villain.
7 Siehe dazu Rehm et al. 2018 (Untersuchungen zu Bewehrungsstäben an Bauwerken aus Eisenbeton in München).

Bestimmungsbasierte Ausführungen von Eisenbeton unterscheiden sich dabei von patentbasierten. Die für den deutschen Raum wichtigen Patente von François Hennebique sahen Bewehrungsdurchmesser von 30 mm und mehr vor. Diese Stäbe konnten eigentlich nur durch Erhitzen geformt werden, was auf Dauer wenig praktikabel war und den Rückgang dieser Bauweise zur Folge hatte.

In den ersten, noch „vorläufigen Bestimmungen für die Ausführung von Konstruktionen aus Eisenbeton bei Hochbauten" – Vorläufer der DIN 1045 von 1925 – legte das preußische Ministerium der öffentlichen Arbeiten für Bewehrungen eine Bemessungsspannung von 120 N/mm² fest. Diese Bemessungsspannung wurde drei Jahre später sogar noch auf 100 N/mm² reduziert. Die nachgewiesene Zugfestigkeit solcher Stäbe bewegte sich zwischen 370 und 440 N/mm². Eine Normung für Eisenwerkstoffe sollte erst 1925 (DIN 1612) eingeführt werden. Darin wurden verschiedenen Stahlgüten erforderliche Festigkeiten zugewiesen. Die Sicherheiten waren mit Blick auf die Bewehrungsstäbe also relativ hoch.

Insbesondere in Bayern gab es auch um 1900 nur wenige Eisenhütten, etwa die Maxhütte, sodass der Einsatz von Eisenbeton von gewissem Vorteil war gegenüber reinen Eisenkonstruktionen, weil für die Bewehrung Eisen sehr sparsam eingesetzt werden konnte. Dies wurde durch die Einführung der Leitsätze des Deutschen Beton-Vereins 1904 befördert, die in der Folge auch in Bayern allgemein Anwendung fanden bzw. deren Anwendung zumindest vonseiten öffentlicher Auftraggeber eingefordert wurde.

Die Benennung der einzelnen Bewehrungen veränderte sich im Laufe der Zeit. Um 1900 nannte man die untere Bewehrung in einem Biegebalken häufig Tragbewehrung und die oben liegende Bewehrung Verteilbewehrung. Der Begriff Bügel stand dagegen schon immer für die die Trag- und Verteilbewehrung verbindenden Drähte, denen auch zunehmend die Aufnahme von Schubkräften zugewiesen wurde. Interessant ist, dass mit dem Betonbau auch das Flachdach beliebter wurde. Es sollte in den 1920er-Jahren ein ganz entscheidendes Gestaltungselement der klassischen Moderne in der Architektur werden. Entlehnt ist der Flachdachbau auch der Lehmbauweise. Die Entwicklung von Abdichtungssystemen war jedoch im regenreichen Mitteleuropa entscheidend dafür, dass sich Flachdächer überhaupt längerfristig am Bau durchsetzen konnten.

Beton

Den Begriff Beton definierte der Franzose Bernard de Bélidor (1697–1761) 1753 als Baustoff aus Wasser, (hydraulischen) Bindemitteln und Zuschlägen. Dabei werden die Begriffe Mörtel und Beton nach dem Durchmesser der Zuschläge unterschieden. Ist dieser kleiner als 4 mm, spricht man von Mörtel.

Die Wirkung der Hydraulefaktoren besteht darin, dass durch die Einlagerung von Wassermolekülen nadelartige Gebilde entstehen, die sich immer weiter untereinander verflechten, verfilzen und verschränken. Der Abbindeprozess setzt sich über Jahrzehnte hinweg fort, sodass auch die Festigkeit immer weiter steigt. Die Nennfestigkeit musste jedoch schon mit Einführung der ersten Bestimmungen nach 28 Tagen erreicht werden (damals mind. 18 N/mm²).[8] Die hydraulische Wirkung des Bindemittels entdeckte 1755 der Engländer John Smeaton (1724–1792). Er schrieb dem gebrannten Ton die Hydraulizität zu. Solche bei hohen Temperaturen gebrannten Tonminerale können u. a. auch in vulkanischen Gesteinen vorkommen. Als besonders geeignet bewertete Smeaton Kalkgesteine, die einen gewissen Anteil an Ton aufweisen. Er brannte das tonhaltige Gestein in einem Ofen und zerkleinerte es anschließend mehlfein. Das Material verwendete er als Versetzmörtel beim Leuchtturm von Eddystone.[9]

Im Gegensatz zu gebranntem Ton, der gemischt mit Kalk hydraulisch abbindet, bindet reiner Kalk, der gebrannt wurde, unter Einlagerung von CO_2 aus der Luft ab. Man spricht daher von Luftkalk. Ein hydraulischer Kalk benötigt zum Abbinden bereits einen gewissen Anteil von Zementklinker, also hoch gebranntem Ton.

Ähnlich wie John Smeaton brannte James Parker (vor 1780–nach 1807) 1796 tonhaltiges Kalkmergelgestein aus einem Steinbruch bei London, mahlte es und ließ sich das gewonnene, hochwirksame Bindemittel als „Romancement" patentieren.[10] Parker stellte bei der Benennung bewusst einen Bezug zum römischen opus caementitium her.

8 Rehm 2019, S. 459. Dort in Kopie abgedruckt aus Kapitel IV. B. 4. Beton der „Vorläufigen Leitsätze für die Vorbereitung, Ausführung und Prüfung von Eisenbetonbauten".
9 Siehe Kapitel Mauerwerksbau.
10 Patent N° 2120 von James Parker: „A certain Cement or Terras to be used in Aquatic and other Buildings and Stucco Work".

Mit der industriellen Herstellung von Zement verbreitete sich die Verwendung von Zementmörtel für erd- oder wasserberührte Bauteile von England aus auf das europäische Festland. So wurden insbesondere Hafenanlagen wieder wie in der Antike seit dem frühen 19. Jahrhundert mit Beton befestigt und für wellenbrechende Uferböschungen sogar quaderförmige Betonfertigteile eingesetzt.[11] 1824 gelang es Joseph Aspdin (1778–1855) als Erstem, aus verschiedenen Rohstoffen einen künstlichen, hydraulisch wirksamen Kalk in großen Mengen herzustellen, der den Eigenschaften des von ihm geschätzten Portlandsteins nahekam und fortan den Begriff Portlandzement prägen sollte. Aspdins englisches Patent vom 21. Oktober 1824 sah vor, dass Kreidegestein mit Tonschlämmen vermischt, getrocknet und anschließend bei hohen Temperaturen gebrannt werden sollte. Aspdin sah also erstmals die freie Mischung der Inhaltsstoffe des Zements vor und konnte so auch je nach den gewünschten Eigenschaften des Zements die Anteile beimischen, die hierfür benötigt wurden. Die Suche nach einem geeigneten Gestein, das die späteren Eigenschaften des Zements vorab festlegte, entfiel damit. Karl Friedrich Schinkel (1781–1841) brachte 1826 Portlandzement, der als Fassware versendet wurde,[12] von einer Studienreise in England mit und verwendete das Material in den Jahren 1833 bis 1835 bei der Errichtung von Schloss Babelsberg.

Der richtige Anteil von Ton im Bindemittel ist entscheidend für die Fähigkeit des Mörtels, mit Wasser zu erhärten. Der tonhaltige Kalk muss bis zur Sinterung, also bis nahe an die Schmelztemperatur, bei 1400 bis 1500 °C gebrannt werden. Das Ergebnis kann nicht mit Wasser abgelöscht werden, wie dies bei Stückkalk der Fall ist, sondern muss zunächst fein gemahlen und dann mit Wasser vermischt werden. Büsing definierte 1912[13] den Portlandzement folgendermaßen: „Portland-Zement ist ein hydraulisches Bindemittel mit nicht weniger als 1,7 Gewichtsteilen Kalk (CaO) auf 1 Gewichtsteil lösliche Kieselsäure (SiO_2) + Tonerde (Al_2O_3) + Eisenoxyd (Fe_2O_3), hergestellt durch feine Zerkleinerung und innige Mischung der Rohstoffe, Brennen bis mindestens zur Sinterung und Feinmahlen." Die Erfindung des Drehrohrofens war für die massenhafte Herstellung von Zement eine wesentliche Voraussetzung. Erst Anfang des 20. Jahrhunderts wurde auch Hüttenzement eingesetzt, der als Abfallprodukt der Eisen- und Stahlherstellung anfällt. Bis heute ist Hüttenzement jedoch nur als Beimischung zu Portlandzement zugelassen. Die Bestimmungen sahen zunächst ausschließlich die Verwendung von Portlandzement vor.

Für die Errichtung eines Bauwerks aus Beton waren die Voraussetzungen im Raum München sehr günstig. Die Zuschlagsstoffe Sand bzw. Kies stehen hier unter einer relativ dünnen Humusschicht überall zur Verfügung. So wurde der Aushub nicht selten mehr oder weniger direkt zur Herstellung von Beton verwendet. Organische Verunreinigungen nahm man hin. Sieblinien wurden erst 1932 in die dann bestehende Betonnorm (DIN 1045) aufgenommen. Zement wurde im deutschen Raum seit etwa 1855 hergestellt. In Bayern wurden insbesondere in der Gegend von Ulm und Regensburg Zementwerke gegründet. Dazu kam der Import von Zement und Eisen, der durch den Ausbau des Eisenbahnnetzes wesentlich erleichtert wurde. Zugleich wurde Zement immer sparsamer eingesetzt, ohne dass die vorgesehenen Festigkeiten verfehlt wurden. Das Verhältnis von Zement zu Kies im Beton veränderte sich zwischen 1878 (Einführung der ersten Zementnorm in Deutschland) und 1906 von 1:3 auf 1:14 Raumteile.

Die Leitsätze oder vorläufigen Bestimmungen wurden u. a. deshalb eingeführt, weil man gegen eine Verbindung von Beton und Bewehrung Bedenken ins Feld führte. Eine Bauweise, bei der so unterschiedliche Werkstoffe zu einer gemeinsamen Wirkung gelangen sollten, gab es außer beim mit Stroh vermischten Lehm noch nie. Schon in den 1870er-Jahren befassten sich deshalb u. a. in München Materialprüfanstalten mit dem Werkstoff Beton. Ab den 1880er-Jahren nahmen sie auch Ausziehversuche vor, um den sicheren Verbund des Eisens im Beton nachzuweisen.

Unter dem Begriff Betontechnologie versteht man alle im Zusammenhang mit der Materialität und Herstellung von Beton stehenden Prozesse. Bei der Verarbeitung von Beton müssen einige wichtige Dinge beachtet werden. Beim Transport darf sich der Beton nicht entmischen. Er muss direkt nach Anlieferung verarbeitet werden und muss die Bewehrung vollständig umhüllen.

Es ist wichtig zu wissen, dass zu Beginn des 20. Jahrhunderts die Verdichtung des Betons nach dem Einfüllen in die Schalung eine der zentralen Schwierigkeiten auf der Baustelle darstellte, was sich wiederum auf die Zusammensetzung des Betons auswirkte. Während man unbewehrten Beton abgeleitet von der Pisé-Bauweise[14] tatsächlich einstampfen konnte, war dies bei bewehrten Konstruktionen nicht möglich. Auch konnte man nicht Lagen von 15 cm einbringen wie beim Stampfbeton, den man erdfeucht einfüllte und einstampfte, bis sich ein Wasserfilm auf der Oberfläche bildete, dieser zu „schwitzen" begann, um eine möglichst porenfreie Masse zu erhalten. (Abb. 326) Man

11 Holzer 2015.
12 Haegermann et al. 1964, S. 47.
13 Büsing et al. 1912.
14 Unter Pisé-Bauweise versteht man Lehmbau, wie er von François Cointeraux oder Jean-Baptiste Rondelet beschrieben wurde. Damit sollten günstige Wohnhäuser errichtet werden.

326

Abb. 326 Einstampfen von Gussmauerwerk nach Vitruv; Darstellung von 1511.

Abb. 327 Kurgebäude, Bad Kissingen, 1912, steinmetzmäßig überarbeiteter Sichtbeton.

behalf sich vielmehr mit Stochern und Anschlagen der Schalung, ehe ab etwa 1910 druckluftbasierte Rüttler insbesondere für die Herstellung von Decken verwendet wurden.[15] Die sogenannte Rüttelflasche kam erst ab 1926 zum Einsatz. Sie konnte zwischen den Bewehrungsstäben in die Betonmasse eingeführt werden, um so den Beton von unten nach oben zu verdichten. In der frühen Phase wurde versucht, der schwierigen Verdichtungsarbeit mit einem hohen Wasser-Zement-Wert (w/z-Wert) zu begegnen. Der w/z-Wert definiert das Verhältnis der Volumenanteile von Wasser und Zement. Nach den Bestimmungen durfte der Wasseranteil an der Gesamtmischung (also einschließlich der Zuschläge) nicht größer als 13,7 % sein. Hohe Wasserzugaben mit dem Ziel der Verflüssigung des Betons bargen die Gefahr von mangelhafter Festigkeit, ungewöhnlich starkem Schwindverhalten und sogar von Entmischung. Der Wasser-Zement-Wert, die Korngrößenverteilung und letztlich die optimale Bewehrungsführung wurden daher in zahllosen Versuchen und durch wissenschaftliche Forschung ab dem ausgehenden 19. Jahrhundert untersucht.

Beton, zumal bewehrt, musste sich jedoch nicht nur bei den Behörden und Ingenieuren erst durchsetzen, sondern stieß auch allgemein auf Ablehnung. Der graue Werkstoff wurde als minderwertig und grob angesehen. Die Architekten lehnten das Material als schlechteren Naturstein grundsätzlich ab. Deshalb wurden enorme Anstrengungen unternommen, um die Oberflächen aufzuwerten, die häufig steinmetzmäßig nachbearbeitet wurden. Dies konnte bis hin zu einer Bossierung gehen, die auch die Schichtung von Mauersteinen nachzeichnete. Jedoch wurde schon zu Beginn des 20. Jahrhunderts u. a. auch mit Säure gearbeitet und so eine Art Waschbeton hergestellt. Neben allen möglichen nachträglichen Oberflächenbearbeitungen wurden außerdem verschiedentlich Zuschläge beigegeben, die dem Beton eine andere Färbung verleihen sollten. So wurde beim Bau des Deutschen Museums in München und bei der Wandelhalle in Bad Kissingen Muschelkalk beigemischt, um eine wärmere Tönung zu erhalten. (Abb. 327)

Auch die Ausführung eines sogenannten Vorsatzbetons taucht immer wieder in der Literatur auf. Dabei wurden die besonderen Zuschläge reduziert, um Kosten zu sparen, und die Körnung insgesamt feiner gewählt, um einem Naturstein näherzukommen. Die Herstellung muss zugleich relativ kompliziert gewesen sein. Man darf sich diesen Vorsatzbeton nicht als eine Art Putz vorstellen, was auch Betonkerne, die am Deutschen Museum entnommen wurden, belegen. Die einzelnen Schichten der Wandquerschnitte zeichnen sich einerseits durch ihre homogene und innige Verbindung aus, andererseits lassen sich grobkörnige innere Schichten von feinkörnigen äußeren Schichten unterscheiden. Bei der Herstellung durfte im Vorsatzbeton keine Bewehrung enthalten sein. In der Gesamtschalung musste hier nochmals eine Art Trennung zwischen Kernbeton und Vorsatzbeton mitgeführt werden, die wohl aus Stahlblech bestand. Vorsatz- und Kernbeton konnten so zeitgleich abbinden und verbanden sich auf optimale Weise. (Abb. 328)

Die Oberfläche des Betons wurde nach dem Ausschalen noch weiterbearbeitet. Alle Profilierungen wurden schon in die Schalung eingelegt. Tatsächlich finden sich bei Bauwerken aus Eisenbeton dieser frühen, bis zum Ende des Ersten Weltkriegs dauernden Phase sehr selten Bewehrungen im oberflächennahen Bereich von der Witterung ausgesetzten Fassaden. Die Unternehmen waren sich der Risiken – Stichwort Carbonatisierung des Betons und Korrosion der Bewehrung – sehr wohl bewusst.

15 Nachweis bei Kollmann et al. 1912, S. 39.

328

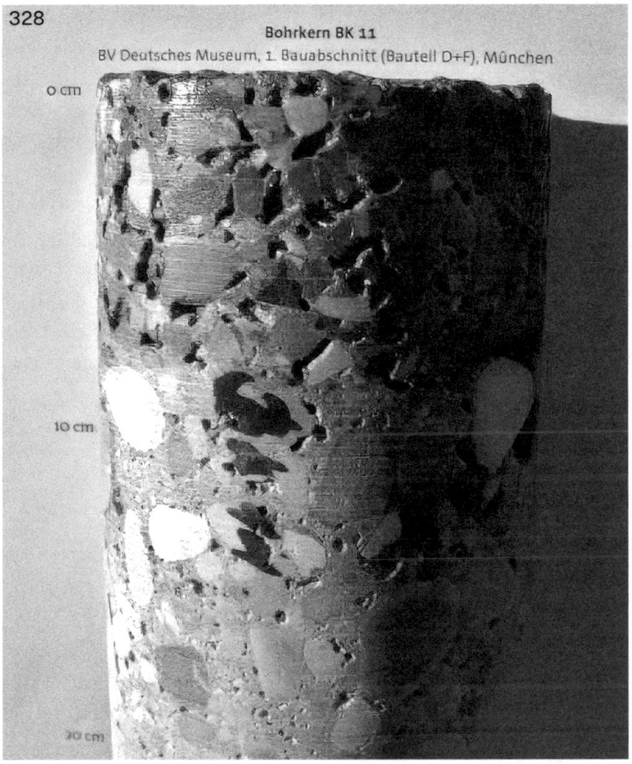

329

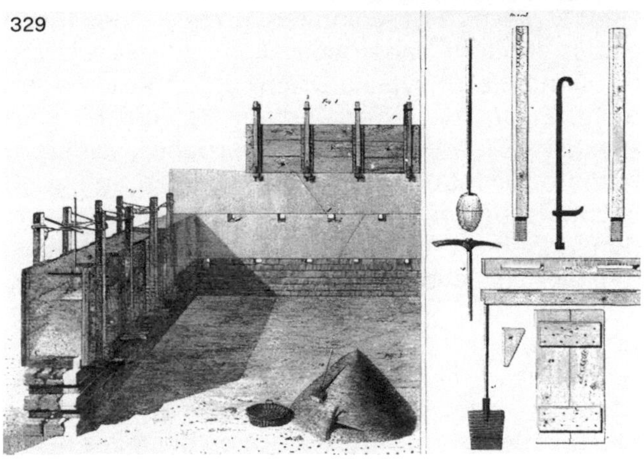

Abb. 328 Deutsches Museum, München, 1909–1916, dunkel sich abzeichnender Vorsatzbeton, Bohrkern Außenwand; Foto von 2010.

Abb. 329 Schalungstechnik für Pisé-Bauweise nach Rondelet 1830.

In jedem Fall war man sich darüber im Klaren, dass die Formgebung des gegossenen Steins durchaus aufwendig ist. Weniger die Schalungsarbeit selbst war dabei ein Hindernis als vielmehr das hohlraumfreie Einfüllen der Betonmasse. Emil von Mecenseffy beschrieb diesen Umstand als „Beschränkung“, die in der unabänderlichen Herstellungsweise ihren Grund hat“.[16] So sind beispielsweise hinterschnittene Schalungsbereiche nahezu unmöglich auszufüllen, zumindest mit den damals zur Verfügung stehenden Mitteln.

FÜGETECHNIK

Die im Zuge der Industrialisierung immer leichter verfügbaren Ausgangsstoffe Zement und Eisen regten die Fantasie von Erfindern an. Es gab zahllose Probleme zu bewältigen, um die Vorteile der jeweiligen Werkstoffe zu vereinen. Aber es lockte auch wirtschaftlicher Erfolg. Und sowohl die Auftraggeber als auch der Gesetzgeber mussten überzeugt werden. Es ist kaum verwunderlich, dass die Herausforderungen von den Erfindern nur ansatzweise gelöst werden konnten. Vielmehr waren es Baupraktiker und findige Ingenieure, die letztlich wirtschaftliche Bauprozesse in Gang setzten, um die Ideen ins Bauwesen effizient einzuführen.

Vorbilder

Betonbau wurde zunächst ohne Bewehrung als Massenbeton für ausschließlich druckbelastete Bauteile ausgeführt. Der Mörtel wurde dann in geringmächtigen Lagen eingestampft, um eine möglichst porenfreie Masse zu erhalten. Die sogenannte Pisé-Bauweise, die Anfang des 19. Jahrhunderts in Frankreich eine kurze Blüte erfuhr, wurde zum Vorbild für Stampfbeton. (Abb. 329) Alle Werkzeuge von der Mischung des Materials über die Schalung und lagenweise Einbringung bis hin zur Verdichtung mit Stampfbrettern oder gusseisernen Platten mit Stiel konnten von der Pisé-Bauweise auf den Betonbau übertragen werden. Die Erkenntnis, dass die Querzugfestigkeit von Lehm durch das Beigeben von Stroh erhöht werden konnte, ist interessant und inspirierte vielleicht auch spätere Erfinder dazu, Eisenstäbe in diesem Zusammenhang zu verwenden.

Bauwerke aus gestampftem Beton wurden schon um 1800 errichtet, beispielsweise Hafenanlagen wie in Algier, Fundamente und Kellerwände, aber auch komplette Hochbauten. So entstand in Baden-Württemberg um 1870 eine ganze Reihe von Bahnwärterhäuschen, die vollständig aus Stampfbeton bestanden. Interessant dabei ist,

16 Mecenseffy 1911, S. 13.

dass nicht nur die aufgehenden Bauteile, sondern auch beispielsweise spitzbogige Dachgewölbe daraus gefertigt wurden. Da der Beton ohne Bewehrung jedoch wie Mauerwerk sehr empfindlich auf Biegebeanspruchung reagiert, wurden die Gewölbe mit einer ungewöhnlichen Stärke im Bereich des Kämpfers hergestellt, um die Auflast in diesem Bereich zu erhöhen. Ebenfalls aus Stampfbeton hergestellt wurde von 1862 bis 1864 die Kirche Sainte-Marguerite in Le Vésinet, nördlich von Paris, nach Plänen von Louis-Auguste Boileau (1812–1896). (Abb. 330) Eines der herausragendsten Beispiele für eine Stampfbetonkonstruktion sind die von 1904 bis 1906 errichteten Eisenbahnbrücken über die Iller bei Kempten, die das Unternehmen Dyckerhoff & Widmann errichtete.[17] (Abb. 331) Der Hauptbogen erreicht eine Spannweite von fast 64 m. Diese Brücken stellen den Hoch- und Wendepunkt in der unbewehrten Betonbauweise dar, zumindest in Deutschland. Danach wurde der Beton zunehmend sparsam unter Einsatz von Bewehrung eingesetzt. Die Ausführung von Bauwerken aus Eisenbeton wird weiter unten näher erörtert. Nach 1904 sollte der Eisenbetonbau ins Spannungsfeld zwischen einfacher Herstellung und wirtschaftlichem Einsatz der Mittel geraten.

Baustellenorganisation

Die Betonbaustelle sah nun so aus, dass alle Werkstoffe herangeschafft und vor Ort verarbeitet wurden. Transportbeton ist ein Begriff, der aus den USA kommt. Er fand erst in den 1920er-Jahren Anwendung in Europa. Auch der Einsatz von Kränen wurde erst später verbreitet möglich, weil die aufnehmbaren Lasten zunächst nicht groß genug waren, um Beton damit innerhalb der Baustelle zu transportieren. Die Baustellenlogistik wurde deshalb immer weiterentwickelt. Der Beton wurde also vor Ort gemischt und mit Loren auf provisorisch verlegten Gleisen horizontal zu den Einfüllstellen verbracht. (Abb. 332, 333) Die Trennung von Schalungsbau, Mischung von Beton, Flechten von Bewehrungskörben und dem Einbringen und Verdichten brachte spezifische Berufsgruppen hervor mit ganz unterschiedlichem Lohnniveau. Mit den außerdem geforderten überwachten Nachweisen sicherte man eine gewisse Qualität der Ausführung. Arbeitsteilung und Teilen der Verantwortung fanden im Eisenbetonbau einen ganz wichtigen Motor, der auch die Einführung von Normen ganz wesentlich voranbrachte.

Die Schalungsbauer waren zumeist gelernte Zimmerer, die auch die höchsten Löhne erhielten. Als Schalung dienten im Allgemeinen Holzkonstruktionen, die mit Brettern belegt wurden. Aber es finden sich auch Befunde und historische Fotoaufnahmen für glatte Blechschalungen. (Abb. 334) Auch diese Schalungen waren ganz auf ein stufenweises Einbringen des Betons abgestellt. So wurden Stützen dreiseitig mit senkrechten Brettern eingeschalt. Das konnte bei den üblichen Geschosshöhen von 3 bis 4 m mit wenig Verschnitt hergestellt werden. Darin wurde dann die Bewehrung eingesetzt, die gegebenenfalls separat als Korb vorgefertigt werden konnte. Die vierte Seite der Säule wurde dagegen mit kurzen, horizontalen Schalungsbrettern versehen. (Abb. 335) So konnte der Beton abschnittsweise von der Seite eingefüllt und verdichtet werden.[18]

Abgrenzung zu anderen Bauweisen

„Als bewehrte Betonkonstruktionen werden nun all diejenigen Bauweisen angesehen, bei denen metallische Bewehrungsstäbe, umhüllt mit einer Masse aus Portlandzementbeton, zu gemeinsamer statischer Tragwirkung gegen äußere Beanspruchung gelangen."[19] Es sind also Tragkonstruktionen gemeint, mit denen ganze Bauwerke errichtet werden können, „Gebäude aus einem Guss", wie es François Hennebique (1842–1921) selbst genannt haben soll. Diese Voraussetzung erfüllen beispielsweise Drahtputzkonstruktionen nicht. So meldete der Berliner Baumeister Carl Rabitz (1823–1891) ab den 1860er-Jahren mehrere Patente für feuerfeste Konstruktionen und auch leichte Trennwände an. Diese Konstruktionen wurden jedoch im Allgemeinen mit Kalk- oder Gipsmörtel hergestellt und hatten eine verkleidende Aufgabe. (Abb. 336)

Schwieriger ist die Abgrenzung zu Drahtputzkonstruktionen, die mit hydraulisch abbindenden Mörteln versehen wurden, wie es beispielsweise in der Venusgrotte von Schloss Linderhof der Fall ist. Diese Konstruktion konnte zwar zunächst nicht ohne Primärtragwerk hergestellt werden, das höhlenartig gemauerte Gewölbe, an dem es befestigt war, entwickelte jedoch nach der Applikation des Romanzements eine gewisse eigenständige Tragwirkung. Eine Weiterentwicklung dieser Applikation stellt der Spritzbeton dar, der erstmals von der Firma Torkret um 1920 ausgeführt und beispielsweise zur Herstellung sehr maßhaltiger Gewölbekonstruktionen u. a. für Planetarien eingesetzt wurde. Dies war auch die Grundlage für schalungsfreie Applikationen. (Abb. 337)

17 Siehe auch Hassler 2010, S. 24.
18 Vgl. Meltem Cavdar, laufendes Dissertationsverfahren an der TU München, Professur für Neuere Baudenkmalpflege.
19 Vgl. Mörsch 1906, S. 1: Definition von Eisenbeton.

330

331

Abb. 330 Kirche Sainte-Marguerite, Le Vésinet, 1862–1864, zeitgenössische Zeichnung.
Abb. 331 Illerbrücken bei Kempten, 1904; Foto von 1906.
Abb. 332 Hauptzollamt, München; Foto um 1912.
Abb. 333 Apparatur zur Herstellung von Schüttbeton nach Rank; Foto von 1915.
Abb. 334 Hauptzollamt, München, Vorbereitung der Bewehrung mit Holz- und Blechschalung; Foto von 1912.

332

333

334

335

336

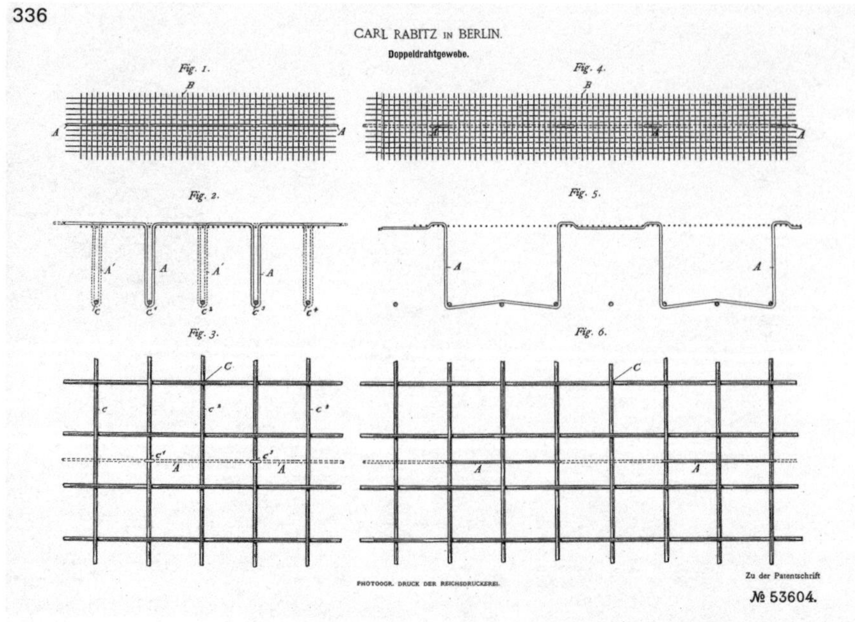

337

Abb. 335 Deutsches Museum, München, 1909–1916, Schalungsabdrücke Eisenbetonstütze.

Abb. 336 Deutsche Patentschrift 53604 von 1889 nach Carl Rabitz für Drahtputzkonstruktionen.

Abb. 337 Planetarium, Jena, Kuppelschale (Netzwerkkuppel), hergestellt mit Spritzbeton im Torkret-Verfahren; Foto während Herstellung 1928.

Abb. 338 Schule, München, 1904, Koenen'sche Plandecke; Foto von 2007.

338

Wichtig bleibt, dass der Begriff Eisenbeton nur auf solche Konstruktionen angewendet werden darf, bei denen die Ausgangsstoffe die notwendigen Eigenschaften nach den Vorgaben Bélidors bzw. den Bestimmungen ab 1904 aufweisen. So entspricht auch der Einsatz von profilierten Eisenbauteilen wie U- oder L-Schienen nicht den Bestimmungen. Dass eine Kuppelkonstruktion, wie sie am ehemaligen Armeemuseum in München zur Ausführung kam, unter dem Begriff Eisenbeton geführt werden kann, liegt u. a. daran, dass die Felder zwischen den profilierten Hauptträgern als einfach bewehrte Konstruktionen hergestellt wurden.

Besonders häufig wurden Beton und Eisen im Verbund bei der Herstellung von Deckensystemen verwendet.[20] Es gab zu Beginn des 20. Jahrhunderts Dutzende solcher Systeme, die sich bei genauerem Hinsehen meist nicht als Eisenbeton im engeren Sinne herausstellen. Das gilt etwa für Stahl- oder Eisenträgerdecken mit Betonfüllung in den Feldern (in der Art preußischer Kappendecken). Einige wichtige Deckensysteme wurden von namhaften Protagonisten des Betonbaus zum Patent angemeldet. Ein Beispiel ist die Koenen'sche Plandecke. Die häufig wirklich kurios anmutenden Konstruktionen verschwinden heute nach und nach aus den entsprechenden Gebäuden, weil die Qualität der Ausführung nicht optimal ist und ein statischer Nachweis mit heutigen Methoden beim besten Willen nicht möglich scheint. Trotzdem sind sie wegen ihrer Herstellungstechnik oftmals interessant. So wurden bei sehr vielen Konstruktionen offenbar wiederverwendbare Schalungen eingesetzt. Gerade bei der Koenen'schen Plandecke scheinen Papprollen verwendet worden zu sein. (Abb. 338)

339

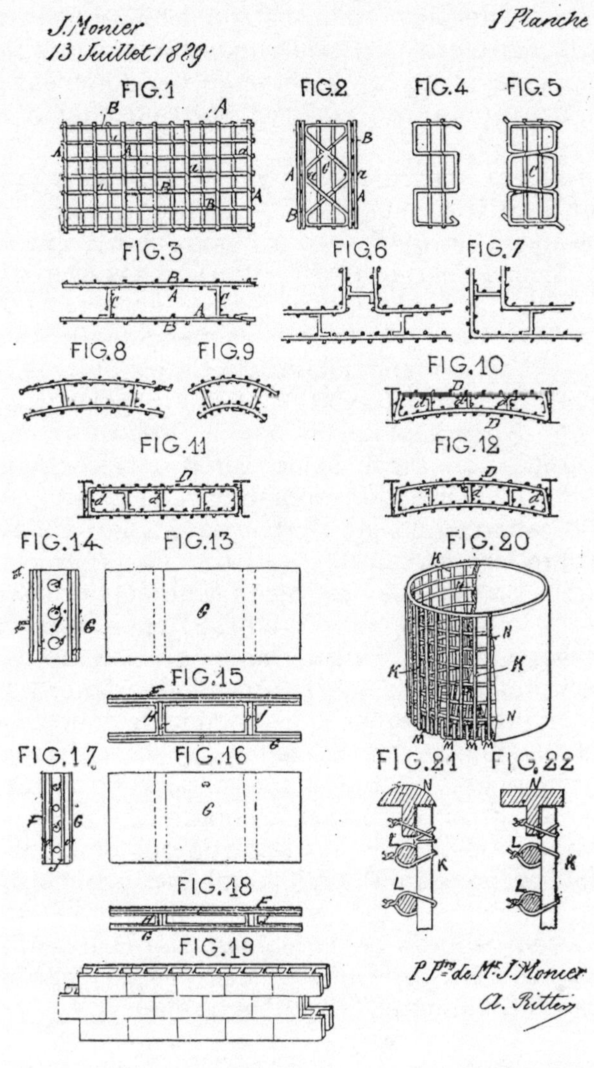

Abb. 339 Schweizer Patent 1229A von 1889 nach Joseph Monier für Eisenbetonbehälter.

Bewehrungseinlage

Für die gemeinsame Tragwirkung mussten bestimmte Voraussetzungen oder Eigenschaften der jeweiligen Ausgangsstoffe erfüllt sein. Die Zuweisung von Zug- und Druckkräften zum jeweiligen Werkstoff ist da nur eine Komponente. Vielmehr weisen Eisen und Beton ähnliche Temperaturdehnungskoeffizienten auf. Der Beton ist stark basisch. Dies ist Voraussetzung dafür, dass die Bewehrungseinlagen durch Passivierung nicht rosten können. Die bemerkenswerten Adhäsionskräfte zwischen Zement und Eisen wurden bereits weiter oben genannt. Es wurde früh festgestellt, dass die Verbundwirkung umso inniger ist, je stärker das Eisen zum Zeitpunkt des Vergusses bereits an der Oberfläche „angerostet" ist. Dabei handelt es sich um Flugrost, um Korrosion also, die das Tragverhalten noch in keiner Weise beeinträchtigt. Deshalb kommen auch heute die üblichen Bewehrungen ohne Korrosionsschutz zum Einsatz. Die Bemessungsspannung für Haftzug wurde 1904 mit 0,75 N/mm² festgelegt. Die daraus resultierende Haftzugfestigkeit konnte mithilfe der später üblichen profilierten, also gerippten Bewehrungen noch deutlich erhöht werden. Viele Patente und auch erste Ausführungen nach Bestimmungen sahen eine Endaufbiegung der eingelegten Stäbe vor, also einen Haken, um die Bewehrung zusätzlich im Beton zu „verankern". Bald schon wurde der Begriff des Überbindemaßes oder der Überdeckungslänge wichtig. So konnten einfache, ungebogene Stäbe eingelegt werden. Zur Herstellung von Bewehrungskörben war die von Joseph Monier (1823–1906) eingeführte Vorgehensweise Vorbild, bei der die Längs- und Querstäbe mit Bindedrähten verbunden wurden.[21] (Abb. 339) So ließen sich außerhalb der Schalung Körbe herstellen, die dann insgesamt in die vorbereitete Schalung eingesetzt

20 In der *Süddeutschen Bauzeitung* von 1910, S. 372–374, werden mehr als 30 Deckensysteme angeführt.

21 Haegermann et al. 1964, S. 68.

wurden. Um die vorgeschriebene Betondeckung sicherzustellen, wurden Abstandhalter verwendet. Zwischen einzelnen Bewehrungsstäben wurde ein Mindestabstand vorgeschrieben, der durchlässig für das größte Korn der Zuschläge sein musste.

Bewehrte Konstruktionen wurden zunächst auf der Basis von Patenten zur Ausführung gebracht. Die ab 1904 im deutschsprachigen Raum (Schweiz 1903) eingeführten Vorschriften verbesserten die Qualität der Ausführung jedoch erheblich. Es soll ein Beispiel gegeben werden anhand der Patente von François Hennebique, wie sie bis etwa 1907 auch in Deutschland verbreitet waren. Hennebique wies den Hauptstäben seiner Tragwerke die Hauptlast zu. Diese Stäbe waren entsprechend dem zu erwartenden Momentenverlauf gebogen und hatten erhebliche Durchmesser von mehr als 30 mm. Hennebique führte auch erstmals bewusst Bügel ein, die aus Flacheisen (Querschnitt etwa 4 × 40 mm) bestanden und um die Tragbewehrung gefädelt wurden. Eine Verbindung der Hauptbewehrung und der Bügel z. B. mit Bindedrähten war jedoch nicht vorgesehen. Mindestabstände zwischen den einzelnen Stäben waren ebenso wenig vorgegeben.[22] (Abb. 340) Die Ausführung vor Ort war daher einigermaßen kompliziert. Die Bügel konnten beim Einbringen des Betons umkippen oder abrutschen. Die Aufnahme von Schubkräften und der Verbund zwischen Balken und Platte wurden dadurch beeinträchtigt. Der Beton entmischte sich beim Einfüllen, weil die Zuschläge an den dicht verlegten Eisen hängen blieben.

340

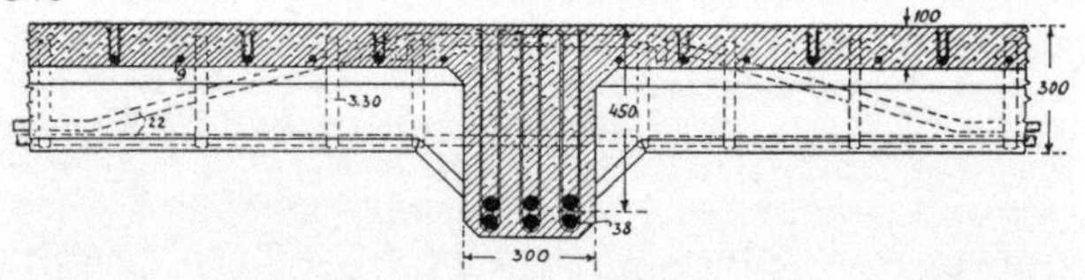

Abb. 340 Bewehrte Plattenbalkendecke nach Patent Hennebique, Zeichnung von 1892.

Schon bald setzten sich deshalb diejenigen Bauweisen durch, die mit Bewehrungen geringen Durchmessers auskamen und bei denen die in den Leitsätzen bzw. Bestimmungen festgelegten Vorgaben für die Ausführung von bewehrten Betonbauwerken beachtet wurden.

4. TRAGMECHANISMEN

Beton ist dann funktional, wenn er Drucklasten aufzunehmen hat. Auch Schub kann zu einem gewissen Maß aufgenommen werden, wenn das Eigengewicht hoch ist oder das jeweilige Bauteil gehalten wird. Auf Zug ist Beton nicht belastbar. Hier wird die Bewehrung aktiv. Bewehrter Beton ist ein Verbundmaterial, wie bereits im Abschnitt Fügetechnik näher erläutert wurde.

Behälter sind früheste bewehrte Betonkonstruktionen. Sie können am ehesten als Schalentragwerke, also flächenartige Systeme, angesehen werden. Für den Untersuchungszeitraum zum Thema Eisenbeton können bewehrte Betonkonstruktionen weiterhin in ebene Deckensysteme als Plattenbalken mit Einfeldträger ohne und mit Auskragung eingeteilt werden. Der statisch unbestimmte Durchlaufträger wird allerdings rasch typisch für den Eisenbeton. Häufig wird dieser Typus auch zu einem Trägerrost kassettenartig kombiniert. (Abb. 341) Einfeldträger, die in Vorfertigung hergestellt wurden, stellen in der frühen Phase eine Ausnahme dar.

Unter den Systemzuordnungen passt daneben auf den bewehrten Beton fast immer das masseorientierte System. Die Kombination aus Beton und Bewehrung ist für biegebeanspruchte Bauteile sehr geeignet. So kommen häufig Rahmen oder auch Bögen, die einer Biegung widerstehen, zur Ausführung. Diese eröffneten ganz neue Möglichkeiten der Raumbildung. Der Eisenbeton sollte auch neue architektonische Ausdrucksmöglichkeiten zulassen und wirkte durchaus inspirierend auf die zeitgenössische Entwurfspraxis der Architekten. (Abb. 342) Mit dem Eisenbeton wurde dadurch auch ein ästhetisches Bedürfnis der Architekten befriedigt, das mit dem Eisenbau allein bis ins 20. Jahrhundert hinein nicht erreicht werden konnte.

Erste Bemessungsgrundsätze zur Dimensionierung von Deckenträgern waren deterministisch angelegt. Es wurden also feste Rahmenbedingungen und Festigkeitswerte zugrunde gelegt. Dies erfolgte mit dem Ziel, ein Versagen nahezu ausschließen zu können. Diese Art der Bemessung sollte bis weit in die 1970er-Jahre hinein beibehalten werden. Erst danach ging man zunehmend dazu über, die Wahrscheinlichkeit eines Versagens in Betracht zu ziehen (probabilistisches Verfahren).

22 Siehe dazu auch Werner 2016, S. 186–187. Hennebique meldete 1892 sein erstes Patent zu bewehrten Betonbauteilen in Belgien an: „Combination particulière du métal et du ciment en vue de la création de poutraisons très légères et de haute résistance."

Abb. 341 Ehemaliges Königlich Bayerisches Arbeitermuseum, München, Kassettendecke aus bewehrtem Beton; Foto nach Fertigstellung um 1905.
Abb. 342 Hauptzollamt, München, 1912, Schalterhalle.
Abb. 343 Skelettbau aus Eisenbeton, Foto eines Belastungsversuchs um 1902.
Abb. 344 Fachwerkanalogie, erklärt an einem Balken aus Eisenbeton nach Patent Hennebique, Wilhelm Ritter, 1899.

341

342

343

344

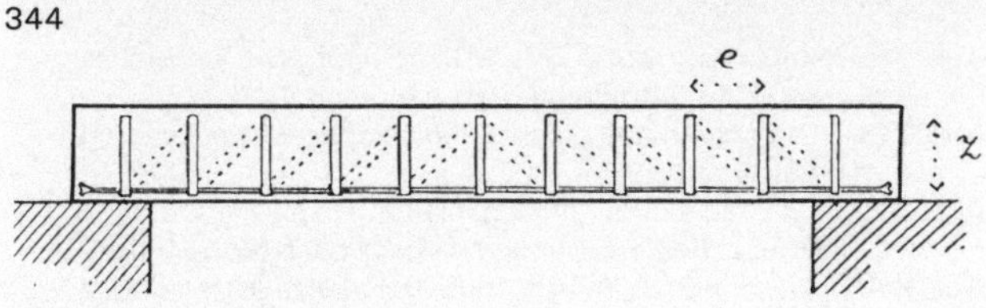

In der frühen Phase der Bemessung behandelten die Normen zum Betonbau stets drei Themenbereiche:

- die Art der Ausgangsstoffe und deren Zusammensetzung sowie Bemessungsspannungen
- den Baubetrieb von der Herstellung des Betons über dessen Einbringung und die Bewehrungsarbeit bis hin zur Bauüberwachung und Rückstellung von geeigneten Prüfkörpern
- Bemessungsvorgaben (Anforderungen an rechnerische Nachweise)

Bis zur Einführung erster allgemein verbindlicher Bemessungsregeln in den ersten Jahren des 20. Jahrhunderts wurde mithilfe von Belastungsversuchen Vertrauen in die Bauweise geweckt. (Abb. 343) Auch nachdem eine statische Berechnung als Bauvorlage verlangt wurde, behielten sich die Genehmigungsbehörden vor, einen Lastversuch vor Ort durchzuführen. Die Einführung des bewehrten Betons im Hoch- und Ingenieurbau war überhaupt Auslöser für die Einführung von Baunormen. Insbesondere leichte, dünnwandige Schalenkonstruktionen wurden aber immer freiwillig werbewirksam belastet. Es finden sich Dokumente, aber auch heute noch verbliebene Versuchskörper aus bewehrtem Beton.

Modellbildung

Die Modellbildung übernahm die Wissenschaft. Ein erstes statisches Modell für einen bewehrten Biegebalken entwickelte Wilhelm Ritter (1847–1906), der an der ETH Zürich lehrte, 1899. Ritter verglich einen nach dem System Hennebique erstellten Balken mit einem Fachwerkträger. Die an der Unterseite eingelegte Tragbewehrung wirkt als Zugband. Die senkrecht eingesetzten Bügel wirken als Zugstäbe. Zwischen den Bügeln und der Tragbewehrung können sich diagonale Druckzonen aus Beton bilden. Genauso bildet sich eine solche Druckzone horizontal im oberen Bereich des Balkenquerschnitts. (Abb. 344) Die danach benannte Fachwerkanalogie sollte der Ingenieur Emil Mörsch (1872–1950) näher erläutern. Er folgte Ritter 1906 an der ETH nach.

Früheste Bemessungsmethode

Der deutsche Ingenieur Mathias Koenen (1849–1924) stellte schon 1886, also zwei Jahre, nachdem erstmals ein Patent zur Ausführung bewehrter Betonkonstruktionen in Deutschland übernommen worden war, eine Theorie zur Bemessung solcher Bauteile vor. Wesentlich dabei ist, dass Koenen dem Beton ausschließlich Druckkräfte zuwies, dem Bewehrungsstab ausschließlich Zugkräfte. Als

Grundlage verwendete er die zu der Zeit bekannten Bruchspannungen des jeweiligen Werkstoffs und minderte diese für die Bemessung zur Sicherheit ab. Er lieferte damit die Grundlage zum sogenannten N-Verfahren, wie es dann der belgische Bauingenieur Paul Christophe (1870–1957) in den 1890er-Jahren näher ausführte. Christophe legte statt der Bruchspannung aber die Elastizitätsmodule der Ausgangsstoffe zugrunde. Das N-Verfahren wurde ausschließlich für biegebeanspruchte Bauteile geschaffen. Aus dem ermittelten Biegemoment konnten die einzelnen Lastkomponenten abgeleitet und letztlich auch der jeweils erforderliche Querschnitt festgelegt werden. (Abb. 345) Die Bemessung nach dem N-Verfahren wurde in die ersten Bestimmungen aufgenommen und von den Genehmigungsbehörden ab 1904 vorgeschrieben.

345

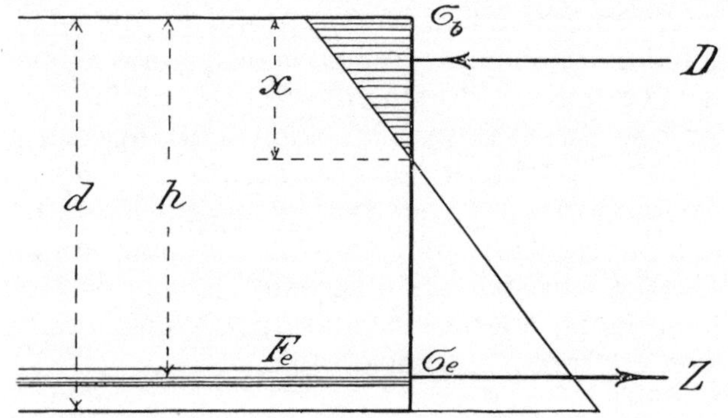

Für Beton wurde ab 1907 eine Mindestdruckfestigkeit von 15 N/mm² gefordert. Die nötige Menge an Bewehrung im Querschnitt eines Bauteils ermittelte man nun mithilfe des N-Verfahrens, wie es von Christophe beschrieben worden war. Dabei werden die jeweiligen Elastizitätsmodule von Flusseisen (215 000 N/mm²) und Beton (7 000 bis 21 500 N/mm²) zueinander ins Verhältnis gesetzt. Die weite Bandbreite des E-Moduls von Beton resultierte auch aus der Tatsache, dass bei der Herstellung zahlreiche Fehler auftreten konnten. Letztlich einigte man sich für Deutschland auf ein N-Verhältnis von 1:15, also 1 Teil Eisen auf 15 Teile Beton in der druckbelasteten Zone. Die Anwendung des N-Verfahrens basierte auf dem Zustand einer ausgefallenen, also gerissenen, Betonzugzone. Mörsch nannte dies Zustand II. Neben der Vorlage weiterer Nachweise musste also, vereinfacht gesagt, zunächst der erforderliche Querschnitt von Beton ermittelt werden, um dann den notwendigen Anteil an Eisen zu bestimmen.

Das N-Verfahren lieferte aber keine Lösung zur Bewehrungsführung in einem Balken. Die Materialprüfanstalten sollten sich über Jahrzehnte hinweg mit der Frage beschäftigen, wie die Bewehrung optimalerweise eingelegt werden sollte. Das beweist einmal mehr, dass das Experiment unerlässlich ist. (Abb. 346) Emil Mörsch hatte damit schon

346

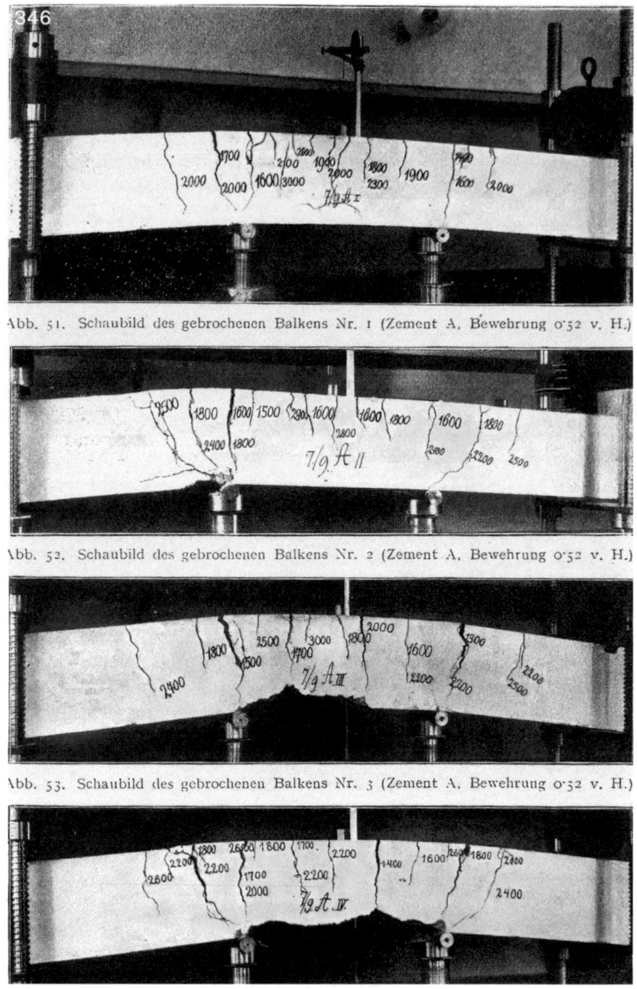

347

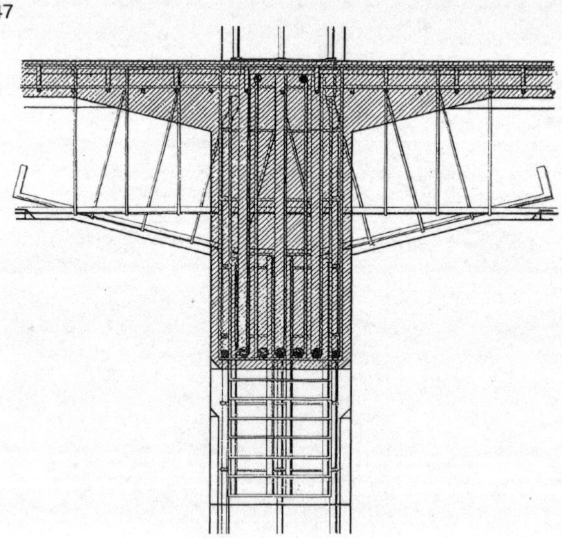

Abb. 345 Verteilung von Zug- und Druckkräften in einem bewehrten Betonbalken nach Mörsch 1906.
Abb. 346 Prüfbalken aus Eisenbeton nach Bruchversuch; Foto von 1912.
Abb. 347 Optimierte Bewehrungsführung in einem Knoten aus Stütze, Balken, Platte und Voute nach Mörsch 1906.
Abb. 348 Anatomie, München, 1906, Bewehrungsplan der Kuppelkonstruktion.

1906 im Zusammenhang mit der Frage begonnen, nach welchem statischen Modell ein Balken aus Eisenbeton konzipiert werden sollte, als er an der genaueren Definition der bereits von Ritter formulierten Fachwerkanalogie arbeitete.

Rahmentragwerke

Es wurde bereits erwähnt, dass die Nutzung von Rahmenecken von herausragender Bedeutung für die Schaffung großvolumiger Skelettstrukturen mit „freiem Grundriss“ war. Die vielfach versteiften Rahmentragwerke machen das Gesamtsystem statisch unbestimmt. Fallen einzelne Komponenten des Tragwerks aus, übernehmen andere deren Aufgaben. Die von François Hennebique erstmals vorgestellte Vision eines räumlichen Tragwerks aus Eisenbeton erregte Aufsehen. Die entscheidende Frage aber war, wie die Bewehrung in einem Knoten geführt werden musste, damit man hier tatsächlich von Biegesteifigkeit sprechen konnte. Wesentliche Beiträge hierzu lieferte wiederum Emil Mörsch, der die Ausbildung von Vouten vorschlug. (Abb. 347) Der große Nachteil seiner Bewehrungsmethode war, dass die Bewehrung von Balken und Stütze bzw. Voute jeweils nur einen Endhaken aufwies. Stattdessen wäre es sinnvoll gewesen, die Bewehrungen tatsächlich von einem Bauteil in das nächste überzuführen. Auf diese Weise hätte die Voute sogar eingespart werden können, wie Fritz Leonhardt (1909–1999) deutlich machte.[23] Tatsächlich bot Emil Mörsch für die Biegesteifigkeit einer aus Eisenbeton hergestellten Rahmenecke keinen statischen Nachweis an.

Flächentragwerke

Grundsätzlich funktionieren dünnwandige Schalen aus Eisenbeton ebenfalls nach dem Prinzip der Unbestimmbarkeit. Die zunächst für die Eigenlast funktionierenden Gewölbe werden dann empfindlich, wenn einzelne oder exzentrische Lasten einwirken. Bei einfach gekrümmten Gewölben lässt sich dann kaum eine Verformung verhindern, wie bereits an anderer Stelle ausgeführt. Dahingegen sind zweifach gekrümmte Gewölbeschalen aus Eisenbeton stabil, weil bei jeder punktuell einwirkenden Last sofort alle Komponenten des Gewölbes bei der Aufnahme der Last mitwirken. So haben zumindest die beiden Kuppeltragwerke über dem ehemaligen Armeemuseum und der Anatomie in München überdauert und existieren noch heute. Man muss sich aber klarmachen, dass dabei eingelegte Profileisen auch in gewissem Maße Biegespannungen aufnehmen können. (Abb. 348) Wiederum sehen wir bei diesen beiden historischen Tragkonstruktionen ein synergetisches Zusammenwirken von verschiedenen, nämlich flächen- und masseartigen Tragsystemen.

348

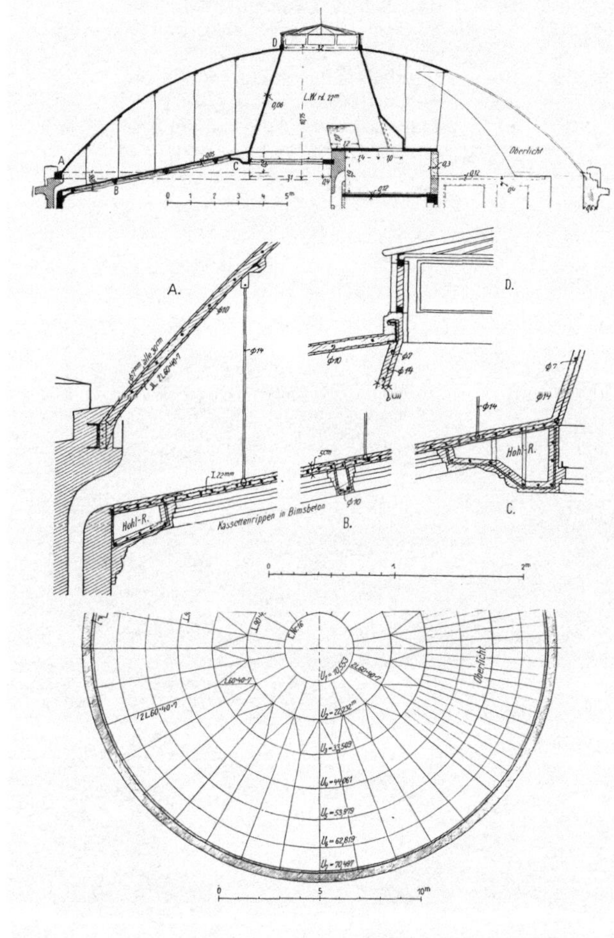

Die dünnwandigen Zeiss-Dywidag-Schalen wichen von dieser Bauweise ab. Sie bestanden rein aus einfachen Eisenstäben, die zunächst die Form der Kuppel vorgaben, wobei das Auflager oder der Sockel unterhalb des Äquators der Gesamtkugel als eingezogener Ring zu liegen kam. Es handelt sich also nicht um eine Halbkugel wie beim Armeemuseum oder eine Flachkuppel wie bei der Anatomie, sondern eher um eine rotationssymmetrische Dreiviertelkugel. Verglichen mit den von Emil Mörsch entwickelten Kuppeln ist diese wesentlich labiler. Sie reagiert empfindlich auf Biegung, wie sie etwa durch Windeinwirkung hervorgerufen werden kann. Ulrich Finsterwalder (1897–1988) und Franz Dischinger (1887–1953) arbeiteten jahrelang an der Entwicklung von Schalen. Bekannt ist ein Modell von 1931 in Form einer flachen Stutzkuppel, bei der der Rand eine zusätzliche Haltung erfährt.[24] (Abb. 349) Heute wird das Tragverhalten solcher Schalen oft mithilfe der Finite-Elemente-Methode (FEM) untersucht.

23 Fritz Leonhardt. Skripten zur Vorlesung über Massivbau, 1984.

24 May 2021, In: Addis 2021, S. 269–294.

Abb. 349 Versuchsschale aus Eisenbeton, Unternehmung Dyckerhoff & Widmann; Foto um 1930.
Abb. 350 Stahlbetonschale, Bellinzona, 1964, nach Plänen von Heinz Isler.
Abb. 351 Stahlbetonschale in Smithfield, London, um 1962, auf vier Punkten auflagernd.
Abb. 352 Spannbetontonnendach, Heidelberger Bahnhof, 1955, nach Plänen von Ulrich Finsterwalder.

349

350

351

352

Der Schalenbau war in der Folge auch ein zentrales Anliegen des Schweizer Bauingenieurs Heinz Isler.[25] Schalen aus Beton sind eine sinnfällige Weiterentwicklung gemauerter Gewölbe. (Abb. 350, 351) Dabei bietet Beton den Vorteil, dass er auf die Eigenschaften seiner Zuschlagstoffe abgestimmt und in fast jede Form gegossen werden kann. Er entfaltet außerdem dann seine Vorzüge, wenn er gewölbt zum Einsatz kommt. Isler wies darauf hin, dass ein betoniertes Gewölbe bis zu 30 Mal tragfähiger sein kann als eine ebene Decke aus dem gleichen Material. Die optimale Form des Gewölbes kann auf verschiedene Arten ermittelt werden. Es kommt aber entscheidend darauf an, dass die gefundene Form an jeder Stelle eine zweifache Krümmung besitzt, um so die Gefahr einer Ausbeulung zu reduzieren. Die optimale Form – jedenfalls unter Eigengewicht – kann pneumatisch oder mithilfe einer hängenden Membran gefunden werden.

Das vom Ingenieur Ulrich Finsterwalder konzipierte Spannbetondach über dem Heidelberger Bahnhof aus dem Jahr 1955 ist ein weiteres herausragendes Beispiel für die Entwicklung von Schalen. (Abb. 352) Finsterwalder ersetzte die eisernen oder stählernen Bogenbinder, auf denen die Gitterschalen ruhen, durch Tonnenschalen aus bewehrtem Beton. Auf diese Weise konnte er die Stützabstände deutlich vergrößern, weil die Tonnen in Längsrichtung wie Träger wirken und am Ende der Halle über den Stützen mit einem Schott gehalten oder versteift werden.[26] Die zu erwartende Materialersparnis konnte die Bauweise dennoch nur bedingt in die Gegenwart retten, da der Arbeitsaufwand bei der Herstellung verhältnismäßig hoch ist.

25 Isler 1996, S. 82–85.
26 Vorbild hierfür waren Šuchovs Hallen in Vyksa, Russland.

Abb. 352: Foto: Immanuel Giel 2008

TRAGWERKSTYPEN

Mit Blick auf den Betonbau ohne Bewehrung ist das Tragverhalten ähnlich dem des Mauerwerks. Erst die Bewehrung eröffnet neue Möglichkeiten der Tragwirkung. So ist der Betonbau, als Tragelement betrachtet, ein ausschließlich auf Druck belastbarer Werkstoff. Die antike Anwendungstechnik beruhte auf dieser Erkenntnis. Die antike Wölbtechnik bediente sich ebenfalls dieser Grundlagen, wenngleich der Rundbogen nicht optimal ist, um die Stützlinie im Querschnitt des Gewölbes zu halten.[27]

Bauweisen aus bewehrtem Beton wurden von Beginn an für biegebelastete Bauteile eingesetzt. Die zahlreichen Deckenkonstruktionen aus Eisenbeton sind biegebeanspruchte Konstruktionen, die bald durchlaufend, also über die Zwischenauflager hinweg, bewehrt wurden. Die Skelettbauweisen wurden von Beginn an als dreidimensional wirksame Konstruktionen konzipiert, sodass sie ohne aussteifende Zellen oder Wandscheiben zur Horizontalaussteifung auskamen. Das deutet darauf hin, dass hier Knoten biegesteif ausgeführt werden sollten. Die einzelnen Stäbe wurden in der Folge insgesamt auf Biegung beansprucht. Dagegen kommen rein zugbeanspruchte Tragelemente im bewehrten Betonbau kaum vor. Hier sind metallene Bauteile eindeutig im Vorteil und kommen ohne Beton aus.

Schwerlastmauern

Die positiven Eigenschaften von Beton wurden zunächst vornehmlich für den Einsatz erd- oder wasserberührter Bauteile genutzt. Die Festigkeiten, die mit opus caementitium erreicht werden konnten, wurden beispielhaft im Amphitheater von Trier analysiert.[28] Dieses entstand in wesentlichen Teilen im 2. Jh. n. Chr. Die Druckfestigkeit wurde mit etwa 7 N/mm² festgestellt. Zur Orientierung kann diese Festigkeit mit einem modernen Mörtel verglichen werden, der ja prinzipiell auch die Tragfähigkeit von Mauerwerk bestimmt. Die Mörtelgruppe I verlangt eine Festigkeit von nur 1 N/mm², die Mörtelgruppe III (Zementmörtel) eine Festigkeit von 11 N/mm². Ein Beton der Klasse C20/25 besitzt eine Nennfestigkeit von 20 bis 25 N/mm² (Zylinder- bzw. Würfeldruckfestigkeit). Massenhaft verwendet, konnte opus caementitium also durchaus die Aufgaben erfüllen, die ihm als Schwergewichtsmauer zugewiesen wurden, und blieb auch über zwei Jahrtausende hinweg im Kern tragfähig.

Als erdberührte Bauteile sind auch Kellerwände aus Stampfbeton anzusehen, wie sie in der Gründerzeit beispielsweise im Münchner Raum häufig zur Ausführung kamen. (Abb. 353) Relativ massiv und dickwandig hergestellt, sollten sie die mehrgeschossigen Mauerwerkskonstruktionen aufnehmen, aber auch äußere Einwirkungen abhalten. Die Decken der Kellerräume wurden häufig in Verbundbauweise (z. B. preußische Kappengewölbe) ausgeführt, wobei die Füllungen zwischen den T-Profilen aus unbewehrtem Beton bestanden.

Abb. 353 Gebäude mit Sichtbetonsockel, München, ohne Datierung.

Doch auch Einfriedungen wurden ab der zweiten Hälfte des 19. Jahrhunderts aus Stampfbeton hergestellt. Bei diesen untergeordneten Bauteilen kann man noch heute wie bei den alten Kellerwänden die lagenweise Schichtung des Betons an der Oberfläche ablesen.

Behälter

Die Kunde von der bedingten „Wasserfestigkeit" des Werkstoffs führte im 19. Jahrhundert zu der Idee, metallische Werkstoffe in den Beton einzulegen, um Behälter herzustellen. Die Verwendung von Drahtgeflechten war für Joseph-Louis Lambot (1814–1887) oder Joseph Monier (1823–1906) dabei zunächst Mittel zum Zweck. Mit solchen Geflechten konnten Formen wie Bootsrümpfe oder Pflanzkübel vorfabriziert werden. Diese Geflechte wurden dann anschließend mit Beton bestrichen oder mithilfe von Schalungen vergossen. (Abb. 354, 355) So

27 Siehe hierzu das Kapitel Mauerwerksbau.
28 Lamprecht 1993.

konnte der Beton dann seine wasserresistente Wirkung als Behälter entfalten. Schon bald wurde den Erfindern auch klar, dass das Drahtgeflecht nicht nur formgebend wirkt, sondern auch zur Haltbarkeit des Bauteils insgesamt beiträgt und gerade an den Rändern in verstärkter Ausführung (z. B. durch Einlage eines Metallprofils) der Form Stabilität verleiht. Von diesen Gedanken geleitet, fand diese Art von Drahtputzkonstruktion weite Verbreitung. Sie wurde wie beschrieben auch in der Kulissenarchitektur in Theatern und Ausstellungen angewendet. Der schmale Grat bei der Bezeichnung solcher Konstruktionen zwischen einem Putz und einer tatsächlichen Betonkonstruktion wurde bereits genannt. Dies betrifft zum einen die Größe der Zuschläge. Während im Beton die Zuschläge im Allgemeinen auch Anteile enthalten, die größer als 4 mm sind, sind Mörtel oder Putz durch Zuschläge von weniger als 4 mm definiert. Zum anderen ist auf die gemeinsame statische Tragwirkung von Bewehrung und Beton im Eisenbeton hinzuweisen. Beispielsweise verstärkte Joseph Monier die Ränder seiner Behälter mit Profilen aus Eisen und erzielte damit eine vom umgebenden Beton unabhängige Tragfähigkeit.[29]

Eine sehr verbreitete Anwendung von Eisenbeton war die Herstellung von Röhren und Großbehältern – ebenfalls ein Experimentierfeld Moniers. Der Röhrenbau war im ausgehenden 19. Jahrhundert sehr wichtig für Infrastrukturprojekte wie die Wasserver- und -entsorgung. (Abb. 356)

Ebene Deckensysteme

Die Anwendung von Eisenbeton im Hoch- und Ingenieurbau fand ab den 1850er-Jahren punktuell Eingang in die Baupraxis. Dabei kamen Bewehrungen aus Schmiedeeisen, eisernen Seilen oder Ketten zum Einsatz. In England war es William Boutland Wilkinson (1819–1902), der es wagte, Stahlseile in eine Plattenbalkendecke einzulegen, um so die Biegespannungen durch den Verbund aus Beton und metallischen Werkstoffen aufzunehmen. (Abb. 357) Er übertrug solche Einlagen auch auf Brückenbauwerke mit größeren Spannweiten. Der Franzose Edmond Coignet führte ab 1861 Bewehrungen mit Stäben und spiralförmig eingelegten Bügeln für Stützen aus. Bekannter wurden jedoch die Patente des bereits genannten Joseph Monier, der als Landschaftsgärtner wasserfeste Kübel und Röhren herstellte und dessen Patente ab 1884 auch von deutschen Bauunternehmern (zunächst Wayss & Freytag) übernommen wurden, um Decken und ganze Gebäude in dieser Bauweise zu errichten. Monier führte seine Idee des Drahtgeflechts bis in die 1870er-Jahre immer weiter aus und schlug quaderförmige Körbe aus Drahtgeflecht vor, die die äußere Form eines Balkens vorgaben. Die sich kreuzenden Drähte wurden mit dünnen Bindedrähten gehalten. In die Form legte er kräftige Profileisen ein, die als Druckbögen funktionieren konnten, was dem Werkstoff jedoch nicht gerecht wurde. François Hennebique wiederum war es, der in den 1890er-Jahren erfolgreich Deckensysteme konzipierte, visualisierte und zur Ausführung brachte, in denen

355

354

356

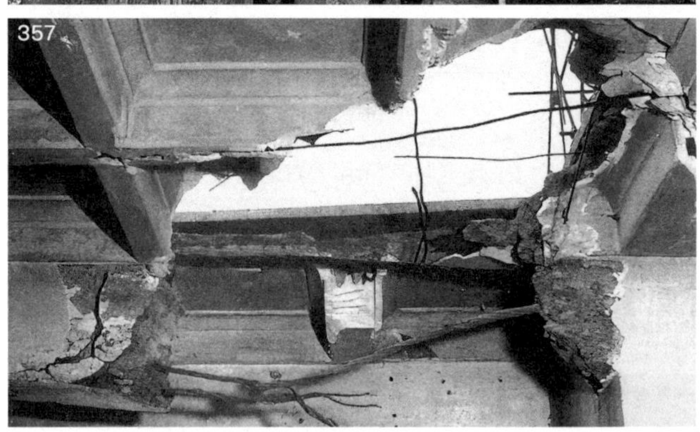
357

29 Siehe hierzu nochmals Moniers Patent Nr. 1229 von 1889.

Abb. 354: Foto: Jorune

358

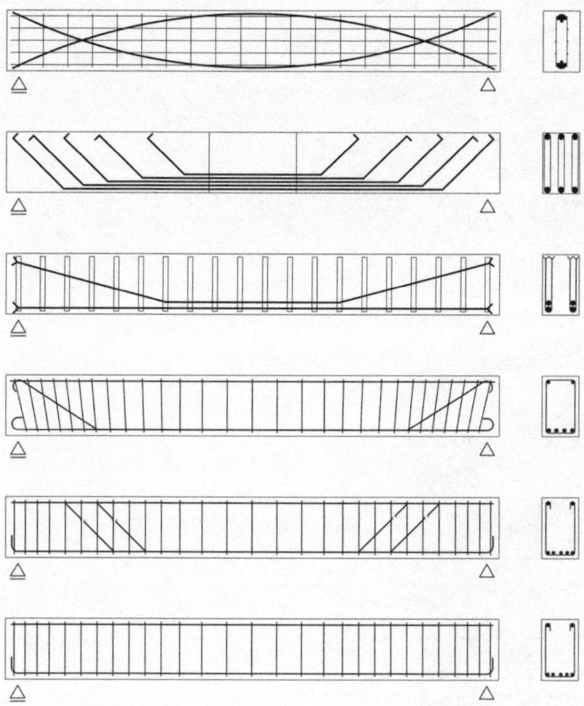

359

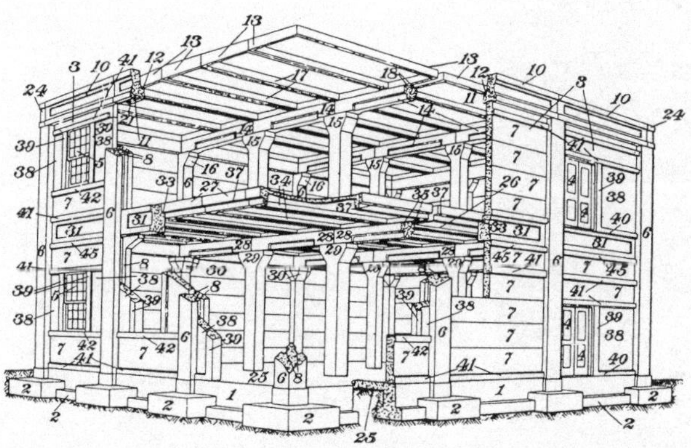

360

361

die Hauptbewehrungen dem Momentenverlauf entsprechend in die Balken eingelegt und über Zwischenauflager hinweggeführt wurden, um so eine Durchlauftragwirkung zu erzielen. (Abb. 358)

Fertigteilsysteme

Das Rahmentragwerk ist die am häufigsten bemühte Ausführungsvariante im Eisenbetonbau. Zu Beginn des 20. Jahrhunderts gab es jedoch etliche Versuche, Fertigteile aus Eisenbeton wie Stützen und Träger im Hochbau einzusetzen.[30] (Abb. 359) In der Realität finden sich solche Fertigbauteile aber eher selten oder es haben sich im Untersuchungsgebiet des Verfassers im Wesentlichen nur solche Konstruktionen aus Ortbeton erhalten. Die gelenkige Fügung solcher vorgefertigter Bauteile lässt eine Rahmentragwirkung auch kaum vorstellbar erscheinen, außer die Knoten würden mit Anschlusseisen geliefert und vor Ort vergossen.

Abb. 354 Boot aus bewehrtem Beton nach Patent Lambot, 1849.
Abb. 355 Joseph Monier bei der Herstellung eines Pflanzkübels aus bewehrtem Beton; Foto von 1867.
Abb. 356 Kanalrohre aus bewehrtem Beton; Foto von 1912.
Abb. 357 Plattenbalkendecken aus Eisenbeton von 1865, Foto während des Abbruchs in den 1950er-Jahren.
Abb. 358 Balkenbewehrungen im Vergleich von oben nach unten: nach Monier; Coignet dem Jüngeren; Hennebique; Wayss & Freytag; Leitsätze von 1904; heute üblich.
Abb. 359 Fertigteile aus bewehrtem Beton, zu einem räumlichen Gebilde gefügt, Darstellung um 1910.
Abb. 360 Visintini-Träger zur Herstellung eines Gewölbes; Foto von 1910.
Abb. 361 Kathedrale, Reims, Dachtragwerk um 1930, Stecksystem aus Fertigteilen aus bewehrtem Beton.

30 Für Gründungen wurden seit Ende des 19. Jahrhunderts häufig auch vorgefertigte bewehrte Betonpfähle verwendet, die dann in den Boden eingerammt wurden (zuerst durch Hennebique).

Abb. 361: Foto: Christian Kayser

362

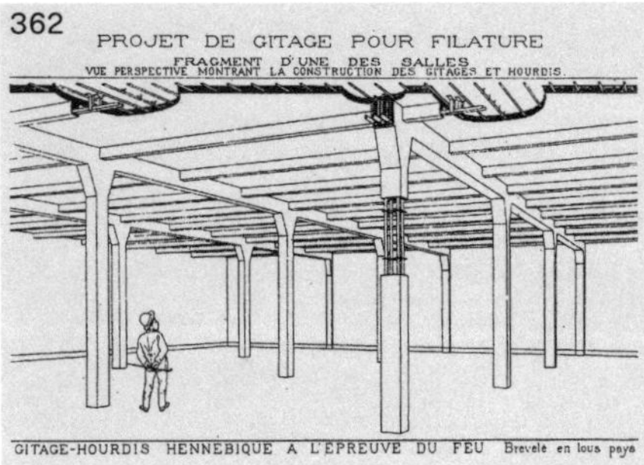

363

364

365

366

367

368

Abb. 362 Eisenbetonskelettkonstruktion in einer zeitgenössischen Darstellung aus dem Büro Hennebique; Zeichnung um 1900.
Abb. 363 Tradierte Zimmermannsbauweise als Vorbild für den frühen Eisenbetonbau, Innenraumfoto des Rathauses von Heilbronn von 1911.
Abb. 364 Zollhalle, Hauptzollamt München; Foto von 1912.
Abb. 365 Fagus-Werk, Alfeld, 1911, nach Plänen von Walter Gropius; Foto von 1914.
Abb. 366 Kaufhaus Petersdorff, Breslau, 1927/1928, nach Plänen von Erich Mendelsohn.
Abb. 367 Geschäftshaus, München, 1912–1916, Flacherker und Sichtbetonfassade.
Abb. 368 Wohnhaus, München, 1910–1911, auskragende Balkonplatten.

Trägersysteme waren dagegen durchaus verbreitet und fanden vornehmlich für Brücken Verwendung wie der sogenannte Visintini-Träger (Abb. 360), wie er im Raum München von der Bauunternehmung Rank hergestellt und verbaut wurde. Der Visintini-Träger ist wie ein Fachwerkträger gestaltet und nutzt sinnfällig die Eigenschaften der Eisenbewehrung.

Eines der berühmtesten Tragwerke aus vorgefertigten Bauteilen aus bewehrtem Beton ist wohl das Dachtragwerk der Kathedrale von Reims, die nach kriegsbedingter Zerstörung in den 1920er-Jahren nach Plänen von Henri Deneux (1874–1969) wiederaufgebaut wurde. (Abb. 361) Deneux entwickelte ein Stecksystem, das ähnlich wie historische zimmermannsmäßige Konstruktionen mit Durchsteckzapfen und Stiftsicherungen funktioniert. Die Konstruktion erinnert deutlich an Bogendächer von Philibert de l'Orme (siehe Kapitel Holz).[31]

Fertigteile hatten und haben den großen Vorteil, dass sie liegend unter optimierten Bedingungen hergestellt werden können und die Schalungen wiederverwendbar sind.

Skelettkonstruktionen

Interessant ist die Tatsache, dass die Erfinder des 19. Jahrhunderts tradierte Bauweisen aufgriffen und auf den Eisenbeton übertrugen. So wurde der traditionelle zimmermannsmäßige Holzbau zum Vorbild, bei dem die Hierarchie von Hauptträgern und Nebenträgern bis hin zur flächigen Beplankung für die Ausführung von Deckensystemen üblich war. Dieses System hierarchisch angeordneter, linearer Stabwerke wurde auch auf die vertikale Entwicklung eines Bauwerks übertragen. Die Idee, einen hölzernen Skelettbau in Eisenbeton auszuführen, hatte zuerst François Hennebique, der für seine Gebäude „aus einem Guss" (Abb. 362) die seines Erachtens erforderlichen Bewehrungsführungen vorstellte. Optisch reichte die Übertragung aus dem Holzbau bis zur Herstellung von Vouten respektive Kopfwinkelhölzern am Übergang von Stütze zu Träger. (Abb. 363, 364) Obwohl in den 1920er-Jahren solche Voutenbewehrungen als nicht mehr erforderlich erachtet wurden, hielt sich deren Ausbildung hartnäckig. In der Schokoladenfabrik in Bayreuth sparten sich die Bauunternehmer diese Bewehrung, obschon in der Statik vorgesehen, betonierten die Vouten aber dennoch. Dies hinterlässt natürlich keinen guten Eindruck von der vorgeschriebenen Bauüberwachung, wenigstens bei dieser speziellen Baustelle.

Skelettkonstruktionen aus bewehrtem Beton waren für den Industriebau, aber auch für die weitere Architekturentwicklung von herausragender Bedeutung. Sie waren nicht nur hoch tragfähig, sondern zudem nicht brennbar und hielten einem Feuer auch wesentlich länger stand, als dies bei allen anderen bis dahin bekannten Konstruktionen ohne zusätzliche Maßnahmen der Fall war.

Die Konstruktionsweise machte jedoch auch die Trennung von Tragwerk und Ausbau und letztlich die Vorhangfassade möglich, wie sie erstmals beim Fagus-Werk (Abb. 365) nach Plänen von Walter Gropius vorgestellt wurde. Um aber zunächst im zeitüblichen Reformstil zu bleiben, wurden mithilfe von bewehrten Bauteilen die Bandfassade und der Flacherker bzw. auch die einfache, unterzugfrei auskragende Decken- oder Balkonplatte ermöglicht. (Abb. 366, 367, 368)

Die Rolle der Erfinder darf als eminent wichtig eingestuft werden. Erst die durch sie verbreitete Anwendung machte die Bauweise bekannt, deckte jedoch auch zahlreiche Unsicherheiten und Mängel bei der Planung und Ausführung auf. Nach dem Prinzip Versuch und Irrtum stürzten zahlreiche Betonbauwerke schon während der Errichtung ein. Der Grund lag allerdings zumeist in einem mangelhaften Schalungsbau, der genauso einer statischen Bemessung bedurft hätte wie der Eisenbetonbau selbst. Die Geheimnisse um die Bemessung wurden von den Patentgebern gut gehütet, wenn überhaupt Vorschläge dazu gemacht wurden. Von Joseph Monier ist dazu nichts bekannt. François Hennebique dagegen betrieb ein großes Büro in Paris, wo alle Bewehrungspläne, aber auch Bemessungen vorgenommen wurden.[32] Die Pläne schickte er seinen Patentnehmern zur Ausführung. Die statische Bemessung behielt er aber für sich. Die Vorlage solcher Bemessungen wurde jedoch spätestens mit der Einführung der Leitsätze 1904 von den Genehmigungsbehörden eingefordert. Auch dies war ein wichtiger Grund dafür, dass schon bald die Bemessungen von den ausführenden Firmen selbst vorgenommen wurden. Die Leitsätze lieferten dazu das Handwerkszeug und die teuren Patentübernahmen (Hennebique verlangte etwa 10 % der Baukosten als Honorar) waren damit auch überflüssig. Dies war schließlich die Voraussetzung dafür, die Bauweise auf eine objektive Grundlage zu stellen. So finden sich in den Unterlagen, die den Genehmigungsbehörden vorzulegen waren, statische Bemessungen und Positionspläne, die auch für uns heute von großer Bedeutung sind. Ergänzt werden diese Planunterlagen durch Bewehrungspläne. (Abb. 369, 370, 371)

31 Der Ersatz historischer Dachtragwerke aus Holz mit anderem Werkstoff hat in Frankreich durchaus Tradition. So sind bei Addis 2007, S. 299, zwei erneuerte Dachtragwerke abgebildet: jenes der Kathedrale von Chartres aus Gusseisen von 1837 und jenes der Abteikirche von Saint-Denis bei Paris aus Schmiedeeisen von 1843 bis 1845 (beide Kirchen wurden im 12. bis 13. Jahrhundert errichtet).

32 Bei Simmonet 2005, S. 67, wird der Büroalltag in Hennebiques Zentrale in Paris dargestellt.

369

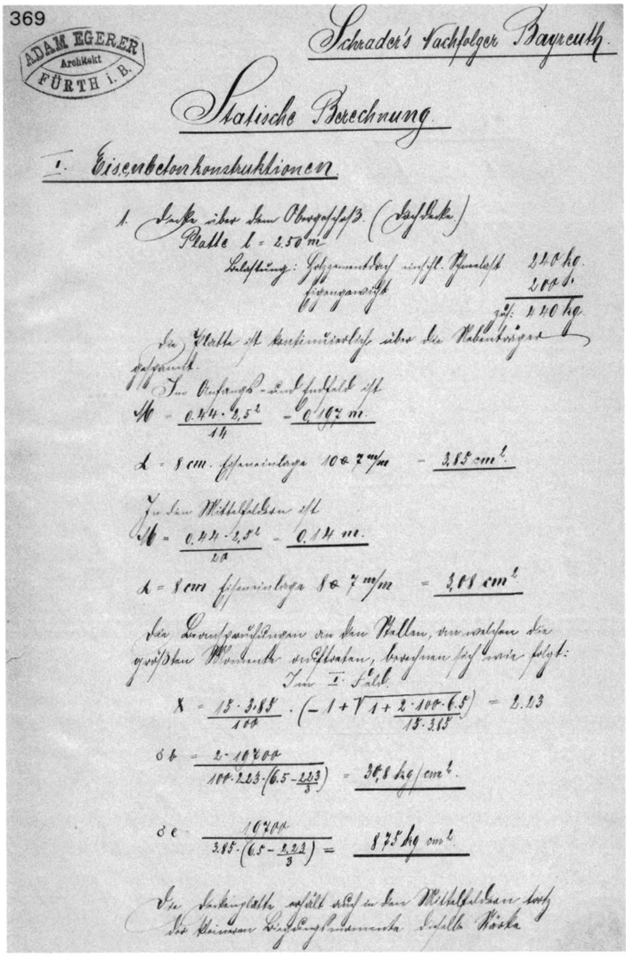

370

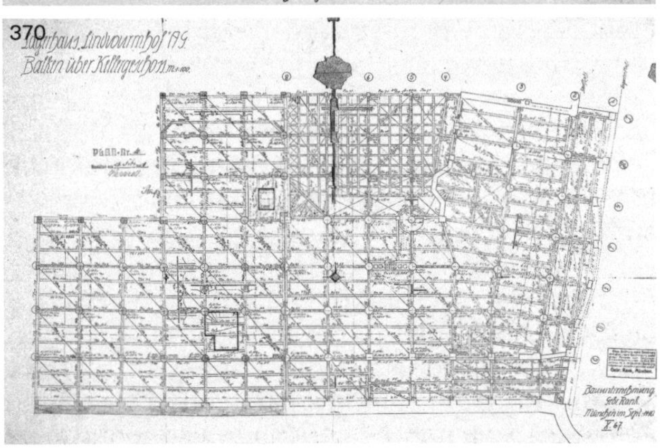

Abb. 369 Fabrikgebäude, Bayreuth, Deckblatt der statischen Berechnung, 14.5.1909.
Abb. 370 Kontorhaus, München, Positionsplan Regelgeschoss, 1910/1911.

Neben dem einfachen Biegebalken für Ein- und Mehrfelddecken kamen also etwa ab 1892, in Deutschland ab 1898, dreidimensionale Tragwerke zur Ausführung. Die oben beschriebene Voutenausbildung sicherte eine gewisse Biegesteifigkeit des Knotens, also eine Rahmenecke. Eine reine Skelettkonstruktion ohne störende Wandscheiben herzustellen, war auch die Vision der Erfinder. Sie wollten den freien Grundriss möglich machen. Tatsächlich entstanden in Deutschland ab 1898[33] zahlreiche Fabrikgebäude, deren Binnenstruktur völlig frei von Wänden oder aussteifenden Kernen hergestellt wurde. (Abb. 372) Einen statischen Nachweis für die Aussteifung blieben die Ingenieure lange Zeit schuldig. Auch Emil Mörsch, der die Vorlage für die deutschen Bestimmungen erarbeitete, handelte dieses Thema nur mit ein paar dürren Sätzen ab.[34] Um eine Vorstellung von der Wirkweise einer solchen Rahmenecke zu bekommen, kann man sich einen von überstehenden Eisenstäben umschlossenen Betonkern vorstellen. Beton und Stäbe behindern sich gegenseitig in einer möglichen Bewegung, die durch einwirkende Momente hervorgerufen würde.

In der Baupraxis lassen sich zahlreiche Skelettkonstruktionen aus der Zeit bis 1918 finden. Gefragt war der Eisenbeton bei Nutzungen, die mit hohen Trag- und Brandlasten verbunden waren. Beispiele sind Druckereien, Lagerhäuser, Kaufhäuser, aber auch Museen und Maschinenbaufabriken. Die Stützweiten betrugen dabei 4 bis etwa 11 m. (Abb. 373)

Des Weiteren wurden Hallen als weitspannende Rahmentragwerke errichtet. Die Spannweiten erreichten im süddeutschen Raum schon bei den ersten Bauwerken dieser Art über 27 m. (Abb. 374) Es handelte sich für kurze Zeit um die größten Spannweiten für solche Konstruktionen weltweit. Der Korbbogen als Binder war dabei ebenso vertreten wie der Spitzbogen. Besonders die gedrungenen Gurtbögen, die vornehmlich im Reformstil der Prinzregentenzeit eingesetzt und in der Abfertigungshalle des Hauptzollamtes in München oder bei der Garnisonskirche in Ulm verwirklicht wurden, wären ohne den Einsatz von Bewehrungen nicht möglich gewesen. Die grafisch ermittelte Stützlinie beim Hauptgewölbe der Garnisonskirche tritt deutlich aus dem Querschnitt des Gewölbes hervor.[35]

Die Konstruktion der Pilzkopfstütze kennzeichnet die Abkehr von solchen tradierten Bauweisen. Dabei wird die Deckenplatte einfach auf Stützen aufgesetzt. Nur eine Aufweitung des Stützenkopfs lieferte zunächst die Möglichkeit, die Bewehrung so zu führen, dass einerseits eine gewisse Steifigkeit gegen horizontalen Lastangriff gewährleistet wird und andererseits eine Auflagerverbreiterung hergestellt werden konnte, um das Durchstanzen zu verhindern. Auch bei der Pilzkopfdecke, die der Schweizer Ingenieur Robert Maillart (1872–1940) 1910 als Erster ausführte, wurde das Dachtragwerk separat hergestellt, sodass die Flachdecken nur die Eigenlasten aufnehmen mussten. (Abb. 375) Patentiert wurde diese Bauweise in der Schweiz 1908.

33 In Leipzig durch die Bauunternehmung Pommer.
34 Mörsch 1906, S. 151.
35 Stützlinienermittlung nach einer historischen Zeichnung aus dem Umfeld von Theodor Fischers Büro.

371

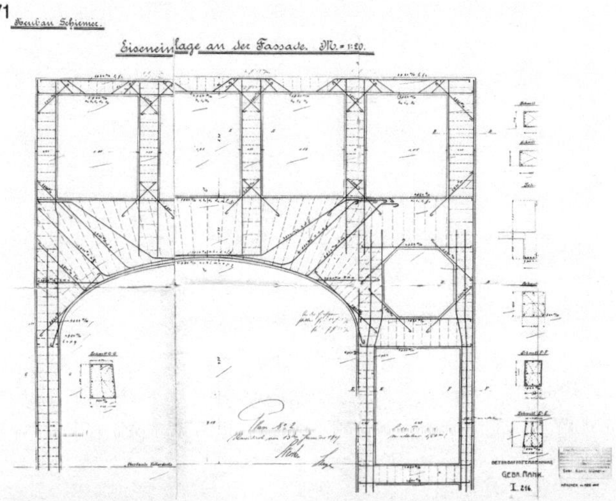

Abb. 371 Geschäftshaus, München, Bewehrungsplan Fassade, 1908/1909.
Abb. 372 Fabrikgebäude bei Stuttgart, Rohbau; Foto von 1904.
Abb. 373 Querschnitte typischer Skelettkonstruktionen aus Eisenbeton im Raum München.
Abb. 374 Querschnitte typischer Rahmenkonstruktionen aus Eisenbeton im Raum München.

372

373

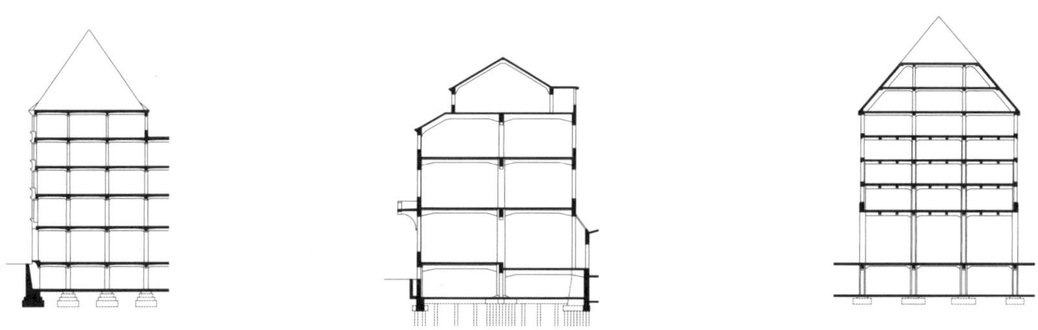

374

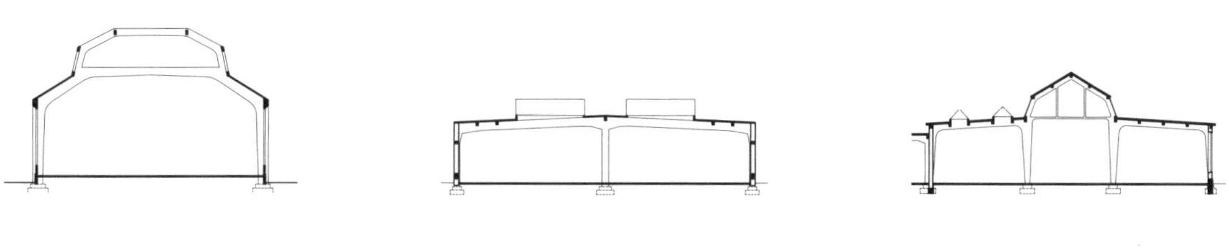

375

Ein- und zweifach gekrümmte Konstruktionen

Gewölbe und Kuppeln aus Eisenbeton waren letztlich weitere Anwendungsgebiete. Einfach gekrümmte Wölbschalen wurden einerseits als gerippte, andererseits als glatte, ungerippte Konstruktionen hergestellt. Gewölbe erreichten bis 1918 Spannweiten von über 20 m. Es handelte sich überwiegend um selbsttragende Konstruktionen, die also keine Verkehrslasten aufnehmen sollten. Dies trug dem Umstand Rechnung, dass die dünnen Schalen empfindlich auf exzentrische Lasten reagiert hätten. Die darüberliegenden Dachtragwerke stellten davon unabhängige Konstruktionen dar. Ziemlich kurios scheinen dünnwandige Schalen, wie sie aus dem Jahr 1894 über dem Hauptschiff der Kirche St. Anton am Alten Südfriedhof in München überkommen sind. (Abb. 376) Eine erstaunlich futuristische Kombination aus Gurtbögen, aufgeständerten Unterzugsdecken und Vierendeelträgern (längs verlaufende Rahmenträger mit rechteckigen Öffnungen) stellt die Markthalle in Breslau dar. (Abb. 377) Im Brückenbau mussten dagegen Verkehrslasten berücksichtigt werden. Die Ausführung erfolgte zumeist noch angelehnt an Patente von Joseph Monier. Diese Konstruktionen zeichnen sich im Allgemeinen durch kräftige Wiederlager aus, um die Schubkräfte sicher aufnehmen zu können. (Abb. 378)

Etwas anders verhielt es sich bei Kuppelkonstruktionen, also zweifach gekrümmten Gewölben, die

376

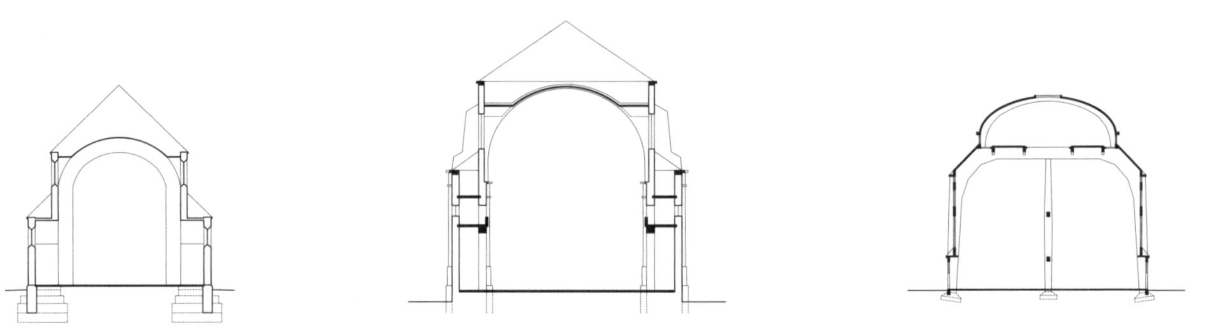

Abb. 375: Foto: Хрюша

377

378

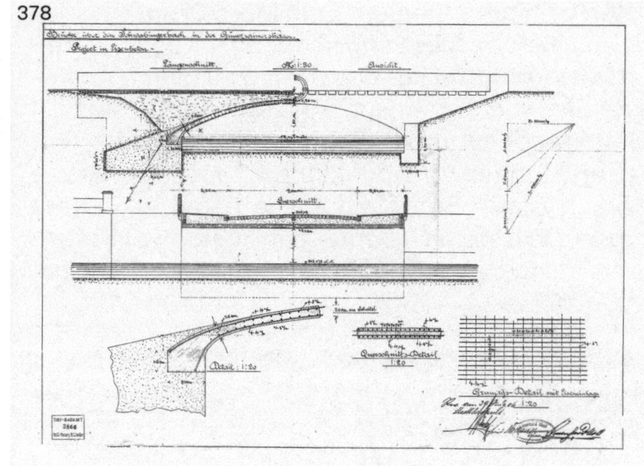

Abb. 375 Getreidelager, Altdorf, Schweiz, 1912, Eisenbetonskelettkonstruktion mit Pilzkopfstützen nach Plänen von Robert Maillart, Innenraumaufnahme.
Abb. 376 Querschnitte typischer Gewölbekonstruktionen aus Eisenbeton im Raum München.
Abb. 377 Markthalle, Breslau, 1906–1908, Innenraum.
Abb. 378 Brücke, München, bewehrte Betonkonstruktion nach Monier, Plan von 1906.
Abb. 379 Querschnitte typischer Kuppelkonstruktionen aus Eisenbeton im Raum München.

auch als äußerer Abschluss eines Bauwerks verwendet und nur mit einer Verblechung gegen Witterung geschützt wurden. Gerippte Konstruktionen wurden nach Patenten von Monier und Hennebique gebaut. Erste Beispiele finden sich bereits um 1890. Zunächst sah es so aus, als würde sich die Herstellung gerippter Gewölbe und Kuppeln gegenüber glatten Schalen durchsetzen. (Abb. 379) Einen Endpunkt fand die gerippte Bauweise jedoch bereits 1913 mit der sogenannten Jahrhunderthalle in Breslau nach Plänen des Architekten Max Berg, ausgeführt vom Bauunternehmen Dyckerhoff & Widmann. Die Kuppel dieser gigantischen Halle besitzt einen Durchmesser von 65 m. Ihre Herstellung war in einem Maße aufwendig, dass ihre Größe einen gewissen Wendepunkt brachte und keine Nachahmer im Eisenbetonbau fand. Sie wird häufig in der Literatur als die Kuppel in Massivbauweise bezeichnet, die erstmals größer war als die Kuppel des Pantheons in Rom. Dabei darf nicht vergessen werden, dass es sich bei der Jahrhunderthalle um eine bewehrte Konstruktion handelt.

Letztlich setzte sich die dünnwandige, bewehrte Betonschale durch, wie sie erstmals bei der zweischaligen Kuppel über dem ehemaligen Armeemuseum in München 1905 ausgeführt wurde. Die Kuppeln besitzen einen Durchmesser von bis zu 16 m bei einer Schalendicke von nur etwa 8 cm. Darin lag die Zukunft. Die Definition einer Schale haben wir bereits im Kapitel Mauwerksbau kennengelernt. Bei den frühen Schalenkonstruktionen aus

379

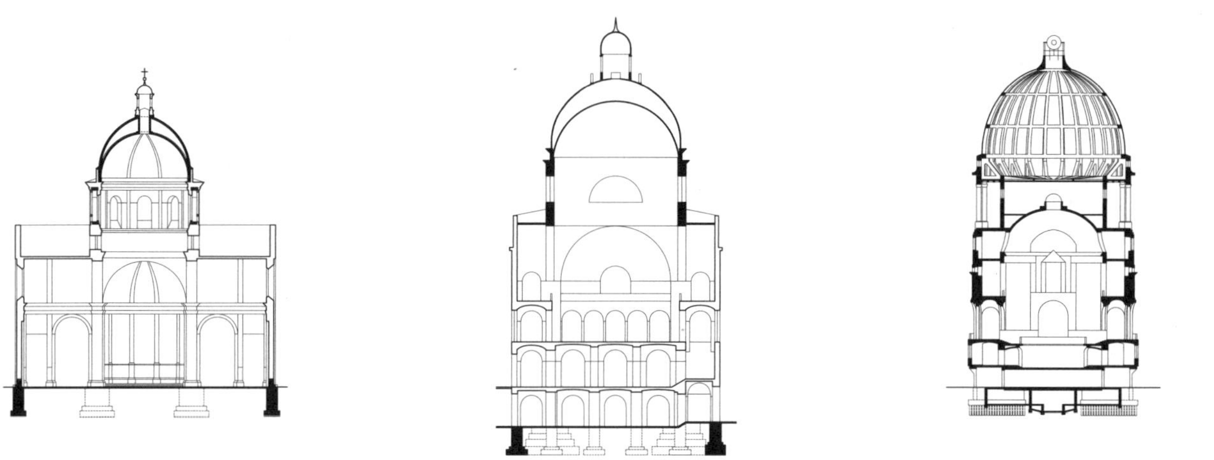

Beton griff der Ingenieur Emil Mörsch auf die Monierbauweise zurück und übertrug die sogenannte Schwedlerkuppel auf den Betonbau (siehe im Kapitel Eisenbau). Die von Schwedler eingesetzten versteifenden Auskreuzungen in den von Meridianen und Ringen umschriebenen Trapezen ersetzte Mörsch durch Betonfelder. Die damit errichtete Kuppel über dem Gebäude der Anatomie in München besitzt eine Spannweite von über 22 m bei einer Schalendicke von nur etwa 7 bis 10 cm. Das entspricht einem Verhältnis von 1:314. (Abb. 380)

Abb. 380 Anatomie, München, 1906, Innenraum unter der äußeren Kuppel.

Von der äußeren Gestalt einfach gekrümmt, aus einer Aneinanderreihung von Betonbögen mit durchbrochener Füllung bestehend, sind die Luftschiffhallen mit 50 m Scheitelhöhe, die der französische Ingenieur Eugène Freyssinet (1879–1962) von 1922 bis 1924 in Orly bei Paris realisierte.[36] Interessant ist, dass Freyssinet während der Herstellung der Bögen Zugverspannungen verwendete, um Verformungen der Schalung beim Betonieren zu verhindern – ähnlich jenen, die 30 Jahre zuvor Šuchov eingesetzt hatte.

Die Möglichkeit, Bewehrungen zu verwenden und gewisse Biegemomente innerhalb einer Schale damit aufnehmen zu können, bot neue Wege. Vorbildgebend für besonders dünne Schalen war das katalanische Gewölbe. Dabei wird ein dreischichtiger Aufbau aus jeweils nur etwa 15 mm dicken Ziegelplatten hergestellt. In der obersten Schicht wird hydraulischer Mörtel verwendet, der so eingestellt ist, dass er innerhalb von Sekunden abbindet. So kann ein Ziegel an den anderen im wahrsten Sinne des Wortes „geklebt" werden. Die nächsten Schichten darunter werden an die zuvor hergestellte Schicht geklebt, nun aber mit Gipsmörtel. Auf diese Weise kann ein schalungsfrei errichtetes Gewölbe gebaut werden. Es lassen sich so relativ freie Formen herstellen, sogar Treppen. (Abb. 381)

Aus diesen katalanischen Gewölben leitete der uruguayische Architekt und Ingenieur Eladio Dieste (1917–2000) ab den 1940er-Jahren bewehrte Gewölbekonstruktionen ab, die irritierend luftig und wegen des verwendeten Baustoffs Ziegel zunächst technisch absolut unlogisch wirken. Letztlich muss man seine Konstruktionen aber unter dem Begriff bewehrte Betonkonstruktion subsumieren. Die Ziegel werden dabei auf einer Schalung ohne Verband verlegt. In den durchge-

36 In Graefe 1989, S. 193 (Abb. S. 195) wird von einem Betonrippengewölbe gesprochen. In: Graefe 2021, S. 285, findet sich ein Foto der Baustelle.

henden Fugen in Längs- und Querrichtung werden zwei Lagen Bewehrung mit je 6 mm Durchmesser eingesetzt, um damit eine gewisse Biegebeanspruchung aufzunehmen. Zur Formfindung verwendete Dieste oft die umgekehrte Kettenlinie. Bei

Abb. 381 Katalanische Gewölbe, ohne Datierung.
Abb. 382 Busbahnhof, Salto, Uruguay, 1973/1974, bewehrte Mauerwerksschale nach Eladio Dieste.
Abb. 383 Planetarium, Jena, Zeiss-Dywidag-Bauweise; Foto um 1926.

tonnenartigen Gewölben setzte er zudem zweifach gekrümmte Schalen ein, um eine größere Steifigkeit der Schale zu erhalten und so die Gefahr des Knickens zu reduzieren. (Abb. 382)

In Deutschland perfektionierte der Ingenieur Franz Dischinger, der ab etwa 1919 bei Dyckerhoff & Widmann tätig war, die Schalenbauweise. Auslöser war der Wunsch der Firma Zeiss in Jena, eine möglichst genaue Projektionsfläche für Planetarien zu erhalten. Walther Bauersfeld war an der Entwicklung entsprechender Projektoren beteiligt und hatte auch die Idee, aus Eisenstäben ein trianguliertes, kugelförmiges, sehr stabiles Gewölbe mit einem Durchmesser von 16 m zu bauen. Mithilfe des von der Firma Torkret entwickelten Spritzbetonverfahrens wurde es möglich, den Beton auf dieses Gitterwerk zu applizieren. So entstand 1923 das erste Planetarium. (Abb. 383)

Franz Dischinger wird noch heute latent vorgeworfen, dass er eine statische Berechnung für die Kuppel von nur wenigen Zentimetern Dicke schuldig blieb.[37] Tatsächlich verformte sich diese erste Schale kurz nach ihrer Fertigstellung. Ulrich Finsterwalder, der 1923 in das Unternehmen kam, wurde in der Folge damit betraut, zusammen mit Dischinger Abhilfe zu schaffen. Die Lösung lag darin, physikalische Modelle zu entwickeln, um das Tragverhalten genauer zu studieren. Davon sollten dann theoretische Rechenmodelle abgeleitet werden. Diese deduktive Konstruktionslehre im Spannungsfeld zwischen Theorie und Praxis sollte sich in der Folge über Jahre hinweg etablieren.

37 May. In: Addis 2021, S. 270–274.

Spannbeton

Die Idee, bewehrte Betonkonstruktionen durch Vorspannen der Bewehrung tragfähiger und rissärmer herstellen zu können, hatte der US-amerikanische Ingenieur P.H. Jackson bereits im Jahr 1886 und ließ sich dies 1888 auch gleich patentieren. Durch die Vorspannung erfährt der Beton zusätzliche Druckspannungen. Tatsächlich gelang eine Vorspannung aber erst dem böhmischen Ingenieur Karl Wettstein 1919 mithilfe von Klaviersaiten. Die Saalebrücke bei Alsleben nach Plänen von Franz Dischinger entstand 1928 und gilt als eine der ersten Spannbetonbrücken. (Abb. 384) Eugène Freyssinet sollen dann nach intensiven Forschungen zu hochfestem Stahl und zum Kriechen und Schwinden von Beton Vorspannungen von 400 N/mm² gelungen sein.

Abb. 384 Brücke bei Alsleben, 1928, erstmals aus Spannbeton.

Foto: Jwaller

Auswirkungen auf die Architektur

Die letztlich auf die Französische Revolution zurückzuführende Trennung der Ausbildung von Architekten und Ingenieuren im Bauwesen führte auch in der Praxis zu einer immer tiefgreifenderen Kluft zwischen den Disziplinen. Das hatte anfangs aber überwiegend mit der Weigerung der Architekten zu tun, mit den neuen Werkstoffen überhaupt zu arbeiten und das Ergebnis auch noch dazu Architektur zu nennen. Ähnlich wie beim Bauen mit Eisen sträubten sich also die Architekten lange Zeit gegen die Anwendung des bewehrten Betons in ihren Bauwerken. Die Bauweise war durch ihre Ausgangswerkstoffe negativ konnotiert. Man hielt eine Fassade aus Beton, die steinmetzmäßig nachbearbeitet wurde, für würdelos. Skelettkonstruktionen lehnte man im innerstädtischen Kontext gänzlich ab. Es ist deshalb gar nicht verwunderlich, dass einige der wichtigsten Avantgardisten in der Architektur im frühen 20. Jahrhundert nie einen Abschluss an einer Hochschule für Architektur oder einer École des Beaux-Arts machten. Dies trifft zumindest auf die Architekten Le Corbusier (1887–1965) und Walter Gropius (1883–1969) zu. Der Begriff Architekt war zu jener Zeit auch nicht geschützt, weshalb man sich den Titel leicht aneignen konnte.

Die neuen Möglichkeiten des bewehrten Betons inspirierten u.a. die genannten Architekten in einem Maße, dass ein ganz neuer Architekturstil entstehen konnte, den wir heute im Rückblick die Klassische Moderne nennen. Das System Dom-Ino stellte Le Corbusier als Idee 1914 vor. (Abb. 385) Es zeigt eine Flachdecke auf Stützen, gänzlich ohne Unterzüge oder gar Pilzkopfstützen. Ein geneigtes Dach vermisst man genauso wie ein Streifenfundament. Le Corbusier reduzierte das Bauwerk auf das absolut nötige Tragwerk. Alles andere ist freibleibend und lässt sich nach Belieben ausfüllen. Walter Gropius inszenierte bereits 1910 mit dem Fagus-Werk die Vorhangfassade als logische Konsequenz des Skelettbaus. Der Raum wird fortan nicht mehr aus einer Masse herausgeschnitten, wie es beim Mauerwerksbau oft zu sein scheint. Vielmehr wird ein Skelett dann interessant, wenn man sich vorstellt, was zwischen drei oder mehr Stützen als Raum möglich ist.

Das hydraulische Abbindeverhalten des Betons eröffnete aber auch die Möglichkeit, eine ebene Decke als Dachtragwerk einzusetzen. Mithilfe der zusätzlich aufkommenden Möglichkeiten der Bauchemie konnten auch neuartige Abdichtungen zur Ausführung gebracht werden. Das Flachdach konnte so leicht realisiert und als fünfte Fassade nutzbar gemacht werden. (Abb. 386)

385

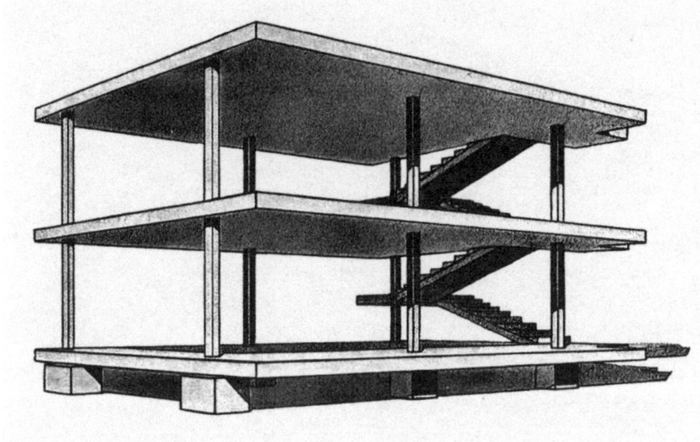

386

387

388

Abb. 385 System Dom-Ino von Le Corbusier, Zeichnung von 1914.
Abb. 386 Die fünfte Fassade: Dachgarten als Vorstellung vom Wohnen in der Klassischen Moderne.
Abb. 387 Einsteinturm, Potsdam, 1920–1922, nach Plänen von Erich Mendelsohn.
Abb. 388 Geschäftshaus, Wien, 1910, nach Plänen von Adolf Loos.

Neben der Klassischen Moderne ist aber auch der Expressionismus in der Architektur, der nach dem Ende des Ersten Weltkriegs eine kurze Blüte erfuhr, zu nennen. Mit dem Eisenbetonbau verbanden Architekten wie Erich Mendelsohn (1887–1953) die Möglichkeit, jede Form in Beton gießen zu können, die man sich nur vorstellen konnte. (Abb. 387) Die Schaffung einer Bauskulptur wurde denkbar, blieb aber abgesehen von wenigen Ausnahmen Theorie. Dieses Ansinnen scheiterte an der aufwendigen Schalungsarbeit. Zumindest allzu organische Formen waren schwierig umzusetzen. So ist der sogenannte Einsteinturm von Mendelsohn ein Hybrid aus Mauerwerksbau und Betonbau. Mendelsohn selbst war wenig stolz auf sein Werk, das nur unter Zuhilfenahme von viel Putzmörtel seine eigenwillige skulpturale Gestalt annehmen konnte.

Wesentlich zielführender war dagegen eine Betonbauweise, die jeglichen Hang zum Ornament ablehnte. Dies erkannte bereits Adolf Loos (1870–1933). Bei seinem Geschäftshaus am Michaelerplatz in Wien von 1910 ließ er jeglichen Zierrat weg. In seinem Pamphlet „Ornament und Verbrechen“ polemisierte er heftig gegen den Historismus.[38] Ihm war die Betonbauweise willkommen, um schnell und schnörkellos eine ganz neue Art von Architektur ins Werk zu setzen. (Abb. 388)

Der Eisenbeton revolutionierte das Bauwesen aber noch auf eine ganz andere Weise. Die Trennung von Tragwerk und Fassade bzw. Ausbau ermöglichte eine deutlich verkürzte Bauzeit. Diese Entwicklung, die gleichzeitig beim Bauen mit Eisen vorangetrieben wurde, war Motor für die fortschrittliche Skelettkonstruktion.[39] Während in den oberen Stockwerken noch der Rohbau gegossen wurde, konnte im Erdgeschoss bereits die Fassade appliziert werden. Diese Möglichkeiten wurden insbesondere in den USA genutzt, um den Hochhausbau voranzubringen. Aber auch in England entstanden so in den ersten Jahren des 20. Jahrhunderts einige beeindruckende Bauwerke wie das Royal Liver Building in Liverpool von 1908.[40]

6.
GEFÄHRDUNGEN

Es wurde sehr viel Energie aufgewendet, um Bauwerke aus Beton und Eisen herzustellen. Man muss von einem wirklich herben Verlust sprechen, wenn all der Beton abgebrochen werden sollte, um ihn durch andere Bauwerke zu ersetzen. Wir können uns diese Verschwendung an Energie nicht leisten. Vielmehr sind wir dazu verpflichtet, in die bestehenden Gebäude Nutzungen zu integrieren. Aber gerade der Betonbau bereitet uns dabei ernsthafte Schwierigkeiten, wie in der Folge näher ausgeführt wird.

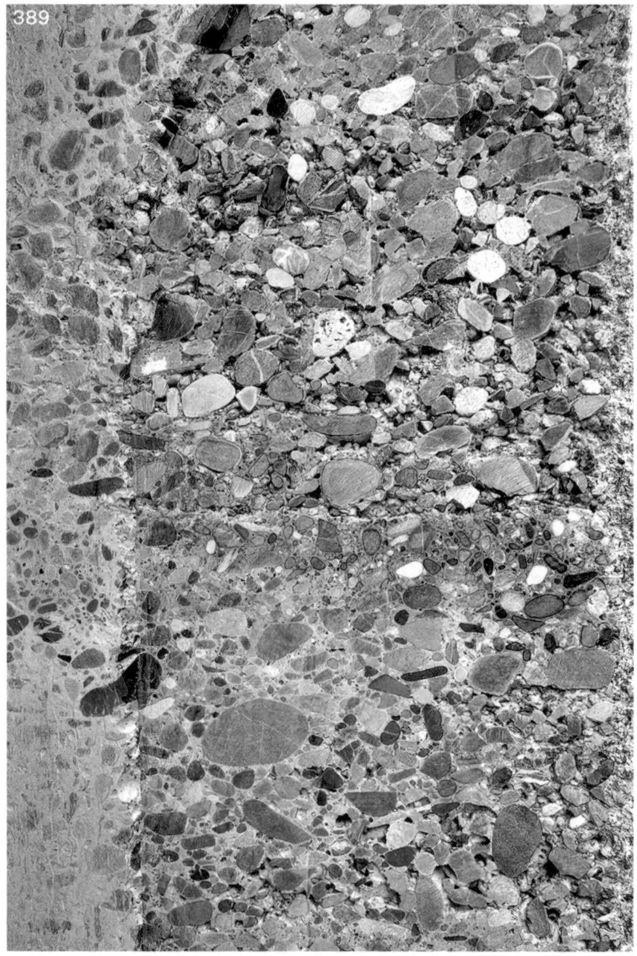

Abb. 389 Stampfbetonwand, München, 1918, Kiesnester im Querschnitt.

Bauzeitliche Ausführungsmängel

Bei Bauwerken aus Eisenbeton aus der Zeit vor etwa 1918 sind Schäden, die auf ein statisches Versagen der Konstruktion schließen lassen, selten. Anfälliger sind Deckensysteme, die auch noch in den 1920er-Jahren häufig nach Patent hergestellt wurden. Dreidimensionale Tragwerke dagegen überzeugen auch heute noch. Die frühe Bauweise erweist sich häufig gemäß der bauzeitlichen Zweckbestimmung als äußerst robust. Dennoch stellen Nachrechnungen nach heutigen Normen die Tragwerksplaner in zahlreichen Fällen vor große Probleme, weil die zu erreichende Betonfestigkeit eine andere war und die Bewehrungsführung nicht immer nach heutigen Gesichtspunkten erfolgte. Die Festigkeit entnommener Betonkerne erreicht an einer Stelle oft nicht einmal die bauzeitlich vorgeschriebenen Werte und kann zugleich an anderer Stelle überdurchschnittlich hoch sein. Risse treten häufig auf, da nicht in erforderlichem Maße Bewegungsfugen vorgesehen wurden. Auch

38 Vgl. Loos 1908.
39 Vgl. dazu Kapitel Eisen.
40 Rehm 2019, S. 73.

die Betondeckung ist nicht immer in ausreichendem Maße gegeben, oder die Verdichtung des Betons erfolgte nicht in gewünschtem Maße, sodass sich Kiesnester bilden konnten. (Abb. 389, 390)

Schon eine geplante Umnutzung des Bauwerks hat zur Folge, dass gemäß den Landesbauordnungen auch die Tragfähigkeit der Bauteile nachgewiesen werden muss. Das bringt für die Planungsbeteiligten große Herausforderungen mit sich. Dagegen kann bei einer kontinuierlich fortgesetzten Nutzung auf Bestandsschutz abgestellt werden. Überhaupt bieten Instandhaltungsmaßnahmen zumindest in Bayern baurechtlich die Möglichkeit, auf eine Prüfung der statischen Berechnungen zu verzichten. Oft muss dann sogar kein Bauantrag gestellt werden.

Abb. 390 Gewölbe, München, 1908, Plattenbalkendecke mit freiliegender Bewehrung, 1908.

Alterung des Betons

Im Stahlbeton werden zwei Werkstoffe in einer Form zu gemeinsamer Tragwirkung gebracht, die für sich genommen nicht geeignet wären, diese zu erzielen. Was sich zunächst als Vorteil erweist, birgt im Laufe der Zeit auch bestimmte Risiken. Denn die Verbundwirkung beruht unter anderem darauf, dass Beton und Bewehrung mit hohen Adhäsionskräften aneinanderhaften. Zugleich schützt das basische Milieu der Hydratphasen des Betons die Bewehrung anfangs vor Korrosion. Unter Feuchteeinwirkung kommt es zur Carbonatisierung des Betons, bei der die basisch wirkenden Hydratphasen des Zementleims durch Einlagerung von Kohlendioxid aus feuchter Luft oder Wasser zu einfachem Kalkstein umgewandelt werden. Interessant ist, dass bei dieser sogenannten Versteinerung der Beton seine Festigkeit nicht verliert, im Gegenteil. Auch die Adhäsionskräfte zwischen Beton und Bewehrung lassen nicht nach. Das Risiko eines Schadens besteht vielmehr dann, wenn der pH-Wert im Beton unter 9 sinkt, sich also in Richtung neutral verschiebt. Infolgedessen kann die Bewehrung theoretisch rosten, ihr Volumen vergrößert sich und es kommt zur Rostsprengung. Dabei platzt die Betondeckung ab, die Verbundwirkung wird herabgesetzt. Haben sich Risse gebildet, die sich mit Wasser füllen können, so besteht auch die Gefahr der Frostsprengung. Das Betongefüge wird zerrüttet.

Ein erhöhtes Salzangebot (z. B. durch Streusalz) oder saure Niederschläge beschleunigen die Alterungs- und Schadensprozesse. Chlorhaltige Salze können zu Lochfraß führen, wobei die Bewehrung zersetzt wird, ohne dass es zu einer Volumenvergrößerung kommt. Solche Korrosion bleibt zunächst unerkannt, da es zu keinen sichtbaren Schäden am Beton kommt. Schwefelhaltige Salze führen dagegen zum Treiben des Betons, also zu einer direkten Betonkorrosion. Schwefel ist beispielsweise in Gips enthalten. Gipshaltige Putze oder Verkleidungen können durch Feuchteeinwirkung gelöst werden und so in benachbarte Bauteile aus Beton einsickern. Letztlich kann auch Bewuchs zu fortgesetzten Schädigungen führen. Hierbei ist interessant, dass die Art des Bewuchses Indikator für den pH-Wert des Betons ist. Während nämlich Flechten vornehmlich auf neutralen oder basischen Untergründen wachsen, kann sich Moos eigentlich nur auf eher saurem Untergrund festsetzen. (Abb. 391, 392) Carbonatisierter Beton ist also eine Voraussetzung für Moosbewuchs. Flechten stellen dagegen zunächst keine Gefährdung für den Bestand dar, da sie sehr langsam wachsen und keine tiefgreifenden Wurzeln ausbilden. Moos ist jedoch unbedingt regelmäßig abzunehmen. Es schafft ideale Bedingungen für Pionierpflanzen wie Birken und Weiden, die nach kürzester Zeit in kleinsten Rissen wurzeln und so zur Zerrüttung des Betons führen können.

Sind Schäden vorhanden, wird eine Instandsetzungsmaßnahme erforderlich. Carbonatisierung und Korrosion werden jedoch nur dann in Gang gesetzt oder in Gang gehalten, wenn Feuchte vorhanden ist. Es ist deshalb sinnvoll und wichtig, die Ursache für dieses Feuchteangebot zu beseitigen oder Maßnahmen zu ergreifen, die geeignet sind, die Feuchte daran zu hindern, die Bewehrung zu erreichen. Vielfach ist dafür nicht die wiederkehrende Bewitterung ausschlaggebend, sondern schlecht gewartete Dachentwässerungen etc. (Abb. 393)

Ist nur mit dem wiederkehrenden Witterungsgeschehen zu rechnen, reicht eine lokale Reparatur der Schadstelle zumeist aus. Es ist aber zu prüfen, ob die Tragkonstruktion ihre statische Funktion durch die Schädigungen eingebüßt hat. Ziel einer erforderlich gewordenen Maßnahme muss sein, den Korrosionsschutz der Bewehrung wiederherzustellen, die Oberfläche zu verdichten und zu festigen und den Beton vor weiterer Dauerdurchfeuchtung zu schützen. Für die Erhaltung des authentischen Charakters der Oberflächentextur oder der ehemaligen Oberflächenfaktur eines auf Sicht hergestellten Betons ist es weiters wichtig, die originalen Schalungsbilder zu erhalten oder diese zu reproduzieren, was ungleich schwieriger ist. (Abb. 394)

Besondere Konstruktionen

Lasch eingelegte Bewehrungen sprechen erst nach dem Ausschalen des Bauteils an. Dann wirken Eigen- und gegebenenfalls Verkehrslasten auf die Konstruktionen ein. Anders ist es bei vorgespannten Konstruktionen, die durch das Anspannen der Bewehrungen ihre vorbestimmte Tragfähigkeit erlangen. Diese versagen im Schadensfall schlagartig und ohne Vorankündigung. Das macht diese Bauweise in gewissem Maße riskant. Es ist hier zwingend erforderlich, dass die Bauteile regelmäßig gewartet werden bzw. ein Monitoring eingerichtet wird, um ihren Zustand laufend kontrollieren zu können. Es ist weiters wahrscheinlich, dass vorgespannte Konstruktionen nicht repariert werden können. Ein Nachspannen der Spannglieder ist im Allgemeinen nicht möglich. Es können auch keine Spannglieder ausgetauscht werden. Da es sich bei zahlreichen Brückenkonstruktionen um vorgespannte Ingenieurbauwerke handelt, stellt dies ein gewisses Problem dar, weil hier die Erneuerung des Gesamttragwerks früher oder später unausweichlich ist. (Abb. 395)

391

392

393

Abb. 391 Stampfbetonsockel, München, ohne Datierung, mit Flechten besetzt.
Abb. 392 Brücke, bei Weyarn, 1910, mit Moos besetzt.
Abb. 393 Fehlendes Fallrohr als Ursache für dauerhafte Durchfeuchtung der Wand.

Abb. 394 Sichtbetonwand, München, um 1910, mit Reparaturen.

Abb. 395 Moderne Brückenkonstruktion während der Bewehrungsarbeit mit vorbereiteten Spanngliedern.

Abb. 395: Foto: Störfix

7.
BEISPIELHAFTE BAUWERKE

In bewehrten Betonbauwerken wurden in der Anfangszeit zahlreiche Erkenntnisse aus tradierten, auch verwandten Bauweisen übernommen. Die näher ausgeführten Beispiele zeigen die große Bandbreite der Ausführungen. Neben Schalentragwerken für Gewölbe sind Skelett- und Rippenkonstruktionen interessant. Die Emanzipation von historischen Vorbildern markiert beispielsweise die Pilzkopfstütze. (Abb. 396, 397)

Abb. 396 Vergleichende Querschnitte von frühen Eisenbetonkonstruktionen im Raum München, von links nach rechts: Anatomie; Hauptzollamt; ehemaliges Ofenhaus Augsburg.

Abb. 397 Vergleichende Querschnitte von frühen Eisenbetonkonstruktionen im Raum München, gegen den Uhrzeigersinn: Querhalle Rapp-Motorenwerke; Werkhalle Rapp-Motorenwerke; Fahrzeughalle des ehemaligen Paketzustellamtes.

396

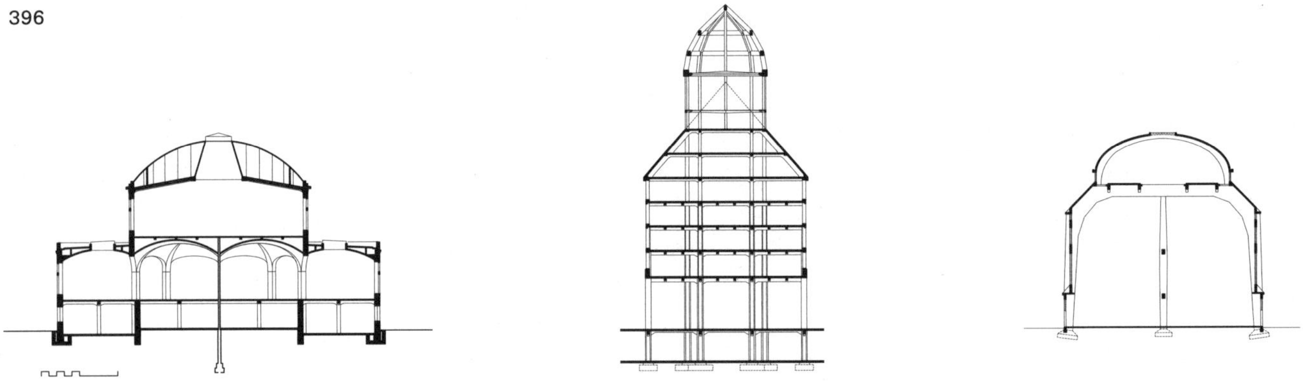

397

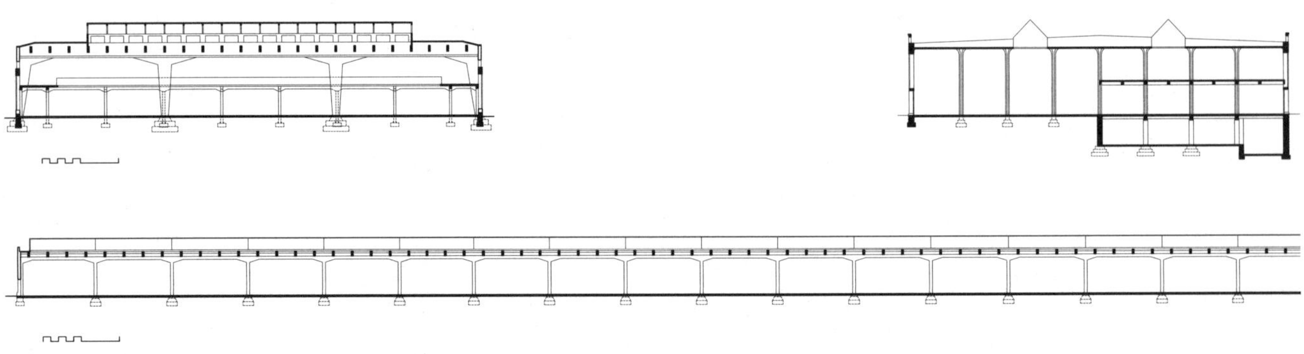

Ausführungszeit	1905–1907, Kuppel 1906
Bautypus	Hochschulbau, Kuppel, Skelettbauwerk
Bauweise	Eisenbeton, schlanke Kuppelschale
Merkmale	System Monier, vorläufige Leitsätze 1904
wesentliche Maße	Durchmesser Kuppel 22 m, Schalendicke 7 bis 10 cm, Stichhöhe 5,75 m
Beteiligte	Max Littmann, Ludwig von Stempel, Wilhelm Maxon, Deutsche Eisenbeton-Gesellschaft m. b. H.

398

399

Abb. 398 Anatomie, München, 1906; Foto von 2018.
Abb. 399 Anatomie, München, 1906, Seziersaal; Foto um 1908.

Die Königliche Anatomie, errichtet als Neue anatomische Anstalt, ist Teil des Klinikums der Ludwig-Maximilians-Universität und wird bis heute in ihrer ursprünglichen Funktion genutzt. Beton wurde umfassend eingesetzt, auch für die Gestaltung der Fassadenoberflächen. Das Gebäude erstreckt sich über insgesamt 90 m entlang der Pettenkoferstraße. Im Westen und Osten schließen Flügelbauten mit bis zu 45 m Länge an, die so angeordnet sind, dass im Grundriss eine z-förmige Anlage entsteht. Die Erschließung des Gebäudes erfolgt durch die Flügelbauten.

Der Entwurf durch den königlichen Oberbaurat Ludwig von Stempel unter der wahrscheinlichen Mitwirkung von Max Littmann wurde in der Fachwelt vielfach diskutiert und galt als vorbildlich, insbesondere auch hinsichtlich der Lichtführung. Für den Hochschulbau revolutionär war die Gestaltung des zentralen Präpariersaals als Unterrichtsraum mit fünf rosettenförmig und offen daran anschließenden Apsiden für die Arbeit der Studierenden. (Abb. 398, 399) Dieser und der Mikroskopiersaal liegen auf der Nordseite des Gebäudes und werden daher durch große Fensteröffnungen indirekt belichtet. Der Mikroskopiersaal erhält zudem Licht über einen Schacht in der Kuppel. Dem Präpariersaal gegenüber auf der Südseite liegt der über zwei Geschosse reichende, amphitheatralisch angelegte Hörsaal mit eigenem zentralem Oberlicht.

Die zweiteilige Kuppel über dem Mikroskopiersaal hat einen Durchmesser von 22 m bei einer Stichhöhe von 5,75 m. Die Schalenstärke beträgt nur 7 bis 10 cm. Sie ist vollständig in Eisenbeton hergestellt. Die Bewehrung dieser zentralen Kuppel wurde selbsttragend ausgeführt, der Beton wurde gemäß den Ausführungen in der Literatur ohne Schalungsarbeit direkt auf das dichte Netz aus Bewehrungsstäben aufgebracht. Für die Bewehrungen wurden glatte Rundstäbe sowie profilierte Halbzeuge verwendet. Die vorliegenden Bewehrungspläne der Kuppel belegen, dass die Kuppel in Anlehnung an Konstruktionen von Schwedler konzipiert wurde. Die Bemessung der Kuppeltragwerke basierte also letztlich auf der Bemessung einer Eisenkonstruktion. (Abb. 400) Die Bauleitung vonseiten des staatlichen Universitätsbauamtes übernahm Wilhelm Maxon. Die Rohbauarbeiten wurden der Deutschen Eisenbeton-Gesellschaft m. b. H. übertragen,[41] die den Rohbau am 2. Juni 1906 fertigstellte.

41 Eine Beteiligung der Deutschen Eisenbeton-Gesellschaft m. b. H. ist durch den Bauvertrag vom 22. Mai 1905 belegt. Die Bewehrungspläne wurden von Ludwig Zöllner unterzeichnet, dem Geschäftsführer der Eisenbeton-Gesellschaft m. b. H. Siehe auch Pogacnik 2009.

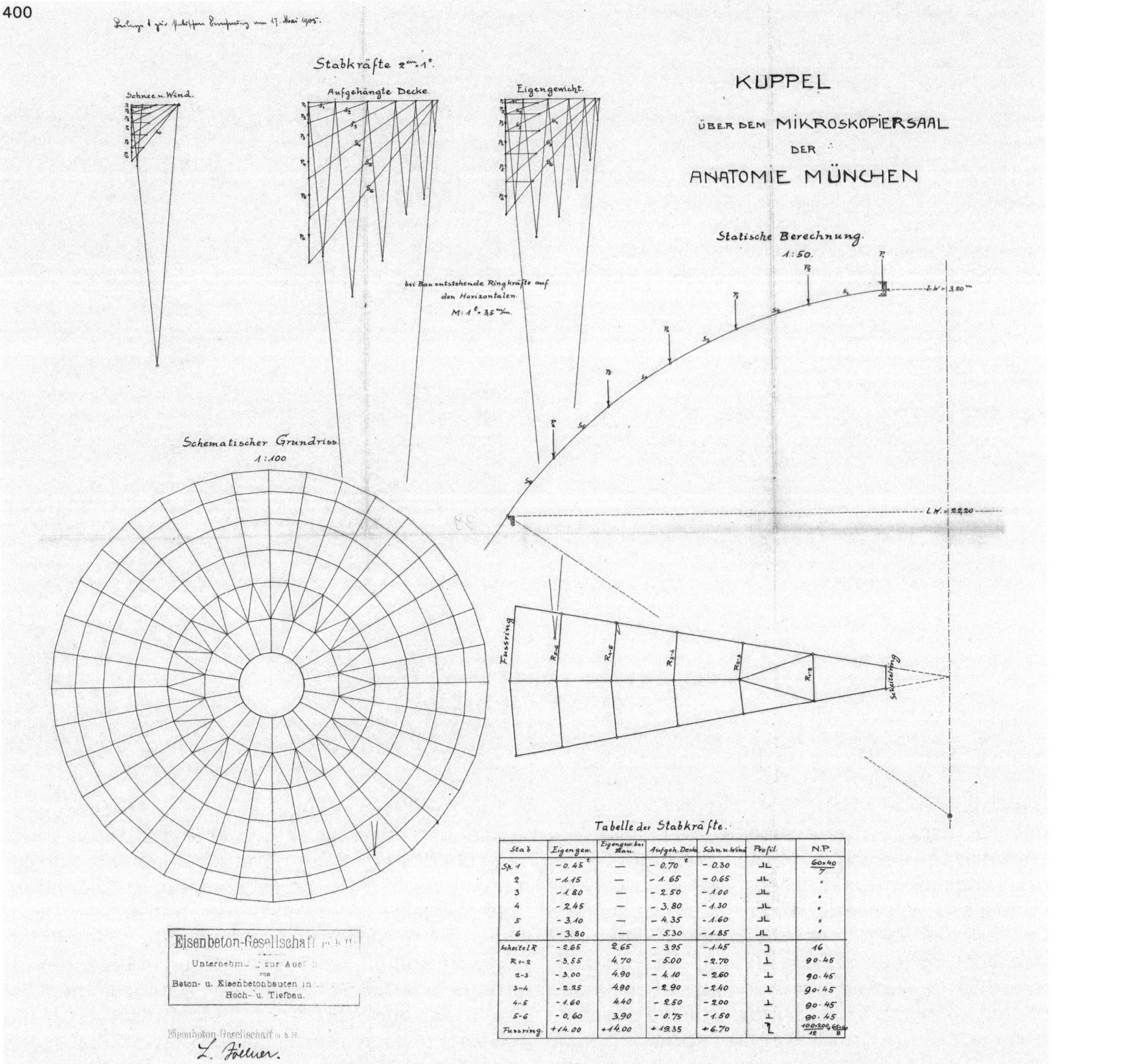

Abb. 400 Anatomie, München, 1906, grafische Bemessung der Kuppelkonstruktion von 1905.

Die Anatomie ist neben der Kuppel über dem ehemaligen Armeemuseum in München eines von zwei frühen Beispielen für schlanke Schalentragwerke aus bewehrtem Beton, die erst in den 1920er-Jahren mit den Zeiss-Dywidag-Schalen eine Fortsetzung fanden.

Erhaltungszustand: Die Eisenbetonkonstruktionen sind erhalten. Das Gebäude wurde bis 2015 behutsam instand gesetzt.

Literatur: „Neubau der königlichen Anatomie in München". *Deutsche Bauzeitung 1* (1908), S. 2–21; „Die neue Anatomie in München". *Süddeutsche Bauzeitung 12, 13* (1908), S. 89–92, 97–98; „Ein Besuch beim Münchner Kindl". *Zement und Beton 29* (1908), S. 450–455; Büsing, F. W./Schumann, C. *Der Portland-Cement und seine Anwendungen im Bauwesen*. 4. Auflage. Berlin 1912, S. 677, 718–727; Mecenseffy, Emil von „Die künstlerische Gestaltung der Eisenbetonbauten". In: *Handbuch für Eisenbetonbau, Ergänzungsband*, hrsg. von Fritz von Emperger. Berlin 1911, S. 87; Kähler, Gert. *Ein Jahrhundert Bauen in Deutschland*. Stuttgart-München 2000; Mörsch, Emil. *Der Eisenbetonbau, seine Theorie und Anwendung*. 4. Auflage. Stuttgart 1912, S. 421; Bayerischer Architekten- und Ingenieurverein (Hrsg.). *München und seine Bauten*. München 1912, S. 500–502; Chevalley, Denis A./Weski, Timm. *Denkmäler in Bayern*, Bd. 1 und 2. (Landeshauptstadt München Mitte). München 2004. S. 500–501; Pogacnik, Marco: „Zwei Kuppeln in München: Armeemuseum und Anatomie (1903–1905). Die ersten Betonschalen Europas". *Bautechnik 2009,* S. 349–356; Oelwein, Cornelia. *Max Littmann (1862–1931). Architekt – Baukünstler – Unternehmer*. Petersberg 2013, S. 204–205; Stegmann, Knut. *Das Bauunternehmen Dyckerhoff & Widmann. Zu den Anfängen des Betonbaus in Deutschland 1865–1918*. Tübingen-Berlin 2014.

Archivalien: BSA, Unibauamt, Akt-Nr. 219, 220, 225; AM, Reg.-Nr. lit-63; Wayss-&-Freytag-Archiv des Deutschen Museums.

Hauptzollamt, München

Ausführungszeit	1909–1912
Bautypus	Industriebau, Skelettbau, Rippenkuppel
Bauweise	Eisenbeton, Rippenkuppel
Merkmale	nach vorläufigen Bestimmungen 1907
wesentliche Maße	Höhe Kuppel 16,5 m, 45 m über Gelände Gesamthöhe, Rippenquerschnitt 30 × 60 bis 35 × 70 cm
Beteiligte	Siegmund Freiherr von Schacky auf Schönfeld, Hugo Kaiser, Gebrüder Rank, Heilmann & Littmann

401

Neben dem Zollamt entlang der Gleisanlagen wurden Bürogebäude und Räumlichkeiten der Prüfungs- und Lehranstalt geschaffen sowie mehrere Wohngebäude entlang der Landsberger Straße. Über den sogenannten Ehrenhof gelangt man in die zweigeschossige Schalterhalle. (Abb. 401) Deren Grundriss misst 35 × 14,5 m, die Höhe 14 m. Parallel zur Schalterhalle und durch einen Lichthof getrennt wurde die Revisionshalle in einfacherer Weise ausgeführt. Nördlich der beiden Hallen

Abb. 401 Hauptzollamt, München, 1912, Fassade der Schalterhalle; Foto von 2018.
Abb. 402 Hauptzollamt, München, 1912, Positionsplan der Kuppel.

402

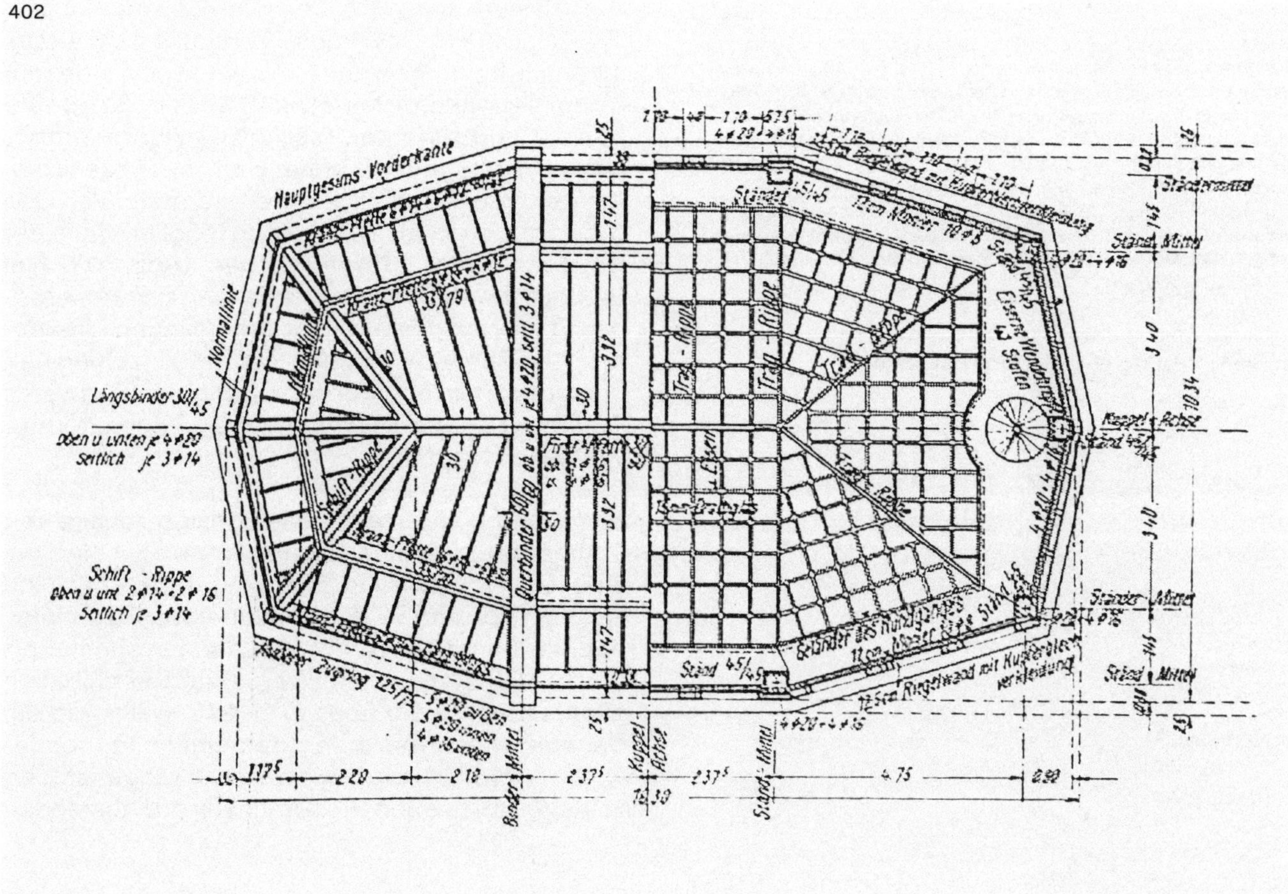

erstreckt sich die Zollhalle mit 180 m Länge und 20 m Breite. Hier wurden auf sieben Stockwerken Waren gelagert. Im Bereich der genannten Querhallen befindet sich ein Lichthof, der über alle Geschosse hinwegführt und mit einer Rippenkuppel abschließt. Sie erhebt sich auf 45 m Höhe über Gelände. Bemerkenswert sind nicht nur die Ausmaße der Anlage, sondern auch die bauzeitlich angesetzten Verkehrslasten von 20 kN/m². Das Gebäude wurde ganz auf den Zweck abgestellt, dass Aufzüge die Waren vertikal zu den Lagerräumen beförderten und Güterzüge direkt unter Dach entladen werden konnten. Die Konstruktion nimmt gleichwohl noch eindeutig Bezug auf tradierte Konstruktionsweisen und ist streng hierarchisch aufgebaut. Die Unterzugdecken wurden im Raster von 5 × 5 m unterstützt. Die Kuppel entwickelt sich folgerichtig aus der Struktur und wurde verglast. Die Konstruktion mit Angaben zu den Bauteilquerschnitten und zur Bewehrungsführung wurde in einschlägigen Zeitschriften veröffentlicht. (Abb. 402) Das Hauptzollamt in München ist ein Beispiel dafür, dass der bewehrte Beton reine Eisenkonstruktionen für Lagergebäude abgelöst hatte. Nicht nur die beeindruckende Tragfähigkeit der Bauwerke, sondern auch der bauliche Brandschutz, der durch die ummantelte Bewehrung als gesichert angenommen wurde, waren absolute Vorteile.

Erhaltungszustand: Die originalen Eisenbetonkonstruktionen sind erhalten.

Literatur: Bayerischer Architekten- und Ingenieurverein (Hrsg.). *München und seine Bauten*. München 1912, S. 517–519; „Münchner Zollneubauten". *Süddeutsche Bauzeitung 44* (1912), S. 350–359; Zentralblatt der Bauverwaltung (Hrsg.). *Die Zollneubauten an der Landsbergerstrasse in München*. München 1912; Emperger, Fritz von (Hrsg.). „Ausführung des Zollamtsneubaues in München". *Beton und Eisen* (1913); Habel, Heinrich/Nerdinger, Winfried: „Bauen in München 1890–1950". In: *Arbeitshefte des Bayerischen Landesamtes für Denkmalpflege 7*. München 1980. S. 50–51; Chevalley, Denis A./Weski, Timm. *Denkmäler in Bayern*, Bd. 1 & 2. München 2004. S. 375–377.

Archivalien: Hausarchiv Hauptzollamt (ungeordnet)

Ehemaliges Ofenhaus des ehemaligen Gaswerks, Augsburg-Oberhausen

Ausführungszeit	1913/14
Bautypus	Industriebau, Binderkonstruktion, Gewölbe
Bauweise	Eisenbeton, Tonnengewölbe mit Gurten
Merkmale	nach vorläufigen Bestimmungen 1907
wesentliche Maße	Spannweite 17,45 m für das Gewölbe, Stichhöhe 5 m, Schalendicke 15 cm
Beteiligte	Gebrüder Rank, A. Keller

403

Das Gaswerk in Oberhausen ersetzte zwei ältere, innenstadtnah gelegene Werke. Es wurde auf einem Grundstück mit etwa 18,7 ha Größe ab 1910 geplant und errichtet. Die Anlage wurde mittlerweile stillgelegt. Im Ofenhaus ist heute das Volkstheater von Augsburg untergebracht. Vor den Umbauarbeiten ab 2017 war es möglich, Teile der Gebäude näher zu untersuchen. (Abb. 403) Alle Bauteile wurden mit zurückhaltend historisierenden Fassaden gestaltet. Zu den genauen Funktionen der Gebäude soll hier auf die einschlägigen Informationen des Fördervereins des Gaswerks Augsburg und die weitere einschlägige Literatur verwiesen werden.[42]

Das Ofenhaus ist eine zweiachsige Anlage mit mittiger Stützenreihe. Es misst etwa 35 × 26 m bei einer Gesamthöhe von 25,75 m. Die Fassaden sind verputzt. Zwischen den Eisenbetonstützen wurden die Wandflächen der Fassaden ausgemauert und mit Fensterfüllungen versehen. Das Gebäude gliedert sich in die über 19 m hohe Halle und ein Dachgeschoss mit durchbrochenem Tonnengewölbe. (Abb. 404) Die Halle wurde in Längsrichtung in insgesamt sieben Binderachsen mit Abständen

42 Berger 2015.

Abb. 403 Gaswerk, Augsburg, 1913/1914, ehemaliges Ofenhaus; Foto von 2018.
Abb. 404 Gaswerk, Augsburg, 1913/1914, ehemaliges Ofenhaus, Innenaufnahme unter dem Gewölbe vor Instandsetzung; Foto von 2018.
Abb. 405 Gaswerk, Augsburg, 1913/1914, ehemaliges Ofenhaus, Bewehrungsplan der Unterzugdecken.

von jeweils etwa 6,4 m unterteilt. Die Binder wurden als Zweigelenkbinder mit einem Querschnitt von 40 × 130 cm ausgebildet, die mittig nochmals durch die genannten Stützen unterteilt werden. Das korbbogenförmige Gewölbe bildet zugleich die Dachhaut und wird durch Bogenbinder in gleichem Abstand wie unten in der Halle versteift. Als Bewehrung wurden glatte Rundstäbe mit Durchmessern von 8 mm für Bügel und bis zu 28 mm für Biegebewehrungen verwendet. Die Bügel wurden in Abständen von etwa 30 cm eingesetzt. (Abb. 405) Das Ofenhaus ist ein sehr gutes Beispiel für eine hochaufgelöste Großstruktur aus Eisenbeton.

Erhaltungszustand: Die ursprüngliche Funktion ist nicht mehr gegeben. Im Zuge der umfassenden Umnutzungskampagne wurden aber wesentliche Teile der Eisenbetonbauwerke instand gesetzt und erhalten.

Literatur: Ganser, Karl/Frühschütz, Oliver/Stadtwerke Augsburg (Hrsg.). *Die Geschichte des Gaswerks in Augsburg-Oberhausen.* Augsburg 2007; Basiner, Paul/Basiner, Katrin. *150 Jahre Gebrüder Rank. 1862 – Fünf Generationen – 2012.* München 2012, S. 254–256.

Archivalien: StadtAA, KPS 6792, 6803, 6804, 6807, 6808, 6811.

404

405

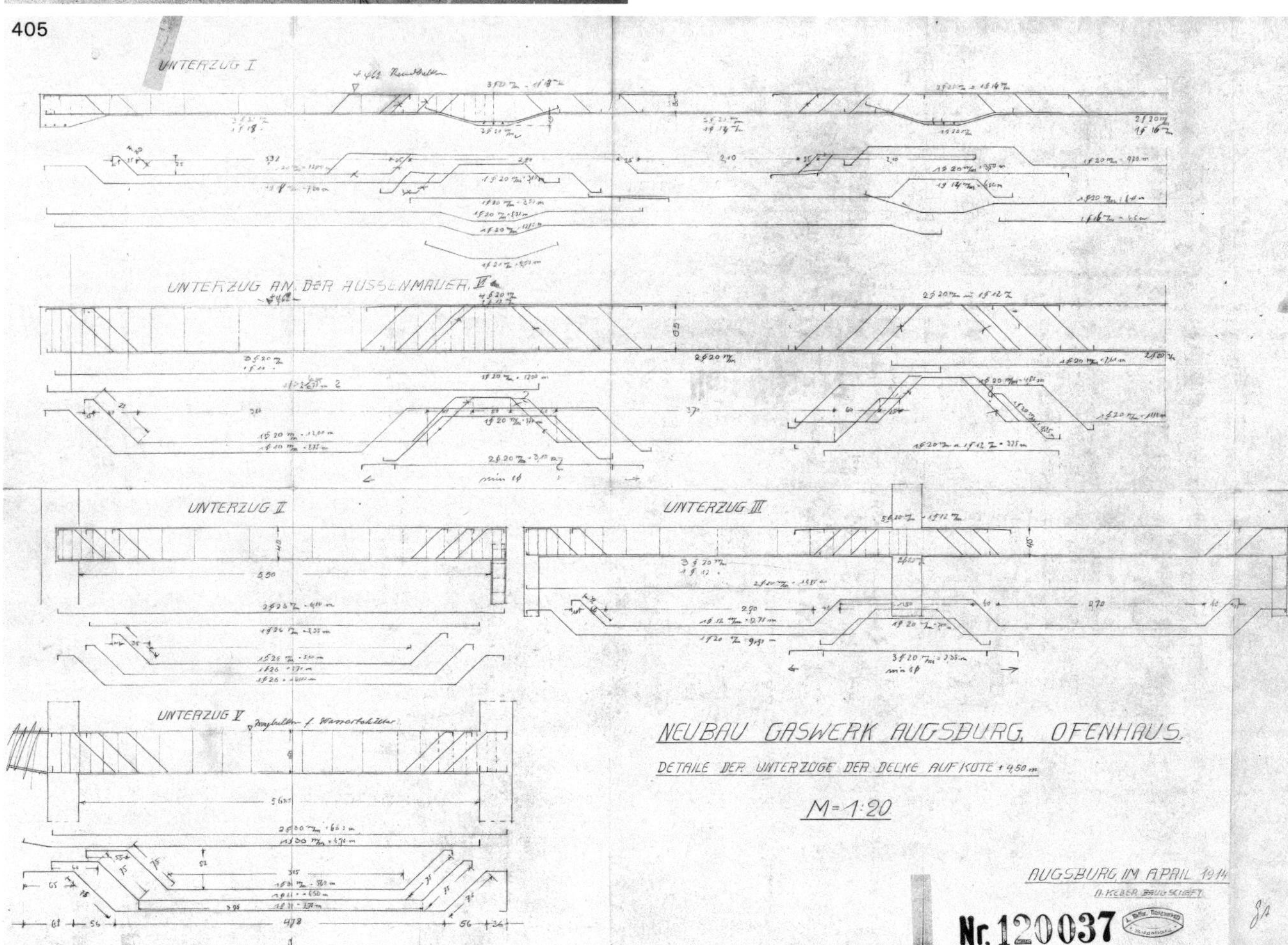

Ehemalige Maschinenfabrik der Rapp-Motorenwerke GmbH, München

Ausführungszeit	1917–1919
Bautypus	Industriebau, Skelettbau, Rahmenkonstruktion
Bauweise	Eisenbeton, Skelettkonstruktion
Merkmale	nach Bestimmungen 1916
wesentliche Maße	Stützweite Halle A 10 m, Stützweite Querhalle bis 20 m, Grundfläche 50 × 220 m
Beteiligte	Halle A durch Wayss & Freytag A.-G.

Noch während des Ersten Weltkriegs wurde die Halle A der Motorenwerke mit 50 × 220 m Grundfläche errichtet. (Abb. 406) Das Achsraster beträgt etwa 10 × 10 m. Die quadratischen Stützen haben einen Querschnitt von 40 × 40 cm. Es ist bemerkenswert, dass die flach geneigten Dächer, die von satteldachförmigen Oberlichtern durchsetzt sind, wohl direkt mit einer Abdichtung versehen wurden. In den Achsen der Unterzüge diente eine Ausnehmung im Beton als Rinne zur Entwässerung. Zwischen den Bauteilen, auch bei den Stützen, waren regelmäßig Bewegungsfugen vorgesehen. Die Hallen der Motorenwerke sind ein Beispiel dafür, dass Eisenbetonskelettbauwerke von Beginn an ohne aussteifende Wandscheiben geplant wurden.

Abb. 406 Rapp-Motorenwerke, München, 1917–1919, zeitgenössische Luftaufnahme ohne Datierung.
Abb. 407 Rapp-Motorenwerke, München, 1917–1919, Positionsplan Werkhalle.

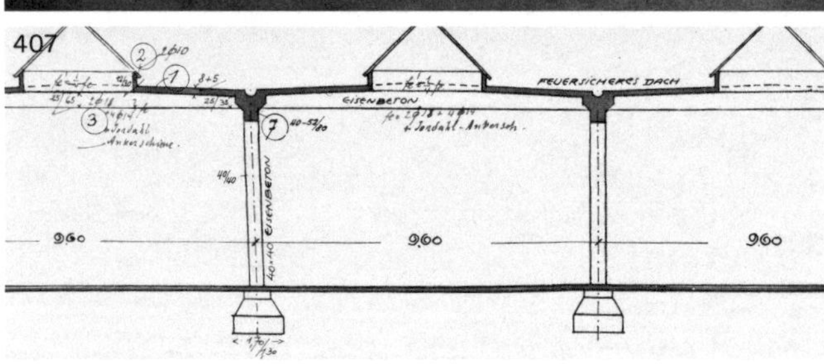

Vielmehr verließ man sich rein auf die Möglichkeit, biegesteife Knoten, also Rahmentragwerke herstellen zu können.

Eine Querhalle (Kleinmaschinenhalle) und kleinere Gebäude und Anbauten wurden erst 1919 fertiggestellt. Die genannte Querhalle misst 19,6 × 61 m. Sie wird von einem monumentalen Längsbinder in zwei Achsen geteilt. Dieser ist 2 m hoch und lagert auf nur vier Stützen, weist also eine Spannweite in Längsrichtung von etwa 20 m auf. (Abb. 407)

Erhaltungszustand: Die originalen Eisenbetonskelettkonstruktionen sind erhalten. Ein Teilbereich wird heute als Museum und für Vorträge genutzt.

Literatur: Neher, Franz Ludwig. *Fünfzig Jahre Knorr-Bremse.* Berlin-München 1955; Megele, Max/Schattenhofer, Michael (Hrsg.). *Baugeschichtlicher Atlas der Landeshauptstadt München,* Bd. 3. München 1951, S. 50.

Archivalien: LBK, Akt.-Nr. 179056 (Halle A); Nr. 179055 (Querhalle).

Abb. 406: Quelle: bmw_galerie-980

Ehemaliges Paketzustellamt, München

Ausführungszeit	1924–1930 (Rohbau 1925)
Bautypus	Industriebau, Pilzkopfstützen, Skelettbau
Bauweise	Eisenbeton, Skelettkonstruktion
Merkmale	nach Bestimmungen 1916 bzw. DIN 1045 (1925)
wesentliche Maße	Stützweite 6 m, Höhe 8,8 m
Beteiligte	Franz Holzhammer, Robert Vorhoelzer, Walther Schmidt, Gebrüder Rank

Das Gebäude ist Teil einer Reihe von klassisch-modernen Postgebäuden in München. Die Anlage wird von der Arnulfstraße im Süden, der Tillystraße im Norden sowie der Wredestraße im Osten und der Deroystraße im Westen begrenzt. Das Grundstück hat eine Länge von 240 m und eine Tiefe von 100 m. An den Längsseiten sind die sogenannten Gürtelbauten angeordnet. Von der Wredestraße besteht eine breite Zufahrt in den Osthof, wo das ehemalige, kreisrunde Verteilerzentrum untergebracht wurde. Direkt angeschlossen ist ein Querbau. Zwischen diesem Querbau und der weiter westlich liegenden Säulenhalle befindet sich ein Mittelhof mit Zufahrten von der Arnulf- und der Tillystraße.

Die Säulenhalle selbst ist 82 m lang und 46,5 m breit. (Abb. 408) Sie ist 8,8 m hoch und besitzt über einer Eisenbetonflachdecke ein flachgeneigtes Dach. Die Decke wird von schlanken achteckigen Pilzkopfstützen getragen, die im Allgemeinen in einem Raster von 6 × 6 m angeordnet wurden. Die Stützen haben einen Durchmesser von 49 cm, die Aufweitung am Pilzkopf beträgt umlaufend etwa 40 cm, sodass ein achteckiges Gesamtauflager von etwa 1,3 m Durchmesser entsteht. (Abb. 409) Die Bereiche in der Decke zwischen vier Säulen waren ursprünglich offen und mit Oberlichtern versehen. Das statische System der 15 cm dicken Decke besteht aus 3 m breiten Gurtstreifen zwischen den Oberlichtern. Diese Gurtstreifen können ihr Eigengewicht und geringe Verkehrslasten (für Revisionszwecke) aufnehmen, die von

Abb. 408 Paketzustellamt, München, 1925, ehemalige Fahrzeughalle; Foto von 2012.

den jeweiligen Stützen übernommen werden. Die hölzerne Dachkonstruktion leitet ihre Eigenlasten aus Schnee und Wind direkt in die Stützen ein. Der Pilzkopf bildet durch die einbindende Bewehrung mit der Decke eine bedingt biegesteife Verbindung aus, die auch begrenzt Windlasten aufnehmen kann.

Das Paketzustellamt ist ein wichtiges Zeugnis für die Emanzipation des Eisenbetonbaus von tradierten Bauweisen wie dem Holzbau. Hier wurde erstmals in München eine unterzuglose Pilzkopfkonstruktion zur Ausführung gebracht und damit nicht nur ein ganz neuer Raumeindruck geschaffen, sondern auch die Wirtschaftlichkeit der Bauweise vorangebracht.

Erhaltungszustand: Das Gebäude wurde im Zweiten Weltkrieg beschädigt, wobei fast alle hölzernen Dachtragwerke verloren gingen. Die Eisenbetonkonstruktionen konnten repariert werden und sind erhalten. Eine umfassende Umnutzungskampagne wird derzeit durchgeführt. Die Fahrzeughalle ist in der Folge nicht mehr erhalten. Das ehemalige Verteilerzentrum dagegen bleibt bestehen.

Literatur: Megele, Max/Schattenhofer, Michael (Hrsg.). *Baugeschichtlicher Atlas der Landeshauptstadt München,* Bd. 3. München 1951, S. 45.

Archivalien: Hausarchiv der Oberpostdirektion; AM, Reg.-Nr. vorho-23.

409

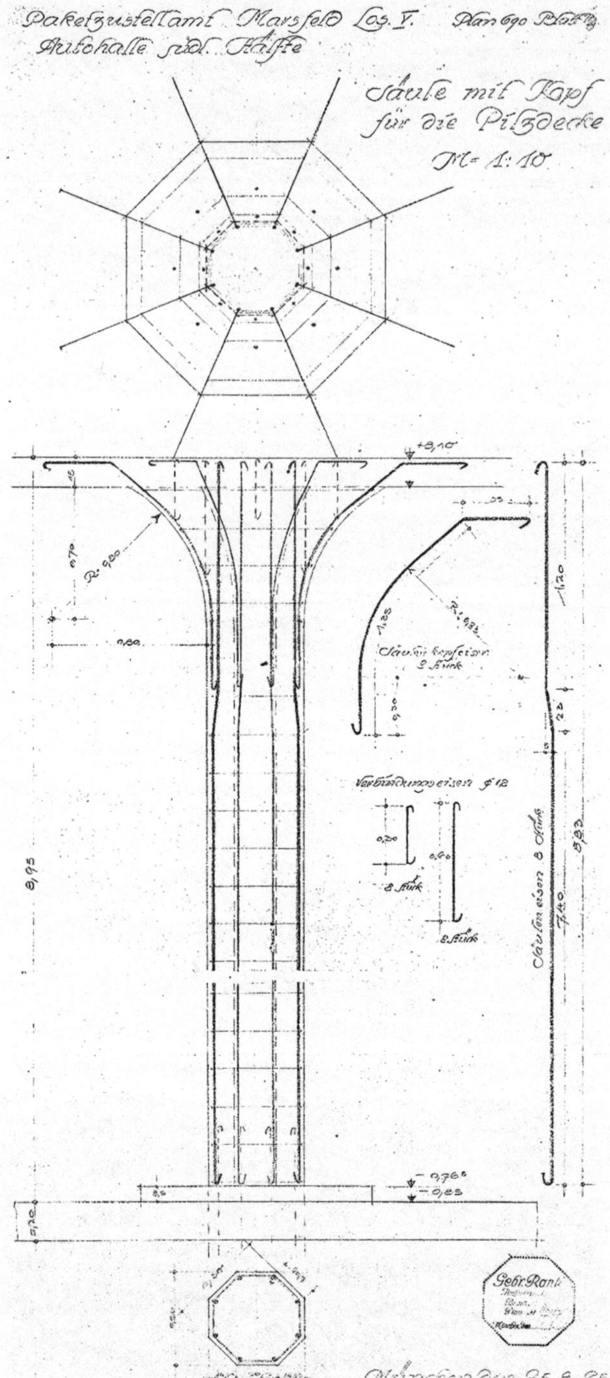

Abb. 409 Paketzustellamt, München, 1925, Bewehrungsplan der Pilzkopfstützen, Fahrzeughalle.

EXKURSE

1. Tragwerk und Innovation
2. Graphische Statik
3. Untersuchungs- und Dokumentationsmethoden
4. Allgemeine Vorgehensweisen bei Instandhaltungs- und Instandsetzungsmaßnahmen

Eberhard Möller, Juan María Songel

1.
TRAGWERK UND INNOVATION

Architektur ist die Kunst, dem Leben Raum und Geborgenheit zu schenken. Tragwerke bilden das Rückgrat von Gebäuden, Bauwerken und baulicher Infrastruktur. Auf den Grundlagen kultureller und technischer Erfindungen der Menschheit entstanden und entstehen beeindruckende Werke. Gebäude bieten Schutz und Behaglichkeit. Bauwerke wie Brücken, Eisenbahnlinien oder Straßen verbinden Menschen, Orte und Regionen. Infrastruktureinrichtungen liefern Wasser, Energie oder Informationen.

Rahmenbedingungen

Das alles ist eingebettet in eine natürlich entstandene Umgebung, die Leben auf unserem „Raumschiff" Erde erst ermöglicht. Bis heute versorgt uns diese Umwelt durch regenerative Prozesse und vielfältige Kreisläufe mit allem Lebensnotwendigen. Dazu zählen frische Luft, sauberes Wasser und gesunde Nahrung. Unsere kulturellen und technischen Eingriffe in die natürlichen Systeme bringen zwar meist Nutzen, verursachen aber oft auch Probleme oder Schäden. Die Grenzen der planetaren Ressourcen zu beachten und eine Balance zwischen Verbrauch und Regeneration zu finden, gilt daher vielen Menschen als erstrebenswert. Aktuell nutzen wir in einem einzigen Jahr fossile Energieträger, deren Entstehung etwa eine Million Jahre benötigt hat. Entsprechend weit ist der Weg zur Ausgewogenheit. Hoffnung macht, dass die Sonne etwa 10 000 Mal so viel Energie liefert, wie wir derzeit verbrauchen.

Mit Einsicht, Effizienz und Genügsamkeit einerseits sowie mit sozialer und kultureller Betätigung anstelle von materiellem Konsum andererseits können wir dazu beitragen, das Ziel einer ausgewogenen und zukunftsfähigen Lebensweise zu erreichen. Immer wieder hat die Menschheit gezeigt, dass sie zu großen Leistungen und Anpassungen fähig ist.

Höhepunkte der Antike

Bereits in der Antike entstanden Bauten mit beeindruckenden Ausmaßen. Von den einst sieben Weltwundern lassen sich die Pyramiden von Gizeh noch heute in nahezu historischer Größe erleben. Vor etwa viereinhalb Jahrtausenden aufgeschichtet, erreichten sie Höhen von rund 146 m. Auch in Asien oder Lateinamerika symbolisierten hohe Bauten früh Macht und Einfluss.

Neben der Höhe ist die freie Spannweite von Bauten ein Merkmal konstruktiver Leistungsfähigkeit. Eine große Kuppel aus unbewehrtem Beton, dem opus caementitium, überdeckt das Pantheon in Rom. Sie wölbt sich über mehr als 43 m und wurde bereits um das Jahr 120 n. Chr. errichtet.

Aufbruch der Wissenschaft

Aufklärung und Industrialisierung erweiterten die baulichen Möglichkeiten nochmals. Zahllose konstruktive und materialtechnische Innovationen haben dazu beigetragen. Sie beruhen auf spannenden Entdeckungen und kühnen Erfindungen.

Auf der Suche nach den wichtigsten menschlichen Erfindungen werden oft Dinge wie das Rad oder das Papier genannt. Beides entspringt allerdings Ideen, die sich von der Natur abschauen lassen, anders als beispielsweise der Knoten. Vielen gilt die moderne Wissenschaft als die größte Erfindung der Menschheit, die Idee einer Welt aus Wissen, das auf genauer Beobachtung, auf Logik und auf Beweisen aufbaut statt auf Tradition, Gefühl oder Glauben. Jede neue Erkenntnis stellt bisheriges Wissen infrage. Dies kann sich dann entweder behaupten oder es wird durch neue Gewissheiten ersetzt.

Naturgesetze

Mit der Aufklärung nimmt die systematische Suche nach Naturgesetzen Fahrt auf. Hierbei handelt es sich um Gesetzmäßigkeiten, die unabhängig von Ort, Zeit, Kultur und beobachtender Person gelten und sich jeder menschlichen Einflussnahme entziehen. Naturgesetze dienen dazu, beobachtete Ereignisse zu verstehen, zu erklären sowie Zusammenhänge und Wechselwirkungen vorherzusagen. Trotz jahrhundertelanger Forschung und beeindruckender Ergebnisse existiert bisher kein vollständiges Naturgesetzbuch – und wird vielleicht nie existieren.

Modernes Bauwesen

Als wesentliche Meilensteine auf dem Weg zum modernen Bauwesen gelten die Etablierung des Berufs der zivilen Ingenieure und der systematischen Nachweise von Tragfähigkeiten. Im Jahr 1716 entstand in Frankreich unter Ludwig XV. das Corps des ingénieurs des ponts et chaussées. Um die Ausbildung zukünftiger Ingenieure für dieses Corps sicherzustellen, wurde am 14. Februar 1747 die École royale des ponts et chaussées als weltweit wohl erste moderne Ingenieurschule gegründet.

410

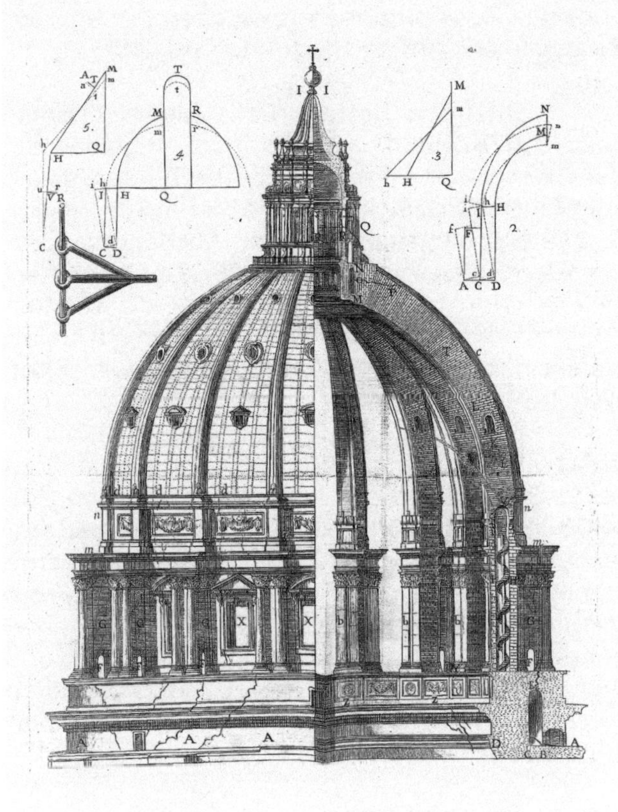

411

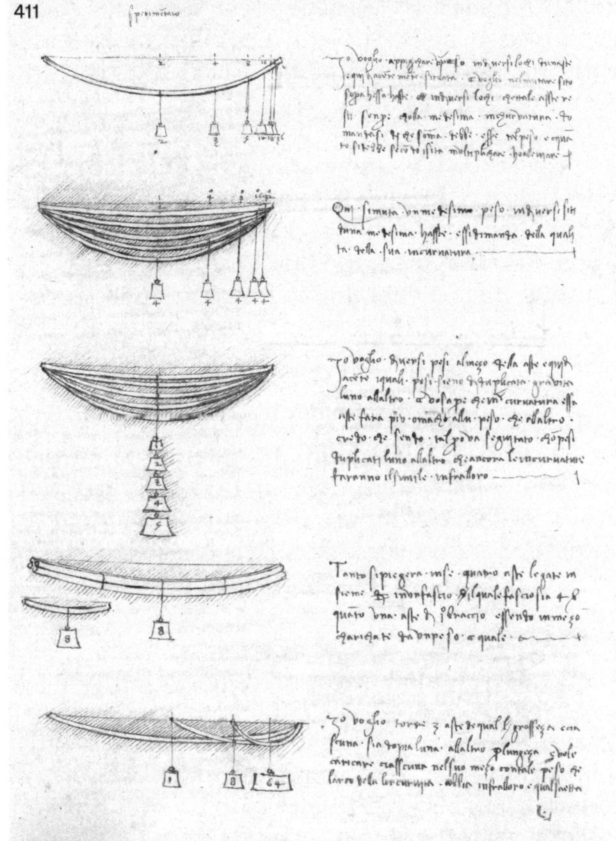

412

Abb. 410 Zeichnung aus dem Gutachten zu den Schäden an der Kuppel des Petersdoms in Rom, 1743.

Abb. 411 Untersuchungen zum Tragverhalten, Leonardo da Vinci, ca. 1495.

Abb. 412 Untersuchungen zum Tragverhalten, Galileo Galilei, 1638.

1743 veröffentlichten die drei Mathematiker Ruggiero Giuseppe Boscovich (1711–1787), Tommaso Le Seur (1703–1770) und Francesco Jacquier (1711–1788) ein Gutachten zu Schäden an der Kuppel des Petersdoms in Rom unter dem Titel „Parere di tre mattematici sopra i danni, che si sono trovati nella cupola di S. Pietro [...]". Dieses Gutachten bezeichnen manche als die erste „Statik" der Welt. Beide Ereignisse zur Mitte des 18. Jahrhunderts verdeutlichen den unaufhaltsamen Wandel vom erfahrungs- und traditionsgebundenen handwerklichen Bauen hin zu modernen, wissenschaftlich fundierten Bauweisen. (Abb. 410)

Untersuchungen zu Mechanik und Tragverhalten hatten zuvor bereits Forscher wie Archimedes von Syrakus (287–212 v. Chr.) mit dem Hebelgesetz, Leonardo da Vinci (1452–1519) oder Galileo Galilei (1564–1642) unternommen. Mithilfe von Experimenten stellte Leonardo da Vinci in den 1490er-Jahren Überlegungen zur Biegung eines Balkens unter mittiger Last an und erkannte, dass die Verformung proportional zur Last ist. Seine Beobachtungen zum Einfluss von Spannweite und Querschnitt auf die Verformung waren noch etwas ungenau. (Abb. 411)

Im frühen 17. Jahrhundert beschäftigte sich Galileo Galilei mit Fragen von Mechanik und Festigkeit. Unter anderem suchte er nach der mathematischen Gleichung einer hängenden Kette von gleichmäßiger Massendichte, der Kettenlinie. 1638 veröffentlichte er, dass deren Form einer Parabel ähnelt, und stellte mithilfe von Modellen fest, dass sich diese Näherung verbessert, wenn die Krümmung kleiner wird, und nahezu exakt ist, wenn die Neigung weniger als 45 Grad beträgt. (Abb. 412)

Zum Verhalten biegebeanspruchter Bauteile erläuterte Galileo Galilei in seinen *Discorsi e dimostrazioni matematiche* anhand der Zeichnung eines Kragarms, der in einer Mauer steckt, seine Erkenntnis, dass dieser unmittelbar am Auflager zerbrechen werde. Die Dicke des Kragarms sei für den Widerstand dagegen entscheidend.

Die Beobachtung der Verformung eines senkrecht zur Stabachse belasteten Tragelements lieferte über da Vincis und Galileis Erkenntnisse hinaus Hinweise auf innere Beanspruchungen, was Untersuchungen von Jakob Bernoulli (1654–1705) und Henri Navier (1785–1836) bestätigten.

Wegweisende Entwicklungen und Bauten

Solche und weitere wissenschaftliche Erkenntnisse bilden die Grundlage effizienter Konstruktionen. Während sich die Gewölbe von antiken und mittelalterlichen Brücken meist am Halbkreis orientierten (Abb. 413), nutzte Jean-Rodolphe Perronet (1708–1794), der erste Leiter der École des ponts et chaussées, unter anderem bei der 1791 fertiggestellten Brücke Pont Louis XV in Paris flache Segmentbögen. Dabei brach Perronet mit der Tradition, dass die Pfeilerstärke etwa ein Fünftel der Bogenspannweite betragen solle. Seine schlanken Pfeiler kamen mit weniger als einem Neuntel der Stützweite von etwa 31 m aus. Heute trägt die erweiterte Brücke den Namen Pont de la Concorde. (Abb. 414)

Wenige Jahre zuvor hatte eine Innovation ganz anderer Art den Brückenbau erfasst. Die Form der 1779 errichteten Coalbrookdale Bridge folgte zwar dem klassischen Rundbogen und die Details orientierten sich am traditionellen Holzbau, aber mit dem Gusseisen kam erstmals in dieser Größenordnung ein Material zum Einsatz, das bis dahin meist Werkzeugen, Waffen oder Verbindungsmitteln vorbehalten war.

Die zunehmende Verfügbarkeit von Eisen machte es möglich, das jahrtausendelang vorherrschende Bauprinzip des druckbeanspruchbaren Mauerwerks samt der damit verbundenen Bogen- und Gewölbekonstruktionen gleichsam auf den Kopf zu stellen. Statt Bogenbrücken entstanden mehr und mehr zugbeanspruchte Kettenbrücken. Während sich Kettenlinien einfach mit einer Kette erzeugen lassen, die an beiden Enden aufgehängt ist, waren ihre Umkehrformen, die druckbeanspruchten Stützlinien, der Natur nicht so einfach abzuschauen. Dennoch hatten schon Galileo Galilei, Giovanni Poleni (1683–1761) und andere den Zusammenhang zwischen Ketten- und Stützlinie erkannt und genutzt. (Abb. 415)

Eine recht frühe Kettenbrücke plante Thomas Telford (1757–1834), um die Insel Anglesey mit dem walisischen Festland zu verbinden. Nach acht Jahren Bauzeit konnte die Menai Suspension Bridge 1826 eingeweiht werden. Mit der beeindruckenden Stützweite von gut 176 m demonstriert sie die Potenziale der neuen, zugbeanspruchten Konstruktionsweise. Aufgrund dessen gilt sie oft als erste moderne Hängebrücke der westlichen Welt. (Abb. 416)

In Art und Größenordnung war auch die benachbarte Britannia Bridge von Robert Stephenson (1803–1859) ohne Vorbild. Statt Bögen oder Ketten trugen hier ab 1850 zwei schmiedeeiserne Hohlkästen jeweils ein Eisenbahngleis in ihrem Inneren. Die beiden 461,2 m langen, eckigen, biegebeanspruchten Röhren lagen an den Ufern und drei Zwischenpfeilern auf. Sie hatten Stützweiten von bis zu 140 m. 1970 zerstörte ein Brand die beiden historischen Hohlkästen der Brücke. (Abb. 417)

Mit druckbeanspruchten Bogenbrücken, zugbeanspruchten Hängebrücken und biegebeanspruchten Balkenbrücken existieren zur Mitte des 19. Jahrhunderts beispielhafte Bauten zu allen drei grundlegenden Beanspruchungsarten.

Beim Bau des Crystal Palace, der für die erste Weltausstellung 1851 in London errichtet wurde, kam eine weitere Neuerung zum Einsatz. Es ist das serielle Bauen, bei dem industriell hergestellte Bauteile aus Gusseisen und Glasscheiben in der kurzen Zeit von nur 17 Wochen zu einem 615 m langen und bis zu 150 m breiten Gebäude montiert wurden. Die innovative Bauweise ermöglichte die Demontage der Halle sowie ihren Wiederaufbau an neuem Ort. Nicht nur für Konrad Wachsmann (1901–1980) symbolisierte dieses Gebäude einen „Wendepunkt im Bauen" in Richtung zunehmender Industrialisierung. Geplant hat es Joseph Paxton (1803–1865), ein englischer Gärtner, Botaniker, Autor und Architekt. (Abb. 418)

Abb. 413 Halbkreisförmige Bögen am Aquädukt Pont du Gard, 1. Jh. n. Chr.
Abb. 414 Flache Segmentbögen am Pont Louis XV, Paris, Jean-Rodolphe Perronet, 1791.
Abb. 415 Stütz- und Kettenline zum Petersdom in Rom, Giovanni Poleni, 1748.
Abb. 416 Ketten- statt Bogenbrücke: Menai Suspension Bridge, Thomas Telford, 1826.
Abb. 417 Balkenbrücke: Britannia Bridge über die Menai Strait, Robert Stephenson, 1850.

413

414

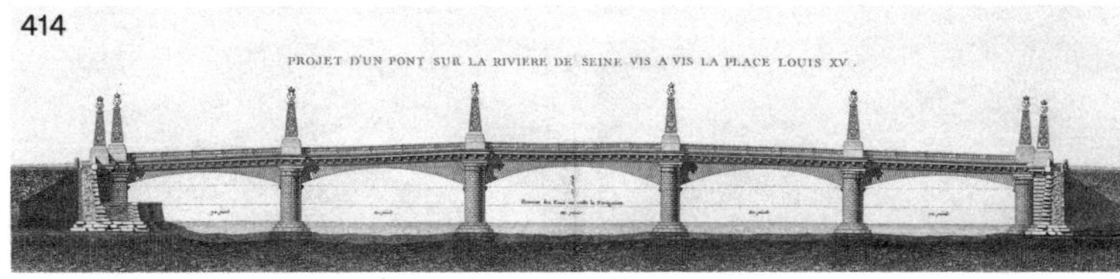

415

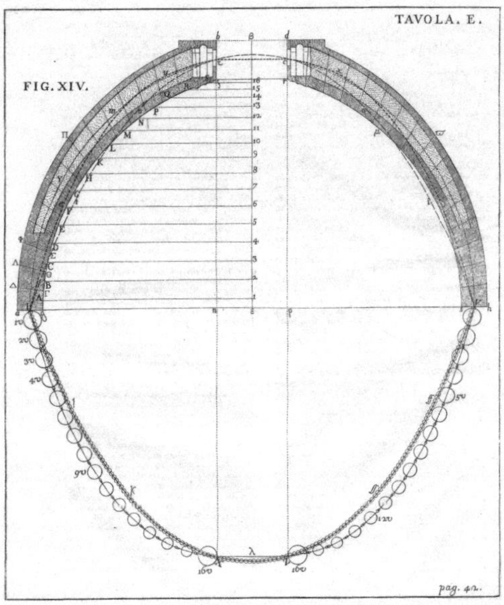

416

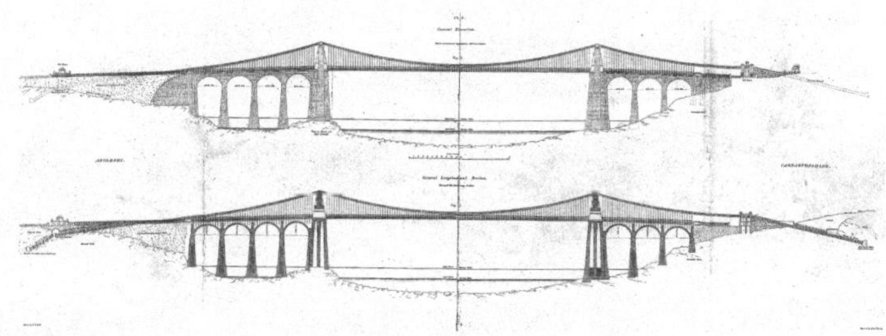

417

Abb. 413: Foto: Eberhard Möller

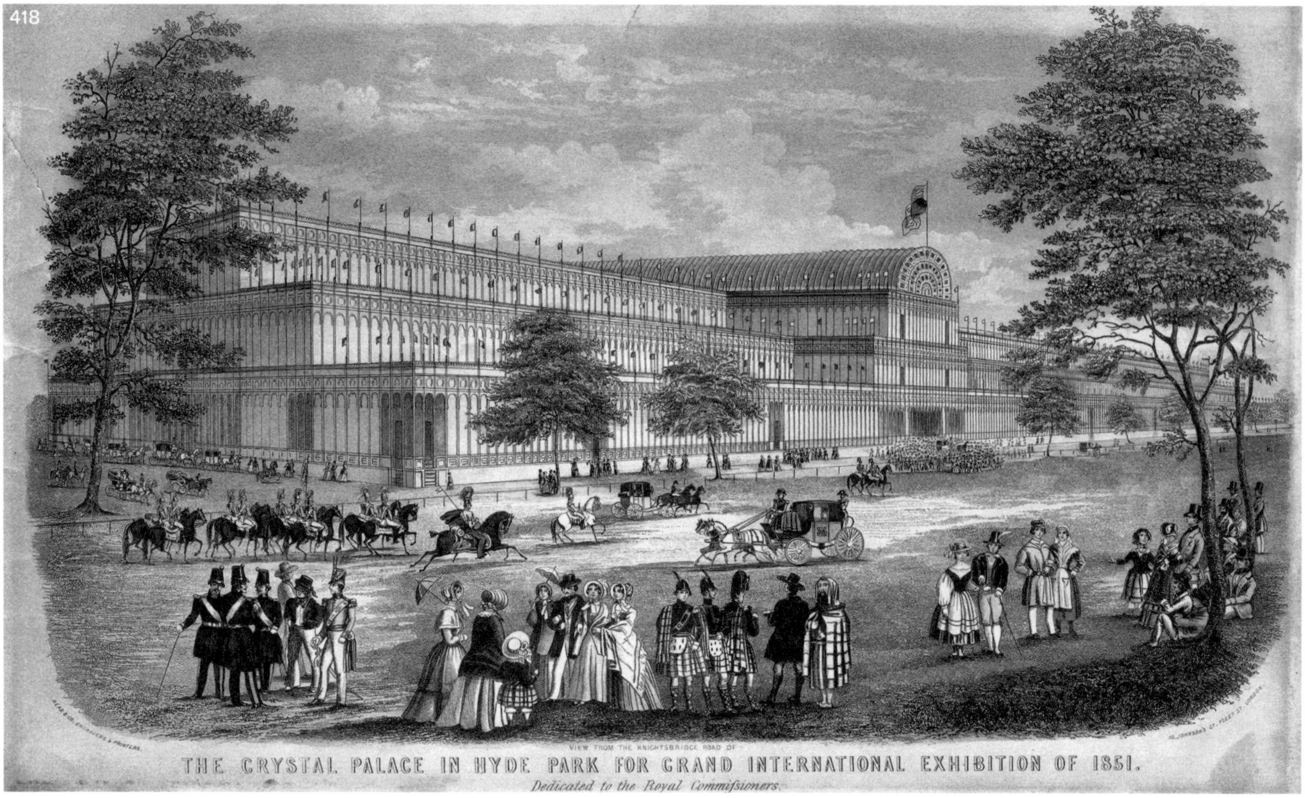

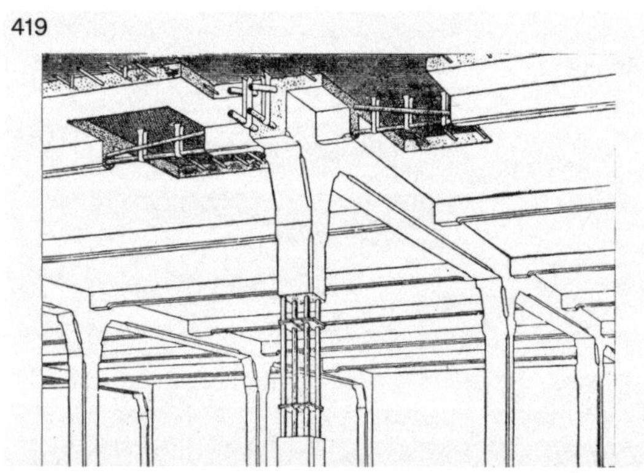

Abb. 418 Crystal Palace im Londoner Hyde Park, Joseph Paxton, 1851.
Abb. 419 Monolithisches Stahlbetonskelett: System Hennebique, um 1900.
Abb. 420 Filigranes Schalentragwerk: L'Oceanogràfic in Valencia, Félix Candela, 2002.

Abb. 420: Foto: Eberhard Möller

Ein weiterer Gärtner mit gleichem Vornamen, Joseph Monier (1823–1906), gilt häufig als Erfinder des Eisenbetons und damit des wohl wichtigsten Baustoffs des 20. Jahrhunderts. Zwar hatten andere bereits Vergleichbares entwickelt, ihre Erfindungen aber nicht mit ähnlicher Konsequenz und Anzahl von Patenten vorangetrieben. Entsprechend gilt der Begriff „Moniereisen" zuweilen heute noch als Synonym für Bewehrungsstahl.

Ähnlich wie bei der frühen Verwendung von Eisen für eine Brücke fanden auch beim Eisenbeton zunächst Konstruktionsweisen älterer Baustoffe Anwendung. Während man dem Bausystem von François Hennebique (1842–1921) seine Abstammung vom Holzbau noch deutlich ansieht (Abb. 419), inspirierten die konstruktiven Möglichkeiten des Eisen- oder Stahlbetons jüngere Ingenieure und Architekten wie Robert Maillart (1872–1940) oder Felix Candela (1910–1997) zu neuen Formen wie unterzugslosen Pilzdecken oder schlanken Schalentragwerken. (Abb. 420)

Evolution und Optimierung

Zahllose kleine und größere Innovationen ebneten seit Beginn der Aufklärung den Weg zu den weit gespannten Brücken, großen Hallen und hohen Wolkenkratzern unserer Tage, entwickelt von vielen neugierig Forschenden und sorgfältig Planenden.

Forschung und Entwicklung sowie Fortschritt und Innovation sind häufig positiv konnotiert. Rückblickend sind viele Ergebnisse tatsächlich beeindruckend, besonders wenn Begleiterscheinungen ausgeblendet bleiben. Hinsichtlich der Zukunft sind manche vorsichtiger. Der ungebremste Fortschrittsglaube des 20. Jahrhunderts ist Geschichte. Im Begriff Fortschritt ist weder Ziel noch Richtung definiert, es geht zunächst nur einen Schritt fort vom Hier und Jetzt. Ob es dort besser oder schlechter sein wird, ist ungewiss. Das Gleiche gilt für Entwicklung oder Evolution, die – obwohl nicht zielgerichtet – oft mit Optimierung verwechselt wird.

Die Evolution haben wir als ein Grundprinzip der Natur erkannt. Sie beruht auf zufälligen Veränderungen und führt zu immer neuen Varianten, Konstellationen und letztlich zu Anpassungen an das Umfeld. Ohne Anpassung sterben Arten aus. Da die natürliche Entwicklung mit Variation und Selektion über viele Generationen einer Art hinweg vergleichsweise langsam verläuft, haben Arten mit kleinem Generationenabstand mehr Chancen, notwendige Evolutionsschritte zu vollziehen, als andere. Für den Homo sapiens mit recht großem Generationenabstand scheint beruhigend zu sein, dass er eine der wenigen Arten ist, die in allen Klimazonen leben kann, von den Tropen bis zu den Polarregionen und kurzzeitig sogar im All. Dafür nutzt die Menschheit technische Hilfsmittel, die einen viel kürzeren Generationenabstand haben als sie selbst. Auch wenn einige sich selbst als Höhepunkt der Evolution ansehen, konnten wir bisher kein Ziel erkennen, auf das sich Mensch oder Natur hin optimieren. Ziel und Richtung bleiben unklar, nur die gewünschte Geschwindigkeit von Veränderungen ist im Begriff „Fortschritt" angedeutet. Das macht verständlich, warum schnelle oder disruptive Innovationen häufig zu Angst, Stress und Verunsicherung führen.

Bewahren und Nutzen

Trotz aller bahnbrechenden Erkenntnisse liest man zuweilen skeptische oder satirische Betrachtungen wie diese: „Structural Engineering is the Art of molding materials we do not wholly understand into shapes we cannot precisely analyze, so as to withstand forces we cannot really assess, in such a way that the community at large has no reason to suspect the extent of our ignorance."[1] Auf derart in Zweifel gezogenen Grundlagen errichten wir oft Bauten, die wir nicht brauchen, von Geld, das wir nicht haben, um Leute zu beeindrucken, die wir nicht mögen. Ohne Not haben wir hierzulande beispielsweise die durchschnittliche Wohnfläche pro Person seit 1965 mehr als verdoppelt, auf 47,4 m^2 im Jahr 2020, einhergehend mit Flächenversiegelungen, langen Verkehrswegen sowie hohen Material- und Energieverbräuchen. Ludwig Mies van der Rohe (1886–1969), Jason Hickel (*1982) und viele andere erinnern an die Idee des „less is more". Was Kreislaufwirtschaft und Nachhaltigkeit angeht, waren wir in unserer Geschichte lange sehr erfolgreich. Kenntnis, Wertschätzung, Instandhaltung, Ertüchtigung und Weiternutzung historischer Bauten und Tragwerke sind positive Entwicklungen, die nicht immer selbstverständlich sind. Die vielen beeindruckenden Innovationen und unser damit verbundenes reiches bauliches Erbe sind große Anstrengungen wert. Leichte historische Hallen, Türme oder Brücken und filigrane Holz-, Eisen- oder Stahlbauten führen uns oft vorbildlich vor Augen, wie – einem grundlegenden Prinzip des Ingenieurwesens folgend – mit wenig Materialaufwand viel Nutzen erzielt werden kann. Beispielhaft lassen sich solche Tragwerke als Ansporn für die Zukunft begreifen.

1 Die Herkunft des Zitats ist unbekannt, es wird oft Archie Reece Dykes (*1931) zugeschrieben.

2. GRAPHISCHE STATIK

Harmonie zwischen Form und Kräften im Tragwerksentwurf

Die graphische Statik ist eine Zusammenstellung geometrischer Konstruktionen, die einen visuellen Ansatz zur Lösung von Gleichgewichtsproblemen im Bauingenieurwesen bietet. Durch die Verwendung der wechselseitigen Beziehung zwischen Lageplänen, die die Geometrie einer Struktur und die auf sie wirkenden Lasten darstellen, und Kräfteplänen, die das Gleichgewicht der inneren Kräfte abbilden, können Ingenieure Einblicke in das statische Tragwerksverhalten gewinnen.

Die graphische Statik war eine der einflussreichsten Methoden zur Analyse und zum Entwurf von Tragwerken im späten 19. und frühen 20. Jahrhundert. In der ersten Hälfte des 20. Jahrhunderts wurde sie jedoch nach und nach durch die analytischen Methoden der Elastizitätstheorie ersetzt. Die breitere Einführung von Computern im Ingenieurwesen beschleunigte diesen Wandel zusätzlich, weil die ersten Computer keine grafischen Benutzeroberflächen hatten und rein numerische Methoden wie die Finite-Elemente-Methode bevorzugten. In jüngster Zeit haben jedoch Fortschritte im computergestützten Entwurf und die Integration der Tragwerksanalyse mit 3D-parametrischen Modellierungswerkzeugen das Interesse an der graphischen Statik neu belebt.

Erste historische Entwicklungen

Das grundlegende Verständnis des statischen Gleichgewichts lässt sich auf den italienischen Universalgelehrten Leonardo da Vinci (1452–1519) zurückführen.[1] In seinen Studien über das Gleichgewicht von Hebeln, hängenden Massen und die Verteilung von Kräften in Seilen und Bögen – dokumentiert in Notizbüchern wie dem Codex Madrid I und II, dem Codex Atlanticus und dem Codex Forster II – lieferte da Vinci erste Erkenntnisse darüber, wie Kräfte in Tragwerken wirken.[2]

Aufbauend auf diesen ersten Entwicklungen trieb der flämische Mathematiker Simon Stevin (1548–1620) das Studium des Gleichgewichts voran, indem er Methoden zur Zerlegung von Kräften in Komponenten einführte.[3] Obwohl seine Techniken noch explorativ waren und kein umfassendes System bildeten, waren sie wichtige Grundlagen für das Konzept des Kraftpolygons und die Formulierung des Gesetzes des Kräfteparallelogramms.[4]

Dem französischen Mathematiker Pierre Varignon (1654–1722) wird zugeschrieben[5], als Erster die Beziehung zwischen dem Seilpolygon und dem Kraftpolygon erkannt zu haben[6]. Dieser Durchbruch ermöglichte die geometrische Lösung von Gleichgewichtsproblemen in ebenen Systemen. (Abb. 421)

Formalisierung der graphischen Statik als eigenständige Disziplin

In der zweiten Hälfte des 19. Jahrhunderts legte der schottische Ingenieur und Physiker William Rankine (1820–1872) den Grundstein für einen strukturierten geometrischen Ansatz zur Analyse des Gleichgewichts von polygonalen Stabtragwerken mithilfe von Kräftekonstruktionen.[7] Obwohl Rankines Beiträge das Fachgebiet erheblich voranbrachten, war es der deutsch-schweizerische Ingenieur Karl Culmann (1821–1881), der die Disziplin vollständig systematisierte und den Begriff „graphische Statik" erstmals einführte.[8] Damit etablierte er sie als präzisen ingenieurtechnischen Ansatz zur Lösung unterschiedlichster Probleme im Bauwesen. Culmanns bahnbrechendes Werk verband die Baustatik mit der projektiven Geometrie, die einige Jahrzehnte zuvor von Jean-Victor Poncelet (1788–1867) eingeführt worden war.[9] In seiner Arbeit entwickelte Culmann eine systematische Methodik für den Entwurf und die Analyse von Tragwerken mithilfe des Seilpolygons und des Kräftepolygons. Culmanns geometrische Konstruktionen wurden zu unverzichtbaren Werkzeugen zur Bewertung des globalen Gleichgewichts und der Stabilität von Tragwerken sowie zur Analyse der Verteilung innerer Spannungen über Querschnitte. Dieses kohärente theoretische Rahmenwerk unterstützte eine Vielzahl praktischer Diagramme und geometrischer Konstruktionen, die für den Entwurf und die Analyse verschiedener statischer Systeme wie Fachwerke, Balken, Wände, Seile, Seilnetze, Bögen und Gewölbe geeignet waren.[10] (Abb. 422)

1 Capecchi 2012, S. 1887–1901.
2 Kurrer 2008.
3 Stevin 1586.
4 Kurrer 2008.
5 Cremona 1872.
6 Varignon 1725.
7 Rankine 1858.
8 Culmann 1866.
9 Poncelet 1822.
10 Palazzi 2015.

Abb. 421 Studien über Lage- und Kräftepläne, Pierre Varignon, 1725.
Abb. 422 Kräfteplan einer Hängebrücke, Karl Culmann, 1866.

421

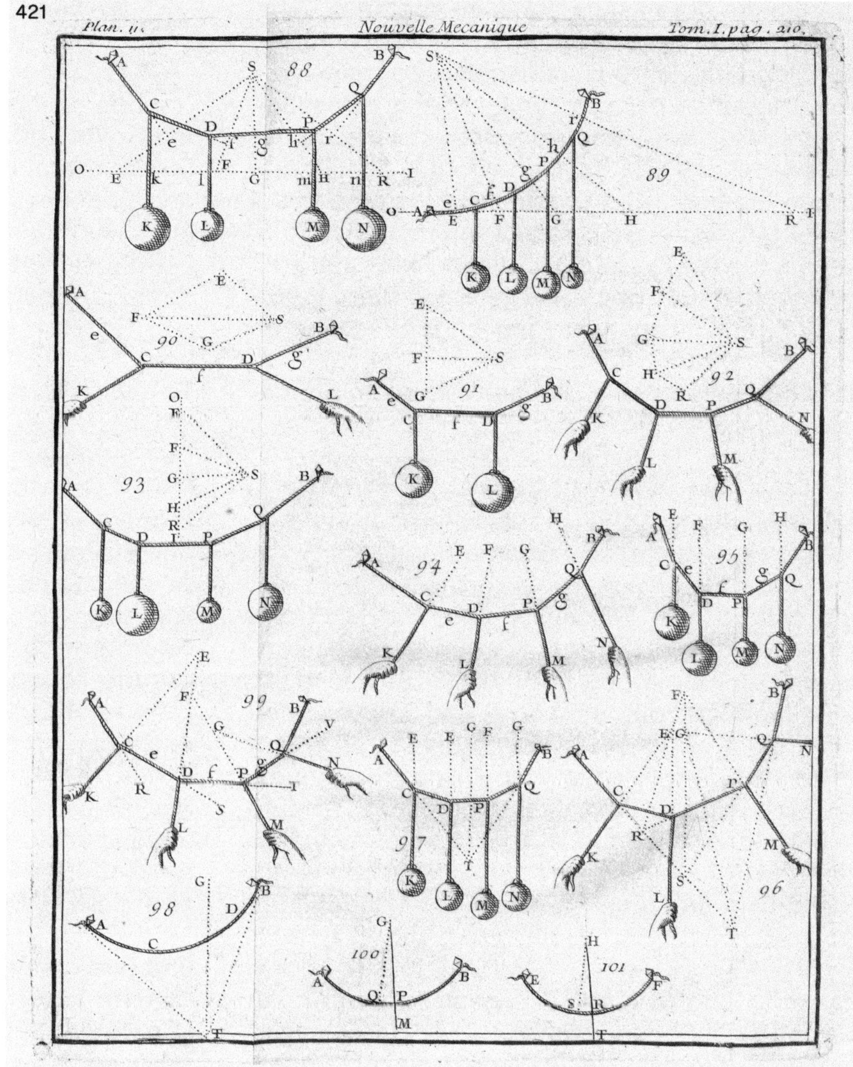

422

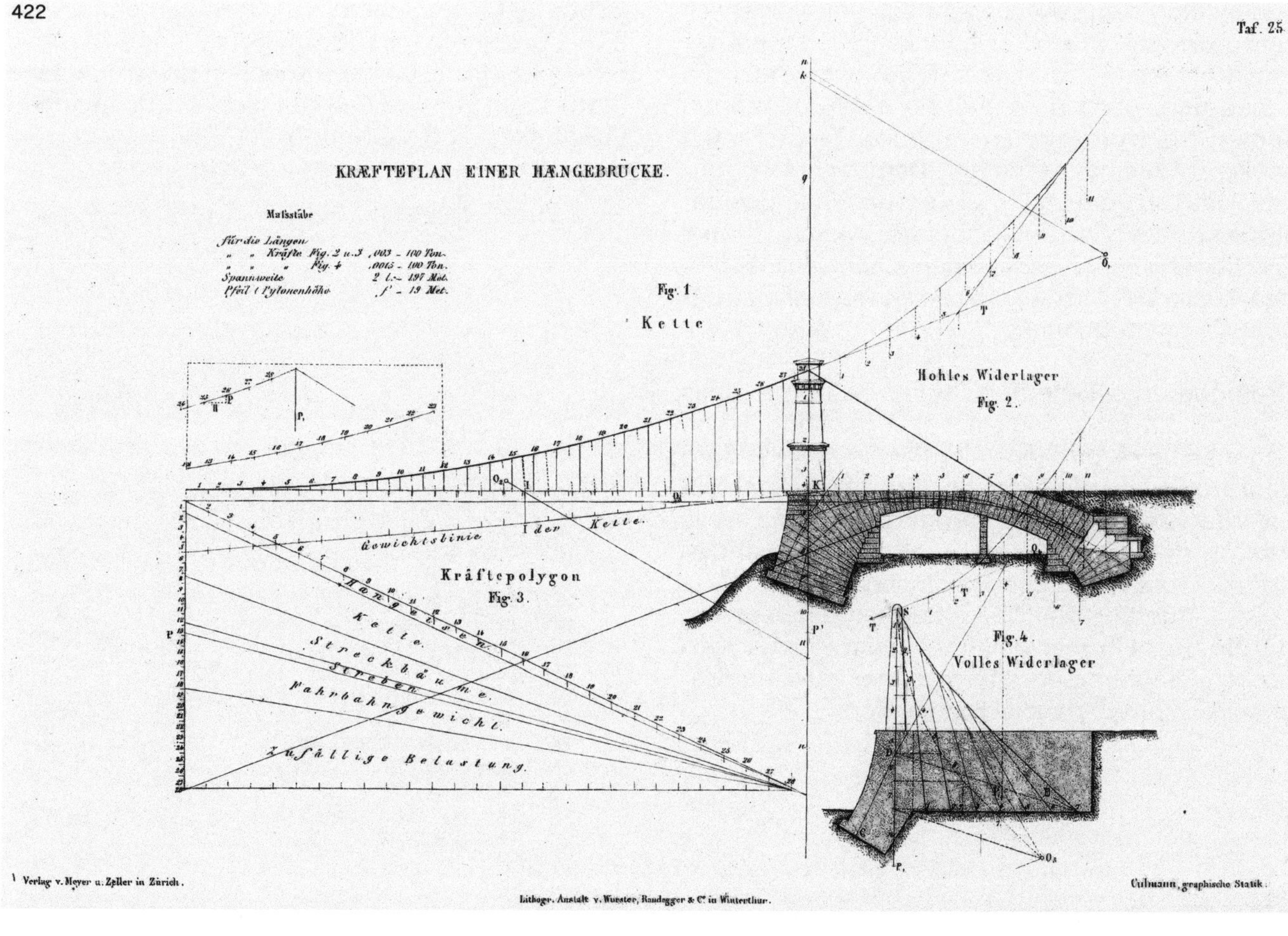

Als sich die graphische Statik im späten 19. Jahrhundert verbreitete, erschienen weltweit mehrere grundlegende Lehrbücher. In dieser Zeit galten die Entwurfs- und Analysetechniken der graphischen Statik sowie die Konzepte der projektiven Geometrie als wesentliche Bestandteile der Ausbildung junger Ingenieure[11]. In diesem Zusammenhang wurden bedeutende Beiträge in Frankreich[12], im Vereinigten Königreich[13], in Deutschland[14], Italien[15], der Schweiz[16] und den USA[17] geleistet. Diese Veröffentlichungen trugen maßgeblich zur Verbreitung und Anwendung der Methode in unterschiedlichen Kontexten bei, auch über das Ingenieurwesen hinaus.[18]

Beziehung zwischen graphischer Statik und projektiver Geometrie

Der schottische Wissenschaftler James Clerk Maxwell (1831–1879) und der italienische Geometer Luigi Cremona (1830–1903) entwickelten Culmanns Konzept von Lage- und Kräfteplänen mithilfe der projektiven Geometrie weiter, indem sie es mit dem Konzept der Polarität verknüpften.[19] Die Polarität ordnet geometrische Elemente im projektiven Raum dual zu – das heißt, Punkte werden zu Ebenen, Linien zu Linien und Ebenen zu Punkten im dreidimensionalen Raum abgebildet. (Abb. 423, 424)

Maxwell zeigte, dass ein 2D-Lageplan im statischen Gleichgewicht einen reziproken 2D-Kräfteplan haben muss und dass beide Pläne Projektionen von gegenseitig reziproken, ebenflächigen Polyedern sein müssen.[20] Diese Polyeder können mittels der Polarität relativ zu einem Rotationsparaboloid konstruiert werden, wobei die entsprechenden Kanten in den projizierten reziproken Diagrammen senkrecht zueinander stehen. Darüber hinaus fungiert das mit dem Lageplan verbundene Polyeder als diskrete Airy'sche Spannungsfunktion[21], wobei die Diederwinkel zwischen benachbarten Flächen den Axialkräften in den projizierten Kanten des Lageplans entsprechen[22].

Cremona erweiterte dies, indem er zeigte, dass Lage- und Kräftepläne auch als Projektionen von gegenseitig reziproken, ebenflächigen Polyedern interpretiert werden können, die durch eine Nullpolarität verbunden sind.[23] Anders als bei Maxwells Ansatz, der ein Rotationsparaboloid verwendet, erfordert die von August Ferdinand Möbius (1790–1868) eingeführte Nullpolarität keine Quadriken für die duale Transformation. In Cremonas reziproken Diagrammen stehen daher die entsprechenden Kanten parallel zueinander.[24]

Anwendungen im Bauingenieurwesen und Tragwerksentwurf

Nachdem sich die graphische Statik in der zweiten Hälfte des 19. Jahrhunderts als eigenständige Disziplin etabliert hatte, wurde sie an den neu gegründeten polytechnischen Hochschulen gelehrt. Anfangs wurde sie zur Beurteilung des Gleichgewichts und der Stabilität bestehender gemauerter Gewölbe verwendet. Bald erkannten die Tragwerksplaner jedoch ihr Potenzial als leistungsfähiges Werkzeug zur Entwicklung neuer Tragwerksformen.[25]

Der spanisch-amerikanische Tragwerksplaner Rafael Guastavino (1842–1908) setzte diese Methode erstmals ein, um die Stabilität der Kuppel der St. Paul's Chapel in New York zu bewerten. Anschließend nutzte er sie, um außergewöhnlich dünne Ziegelgewölbe zu entwerfen und die Geometrie seiner Konstruktionen an das zugrunde liegende Schubnetzwerk anzupassen.[26] (Abb. 425) Ebenso bediente sich der spanische Architekt Antoni Gaudí (1852–1926) der graphischen Statik beim Entwurf der Stützmauer im Park Güell in Barcelona, indem er Lage- und Kräftepläne einsetzte, um die strukturelle Stabilität zu gewährleisten und ein reines Drucktragverhalten zu erzielen.[27] Die Fähigkeit der graphischen Statik, jedes Tragwerkssystem als Anordnung von Zug- und Druckelementen darzustellen, führte zu ihrer raschen Verbreitung beim Entwurf von Fachwerkkonstruktionen, insbesondere im Stahlbau. Ein bemerkenswertes Beispiel ist Maurice Koechlin (1856–1946), ein Schüler von Karl Culmann an der ETH Zürich. Als leitender Ingenieur von Gustave Eiffels Baufirma wandte Koechlin die graphische Statik beim Entwurf des ikonischen, 300 m hohen Eiffelturms an.[28] (Abb. 426)

11 Charlton 1982.
12 Lévy 1874.
13 Bow 1873; Chalmers 1881.
14 Müller-Breslau 1887; Föppl 1900.
15 Saviotti 1888.
16 Ritter 1888.
17 Wolfe 1921.
18 Markou et al. 2022, S. 1390–1396.
19 Kurrer 2008.
20 Maxwell 1864, S. 250–261; Maxwell 1870, S. 1–40.
21 Airy 1862, S. 49–79.
22 Konstantatou et al. 2018, S. 272–293.
23 Cremona 1872.
24 Möbius 1833, S. 317–341.
25 Huerta 2010, S. 262–285.
26 Ochsendorf 2010.
27 Huerta 2006, S. 324–339.
28 Fivet et al. 2015.

423

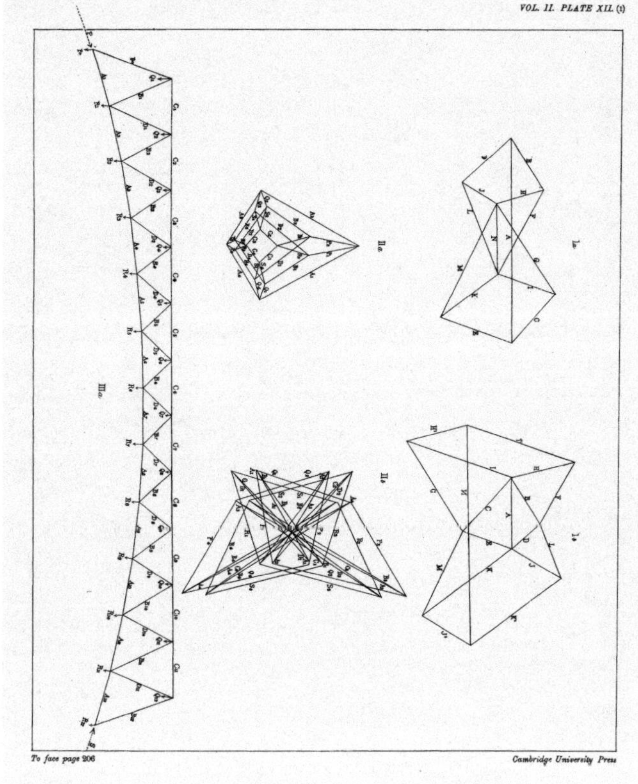

424

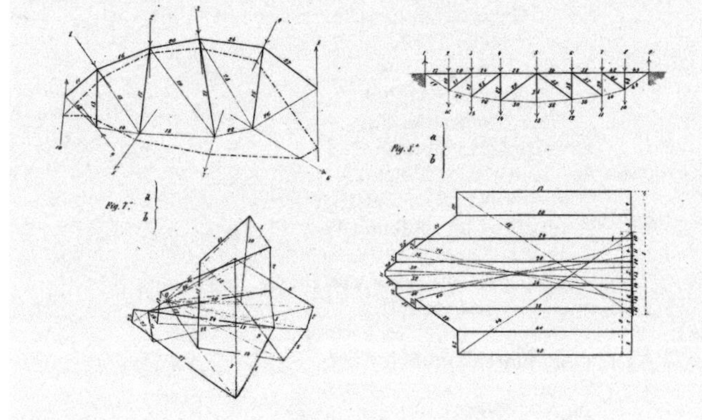

Abb. 423 Studien über reziproke Diagramme, James Clerk Maxwell, 1870.
Abb. 424 Reziproke Diagramme durch Nullpolarität, Luigi Cremona, 1872.
Abb. 425 Analyse des Tragwerksverhaltens der St. Paul's Chapel in New York, Rafael Guastavino, 1906.
Abb. 426 Bestimmung des Windwiderstands im oberen Teil des Eiffelturms, 1900.

425

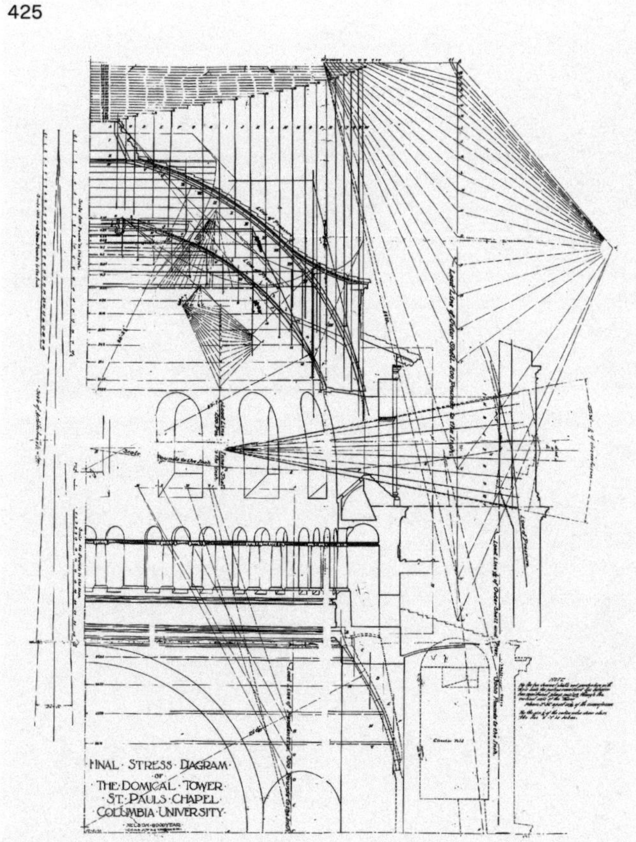

426

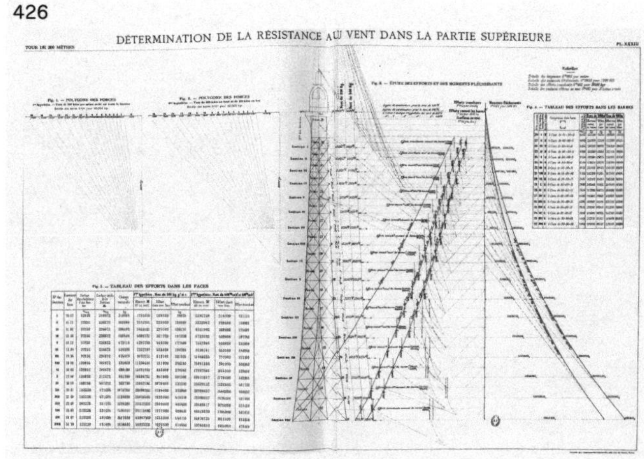

Abb. 427 Studien im Grundriss und Schnitt für die Salginatobelbrücke, Robert Maillart, 1929–1930.

Abb. 428 Studien über die Lage- und Kräftepläne für den zweiten Traversiner Steg, Jürg Conzett, um 1999.

Abb. 429 Ein Gewölbe im Gleichgewicht unter vertikalen Lasten (G), seine planare Projektion als Lageplan Γ und der reziproke Kräfteplan Γ* nach Philippe Block und John Ochsendorf.

Abb. 430 (a) Graph TP eines Tensegrity-Ikosaeders (kontinuierliche Geraden – Zug, gestrichelte Linien – Druck) und sein dualer Graph TP* (gekrümmte Linien); (b) 3D-Lageplan F des Ikosaeders; (c) 3D-Kräfteplan F*.

427

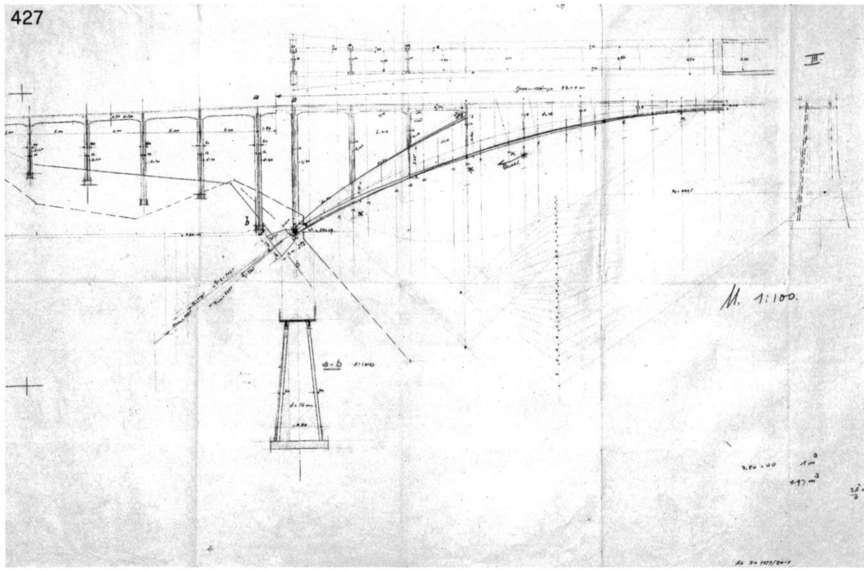

428

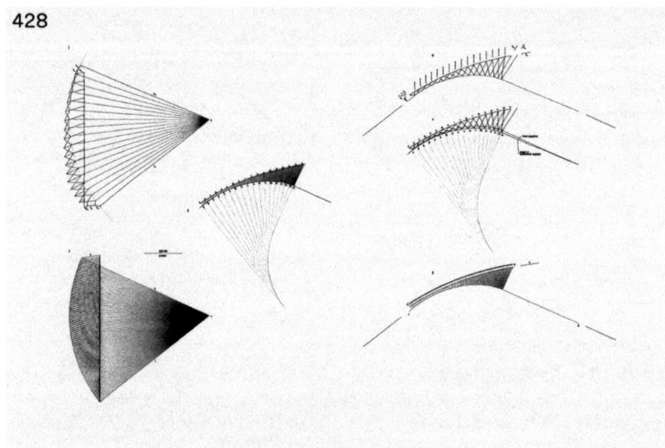

429

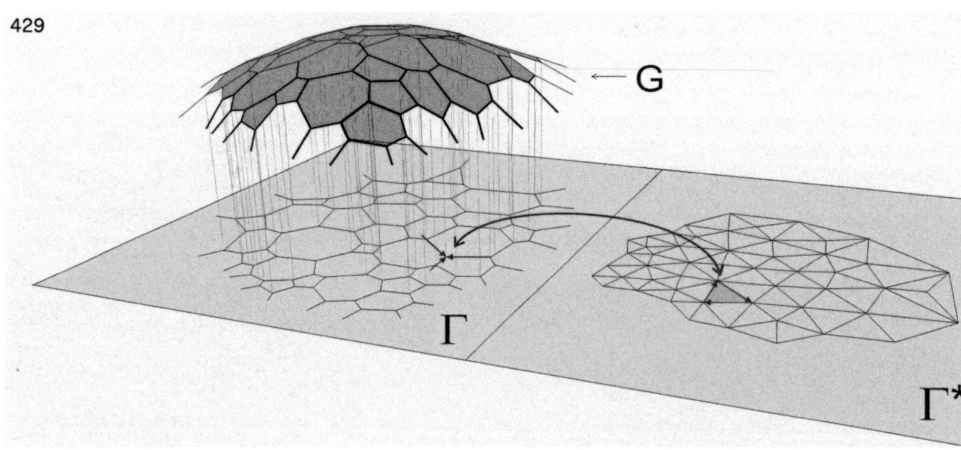

430

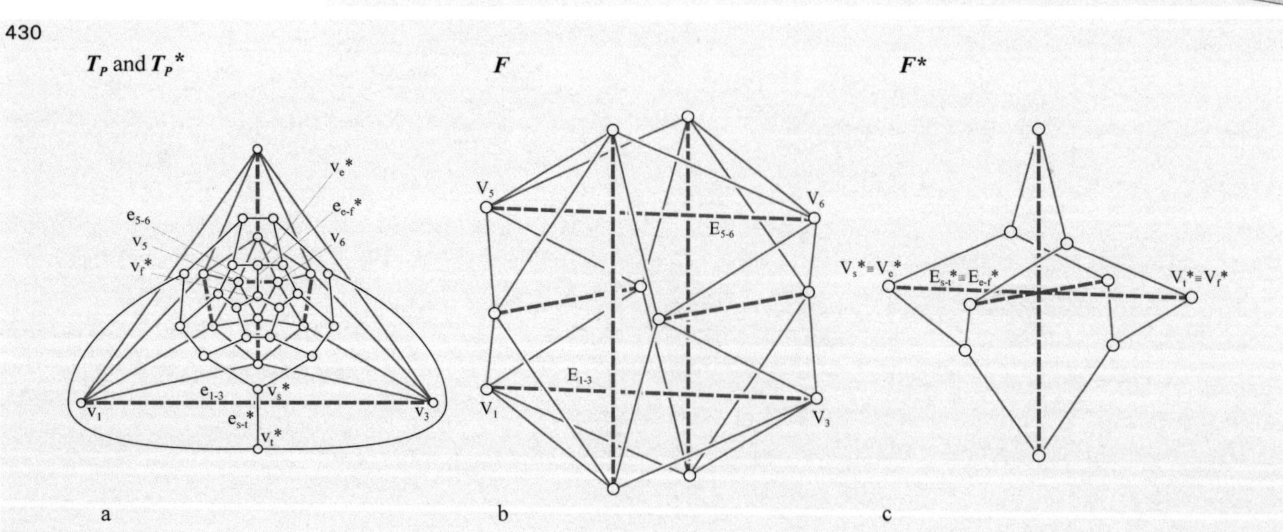

Der Schweizer Bauingenieur Robert Maillart (1872–1940) verwendete die graphische Statik für den Entwurf zahlreicher Stahlbetonbrücken wie der Salginatobelbrücke, ein Beispiel für Effizienz und Eleganz im Bau. Maillart benutzte Seil- und Kräftepolygonkonstruktionen, um die Schublinie zu formen und ihren Abstand von der Schwerpunktachse der u-förmigen Querschnitte zu bestimmen. Durch die Verfeinerung dieser Querschnitte minimierte er Exzentrizitäten und reduzierte die Biegespannungen[29]. (Abb. 427)

Eine zeitgenössischere Anwendung der graphischen Statik zeigte der Schweizer Ingenieur Jürg Conzett (*1956), der die Methode für den Entwurf der Hängebrücke des zweiten Traversiner Stegs einsetzte.[30] Mithilfe von Lage- und Kräfteplänen bestimmte Conzett die Gleichgewichtsform des Tragseils basierend auf der maximalen Zugkraft des Drahtseils und fügte diagonale Kabel zwischen der Decke und den Hängern hinzu, um die geometrische Steifigkeit zu erhöhen. (Abb. 428)

Computergestützte und dreidimensionale graphische Statik

Die erneute Verbreitung der graphischen Statik in den letzten Jahrzehnten wurde durch Fortschritte bei den computergestützten Werkzeugen gefördert, die die Möglichkeiten der Methode weit über ihre traditionellen Anwendungen hinaus erheblich erweitert haben. Diese Werkzeuge übertrugen die graphische Statik von der 2D- in die 3D-Umgebungen und integrierten sie in interaktive und parametrische computergestützte Analyse- und Entwurfswerkzeuge.

Einen bedeutenden Fortschritt in diesem Bereich stellt die Thrust Network Analysis (TNA) dar.[31] Diese Methode erweitert die Prinzipien der graphischen Statik auf die Analyse und den Entwurf von dreidimensionalen Gewölben. Durch die Verwendung reziproker Lage- und Kräftepläne zur Darstellung der horizontalen Projektion des Schubnetzes einer Struktur ermöglicht TNA die Analyse historischer Bauwerke wie unverstärkter Mauerwerksgewölbe sowie den Entwurf neuer, ausschließlich druckbeanspruchter Gewölbegeometrien. (Abb. 429)

Im Bereich der dreidimensionalen graphischen Statik haben sich in den letzten Jahren vor allem zwei Hauptmethoden durchgesetzt: der polyederbasierte und der vektorbasierte Ansatz.[32] Die Polyhedral Graphic Statics (PGS) konstruiert einen Kräfteplan als Anordnung polyedrischer Zellen. In diesem Modell korrelieren die Flächen der Polyederseiten direkt mit den Größen der Kräfte. Jüngste Innovationen betrafen die Entwicklung ausgefeilter Techniken zur Erstellung und Modifikation dieser polyederbasierten Lage- und Kräftepläne.[33]

Im Gegensatz dazu verwendet die Vector-based Graphic Statics (VGS) einen Kräfteplan, der aus geschlossenen Zyklen von Kraftvektoren besteht, bekannt als Kräftepolygone. Hier repräsentieren die Längen der Vektoren die Kraftgrößen. Topologisch zeigen dreidimensionale vektorbasierte Lage- und Kräftepläne eine dreidimensionale Dualität: Vektoren oder Kanten im Lageplan entsprechen denen im Kräfteplan, Lageknoten stimmen mit geschlossenen Zyklen von Kraftvektoren überein und umgekehrt. Diese Methode folgt den von Cremona etablierten Konventionen und stellt sicher, dass die einander entsprechenden Kanten in den beiden Plänen parallel bleiben.[34] (Abb. 430)

Die graphische Statik ist nach wie vor ein unverzichtbares Werkzeug im Bauingenieurwesen, weil sie einen visuellen und intuitiven Weg zur Lösung von Gleichgewichtsproblemen bietet. Obwohl ihre Prinzipien seit Jahrhunderten etabliert sind, haben die jüngsten computergestützten Fortschritte ihre Anwendungen erheblich erweitert und es den Ingenieuren ermöglicht, komplexe und visuell beeindruckende Strukturen mit größerer Präzision und Effizienz zu entwerfen und zu analysieren. Von der Erhaltung historischer Bauwerke bis hin zur Schaffung innovativer Architekturprojekte verbindet die graphische Statik weiterhin traditionelle Methoden mit modernen Ansätzen und dient als wertvolles Werkzeug für künftige Generationen von Bauingenieuren. Wie Culmann in seinem bahnbrechenden Werk betonte: „Für den Ingenieur, für den Techniker überhaupt, ist die geometrische Bildung nicht minder wichtig als die analytische."[35]

29 Fivet et al. 2012, S. 39–47.
30 Conzett 2007, S. 29–35.
31 Block et al. 2007, S. 167–173.
32 Konstantatou et al. 2018.
33 Akbarzadeh et al. 2015, S. 118–128; Lee et al. 2018, S. 11–28.
34 D'Acunto et al. 2019, S. 58–70; Jasienski et al. 2024, S. 103695.
35 Culmann 1866, S. VIII.

3. UNTERSUCHUNGS- UND DOKUMENTATIONSMETHODEN

Wie kommt das Gebäude in den Rechner? Historische Bauwerke sind komplex, oft unregelmäßig und kleinteilig – und für eine profunde, denkmalgerechte und auch ökonomische Planung ist es unbedingt erforderlich, die Objekte gut zu kennen. Das „Kennenlernen“ ist dabei ein weites Feld und beinhaltet ebenso die Bestands- wie die Zustandsaufnahme, Planaufnahmen wie Materialeigenschaften, Raumgrößen wie Holzschäden.

Grundsätzlich lässt sich die Fülle möglicher Objektinformationen in geometrische und semantische Eigenschaften gliedern, also in die Erfassung der räumlichen Fügung in der Bauaufnahme und in die Untersuchung von Eigenschaften und Attributen, deren Erfassung und Darstellung notwendig deutlich heterogener ausfällt bzw. in vielen Fällen in Textform erfolgt.

Methoden der Bauaufnahme

Für das Bauaufmaß, also die Erfassung von primär geometrischen Eigenschaften eines Bauwerks, stehen inzwischen zahlreiche Methoden zur Verfügung – die Wahl fällt hier oft schwer und sollte stets mit Rücksicht auf die besonderen Eigenschaften und Erfordernisse des zu erfassenden Objekts getroffen werden. Allen Methoden ist dabei gemein, dass das Objekt von einem unabhängigen Messnetz oder -system aus erfasst wird.

Bauaufnahmen können dabei vektor- und bildbasiert erstellt werden. Bei vektorbasierter Vermessung erfasst man die Position relevanter Punkte am Objekt über die präzise Messung von Koordinaten, also Winkeln und Strecken, bei der bildbasierten Vermessung aus der Auswertung bzw. Entzerrung von (zunächst maßstabslosen) Bildaufnahmen.

Grundlagen: Vektorbasierte Bauaufnahme

Grundsätzlich können bei der vektorbasierten Bauaufnahme direkte und indirekte Verfahren unterschieden werden. Bei direkten Verfahren erfolgt die Herstellung der Aufmaßzeichnung bei bzw. direkt nach Messung am Objekt. Es wird also gleich beim Zeichnen ausgewählt, was wesentlich ist – und was nicht (Spinnweben, Stühle usw.). Bei den indirekten Verfahren wird dagegen zunächst automatisiert ein Abbild des Objekts (z. B. Punktwolke, gegebenenfalls photogrammetrisches Messbild) erzeugt, das wiederum als Basis für die Aufmaßzeichnung dient und in einem gesonderten Schritt ausgewertet werden muss: Das zunächst generierte Abbild ist zwar „vollständig“, da es alles Vorhandene – also auch die Spinnweben und Stühle – beinhaltet; doch es ist, gerade aufgrund der ungegliederten Datenfülle, meist nicht unmittelbar nutzbar. Um aus einer Punktwolke eine gelungene Bauaufnahme zu erstellen, muss daher bei der Auswertung eine Abstraktion, eine Komplexitätsreduktion, vorgenommen werden, bei der man relevante von nicht relevanten Befunden scheidet.

Direkte Aufnahmeverfahren

Die gängigen direkten Aufnahmeverfahren sind nach wie vor das Handaufmaß sowie die tachymetrische Aufnahme. Beim Handaufmaß bildet man das unabhängige Messnetz mit Schnurgerüsten, die üblicherweise über großmaßstäbliche Dreiecksmessungen geometrisch *fixiert* werden. Von diesen lässt sich die Objektgeometrie über weitere Triangulationen sowie, bei kurzen Messstrecken, über orthogonale Stichmaße erfassen. Der Plan wird unmittelbar im Zusammenhang mit dem Messvorgang erstellt. Lote, Schlauchwaagen und Zollstöcke bilden die günstige Basisausstattung, mit der sich auch die Geometer des antiken Rom wohlgefühlt hätten. Dabei ist das Handaufmaß durchaus keine antiquierte oder minderwertige Methode und für die Aufnahme kleinerer Objekte und besonders verzwickter Knotenpunkte (Abb. 431) nach wie vor unübertroffen.

Der Einsatz des Tachymeters vereinfacht seit dem 19. Jahrhundert die präzise Messung größerer Strecken. Zunächst ein rein optisch-mechanisches Instrument zur Bestimmung von Winkeln bei Polarkoordinaten (Abb. 432), ermöglichte die Integration von Laserdistanzmessern ab den 1980er-Jahren die einfache und vollständige Erfassung von Objektkoordinaten mit einer Messung. Etwa seit der Jahrtausendwende lässt sich das Tachymeter direkt mit gängigen CAD-Systemen koppeln; die Planerstellung kann vor Ort mit einem an das Messgerät angeschlossenen Laptop erfolgen. Tatsächlich ist das Tachymeter das Instrument, mit dem sich die Koordinaten eines bestimmten Punktes auch über große Entfernung am besten erfassen lassen, allerdings gestaltet sich die Erstellung eines vollständigen Aufmaßes mit dieser Methode recht langwierig.

431

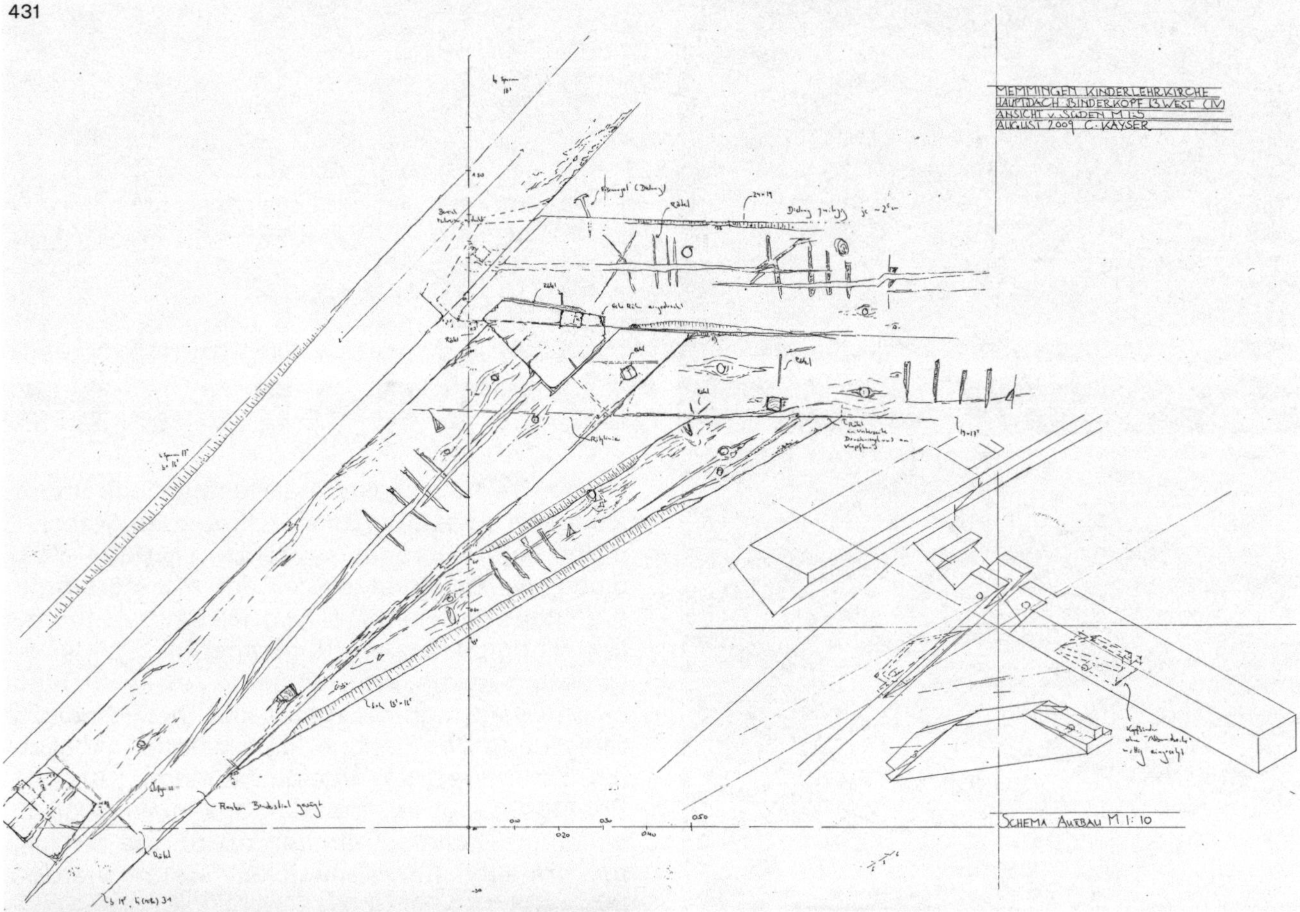

432

433

Abb. 431 Handaufmaß einer Holzverbindung, Anschluss Rähm-Kehlbalken, ehemalige Antoniterkirche Memmingen, 16. Jahrhundert.

Abb. 432 Historische Vermessungsinstrumente (Tachymeter) um 1900.

Abb. 433 Montierte Punktwolke, hier Burg Hohenzollern.

Abb. 431: Darstellung: Christian Kayser

Indirekte Verfahren

Die (vorerst) letzte Entwicklungsstufe bei der optoelektronischen Erfassung von Objektkoordinaten bildet das seit etwa 2010 auch in der Praxis gut nutzbare Laserscanning. Der Scanner ist letztlich ein automatisiertes Tachymeter, das *ziellos* über eine Vielzahl von Messungen die gesamte, vom jeweiligen Gerätestandpunkt aus sichtbare, Umgebung erfasst. Technisch geschieht dies mit Laserdistanzmessungen. Hierbei dreht sich der Messkopf während des Messvorgangs horizontal, während der Laserstrahl vertikal von einem rotierenden Spiegel abgelenkt wird. Die Punktkoordinaten ergeben sich über die gemessene Distanz und die beiden Drehwinkel. Trotz der großen Datenmenge, die bei einer Messung erfasst wird, genügt meist ein Aufnahmestandort nicht; für eine vollständige Objekterfassung benötigt man meist zahlreiche, am Rechner zu einer Punktwolke zu kombinierende Standortaufnahmen. Beim Laserscanning handelt es sich, anders als bei der tachymetrischen Aufnahme, um ein indirektes Messverfahren: Erst nach der Montage der

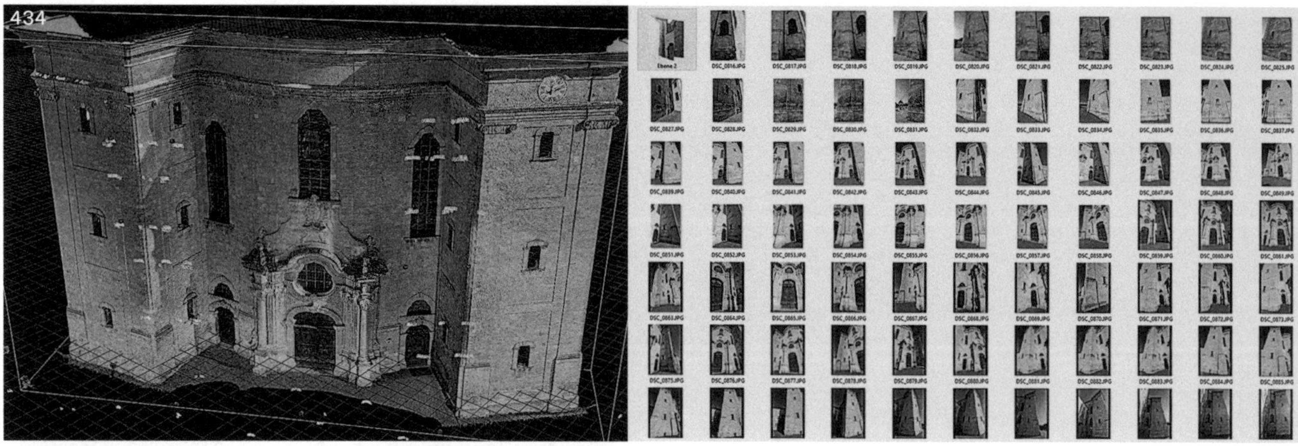

Abb. 434 Vom Einzelfoto zum Aufmaß: SFM-Photogrammetrie, Westfassade der ehemaligen Klosterkirche Wiblingen.
Abb. 435 Lowtech: Handnahe Prüfung eines Dachfußpunkts, links: Fäulnis am Dachbalken, rechts: klaffendes Vorholz an der Balkenstirn.

Punktwolke (Abb. 433) können daraus einzelne Schnitte und Ansichten errechnet werden. Das Programmsystem gibt sie als Pixelbild aus, sodass sie in einem weiteren Schritt ausgewertet und zu nutzbaren Vektorzeichnungen ausgearbeitet werden müssen. Der Erfolg der Bauaufnahme hängt damit wesentlich von den Kenntnissen und dem Abstraktionsvermögen des Bearbeiters ab.

Bildbasierte Bauaufnahme

Bei der Photogrammmetrie werden die Messbilder über Projektionen erfasst: Bei dem im Wesentlichen im späten 19. Jahrhundert entwickelten Aufnahmesystem werden, vereinfacht gesprochen, entzerrte fotografische Abbildungen genutzt. Dies ist möglich, da bei einer (verzerrungsfreien) Aufnahme jeweils alle in einer Ebene liegenden Elemente auf einen Punkt fluchten, im Bild damit nach dem Prinzip der zentrischen Streckung linear skaliert werden und sich so, auf Grundlage einzelner eingemessener Referenzstrecken, maßstabsgetreu entzerren lassen. Durch die Kombination mehrerer Messaufnahmen kann mit diesem Verfahren eine präzise räumliche Repräsentation eines Objekts erstellt werden. Während in den Tagen Albrecht Meydenbauers (1834–1921), eines der Gründungsväter der Photogrammetrie, noch aufwendige Spezialkameras für die Erstellung photogrammetrischer Messbilder erforderlich waren, erzielen heute selbst Laien mit einem Handy gute Ergebnisse: Die erhebliche Steigerung der Rechnerkapazitäten ermöglicht die Structure-from-Motion-Methode (SfM/3D-Photogrammetrie), bei der aus einer Vielzahl einfacher Digitalaufnahmen texturierte Modelle mit erstaunlicher Genauigkeit erstellt werden. (Abb. 434)

Mit dem Laserscanning und der SfM-Methode stehen heute parallel ein vektorbasiertes und ein bildbasiertes Verfahren zur Generierung von virtuellen räumlichen Objektrepräsentationen bereit. Der Laserscan generiert dabei eine höhere Messgenauigkeit und unmittelbar maßstäblich definierte Ergebnisse, erfasst allerdings Farben und Texturen von Oberflächen nur unzureichend. Die Ergebnisse der SfM-Methode sind dagegen zunächst maßstabsfrei und müssen erst mit Referenzstrecken skaliert werden. Dafür entstehen bei diesem Verfahren beeindruckend detaillierte, farbige Bildpläne. Die Wahl der geeigneten Aufnahmemethode muss sich notwendig am Objekt orientieren, eine Kombination der Verfahren ist möglich.

Erfassung semantischer Daten

Die Bauaufnahme beschäftigt sich primär mit den geometrischen Eigenschaften eines Objekts, macht jedoch nur mittelbar Aussagen zu Objekteigenschaften und Zustand – diese Attribute eines Bauwerks oder Bauteils werden in gesonderten Untersuchungsschritten mit eigenständigen Methoden und eigenständigen Dokumentationsformen erfasst. Die Palette an Optionen ist so vielfältig wie die möglichen Fragestellungen. Aus der großen Zahl an Varianten folgt hier eine subjektive Auswahl relevanter Themenbereiche.

Zustandserfassung

Schäden sind der wohl häufigste Anlass für Gebäudeuntersuchungen – und eine profunde Schadensaufnahme, also eine Bauzustandserfassung, ist die notwendige Grundlage jedes Instandsetzungsprojekts. Die geometrische Bestandserfassung, also die Bauaufnahme (siehe oben), bildet dabei die Basis: einerseits als Kartierungsgrundlage, andererseits als eigener Gegenstand der Auswertung. Eine gute, formgetreue Bauaufnahme ermöglicht einfache oder sogar räumliche Verformungsanalysen.

Eine gute Kartierungsgrundlage vorausgesetzt, lassen sich besonders bei Baustoffen des vorindustriellen Zeitalters Schäden mit erstaunlich einfachen technischen Hilfsmitteln quantifizieren und bewerten. Wichtig ist vor allem eine engagierte, handnahe Prüfung. Die Untersuchenden sollten also keine Angst vor Spinnweben haben sowie Erfahrung im Umgang und in der Bewertung des jeweiligen Materials.

Bei Holztragwerken können wesentliche Erkenntnisse durch Sichtprüfung – etwa auf klaffende Verbindungen oder Quetschungen – und Abklopfen mit einem Hammer, um Fäulnis zu detektieren (Abb. 435), gewonnen werden. Recht günstig und aussagekräftig ist auch die Holzfeuchtemessung, weil zahlreiche Holzschädlinge, namentlich Pilze, aber auch Insekten, erst ab einem bestimmten Feuchtegrad „tätig" werden. Etwas aufwendiger ist die Balkenprüfung mit dem Bohrwiderstandsmessgerät. (Abb. 436) Diese Methode erlaubt auch die minimalinvasive Detektion von nicht unmittelbar sichtbaren Schäden wie Kernfäule. Es wird dabei eine sehr dünne Bohrnadel mit gleichbleibender Geschwindigkeit ins Holz eingedreht. Am Stromverbrauch bei der Bohrung ist indirekt die Holzfestigkeit messbar – festes, stabiles Holz erfordert einen größeren Kraftaufwand des Bohrers; fauliges, morsches Holz lässt sich ohne größeren Energieverbrauch bohren.

Auch Stein- und Ziegelkonstruktionen sind gut über die Auswertung der Aufmaßpläne (Schrägstellung), aber auch über die Detektion von Ausbeulungen im 3D-Modell (Abb. 437) zu analysieren. Risse können im Zuge der Sichtprüfung in die Pläne eingetragen werden. Hierbei sollten, wenn möglich, die Rissbreiten aufgenommen werden. Eine weitergehende Bewertung des inneren Mauerwerksaufbaus ist naturgemäß etwas aufwendiger. Sichere und gut auswertungsfähige Ergebnisse liefert die invasive Untersuchung mit Kernbohrung im Mauerquerschnitt und Endoskopie der Bohrlöcher. (Abb. 438) Sind Eingriffe nicht möglich bzw. wird eine großflächige Bewertung benötigt, bietet sich das nicht invasive Georadarverfahren an, bei dem über die Laufzeitmessung von Wellenreflexionen im Mauerquerschnitt Änderungen von Materialeigenschaften – also auch Hohlräume, Ablösungen oder Schichtgrenzen zwischen Schalen- und Kernmauerwerk – detektiert werden können. (Abb. 439)

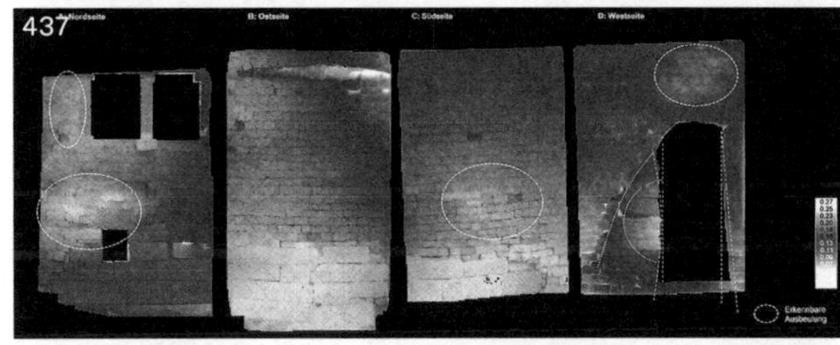

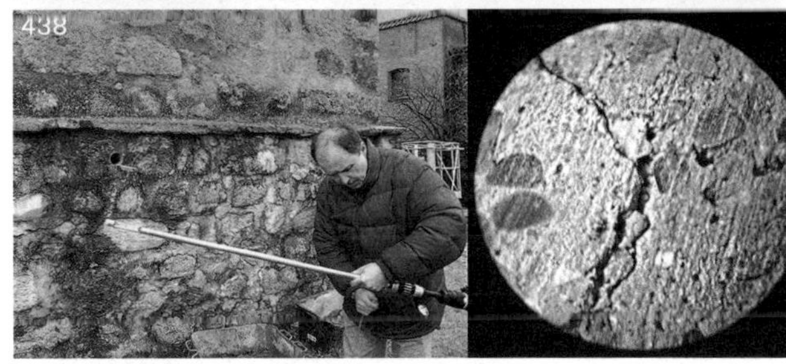

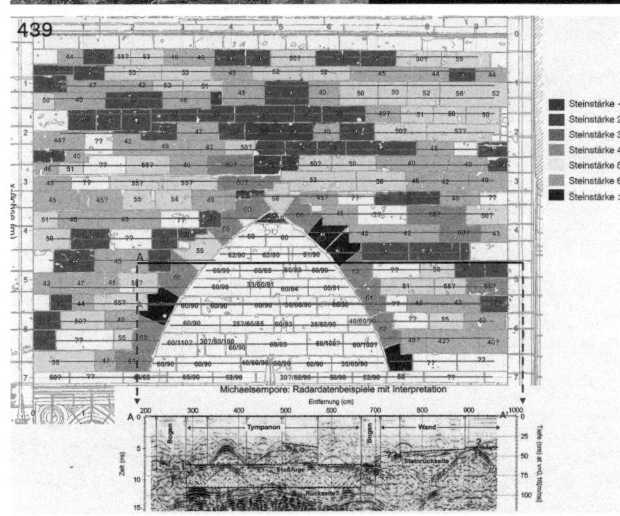

Abb. 436 Balkenprüfung mit der Bohrwiderstandsmessmethode (Konventsdächer, Abtei Oberschönenfeld bei Augsburg), links: Durchführung, rechts: Ergebnis beispielhaft am Balkenquerschnitt.

Abb. 437 Detektion von Verformungen durch die grafische Analyse der Punktwolke, hier: Innenseite der Brunnenmauer, Mikwe, Worms.

Abb. 438 Endoskopie einer Kernbohrung (Burgturm Haag in Oberbayern), links: Durchführung; rechts: Endoskopaufnahme der Bohrlochwandung.

Abb. 439 Georadaruntersuchung der Mauer an der Westempore des Freiburger Münsters. Detektion der Steintiefen mit Georadar, Auswertung. Unten: Radargramm („Horizontalschnitt") für die siebte Steinlage.

Für die Bewertung von Gesteinsarten und besonders Bestandsmörteln (Zusammensetzung, Bindemittelart und -anteil, Sieblinie etc.) sollten geeignete bauchemische Fachinstitute hinzugezogen werden; Materialkennwerte wie die Druckfestigkeit ermitteln private oder Hochschulprüfanstalten anhand geborgener Bohrkerne.

Die Bauzustandserfassung von industriezeitlichen, neueren Baustoffen (Eisen- bzw. Stahlwerkstoffe, Beton) ist oft etwas aufwendiger, doch auch bei diesen sollte eine Sichtprüfung mit der Kartierung unmittelbar erkennbarer Schadensphänomene am Anfang der Untersuchung stehen. Für vertiefende Untersuchungen empfiehlt sich die Zusammenarbeit mit spezialisierten Fachbüros bzw. Werkstofflaboren/Materialprüfanstalten.

Für Eisen- bzw. Stahlbeton müssen Lage und Stärke der Bewehrung erfasst werden. Selbst wenn Ausführungsunterlagen vorliegen, ist eine stichprobenartige Prüfung der Umsetzung mit einer kleinen Untersuchungsöffnung zu empfehlen. Auch hier steht für eine weitergehende, nicht invasive Bewertung mit der elektroinduktiven Bewehrungserkundung (Abb. 440) eine geeignete Methode bereit, deren Messergebnisse allerdings mit einzelnen Sondagen überprüft und kalibriert werden sollten. An den hergestellten Öffnungen kann auch der Carbonatisierungsfortschritt einfach mit einem geeigneten pH-Indikator (Phenolphthalein) überprüft werden. Ein Rückprallhammer hilft, in erster Näherung die Betonfestigkeit zu bestimmen.

Gerade bei Metallwerkstoffen kommt der Lowtech-Ansatz früh an seine Grenzen. Risse und Korrosion lassen sich noch handnah quantifizieren, doch chemische Analysen oder Material-Dünnschliffe zur Erfassung von Inhomogenitäten erfordern die Kooperation mit einem geeigneten Fachinstitut.

Bauhistorische Untersuchungen

Auch für die Analyse der baulichen Genese braucht es zunächst nicht viel mehr als präzise Aufmaßpläne als Grundlage, dazu Engagement und Erfahrung: Umbauten und Erweiterungen zeichnen sich meist durch leichte Gefügestörungen oder Materialwechsel ab. Datierende Inschriften oder Abbundzeichen lassen sich mit Geduld am Bau selbst entdecken, für die Kontextualisierung bedarf es vor allem einer guten Fachbibliothek. Bewährt hat sich die interdisziplinäre Zusammenarbeit mit ArchivforscherInnen, KunsthistorikerInnen und RestauratorInnen.

440

441

Das Alter von Holzbauteilen – genauer: der Fällzeitpunkt eines Balkens – kann über die etablierten dendrochronologischen Kurven statistisch bestimmt werden. (Abb. 441) Da im vorindustriellen Bauwesen Holz meist saftfrisch, also zeitnah nach Baumfällung verbaut wurde, bietet der ermittelte Fällzeitpunkt eine gute Grundlage für weitergehende bauhistorische Analysen. Für die dendrochronologische Bewertung muss ein schmaler Bohrkern aus dem Balkenquerschnitt entnommen werden. Das charakteristische Wuchsmuster der Jahrringe lässt sich in den darauf spezialisierten Fachlaboren mit ermittelten Standardkurven für die jeweilige Herkunftsregion des Holzes abgleichen und so, bei vorhandener Waldkante an der Probe, der Fällzeitpunkt bzw. das Absterben des Baums ermitteln.

Etwas aufwendiger und in der Interpretation schwieriger ist die Altersbestimmung von organischem Material mit der C14-Methode: Das in der Atmosphäre vorherrschende Kohlenstoffisotop ist C12, die Isotopenvariante C14 kommt dagegen nur in einem niedrigen, definierten Prozentsatz vor und ist zudem nicht dauerhaft stabil. Solange ein Lebewesen – Tier oder Pflanze – aktiven Stoffwechsel betreibt, bleibt der Anteil der Kohlenstoffisotope in dem organischen Gefüge gleich wie in der Atmosphäre. Mit dem Absterben des Organismus wird kein neues C14 mehr akkumuliert und der Zerfallsprozess des Isotops setzt mit definierter Halbwertszeit ein. Anhand des verbliebenen C14-Anteils lässt sich damit prinzipiell das Alter des organischen Materials ermitteln, doch ergibt die Methode „unscharfe", nicht jahrgenaue Ergebnisse. Auch können die Proben durch sekundäre Einflüsse gestört sein und damit keine validen Auswertungen ergeben. Die C14-Methode kann auch dazu beitragen, sonst chronisch schlecht datierbare Mauerwerkskonstruktionen zu bewerten: Für eine Laboranalyse genügt z. B. ein kleineres Holzstück im Mörtelkern. Die Thermolumineszenz-Methode als einziges relevantes Verfahren zur Altersbestimmung mineralischer Werkstoffe spielt bei bauhistorischen Untersuchungen bisher keine nennenswerte Rolle.

Verwaltungssysteme

Während das Zielprodukt einer Bauaufnahme eine definierte Planzeichnung ist, gibt es für die Sammlung semantischer Daten (s. o.) keine gleichermaßen festgelegten Systeme. Als wertvolles Hilfsinstrument kann hier das Raumbuch in seiner „klassischen", aus der analogen Ordnung abgeleiteten Form oder auch als modernes digitales System dienen. In jedem Fall handelt es sich um eine Art Datenbank, in die sowohl grundlegende Kennwerte der Objektgeometrie als auch, je nach Aufgabenstellung, die Ergebnisse der unterschiedlichen Objektuntersuchungen bis hin zur Dokumentation geplanter und realisierter Maßnahmen eingetragen werden. Die Gliederung ist bauteilorientiert. Bei den meisten Objekten haben sich eine Elementierung in einzelne Raumeinheiten und deren weitere Unterteilung nach Wänden, Böden, Decken etc. bewährt. Ebenso ist z. B. bei einer komplexen Steinskulptur eine Einteilung nach einzelnen Werkstücken möglich. (Abb. 442) Digitale Raumbücher bzw. Datenbanken können heute auch mit elementierten CAD-Modellen gekoppelt werden, sodass sich eine Kombination von geometrischen und semantischen Daten herstellen lässt.

Abb. 440 Elektroinduktive Bewehrungserkundung an einer Eisenbetonkonstruktion des frühen 20. Jahrhunderts (Haus Schneck, Weißenhofsiedlung Stuttgart), links: Durchführung, rechts: Ausschnitt aus dem grafischen Messergebnis.
Abb. 441 Entnahme einer Probe mit einem Inkrementbohrer für die dendrochronologische Auswertung (Münster, Bad Doberan).
Abb. 442 Virtuelles Modell und verknüpfte Bauteildatenbank für die Werkstücke des Freiburger Münsterturms, entwickelt in Zusammenarbeit und im Auftrag der Landesdenkmalpflege Baden-Württemberg.

442

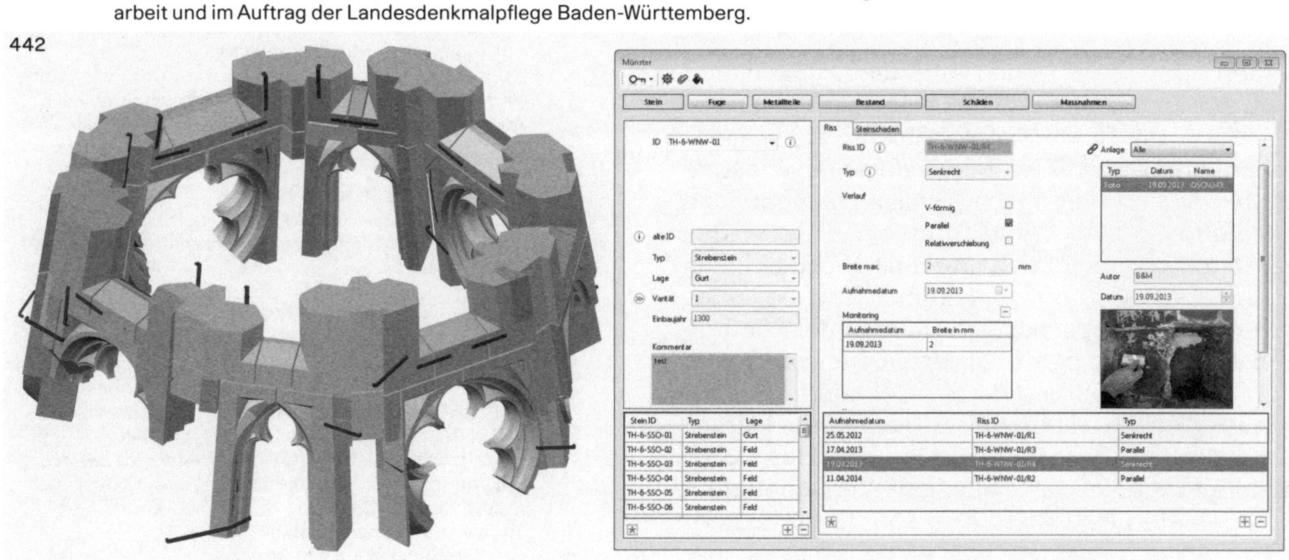

4. ALLGEMEINE VORGEHENSWEISEN BEI INSTANDHALTUNGS- UND INSTANDSETZUNGSMASSNAHMEN[1]

Instandhaltung und Instandsetzung sind Begriffe, die regelmäßig beim Bauen im Bestand verwendet werden. Während Instandhaltung eher die Pflege und Wartung in regelmäßigen Intervallen umfasst, werden unter Instandsetzung meist größere Eingriffe und bauliche Maßnahmen zur Wiederherstellung der Funktionalität schadhaft gewordener Bereiche eines Gebäudes verstanden. Auch wenn sich Umfang und Aufwand der jeweils damit verbundenen Arbeiten stark unterscheiden, setzen beide Aufgabenstellungen doch grundlegend die genaue Kenntnis dessen voraus, was ein Gebäude oder ein Tragwerk ausmacht. Dazu zählen neben Baualter und Bauzeit die Materialität von Wänden, Decken, Dach und Fundamenten sowie die bei seiner Erbauung verwendeten spezifischen Bauweisen und Arbeitsgeräte. Erst wenn klar ist, woraus ein Gebäude tatsächlich besteht und wie es konstruiert wurde, lassen sich passende Konzepte für den Umgang mit seinem Bestand erarbeiten. Sich mit diesen für die Einordnung und differenzierte Beurteilung des Bestands notwendigen Fragen auseinanderzusetzen, ist wichtig. Für das Bauen im Bestand ist es außerdem wesentlich, sich zu vergegenwärtigen, dass es deutlich substanzschonender und auch kostensparender ist, für den Bestand eine passende Nutzung zu finden, als ihn einer neuen Nutzung anpassen zu müssen.

Wie nähert man sich einem bestehenden Gebäude an? Hierzu etablierte der Sonderforschungsbereich (SFB) 315 „Erhalten historisch bedeutsamer Bauwerke. Baugefüge, Konstruktionen, Werkstoffe" wichtige Grundlagen, die heute erfreulicherweise auch über die denkmalpflegerische Praxis hinaus Anwendung beim Bauen im Bestand finden.[2]

Neben der Bau- und Architekturgeschichte und der Bauforschung hat sich in den letzten 30 Jahren die Bautechnikgeschichte als wissenschaftliche Disziplin etabliert, deren spezifische Methoden und Herangehensweisen maßgebliche Erkenntnisse zum Verständnis eines Gebäudes beitragen können.[3] Die bautechnikgeschichtliche Auseinandersetzung geht immer von den Fragen nach dem Prozess des Bauens bei Planung und Ausführung des realisierten Bauwerks und vom Kontext aus, in dem ein Gebäude entstanden ist. Ähnlich wie im SFB 315 bietet die Herangehensweise der Bautechnikgeschichte viele Anknüpfungspunkte zwischen verschiedenen Fachgebieten. Heute ist die Verknüpfung statisch-konstruktiver, baukonstruktiv-werkstoffkundlicher und baugeschichtlich-denkmalpflegerischer Fragestellungen die Regel, nicht nur im Umgang mit Denkmalen, sondern grundsätzlich beim Bauen im Bestand. Dabei muss bei der Auswertung von Quellen, wie beispielsweise bauzeitlichen Bemessungen oder Schal- und Bewehrungsplänen, vor allem aber, wenn die Objekte selbst in Augenschein genommen werden, die Ingenieurperspektive gewährleistet sein.[4] Die Erfahrungen der denkmalpflegerischen Praxis bieten Chancen für das heutige Bauen im Bestand, wobei es wohl besser als „Umbauen" oder noch besser als „Weiterbauen" bezeichnet werden sollte. Eine offene dialogbasierte Kommunikation der unterschiedlichen Disziplinen ist die Grundvoraussetzung, um sich auf eine für die erfolgreiche Zusammenarbeit wesentliche gemeinsame Sprache zu verständigen. So wird sichergestellt, dass alle Beteiligten tatsächlich von denselben Dingen sprechen und die Bewertungskriterien des jeweils anderen besser verstehen.[5]

Das Bauwerk als Patient: Anamnese, Diagnose, Therapie

Die Planung notwendiger Instandhaltungsmaßnahmen an einem Bestandsgebäude ähnelt dem Vorgehen eines Arztes im Umgang mit seinen Patienten, denn auch hier gibt es den Dreischritt „Anamnese – Diagnose – Therapie".

1 An dieser Stelle sei darauf hingewiesen, dass die Autorin für das Landesamt für Denkmalpflege Baden-Württemberg arbeitet. Im Vergleich zu anderen (Bundes-)Ländern kann es zu den hier formulierten Inhalten Abweichungen im Umgang mit Kulturdenkmalen geben. Zur grundlegenden Information siehe auch Martin et al. 2022.

2 Im SFB 315 bearbeiteten zahlreiche Wissenschaftler im Rahmen eines von der Deutschen Forschungsgemeinschaft (DFG) geförderten Sonderforschungsbereichs zwischen 1985 und 1998 an der Technischen Universität Karlsruhe, dem heutigen Karlsruher Institut für Technologie (KIT), erstmals umfassend Fragen zum Bauen im Bestand. Beteiligt waren die Fakultäten Architektur, Bauingenieur- und Vermessungswesen, Bio- und Geowissenschaften sowie das Landesamt für Denkmalpflege Baden-Württemberg. Der Fokus der Auseinandersetzung lag auf bedeutsamen, oftmals denkmalgeschützten Gebäuden.

3 Lorenz 2006, S. 221–237. Für weitere Informationen siehe auch die Website der Gesellschaft für Bautechnikgeschichte.

4 Im Zuge des Aufbaus staatlicher Bauverwaltungen wurden im 19. Jahrhundert systematisch Gebäudeakten nach Adresse bzw. Flurstücksnummer angelegt, die noch heute Planunterlagen und Bemessungsnachweise enthalten können. Weitere Archive sind: Landes- und Staatsarchive, das Bundesarchiv, Archive der kirchlichen Bauämter, das saai | Archiv für Architektur und Ingenieurbau, das Architektur-Archiv der TU Berlin, Bestände einzelner Architekten, Ingenieure oder auch Adelsfamilien, das Archiv der Bundeswehr, die Planarchive der Deutschen Bahn.

5 Vgl. Goerlich 2019, S. 28–34.

Anamnese: Voruntersuchung, Grundlagenermittlung

Die Suche nach einem passenden Konzept für Instandhaltung und Instandsetzung beginnt mit der Anamnese, dem Erkunden der spezifischen Baugeschichte und der Analyse der Krankheits- bzw. Schadensgenese am Baugefüge.[6] Für das Bauen im Bestand ist es unverzichtbar, alle greifbaren Informationen umfassend zusammenzutragen. Je genauer dies erfolgt, desto besser sind der überkommene Bestand und sein Zustand zu verstehen. Dazu zählt neben der Auswertung von Literatur, Schadensberichten, vorhandenen Untersuchungen und Gutachten vor allem, das eigentliche Gebäude genau in Augenschein zu nehmen. In diesem Zusammenhang ist auch zu klären, ob es sich bei dem Objekt um ein Kulturdenkmal handelt.[7]

Abb. 443 Baustellendokumentation der Genossenschaftskelter in Schnait 1934.

Grundlagen: Recherche

Vor Beginn einer Recherche ist es zielführend, konkrete Fragen zu dem Objekt zu formulieren, weil sonst die Gefahr besteht, sich in der Fülle der historischen Quellen zu verlieren.[8] Eine Recherche beginnt immer mit der Suche nach Informationen zur Bauzeit, denn nicht nur für die Einordnung der Qualität der vorgefundenen Materialien sind diese von maßgeblichem Interesse.[9] Darüber hinaus können natürlich auch bauzeitliche Planunterlagen oder statische Nachweise wichtig sein bzw. werden. Die am Bau beteiligten Handwerker und Firmen können in Kenntnis der Bauzeit auf damals verwendete Werkstoffe, Produkte oder Bautechniken schließen. Mitunter finden sich in historischen Bauzeitschriften oder Firmenbroschüren auch Baustellenfotos, die Aufschluss geben können. (Abb. 443) So fanden um 1900 bei der Ausführung von Tragwerken im Eisenbetonbau[10] und im industriellen Holzbau[11] unterschiedliche Systeme Anwendung. Beim Holzbau kann dieses Thema vor allem zur Bestimmung der nicht sichtbaren Verbindungsmittel an Knotenpunkten von Interesse sein. Beim Eisenbeton spielt es eine noch größere Rolle, weil die im Beton eingelassene Bewehrung nur bedingt zerstörungsfrei untersucht werden kann. (Abb. 444) Um diese Zeit wurden neben den klassischen Rundstäben ohne Rippen auch quadratische, verdrehte Eisenprofile oder Sonderformen aus Flachstahl verwendet. Die historische Einordnung der an der Ausführung

6 Vergleichbar zu Neubauprojekten wird für das Bauen im Bestand zumeist die Honorarordnung für Architekten und Ingenieure (HOAI) als Vertragsgrundlage zugrunde gelegt. Dort ist mit der Grundlagenermittlung entsprechend Leistungsphase 1 eine wesentliche Grundlage der Anamnese – die Recherche – vorgegeben. Nicht nur im Umgang mit denkmalgeschützten Gebäuden kommen gegebenenfalls zusätzliche Anforderungen zum Tragen, die als besondere Leistung erstellt werden.

7 Eigentümer oder bevollmächtigte Planer haben einen gesetzlichen Anspruch, bei den zuständigen Behörden über den Denkmalstatus ihres Gebäudes informiert zu werden. Erste Ansprechpartner dafür sind die unteren Denkmalschutzbehörden, die meist in den örtlichen Baurechtsämtern angesiedelt sind.

8 Es gibt zahlreiche Archive, Museen, staatliche Sammlungen, Verwaltungsbehörden usw., in denen Informationen zu Gebäuden dokumentiert sind. Dafür gibt es keine zentrale Anlaufstelle. Man muss sich selbst auf die Suche machen und wird manchmal belohnt, manchmal aber auch enttäuscht. Eigentümerwechsel, Brände, Kriege oder auch die Zusammenlegung von Verwaltungsbehörden führen bis heute dazu, dass zahlreiche Dokumente über die Zeit unwiederbringlich verloren gegangen sind. Umso wichtiger wird das Bauwerk als Quelle. Siehe dazu auch Hassler 2020.

9 Zur Einordnung von Baumaterialien, die im 19. und 20. Jahrhundert hergestellt wurden, siehe Bargmann 2013; Ahnert et al. 2009; zudem auch Fingerloos 2009.

10 Einen Überblick über die Situation in Europa bot Colby 1909. Dartsch fasste 1984 die Entwicklung in Deutschland zusammen. Für Bauingenieure interessant ist Fingerloos 2009. Ortsbezogene Studien: Van der Voorde 2010; Hellebois 2013; Rehm 2019; Kuban 2021; Buchenau 2025. Zur Geschichte des Eisen- bzw. Stahlbetons siehe auch die Quellenangaben im Kapitel Eisenbeton.

11 Die Grundlagen des modernen Ingenieurholzbaus wurden bereits im 19. Jahrhundert mit der Einführung der eiserner Balkenschuhe oder auch Laschen gelegt. In dieser Zeit wurden auch hybride Tragwerke wie der Wiegmann-Polonceau-Binder entwickelt, eine Konstruktion, bei der eiserne und hölzerne Elemente zu einem hybriden Tragwerk zusammengeführt werden. In der Weiterentwicklung folgen Systeme wie die Bauweisen Stephan (Bogenbinder), Hetzer (Brettschichtholz) oder auch Meltzer (stiftförmige metallische Verbindungsmittel). Siehe dazu auch das Kapitel Holzbau.

beteiligten Baufirma erlaubt zudem Rückschlüsse auf die fachliche Kompetenz, mit der Eisenbeton auf der Baustelle gemischt und verarbeitet wurde. Auch wenn die Recherche idealerweise am Anfang eines Projekts steht, so kann sie doch bei Bedarf im Bauverlauf mit wachsenden Erkenntnissen vertieft und weitergeführt werden.

Je nach Gebäudezustand ist vor einer Anamnese gegebenenfalls eine Notsicherung einzubauen. Ist ein Zugang gefahrlos sichergestellt, müssen vor Ort die Informationen aus den historischen Quellen mit dem gebauten Bestand abgeglichen werden. Denn auch zu früheren Zeiten wurde nicht immer so gebaut wie ursprünglich geplant.

Grundlagen: Baudokumentation[12]

Neben der Quellenrecherche ist die Dokumentation des Bestands ein wesentlicher Bestandteil der Anamnese. Sind in Archiven Planunterlagen dokumentiert, ist hinsichtlich einer unkritischen Übertragung Vorsicht geboten. Historische Pläne geben nicht immer darüber Auskunft, in welcher Planungsphase (Entwurfs- oder Ausführungsplanung) sie entstanden sind. In den seltensten Fällen sind As-Built-Pläne überliefert. Und auch zu früheren Zeiten galt schon „Bauen heißt ändern", also sollten vorhandene Pläne unbedingt mit dem tatsächlich realisierten Objekt abgeglichen werden. Wichtig ist dabei die Kenntnis der jeweiligen Zeichenstandards; beispielsweise entsprechen die verwendeten Schraffuren in den historischen Plänen nicht immer den heute üblichen Standards und müssen eventuell anders interpretiert werden. (Abb. 445)

Im Rahmen der Bauforschung[13] können verschiedene Erweiterungsphasen oder auch nachträgliche Umbauten, die nicht in überlieferten Plänen dokumentiert sind, am Objekt erkannt und abgegrenzt werden. Wenn keine historischen Planunterlagen vorhanden sind, wenn die überlieferten Pläne zu ungenau sind oder erheblich vom Bestand abweichen, ist das Gebäude oder der fragliche Bereich eines Gebäudes im Rahmen einer Bauaufnahme zu dokumentieren. Sollten weitere Maßnahmen und Sanierungen geplant sein, werden in der Regel aktuelle Planunterlagen benötigt, sodass die Anfertigung genauer und aktueller Bestandspläne in vielen Fällen unabdingbar ist. Inwieweit die Bauaufnahme verformungsgerecht sein muss und in welcher Genauigkeitsstufe sie erfolgen soll, hängt vom Objekt ab.[14] Die Anforderungen an eine Bauaufnahme sind vorab festzulegen. Dies betrifft auch die Anzahl der Grundrisspläne und Gebäudeschnitte, deren Position je nach Fragestellung frühzeitig zu bestimmen ist. Es ist darauf zu achten, dass die digitalen Planunterlagen auch monochrom lesbar gedruckt werden können. Dafür sind die heute allgemein anerkannten Vorgaben für die Verwendung von Linien und Schraffuren zu beachten.[15] Für spezielle Fragestellungen wie beispielsweise die Erstellung von Bauphasenplänen oder Schadenskartierungen bietet sich die Verwendung unterschiedlicher Farben an.[16] (Abb. 446)

Grundsätzlich sollte zwischen einer Bauaufnahme und einer konstruktiven Bestandsaufnahme unterschieden werden, die den Fokus auf das Tragwerk, die dafür verwendeten Materialien sowie die maßgeblichen Geometrien richtet. Bei Bedarf sind für die Analyse Befundöffnungen anzulegen (beispielsweise bei abgehängten Decken oder verputzten Wänden), wobei Öffnungen in Form von Suchschlitzen in der Regel ausreichend sind. Ein großflächiger Rückbau von Oberflächen ist für eine konstruktive Bestandsaufnahme tatsächlich selten notwendig.

Außer der Dokumentation des Bestands in seiner Geometrie gibt es weitere Informationen, die im Zuge einer Voruntersuchung ermittelt und zusammengetragen werden müssen. Je nach Fragestellung stehen verschiedene zerstörungsfreie und zerstörungsarme Untersuchungsmethoden zur Verfügung. Abhängig von Geometrie und Werkstoff sollten Spezialisten einbezogen werden, die in der Anwendung der Untersuchungsmethoden und -geräte erfahren sind. Beispielsweise sind für die Konzeption einer Bestandsuntersuchung mithilfe von Radar oder Thermografie spezielle Kenntnisse erforderlich, sowohl in der Durchführung als auch in der Auswertung und Interpretation der Messergebnisse. Dies gilt ebenso für die Anbringung von Rissmonitoren zur Überwachung der Rissflankenveränderungen[17] (Abb. 447), Baugrunduntersuchungen oder auch die kontinuierliche Dokumentation von Klimadaten (Luftfeuchtigkeit, Temperatur), um nur einige zu nennen.

12 Siehe auch das Kapitel Untersuchungs- und Dokumentationsmethoden.

13 Spezifische Anforderungen, die im Umgang mit Denkmalen beachtet werden müssen, hat die Arbeitsgruppe Historische Bauforschung der Vereinigung der Denkmalfachämter in den Ländern (VDL) formuliert. Siehe auch die Publikationen des Arbeitskreises für Hausforschung (Jahrbuch für Haus- und Bauforschung), Südwestdeutsche Beiträge zur historischen Bauforschung sowie Petzet et al. 1995; Cramer 2005; Eißing 2023.

14 Siehe Eckstein 2003.

15 Es gibt verschiedene DIN-, DIN-ISO- und DIN-EN-ISO-Normen, die zu den besonderen Anforderungen an technische Zeichnungen, deren Inhalte und Darstellungsgrundlagen definiert wurden und aktuell gültig sind. Beispielhaft sei an dieser Stelle lediglich auf die DIN 1356 (Ausgabe 04.2024) „Bauzeichnungen" verwiesen, die im Teil 1 Grundregeln der Darstellung festlegt.

16 Eckstein 2003.

17 Rissmonitore mit einer ablesbaren Skala sind einfachen Gipsmarken vorzuziehen, da damit positive und auch negative Rissbreitenveränderungen besser nachweisbar sind.

444

445

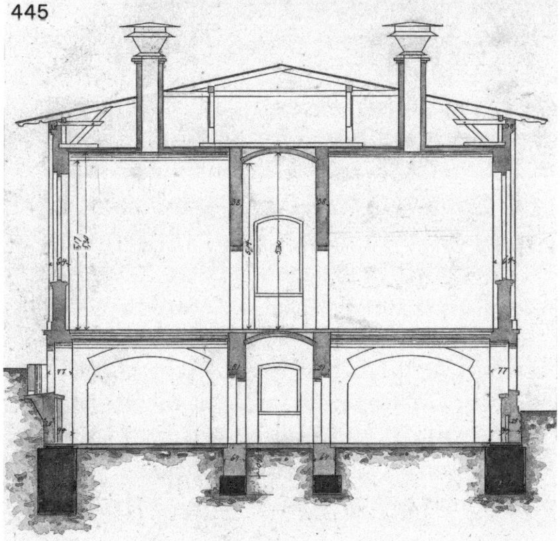

446

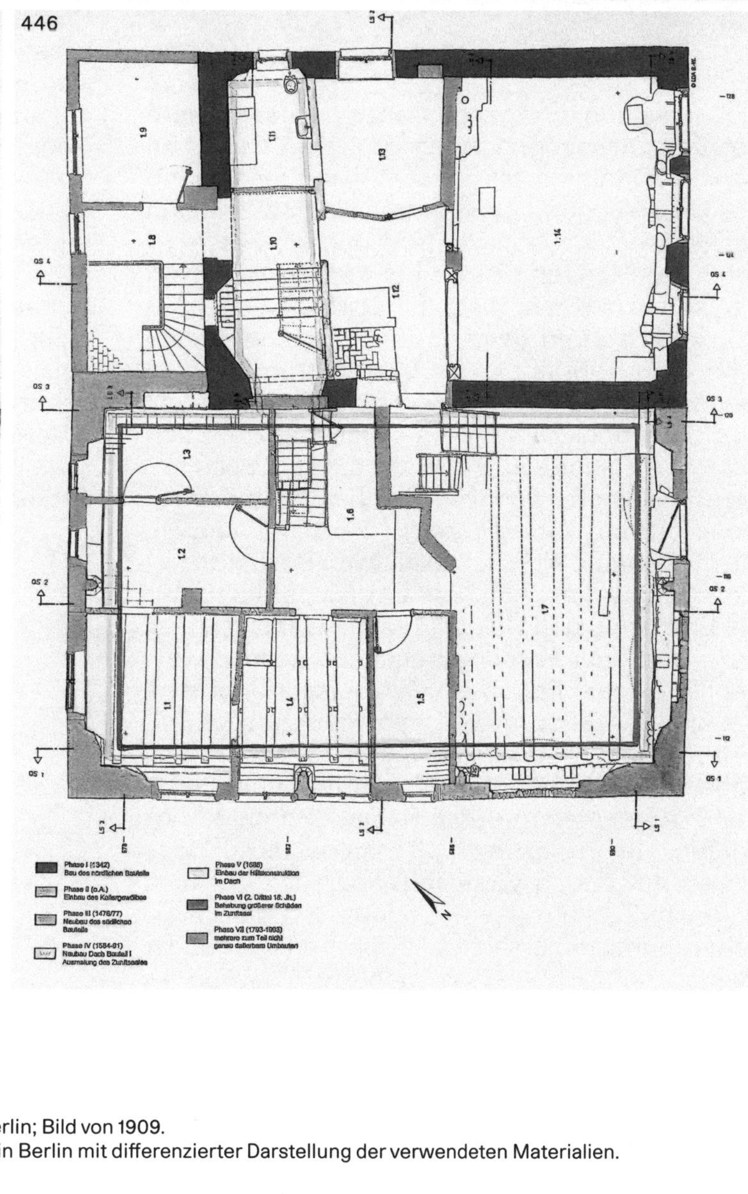

Abb. 444 Bau der Kuppel des Passagenkaufhauses in Berlin; Bild von 1909.
Abb. 445 Historischer Schnitt durch ein Fabrikgebäude in Berlin mit differenzierter Darstellung der verwendeten Materialien.
Abb. 446 Beispielhafter Baualtersplan.

Die Schlussfolgerung für die Anforderungen an eine interdisziplinäre Baudokumentation ist klar: Bevor unterschiedliche Untersuchungsmethoden mit ihren spezifischen Instrumenten zum Einsatz kommen, muss eine gemeinsame Diskussion ihrer jeweiligen Möglichkeiten und Grenzen erfolgen. Der Prozess einer schrittweisen Annäherung an das Bauwerk erfordert zwar immer wieder Abstimmungen, trägt aber wesentlich dazu bei, Substanzverluste zu vermeiden und Kosten zu sparen.

447

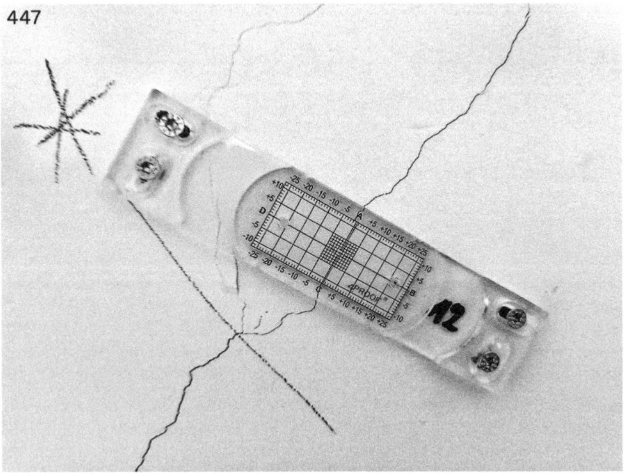

Weil Rissmonitoring oder auch umfassendere Setzungsmessungen einen größeren zeitlichen Vorlauf benötigen, ist es ratsam, vor Festlegung des Untersuchungsprogramms die notwendigen Fachkompetenzen in den Planungsprozess einzubinden. Handelt es sich bei dem Bauwerk um ein Kulturdenkmal, sind die Denkmalbehörden frühzeitig zu informieren. Vor Befundöffnungen oder dem Anbringen von Messinstrumenten in einem Kulturdenkmal ist gemeinsam abzuklären, ob die Positionierung auf einer denkmalrelevanten Schicht erfolgen muss oder ob es nicht auch andere Stellen gibt, auf denen vergleichbare Ergebnisse erzielt werden können. Befundöffnungen, die im Rahmen einer konstruktiven Bestandsaufnahme notwendig sind, können gleichermaßen für die Erfassung und Dokumentation verschiedener Putz- und/oder Fassungsschichten genutzt werden. In diesem Fall ist ein Restaurator oder eine Restauratorin mit in die Bestandsuntersuchung einzubinden. Hierbei sind die spezifischen Vorgaben hinsichtlich Schadenskartierungen oder der Dokumentation durch Restauratoren zu beachten.[18] Im Ergebnis erhält man bei dieser Synergien nutzenden Vorgehensweise ein genaues Bild vom Zustand des Gebäudes und den möglichen Schadensursachen. Erfahrungsgemäß ist davon auszugehen, dass mehrere sich überlagernde Schadensursachen erfasst, eingegrenzt und eigens bearbeitet werden müssen.

Beim Blick auf die unterschiedlichen Informationen, die für ein Bestandsgebäude im Vorfeld zusammengetragen werden, sei an dieser Stelle auch das Thema BIM (Building Information Modeling, deutsch Gebäudedatenmodellierung) erwähnt. BIM ist der ganzheitliche Prozess zum Erstellen und Verwalten von Informationen für ein Bauobjekt.[19] Basierend auf einem intelligenten, virtuellen und geometrisch visualisierten 3D-Modell integriert BIM strukturierte, multidisziplinäre Daten, um ein Objekt über den gesamten Nutzungs- bzw. Lebenszyklus hinweg digital darzustellen: von der Planung über den Entwurf bis hin zum Bau, Betrieb und Bauunterhalt sowie einem späteren Abriss.[20] Die Integration von Bestandsgebäuden und gerade auch Baudenkmalen in ein BIM-Konzept erfordert eine differenzierte, detaillierte Bestandserfassung, um das reale Objekt möglichst realitätsnah im digitalen Modell nachzubilden und alle Informationen so zu integrieren, dass sie von den Planungsbeteiligten eingeordnet, gelesen und beachtet werden können.[21]

Diagnose: Analyse und Schadenserfassung

Durch die Auseinandersetzung mit der Bau- und Veränderungsgeschichte eines Objekts lassen sich im Rahmen der Diagnose bestimmte Mängel und Schadensphänomene besser einordnen. Neben den Informationen über die Bauzeit können Erkenntnisse zu späteren Veränderungen im Bauwerk für die Schadensanalyse relevant sein. Nach umfangreicheren Umbauten in der Vergangenheit kann die überkommene Bausubstanz eventuell Abhängigkeiten u. a. im Lastfluss aufweisen, die nicht gleich erkennbar sind (z. B. Einbau von zusätzlichen Trägern, Durchtrennen von ursprünglich tragenden Balken usw.). Oft überlagern sich unterschiedliche Schadensphänomene, die auf jeweils spezifische Schadensursachen zurückzuführen sind und bei der Konzeptentwicklung

18 Entsprechende Leitfäden vom Landesamt für Denkmalpflege Baden-Württemberg sind über das Internet abrufbar.

19 BIM findet mehrheitlich Anwendung bei Neubauprojekten im Hochbau sowie der Schieneninfrastruktur. Ab 2025 soll, laut Vorgabe der Bundesregierung, auch im Bundesfernstraßenbau standardmäßig BIM zur Projektabwicklung eingesetzt werden

20 Das BIM-basierte Bauen ermöglicht zugleich eine Verknüpfung mit den Maßgaben der Cradle-to-Cradle-Bewegung (C2C). Dabei geht es um ein an Wiederverwendung bzw. größtmöglicher Weiterverwertung von gebauter Substanz orientiertes Bauen im Sinne eines geschlossenen Rohstoffkreislaufs, bei dem alle beim Bauen eingesetzten Rohstoffe nach dem Nutzungszeitraum zu 100 % im Kreislauf verbleiben und wiederverwendet werden.

21 Den besonderen Anforderungen an BIM im Bestand (H-BIM) widmen sich aktuell unter anderem auch eine Arbeitsgruppe der VDL sowie der Bund Deutscher Architekten mit der BIM-Allianz. International gibt es weitere Initiativen.

Abb. 447 Rissmonitore mit Skala erlauben ein zahlengenaues Ablesen sowie die Dokumentation von „negativen" Veränderungen.

Abb. 448 Die Baufuge am Übergang zu einem Anbau kann sich aufgrund eines Wechsels der Baumaterialien, verschiedener Steifigkeiten oder auch unterschiedlicher Gründungen in Form von Rissen immer wieder abzeichnen.

in ihrer Komplexität beachtet werden müssen. Es gilt zu differenzieren, ob eine Instandhaltung im Sinne einer Wartung oder tatsächlich eine baulich eingreifende Instandsetzung notwendig ist, zumal dadurch nicht nur Schäden behoben, sondern möglichst die Schadensursachen beseitigt werden sollen. Im besten Fall lässt sich ein Therapiekonzept finden, mit dem das Bauwerk dauerhaft und nachhaltig, jedoch substanzschonend instand gesetzt werden kann.

448

Bevor gemeinsam über mögliche Instandsetzungsvarianten diskutiert werden kann, müssen allen Beteiligten sämtliche Informationen zum Bau vorliegen. Handelt es sich um ein denkmalgeschütztes Objekt, ist die Denkmalpflege gefragt, ihre Kompetenz und Expertise in die Konzeptentwicklung einzubringen.

Therapie: Schadensbehebung und Wartung

Ein schlüssiges Instandsetzungskonzept zu erarbeiten, braucht seine Zeit. Die Erfahrung zeigt, dass eine in Missachtung der Komplexität eines Gebäudes und seiner Eigenschaften schnell verfolgte Lösung von nur geringer Dauer ist oder zu unverhältnismäßig hohen Substanzverlusten und Kosten führt. Die Durchführung einer Instandsetzung, die an der eigentlichen Schadensursache vorbeigeht, kann nicht im Interesse der für den Bau Verantwortlichen liegen. Damit wird vielleicht kurzfristig (eine Legislaturperiode lang?) ein intaktes Bild generiert, aber das Auftreten neuer Schäden ist nur eine Frage der Zeit.

Grundsätzlich muss geklärt werden, was tatsächlich für den Erhalt und die Nutzung des Gebäudes notwendig ist. Nicht jeder Riss braucht eine Überbrückung mit eisernen Ankerstäben. Klassische Baufugen beispielsweise, also Übergänge zwischen zwei Bauphasen, werden sich immer wieder abzeichnen. Es bleibt jedoch abzuklären, ob zusätzliche Schadensphänomene vorhanden sind, die eine Instandsetzung erfordern. (Abb. 448)

Regelmäßige Wartung und Pflege sind die wichtigsten Grundlagen für die Dauerhaftigkeit von Bauwerken. Was allein wegen undichter Regenrinnen, verstopfter Drainagen oder auch fehlender Erneuerung von Anstrichen an Substanz und Werten verloren gegangen ist, ist nicht in Zahlen zu fassen. Gleiches gilt für die Vernachlässigung des Rückschnitts von Vegetation, die insbesondere bei anstehenden Mauern regelmäßig zu Stabilitätsverlusten führt. (Abb. 449) Eine regelmäßige Wartung ist nicht nur für den Hochbau wesentlich. Auch bei Brücken ist sie ein entscheidender Faktor. Ein als bewegliches Lager gerechnetes Brückenauflager kann wegen Verschmutzung, Laubansammlung, Korrosion und ähnlicher Beeinträchtigungen in der Beweglichkeit so eingeschränkt sein, dass es in der Folge einem Festlager gleichkommt. Dann muss es nicht überraschen, wenn in der eigentlichen Brückenkonstruktion Spannungen entstehen, die vom Tragwerk nicht aufgenommen bzw. weitergeleitet werden können. Wenn es zu Spannungsspitzen kommt, die die Elastizität des Materials überschreiten, kommt es unweigerlich zu Rissen. Auch hier sei noch einmal betont, dass ein Riss nicht immer einem Schaden gleichzusetzen ist. Beispielsweise zeigen Risse in Naturstein- oder Mauerwerksbögen an der richtigen Stelle nur an, dass der Bogen auf die Auflast reagiert hat. Das heißt aber nicht, dass der Bogen einsturzgefährdet ist.[22]

Dokumentation: Bewahren der Erkenntnisse

In der Baudenkmalpflege ist das Dokumentieren der eigenen Arbeit Pflicht und immer präsent. Dabei geht es nicht nur um die Dokumentation des überkommenen Baubestands, sondern vor allem auch um die Dokumentation der Veränderungen, die auf bauliche Eingriffe im Rahmen der Instandsetzung eines Gebäudes zurückgehen. Damit sind nicht nur textliche Baubeschreibungen oder eine Fotodokumentation des fertigen Zustands gemeint. Es geht vielmehr auch um die Dokumentation der eingesetzten Materialien und die Arbeitsmethoden, mit denen diese in den Bau eingebracht wurden. Je älter ein Gebäude ist, desto mehr Schichten kann es aufweisen. Auftrag und Zielsetzung der Bau- und Kunstdenkmalpflege sind die Bewahrung des Erscheinungsbildes und der Erhalt der baulichen Substanz. Auf der Grundlage der umfassenden Bestandsaufnahme muss vor Beginn von Baumaßnahmen differenziert werden, was in seinem Beitrag zum Denkmalwert des Objekts erhaltungswürdig ist und ob es in all seinen Bestandteilen auch erhaltungsfähig ist.

So weist das Bauen im 20. Jahrhundert zahlreiche problematische Kombinationen diverser Materialien auf, die unterschiedlichen Alterungsprozessen unterliegen und somit unterschiedlich haltbar sind. (Abb. 450) In jedem einzelnen Fall gilt es, gemeinsam mit Eigentümern und Planungsbeteiligten das Für und Wider von Erhalt oder Erneuerung abzuwägen.

Um auch in Zukunft schlüssige Konzepte für einen denkmalgerechten und nachhaltigen Umgang mit dem Bestand zu entwickeln, ist es unverzichtbar, Auskunft darüber geben zu können, was bei den jüngsten Maßnahmen gegebenenfalls verändert wurde oder welche Materialen neu eingebracht wurden. Nicht zuletzt schaffen diese Dokumentationen die Grundlage dafür, auch in Zukunft über die Dauerhaftigkeit von Maßnahmen kritisch reflektieren zu können.

22 Heymann 1995.

Abb. 449 Ansicht eines Stütz- und Umwehrungsmauernkomplexes einer mittelalterlichen Burg. Efeubewuchs und Baumbestand führen zwangsläufig zu Beeinträchtigungen an den Mauern.

Abb. 450 Ansicht einer modernen Fassadenkonstruktion aus unterschiedlichen Materialien.

Abb. 449, 450: Foto: Sabine Kuban

ANHANG

Bill Addis

Bill Addis, PhD, war Dozent für Bauwesen an der Universität Reading. Über viele Jahre arbeitete er im Ingenieurbüro Happold. Im Ruhestand war er Gastprofessor für Bautechnikgeschichte an mehreren Universitäten, darunter Zürich, Innsbruck und München. Er verfasste Bücher und Artikel über Bautechnikgeschichte und war Herausgeber der Zeitschriften *Construction History* und *Engineering History and Heritage*.

Giulia Boller

Giulia Boller, Dr. sc., ist Dozentin und Postdoktorandin an der ETH Zürich. Sie schloss 2015 ihr Studium in Bauingenieurwesen und Architektur an der Universität Trento ab, sammelte Berufserfahrung beim Renzo Piano Building Workshop und promovierte mit Auszeichnung 2022 an der ETH Zürich. Ihr Forschungsschwerpunkt liegt an der Schnittstelle von Geschichte, Architektur und Bauingenieurwesen.

Pierluigi D'Acunto

Pierluigi D'Acunto, Prof. Dr. sc., ist Assistenzprofessor für Tragwerksentwurf an der Technischen Universität München. Nach seinem Abschluss in Bauingenieurwesen und Architektur an der Universität Pisa im Jahr 2007 erwarb er 2012 einen Master in Architektur an der AA School in London und wurde 2018 an der ETH Zürich promoviert. Seit 2006 sammelte er Berufserfahrung in Architektur- und Ingenieurbüros in Italien und der Schweiz.

Matthias Jagfeld

Matthias Jagfeld, Prof. Dr.-Ing., studierte Bauingenieurwesen in Stuttgart und Karlsruhe. Er arbeitete bei der CADFEM GmbH, bevor er als wissenschaftlicher Assistent an den Lehrstuhl für Tragwerksplanung der Technischen Universität München wechselte. Dort wurde er zum Thema „Tragverhalten und statische Berechnung von Gewölben bei großen Auflagerverschiebungen" promoviert. Danach war er Projektleiter im Ingenieurbüro Barthel + Maus. Seit 2012 ist er freiberuflich tätig und seit 2018 Professor an der Hochschule Coburg.

Christian Kayser

Christian Kayser, PD Dr.-Ing. habil., studierte Architektur in München und Bath (UK) und war von 2007 bis 2011 Akademischer Rat am Lehrstuhl für Tragwerksplanung der Technischen Universität München (TUM). 2012 promovierte er zur Baukonstruktion gotischer Fenstermaßwerke. Seit 2019 ist er Mitinhaber des Büros Kayser + Böttges, Barthel + Maus, Ingenieure und Architekten. 2023 habilitierte er sich zur Geschichte und Konstruktion gotischer Maßwerktürme, seitdem ist er PD an der TUM. Seit 2023 ist er ehrenamtlicher Denkmalpfleger des Landesamts für Denkmalpflege Rheinland-Pfalz. Er ist als Bauforscher und in der praktischen Denkmalpflege tätig.

Sabine Kuban

Sabine Kuban, Dr.-Ing., ist Bauingenieurin und arbeitet seit 2019 als Konservatorin und Fachreferentin für Tragwerksplanung im Landesamt für Denkmalpflege Baden-Württemberg im Regierungspräsidium Stuttgart. Zuvor war sie als freiberufliche Wissenschaftlerin in England und Belgien sowie als Akademische Mitarbeiterin an der BTU Cottbus-Senftenberg bei Prof. Dr.-Ing. Werner Lorenz tätig. Dort wurde sie zum Thema „Frühe Eisenbetonkonstruktionen in Berlin, 1880–1918" promoviert.

Eberhard Möller

Eberhard Möller, Prof. Dr.-Ing., studierte Architektur, Bauingenieurwesen und Denkmalpflege in München und Madrid. Praktische Erfahrung sammelte er als Mitarbeiter in Architektur- und Ingenieurbüros im Großraum München. Seit der Promotion an der Technischen Universität München im Jahr 2011 lehrt und forscht er als Professor an der Fakultät für Architektur und Bauwesen der Hochschule Karlsruhe.

Jörg Rehm

Jörg Rehm, Dr.-Ing., ist Architekt und Denkmalpfleger. Seit 2014 arbeitet er als Dozent an der Technischen Universität München mit Promotion zum Thema „Eisenbeton im Hochbau bis 1918". Sein Forschungsschwerpunkt ist die Bautechnikgeschichte. Er nimmt regelmäßig Lehraufträge an anderen Hochschulen wahr und ist außerdem freiberuflich in der praktischen Denkmalpflege tätig.

Juan María Songel

Juan María Songel, PhD, ist Professor Titular an der Escuela Técnica Superior de Arquitectura (ETSA) der Universidad Politècnica de València (UPV). Er lehrt darüber hinaus an der Fakultät für Bauingenieurwesen. Seine Forschungsthemen sind Theorie und Geschichte der Architektur, Ästhetik im Bauwesen, Frei Otto und leichte Strukturen. Er war Prorektor für Forschung der ETSA und Chefredakteur des *VLC arquitectura. Research Journal*.

Jürgen Villain

Jürgen Villain, Prof. Dr.-Ing., studierte Maschinenbau, Werkstoff- und Fertigungstechnik an der Technischen Universität Berlin und wurde 1981 ebenda promoviert. Von 1981 bis 1996 war er in verschiedenen Bereichen der Siemens AG in der Entwicklung tätig. 1996 wurde er zum Professor für Werkstofftechnik und Fertigungsverfahren der Mechatronik an der jetzigen Technischen Hochschule Augsburg berufen. Sein Forschungsgebiet sind mechanische Werkstoffeigenschaften von Metallen im Mikrobereich.

ABBILDUNGSVERZEICHNIS

(alle nicht aufgeführten Abbildungen stammen vom Herausgeber)

Abb.

2 Foto: Adam Harangozó, Wikimedia Commons: CC-BY-Lizenz.
4 Foto: H. Zell, Wikimedia Commons: CC BY-SA.
5 Darstellung: Manfred Schuller. In: Busen 2017, S. 54.
6 Foto: Tilman2007, Wikimedia Commons: CC BY-SA.
7 Darstellung: G. A. Bull.
14 Foto: Tilmann Marstaller. In: Marstaller 2023, S. 17.
15 Darstellung: Jörg Rehm nach Marstaller 2023, S. 17.
16 Darstellung: Hieronymus Rodler. In: Binding 1989, S. 13.
17 Urheber unbekannt. In: Engel 1964, S. 177.
22 Romberg 1846, Tafel 53.
28 Darstellung: Alexander Schwanner.
29 Urheber unbekannt. In: Großmann 1986, S. 33.
30 Darstellung: Alexander Schwanner.
31 Foto: Ludwig Steiger.
37 Mader 2005, S. 164.
40 Romberg: Zimmerwerksbaukunst 1833, Tafel 69.
41 Rondelet 1814, Bd. 4, Teil 1.
43 Darstellung: Joram Tutsch. In: Tutsch 2020, S. 102.
47 Darstellung: Alexander Schwanner.
48 Aquarell: Albrecht Dürer, um 1500.
49 Eißing et al. 2022, S. 78.
52 Foto: Jan-Herm Janßen, Wikimedia Commons: CC-BY-Lizenz.
54 Urheber unbekannt. In: Binding 1989, Tafel 16.
55 Darstellung: Heinrich Winter. In: Klöckner 1981, S. 19.
56 Foto: Peter Huber.
59 Foto: Ralph Oesker, Wikimedia Commons: CC BY-SA.
66 Bauaufnahme: Jörg Blume.
67 Bauaufnahme: KBBM.
70 Darstellung: Tobias Bastier nach Bauaufnahme: Vinzenz Schuster.
71 Bauaufnahme: Christian Kayser.
74 Bauaufnahme: KBBM.
76 Bauaufnahme: Christian Kayser.
77 Foto: Christian Kayser.
78 Darstellung: Philibert de l'Orme, 1561. In: Graefe 1989, S. 100.
81 Gemälde: Thomas Rowlandson (1756–1827), Augustus Pugin (1768–1832).
82 Darstellung: Durm 1914. In: Erler 2013, S. 42.
83 Bauaufnahme von 1903, Archiv Sächsisches Immobilien- und Baumanagement, Dresden.
85 Breymann 1851, 2. Teil, 1. Auflage, Tafel 56.
86 Dempsey 1855, Tafel LXI. In: Bill 2023, S. 6.
87 Foto: Jörg Rehm; Vermögen und Bau Baden-Württemberg.
88 Foto: Heiner Martin, Wikimedia Commons: CC-BY-Lizenz.
89 Bauaufnahme: Christoph Leisling.
92 Foto: Christian Kayser.
95 Foto: Ludwig Steiger.
101 Foto: Didier Descouens, Wikimedia Commons: CC-BY-Lizenz.
102 Foto: Berthold Werner, Wikimedia Commons: CC-BY-Lizenz.
105 Foto: KlausF, Wikimedia Commons: CC BY-SA.
107 Foto: GFreihalter, Wikimedia Commons: CC BY-SA.
108 Zeichnung: KBBM.
110 Foto: Ulwald, Wikimedia Commons: CC-BY-Lizenz.
115 Foto: Pavel Špindler, Wikimedia Commons: CC-BY-Lizenz.
116 Darstellung: Christian Kayser. In: Kayser 2014, S. 41.
118 Ölgemälde: Nicolas Berchem (1620–1683).
119 Schnittzeichnung: John Smeaton 1759.
123 Darstellung: Tobias Bastier.
125 Darstellung: Tobias Bastier.
127 Darstellung: Tobias Bastier.
128 Darstellung: Tobias Bastier.
129 Foto: Christian Kayser.
132 Mainfränkisches Museum, Würzburg, SE 129. In: Graefe 1989, S. 127.
133 Darstellung: Christian Kayser. In: Kayser 2014, S. 43.
135 Foto: Christian Kayser. In: Kayser 2012, S. 383.
137 Foto: Andreas Trepte, Wikimedia Commons: CC BY-SA.
138 Darstellung: Tobias Bastier.
141 Foto: Shelbyroot, Wikimedia Commons, gemeinfrei.
143 Foto: Hedwig Storch, Wikimedia Commons: CC BY-SA.
151 Darstellung: Mohammad Beiglari.
153 Darstellung: Tobias Bastier.
154 Darstellung: Eberhard Zorn. In: Zorn 1934.
155 Darstellung: Jörg Rehm nach Matthias Jagfeld.
156 Darstellung: Tobias Bastier.
158 Foto: Christian Kayser. In: Kayser 2012, S. 391.
159 Foto: Heinz O. Lamprecht. In: Lamprecht 1993, S. 115.
160 Darstellung: Christian Kayser.
161 Archiv der Technischen Universität München (AM-72-138).

163 Darstellung: Tobias Bastier nach Barthel 1991, S. 182.
164 Darstellung: Tobias Bastier.
165 Darstellung: Dierk Thode. In: Thode 1975, S. 129.
166 Darstellung: Tobias Bastier.
167 Darstellung: Joram Tutsch.
168 Darstellung: Sebastian Nägele. In: Tutsch et al. 2018, 06.
170 Rondelet 1814, Bd. 4, Teil 2.
172 Foto: unbekannt.
175 Foto: Siddhartha Finner, Wikimedia Commons: CC BY-SA.
176 Darstellung: Tobias Bastier.
177 Bauaufnahme: Jörg Rehm, Christian Kayser.
178 Darstellung: Jörg Rehm nach Haegermann 1964, S. 11.
179 Darstellung: Tobias Bastier.
180 Darstellung: Tobias Bastier.
181 Darstellung: Tobias Bastier.
182 Bauaufnahme von 1917, BLfD 1990 49, S. 78.
184 Darstellung: Tobias Bastier.
185 Gemälde: Gaspard Fossati 1852, British Museum, Nr. 1889,0603.
199 Darstellung: Jörg Rehm nach Kind-Barkauskas et al. 1995, S. 10.
200 British Museum, Nr. 1889,0603.107.
201 Historische Darstellung von Wilhelm Salzenberg.
202 Foto: Anchise Mannelli, 1880.
203 Skizze: Antonio da Sangallo il Vecchio (1453–1534), Gabinetto Disegnoi e Stampe degli Uffizi.
204 Breymann 1896, S. 207, Fig. 597.
205 Darstellung: Konrad Rinke.
206 Darstellung: Franz Hart. In: Hart 1965, S. 73.
208 Foto: Diliff, Wikimedia Commons: CC BY-SA.
213 Foto: Nilfanion, Wikimedia Commons UK, CC BY-SA.
214 Bauaufnahme aus dem 19. Jahrhundert. In: Addis 2007, S. 19.
215 Quelle: Institution of Civil Engineers, Addis 2007, S. 275.
217 Foto: Benh Lieu Song, Wikimedia Commons: CC-BY-Lizenz.
218 Eck 1841, Tafel 3.
220 Foto: unbekannt, 1896, Internet Archive Book Images.
221 Foto: Marie-Lan Nguyen, Wikimedia Commons: CC-BY-Lizenz.
222 Nickel 2009, S. 212.
223 Benkißer 2006, S. 381–395.
224 Benkißer 2006, S. 381–395.
225 Käpplein 2001, S. 15.
226 K2M Ingenieurbüro, K. Müller, 2016, Pettendorf.
227 Bach 1920, S. 66.
228 Saal et al. 2001, S. 685–697.
229 Foto: Christian Kayser.
230 Foto: Bärtschi, Bildarchiv der ETH-Bibliothek Zürich, CC BY-SA.
233 *Allgemeine Bauzeitschrift* 1840.
234 Clark 1850, S. 633.
235 Darstellung: Jörg Rehm nach Gaber 1930, S. 133–140.
236 Fairbairn 1849, Tafel IV.
239 Breymann 1890, Tafel 4.
240 Durm et al. 1881, Tafel 1.
241 Aichele 2015, S. 452; Foto von 1926.
242 IB Schütz + Licht.
243 Foto: Thomas Maier (TUM). In: Nerdinger et al. 2010, S. 40.
244 Darstellung: unbekannt. In: Nerdinger et al. 2010, S. 39.
245 Eck 1841, Tafel 3.
247 Foto: Geof Sheppard, Wikimedia Commons: CC-BY-Lizenz.
248 Eck 1841, Tafel 51.
249 Giedion 1928, S. 54.
251 Darstellung: Jörg Rehm nach Schlaich, In: Schunck 1999, S. 70.
252 Darstellung: Georg Moller. In: Graefe 1989, S. 142.
253 Vierendeel 1900.
254 Foto: Diego Giannoni, Wikimedia Commons: CC-BY 2.0-Lizenz.
256 Foto: Bill Addis.
259 Foto: Bill Addis.
260 Rees's Cyclopaedia 1812, Pl. 14.
261 Darstellung: Bill Addis.
262 Fitzgerald 1988, S. 132, 3.
263 Darstellung: Bill Addis.
264 Hodgkinson 1831, S. 468.
265 Fitzgerald 1988, S. 141, 5.
266 Collette 2014, S. 23.
267 Plathner 1855, Bl. M.
268 Foto: Bill Addis.
269 Lang 1864, Pl. 60.
270 Lang 1864, Pl. 61.
271 Anquetin 1872, S. 25–27, Pl. 11–12.
272 Turgan, Jules (1889) Grandes Usines. A. Moisant, Laurent, Savey & Cie.
273 Kortum 1884, Pl. 41.
274 Anon 1885, Pl. 13.
275 Foto: Mark A. Coleman, panoramio, CC-BY-Lizenz.
276 Archiv der Technischen Universität München (voit-6.56), Autor unbekannt.
277 Foto: Joseph Albert, 1860/1861, MStm. Graph. Slg. 60/396. In: Nerdinger 1997, S. 124.
278 Foto: Georg Böttger, 1858, MStm. Graph. Slg. Z 3376/2. In: Nerdinger 1997, S. 142.
279 Meyers Universum 1856, Bd. 17 und 18.
280 Foto: KBBM.
281 Münchner Forum.
282 *Zeitschrift für Bauwesen* 1867.
286 Romberg 1846, Tafel 68.

288 Bundesarchiv, Bild 183-J00861, gemeinfrei, CC-BY-Lizenz.
291 Atlas Bauwesen 1863.
292 Foto: Matthias Beckh.
293 Foto: unbekannt, 1868.
294 Foto: Sir Hubert Shirley-Smith. In: Mainstone 2001, S. 79.
295 Foto: DeFacto, Wikimedia Commons: CC BY-SA.
296 Eck 1841, Tafel 50.
297 Šuchov 1895: Zeichnung zur Patentschrift Nr. 1894.
298 Foto: Joram Tutsch. In: Tutsch 2020, S. 19.
299 Kulturhistorisches Museum Schloss Merseburg; Foto von 1922.
300 Darstellung: Joram Tutsch. In: Tutsch 2020, S. 20.
301 Archiv Bernd Junkers, Signatur ABJ_045_06_13b.
302 Foto: Gerhard Weiss. In: Nerdinger et. al 2010, S. 41.
305 Foto: KBBM.
306 Foto: KBBM.
307 Foto: Rainer Barthel.
311 Foto: unbekannt, 1850er-Jahre. In: Friemert 1984, S. 125.
312 Quelle: Illustrated London News 1849–1852. In: Parkyn 2005, S. 136.
313 Quelle: Royal Institute of Architects. In: Mainstone 2001, S. 296.
314 *Allgemeine Bauzeitschrift* 1840.
316 *Zeitschrift für Bauwesen* 1876.
317 Library of Congress, Control Number: 90709865, Miriam L. LevIn: When the Eiffel Tower was new, 1889. CC-BY-Lizenz.
318 Quelle: International Design Museum München. In: Nerdinger et.al 2010, S. 89.
319 Foto: Rainer Graefe. In: Graefe 1990, S. 87.
320 Foto: Igor Kazus 1989. In: Graefe 2021, S. 931.
321 Foto: Igor Kazus 1989. In: Graefe 2021, S. 919.
326 Darstellung: Vitruv, 1511. In: CHS 2021, S. 27.
328 Foto: IB Schießl Gehlen Sodeikat, 2010.
329 Darstellung: Rondelet 1830. In: Haegermann 1964, Teil B, S. 13, Bild 35.
330 Collins 1959, 3.
331 *DBZ* 1906, S. 219–222.
332 Archiv des Zollamts München, unsortiert.
333 *DBZ* 1915, Nr. 24, S. 186.
334 Archiv des Zollamts München, unsortiert.
336 Deutsches Patent Nr. 53604 von Carl Rabitz von 1889.
337 Archiv der ETH Zürich, Ans_05405-142.
339 Schweizer Patent Nr. 1229 von Joseph Monier, 1889.
340 Quelle: Archiv Firma Züblin. In: Haegermann 1964, Teil B, S. 298.
341 Bayerisches Staatsarchiv München, StAM, Landbauaemter_2881
343 Foto: L. Maillet, Büro Hennebique 1902/03. In: Institut Francais d'Architecture 1993, S. 117.
344 Ritter 1899, S. 7.
345 Mörsch 1906, S. 87.
346 Foto: Nähr. In: Eisenbeton-Ausschuß des österreichischen Ingenieur- und Architekten-Vereins, 1912, S. 105.
347 Mörsch 1906, S. 161.
348 Büsing 1912, S. 677.
349 Universitätsarchiv TU Berlin, 423, undatiert, Nachlass Franz Dischinger, Nr. 118. In: Addis 2021, S. 292.
352 Foto: Immanuel Giel 2008, Wikimedia Commons, gemeinfrei.
354 Foto: Jorune, Wikimedia Commons: CC BY-SA.
355 Quelle: Archiv Deutscher Betonverein. In: Haegermann 1964, Teil B, S. 66, Bild 179.
356 Büsing 1912, S. 594.
357 Foto: Prof. Fisher Cassie. In: Haegermann 1964, S. 28.
359 Quelle: Peterson 1954. In: JACI 25, S. 477–496. In: Mainstone 2001, S. 71.
360 Büsing 1912, S. 676.
361 Foto: Christian Kayser.
362 Quelle: Christophe 1902, Tafel 36. In: Simmonet 2005, S. 109.
363 Mecenseffy 1911, S. 27.
364 Zentralblatt der Bauverwaltung 1912, S. 19.
365 Quelle: BRM-GA 3.6. In: Nerdinger 1985, S. 35.
369 Stadtbauamt Bayreuth.
370 Stadtarchiv München, Signatur: DE-1992-LBK-19330.
371 Zeichnung: Gebrüder Rank. In: Basiner 2012, S. 160.
372 Mörsch 1908, S. 231.
375 Foto: Хрюша, Wikimedia Commons: CC BY-SA.
378 Archiv des Baureferats München, Akt-Nr. 30/32/6.
381 Truño 2004, S. 184.
382 Foto: Vicente del Amo Hernandez. In: Barthel 2001, S. 119.
383 Foto: unbekannt, Wikimedia Commons, gemeinfrei.
384 Foto: Jwaller, Wikimedia Commons: CC-BY-Lizenz.
385 Darstellung: Le Corbusier, 1914.
395 Foto: Störfix, Wikimedia Commons: CC BY-SA.
399 *DBZ* 1908, S. 3.
400 Bayerisches Staatsarchiv München, StAM, Univers.Bauamt_225.
402 Emperger 1913, Tafel VI.
405 Stadtarchiv Augsburg, StadtAA/40014/ Karten- und Plansammlung/KPS_6811.
406 Foto: bmw_galerie-980, CC-BY-Lizenz.
407 Stadtarchiv München, Signatur: LBK-179056.
409 Zeichnung: Gebrüder Rank 1925.
410 Universität Heidelberg, nach Boscovich et al. 1743.

411 RWTH Aachen, nach da Vinci 1495: Codex Madrid I. 2, f. 54v (137r).
412 Galilei 1638, Wikimedia Commons, gemeinfrei.
413 Foto: Eberhard Möller.
414 Quelle: Perronet 1782–1789, Tafel XLI.
415 Poleni 1748.
416 Provis et al. 1828.
417 Lithografie: George Hawkings, 1850. Wikimedia Commons, gemeinfrei.
418 Read & Co. Engravers & Printers, London 1851. Wikimedia Commons, gemeinfrei.
419 Christophe 1902, S. 106.
420 Foto: Eberhard Möller.
421 Varignon 1725, S. 210.
422 Culmann 1866, T. 25.
423 Maxwell 1870, T. XII.
424 Cremona 1872, Bild 7, 8.
425 Ochsendorf 2010, S. 164.
426 Eiffel 1900, Taf. XXXIII.
427 Hochschularchiv der ETH Zürich, Hs1085: 1929/30-1.
428 Mostafavi et al. 2006, S. 102, 103.
429 Block und Ostendorf 2007.
430 D'Acunto et al. 2017.
431 Darstellung: Christian Kayser.
432 Sammlung des Lehrstuhls für Baugeschichte TU München.
433 Quelle: KBBM.
434 Quelle: KBBM.
435 Quelle: KBBM.
436 Quelle: KBBM.
437 Quelle: KBBM.
438 Quelle: KBBM.
439 Aufnahme und Grafik: GGU Karlsruhe.
440 Quelle: KBBM.
441 Quelle: KBBM.
442 Quelle: KBBM.
443 Bautagebuch der Weinkelter Genossenschaft Schnait, 1934.
444 Ahrens 1909, S. 41.
445 Landesarchiv Berlin A_Rep_258 (Karten), Nr. 53.
446 Eckstein 2003, S. 49.
448 Foto: Sabine Kuban.
449 Foto: Sabine Kuban.
450 Foto: Sabine Kuban.

TABELLENVERZEICHNIS

Tab.

1 Jürgen Villain.
2 Hütte 1915, S. 487; Grosser 1951; Piwowarsky 1951, S. 7; Kelton 2010, S. 27; Birkmire 1905, S. 8; Heyde et al. 2009, S. 802.
3 Jürgen Villain.
4 Hütte 1915; Heinrichs 1947, S. 63; Hütte 1936, S. 759.
5 Jürgen Villain.

Abkarzadeh et al. 2006: Akbarzadeh, Masoud/Van Mele, Tom/Block, Philippe. „On the equilibrium of funicular polyhedral frames and convex polyhedral force diagrams". *CAD Computer-Aided Design 63* (2015).

Addis 1999: Addis, William (Hrsg.). *Structural and Civil Engineering Design.* Studies in the History of Civil Engineering, Bd. 12. Aldershot 1999.

Addis 2006: Addis, Bill. „The Crystal Palace and its Place in Structural History". *International Journal of Space Structures* 21 (1) (2006).

Addis 2007: Addis, Bill. *3000 Years of Design Engineering and Construction.* New York 2007.

Addis 2012: Addis, Bill. „Iron in floor structures. The development of fireproof floors". In: *L'architraves, le plancher, la plate-forme. Nouvelle histoire de la construction,* hrsg. von Roberto Gargiani. S. 492–498. Lausanne 2012.

Addis 2016: Addis, Bill. „Die Ursprünge einiger ‚idealer' struktureller Formen". In: *Bestandsaufnahme. 1. Jahrestagung der Gesellschaft für Bautechnikgeschichte,* hrsg. von Martin Trautz. Aachen 2016, S. 5–13.

Addis 2021: Addis, Bill. *Physical Models. Their historical and current use in civil and building engineering design.* Berlin 2021.

Ahnert et al. 2009: Ahnert, Rudolf/Krause, Karl Heinz. *Typische Baukonstruktionen von 1860 bis 1960 zur Beurteilung der vorhandenen Bausubstanz*, Bd. 1–3. Berlin 2009.

Ahrens 1909: Ahrens, F. Die Friedrichstraßen-Passage in Berlin. *Zeitschrift für Bauwesen* (1909), Sp. 17–42.

Aichele et al. 2015: Aichele, Günter/Behnisch, Hellmuth. *Geschichte der Schweißtechnik.* Augsburg 2015.

Airy 1862: Airy, George Biddell. „On the strains in the interior of beams". *Philosophical Transactions of the Royal Society of London 153* (1862), S. 49–79.

Anon 1837: Anonym. „Eigenthümliche Konstruktionen an Gebäuden in Paris". *Allgemeine Bauzeitung* (1837), Atlas, Tafel CLXI bis CLXIII.

Anon 1885: Anonym. „Unsere kunstgewerblichen Musterblätter. Tafel 13: Eisenkonstruktion in der Halle des Franziskanerkellers zu München". *Zeitschrift des Kunst-Gewerbe-Vereins in München 5 & 6* (1885), S. 52.

Anquetin 1872: Anquetin, L. „Nouvelle usine en fer de M. Menier à Noisiel – Batiment à ossature métallique". *Nouvelles annales de la construction* (März 1872, Pl. 11–14).

Bach 1920: Bach, Carl. *Elastizität und Festigkeit,* 8. Auflage. Berlin 1920.

BAI 1912: Bayerischer Architekten- und Ingenieurverein (Hrsg.). *München und seine Bauten.* München 1912.

Bargmann 2013: Bargmann, Horst. *Historische Bautabellen 1870–1960.* 5. Auflage. Köln 2013.

Barthel 1991: Barthel, Rainer. *Tragverhalten gemauerter Kreuzgewölbe.* Aus Forschung und Lehre, Bd. 26, hrsg. von Institut für Tragkonstruktionen, Universität Karlsruhe. Karlsruhe 1991. S. 1–368.

Barthel 1996: Barthel, Rainer. „Gotische Gewölbe – ingenieurwissenschaftliche Analyse". In: *Beiträge zur Geschichte des Bauingenieurwesens 7, Vorträge im Wintersemester 95/96,* hrsg. von Eberhard Schunck. Technische Universität München. München 1996. S. 21–33.

Barthel 2001: Barthel, Rainer (Hrsg.). *Eladio Dieste. Form und Konstruktion.* München 2001.

Basiner et al. 2012: Basiner, Paul/Basiner, Katrin. *150 Jahre Gebrüder Rank. 1862 – Fünf Generationen – 2012.* München 2012.

Bauer 2017: Bauer, Otto. *Holzblockbau. Stadt Landshut, Landkreise, weltweite Verbreitung.* Tiefenbach 2017.

BDG 2007: Bundesverband der deutschen Gießereiindustrie (Hrsg.). *Gusseisen mit Kugelgraphit. Herstellung – Eigenschaften – Anwendung.* Düsseldorf 2007.

BDG 2015: Bundesverband der deutschen Gießereiindustrie (Hrsg.). *Gusseisen mit Lamellengraphit. Herstellung – Eigenschaften – Anwendung.* Düsseldorf 2015.

Beckh 2012: Beckh, Matthias. *Hyperbolische Stabwerke. Šuchovs Gittertürme als Wegweiser in den modernen Leichtbau.* München 2012.

Bedal et al. 1997: Bedal, Konrad/Heidrich, Hermann. *Bauernhäuser aus dem Mittelalter.* Bad Windsheim 1997.

Benkißer et al. 2006: Benkißer, Gunter/Pohl, Michael/Heßing, Christian. „Effekte des Laserumschmelzens auf das Gefüge und die Härte von Grauguss mit Lamellen- und mit Kugelgraphit". *Practical 43 (8)* (2006).

Berger 2019: Berger, Barbara. *Der Gasbehälter als Bautypus.* München 2019.

Bergmann 2013: Bergmann, Wolfgang. *Werkstofftechnik I. Struktureller Aufbau von Werkstoffen – Metallische Werkstoffe – Polymerwerkstoffe – Nichtmetallisch-anorganische Werkstoffe,* 7. Auflage. München 2013.

Biebl 2022: Biebl, Stephan. „Voruntersuchung an Baudenkmälern hinsichtlich Holzschädlingsbefall und bzw. oder Holzschutzmittelrückstände". In: *Historische Holzbauwerke,* Bd. 6, hrsg. vom Verein Erhalten historischer Bauwerke e. V. Stuttgart 2022, S. 259–272.

Bill 2023: Bill, Nick. „King's Cross Station. Details of the Forgotten Timber Roofs". *The Construction Historian 12* (2023).

Billington 1990: Billington, David P. *Robert Maillart und die Kunst des Stahlbetonbaus.* Zürich-München 1990.

Binding 1989: Binding, Günther/Mainzer, Udo/Wiedenau, Anita. *Kleine Kunstgeschichte des deutschen Fachwerkbaus.* Darmstadt 1989.

Birkmire 1905: Birkmire, William Harvey. *Architectural Iron and Steel and its Application in the Construction of Buildings.* 3. Auflage. New York 1905.

BLfD 1990: Bayerisches Landesamt für Denkmalpflege (Hrsg.). *Die Restaurierung der Wallfahrtskirche Vierzehnheiligen.* Arbeitsheft 49, Bd.1 & 2. München 1990.

Block et al. 2007: Block, Philippe/Ochsendorf, John. „Thrust network analysis. A new methodology for three-dimensional equilibrium". *Journal of the International Association for Shell and Spatial Structures 48 (3)* (2007).

Böttges et al. 2022: Böttges, Mark/Kayser, Christian. „Die Dillinger Stadtpfarrkirche St. Peter. 400 Jahre Notsicherung". In *Historische Holzbauwerke,* Bd. 6, hrsg. vom Verein Erhalten historischer Bauwerke e. V. Stuttgart 2022, S. 361–390.

Boileau 1880: Boileau, Louis-Charles. „Magasins du Bon-Marché, a Paris (Pl. 660, 653, 698, 688 et 697.)". In: *Encyclopédie d'Architecture*, 1880, S. 183–185.

Bosc 2001: Bosc, Jean-Louis. *Joseph Monier et la Naissance du Ciment Armé.* Paris 2001.

Boscovich et al. 1743: Boscovich, Giuseppe/Le Seur, Tommaso/Jacquier, Francesco. *Scritture Concernenti I Danni Della Cupola Di San Pietro Di Roma E I Loro Rimedi,* Venedig 1743.

Bourbon 2005: Bourbon, Fabio/Cavatrunci, Claudio (Hrsg.). *Peru, die Inka und ihre Vorläufer.* München 2005.

Bow 1873: Bow, Robert Henry. *Economics of construction in relation to framed structures.* London 1873.

Breitner et al. 2010: Breitner, Georg/Kayser, Christian/Rehm, Jörg. „Wiederentdeckung verlorener Befunde. Neue Bauforschung am Amphitheater in Trier". *Funde und Ausgrabungen im Bezirk Trier 42* (2010), S. 10–19.

Breymann 1851 bzw. 1885: Breymann, Gustav Adolf. *Allgemeine Baukonstruktionslehre mit besonderer Beziehung auf das Hochbauwesen*, Bd. II: Die Konstruktionen in Holz. 1. Auflage. Stuttgart 1851. 5. Auflage. Leipzig 1885.

Breymann 1890: Breymann, Gustav Adolf. *Allgemeine Baukonstruktionslehre mit besonderer Beziehung auf das Hochbauwesen,* Bd. III: Die Konstruktionen in Eisen. 5. Auflage. Leipzig 1890.

Breymann 1896: Breymann, Gustav Adolf. *Allgemeine Baukonstruktionslehre mit besonderer Beziehung auf das Hochbauwesen,* Bd. I: Die Konstruktionen in Stein. 6. Auflage. Leipzig 1896.

Buchenau 2025: Buchenau, Geraldine. *Geschichte des Betons in Baden-Württemberg.* Veröffentlichung 2025 geplant.

Büsing et al. 1912: Büsing, F. W./Schumann, C. *Der Portland-Cement und seine Anwendungen im Bauwesen.* 4. Auflage. Berlin 1912.

Burnell 1854: Burnell, H. H. „Description of the French Method of constructing Iron Floors". In: *Papers read at the Royal Institute of British Architects, Session 1853–1854.* London 1854.

Busen et al. 2017: Busen, Tobias et al. *Bauaufnahme.* 2. Auflage. München 2017.

Busen 2018: Busen, Tobias. *Baugeschichte, Bauforschung, Baudenkmalpflege.* München 2018.

Campbell et al. 2003: Campbell, James W. P./ Pryce, William. *Backstein. Eine Architekturgeschichte – von den Anfängen bis zur Gegenwart.* London 2003.

Capecchi 2012: Capecchi, Danilo. „Historical roots of the rule of composition of forces". *Meccanica* 47 (8) (2012).

Chalmers 1881: Chalmers, James B. *Graphical determination of forces in engineering structures.* London 1881.

Chapron 1860: Chapron, Lawrence. „Études sur les planchers en fer comprenant l'examen de 24 systèmes différents". *Nouvelles annales de la construction* 9 (1860), Sp. 115–134; 12 (1860), Bl. 39–44.

Charlton 1982: Charlton, Thomas Malcolm. *A history of theory of structures in the nineteenth century.* Cambridge 1982.

Chevalley et al. 2004: Chevalley, Denis A./ Weski, Timm. *Denkmäler in Bayern,* Bd. 1 & 2. München 2004.

Chilton 2017: Chilton, John C. *The Britannia and Conwy Tubular Bridges of Robert Stephenson.* Nottingham 2017.

Christophe 1902: Christophe, Paul. *Le béton armé et ses applications,* 2. Auflage. Paris-Liège 1902.

CHS 2021: The Construction History Society (Hrsg.): „The role of the mortar maker in the middle ages". *The Construction Historian* 8 (2021).

Clark 1850: Clark, Edwin. *The Britannia and Conway tubular bridges.* London 1850.

Clarke 2014: Clarke, Jonathan. *Early Structural Steel in London Buildings. A discreet revolution.* Swindon 2014.

Colby 1909: Colby, Albert Ladd. *Reinforced Concrete in Europe.* Easton 1909.

Conn 1959: Conn, William M. *Die Physik der Lichtbogenschweißung einschließlich der Schweißmittel.* München 1959.

Conzett et al. 2006: Mostafavi, Mohsen (Hrsg.)/ Conzett, Jürg/Reichlin, Bruno. *Structure as Space: Engineering and Architecture in the Works of Jürg Conzett and His Partners.* London 2006.

Conzett 2007: Conzett, Jürg. „Der zweite Traversiner Steg". *Bündner Jahrbuch. Zeitschrift für Kunst, Kultur und Geschichte Graubündens* 49 (2007), S. 29–35.

Cramer 2005: Cramer, Johannes. *Bauforschung – eine kritische Revision. Historische Bauforschung zwischen Marketing und öffentlichem Abseits.* Berlin 2005.

Cremona 1872: Cremona, Luigi. *Le figure reciproche nella statica grafica.* Milano 1872.

Culmann 1866: Culmann, Karl. *Die graphische Statik.* Zürich 1866.

Dartsch 1984: Dartsch, Bernhard. *Jahrhundertbaustoff Stahlbeton.* Wiesbaden 1984.

DBZ 1908: „Neubau der königlichen Anatomie in München". *Deutsche Bauzeitung 1* (1908), S. 2–21.

D'Acunto et al. 2019: D'Acunto, Pierluigi et al. „Vector-based 3D graphic statics. A framework for the design of spatial structures based on the relation between form and forces". *International Journal of Solids and Structures 167* (2019), S. 58–70.

da Vinci 1495: da Vinci, Leonardo. *Codex Madrid I.2, f. 54v (137r),* ca. 1495.

De Bouw et al. 2009: De Bouw, Michael et al. *Iron and steel varieties in building industry between 1860 and 1914. A complex and confusing situation resolved.* Online-Publikation 2009.

Dempsey 1855: Dempsey, George Drysdale. *The Practical Railway Engineer.* 4. Auflage. London 1855.

Dubbel 1970: Dubbel. *Taschenbuch für den Maschinenbau.* 13. Auflage. München 1970.

Durm et al. 1881: Durm, Josef. *Handbuch der Architektur.* 4 Teile. Darmstadt 1881.

Durm 1914: Durm, Josef. *Handbuch der Architektur.* 2. Teil, Bd. 5: Die Baukunst der Renaissance in Italien. Leipzig 1914.

Eck 1841: Eck, Charles Louis Gustave. *Traité de construction en poteries et fer, a l'usage des batiments civils, industriels et militaires.* Paris 1841.

Eckstein 2003: Eckstein, Günther. *Empfehlungen für Baudokumentationen.* Arbeitsheft 7, hrsg. von Landesamt für Denkmalpflege Baden-Württemberg. Stuttgart 2003.

Eiffel 1900: Eiffel, Gustave. *La tour de trois cents mètres.* Paris 1900.

Eisenbeton-Ausschuß 1912: Eisenbeton-Ausschuß des österreichischen Ingenieur- und Architekten-Vereins (Hrsg.). *Mitteilungen über Versuche 1–4* (1912).

Eißing et al. 2023: Eißing, Thomas et al. Vorindustrieller Holzbau. *Terminologie und Systematik für Südwestdeutschland und die deutschsprachige Schweiz.* 2. Auflage. Esslingen am Neckar 2023.

Eisenkolb 1962: Eisenkolb, Friedrich. *Einführung in die Werkstoffkunde.* Bd. II. Berlin 1962.

Emperger 1903: Emperger, Fritz von (Hrsg.). *Beton und Eisen* (1903).

Emperger 1913: Emperger, Fritz von (Hrsg.): „Ausführung des Zollamtsneubaues in München". *Beton und Eisen* (1913), S. 48–50.

Emperger 1928: Emperger, Fritz von (Hrsg.). *Handbuch für Eisenbetonbau,* Bd. 12. 1928.

Engel 1964: Engel, Heinrich. *The japanese house.* Vermont-Tokio 1964.

Engel 1967: Engel, Heinrich. *Tragsysteme.* Stuttgart 1967.

Erler 2013: Erler, Klaus. *Kuppeln und Bogendächer aus Holz. Von Arabischen Kuppeln bis zum Bogendach.* Stuttgart 2013.

Fairbairn 1849: Fairbairn, William. *An account of the construction of the Britannia and Conway tubular bridges.* London 1849.

Fairbairn 1857: Fairbairn, William. *On the Application of Cast and Wrought Iron to Building Purposes.* 2. Auflage. London 1857 (1. Auflage 1854).

Fedorov et al. 2022: Fedorov, Sergej G./Heres, Bernhard/Lorenz, Werner. *Eiserne Eremitage. Bauen mit Eisen im Russland der ersten Hälfte des 19. Jahrhunderts.* Berlin 2022.

Fingerloos 2009: Fingerloos, Frank (Hrsg.). *Historische technische Regelwerke für den Beton-, Stahlbeton- und Spannbetonbau. Bemessung und Ausführung.* Berlin 2009.

Fitzgerald 1988: Fitzgerald, R. „The Development of the Cast-iron Frame in Textile Mills to 1850". In: *Industrial Archaeology Review* 10 (2) (1988), S. 127–145. Reprinted in: Sutherland 1997, S. 45–63.

Fivet et al. 2012: Fivet, Corentin/Zastavni, Denis. „Key methods from Robert Maillart's Salginatobel design process (1928)". *Journal of the International Association for Shell and Spatial Structures* 53 (2012), S. 39–47.

Fivet et al. 2015: Fivet, Corentin/Ochsendorf, John A./Zastavni, Denis. „The papers of Maurice Koechlin (1856–1946)". In: *Proceedings of the 5th Congress on Construction History.* Chicago 2015.

Föppl 1900: Föppl, August. *Vorlesungen über technische Mechanik.* Leipzig 1900.

Fraunhofer 1980: Fraunhofer-Verlag (Hrsg.). *Stahl im Altbau und Wohnungsbau.* Teil 1. Forschungsbericht T 1250. Stuttgart 1980.

Freitag 1895: Freitag, Joseph Kendall. *Architectural engineering. With special reference to high building construction, including many examples of Chicago office buildings.* New York 1895.

Frick et al. 1992: Frick, Otto/Knöll, Karl/Neumann, Dietrich/Weinbrenner, Ulrich. *Baukonstruktionslehre.* Teil 1. 30. Auflage. Stuttgart 1992.

Friedman 2020: Friedman, Donald. *The Structure of Skyscrapers in America 1871–1900. Their History and Preservation.* Springfield 2020.

Frienert 1984: Frienert, Chup. *Die Gläserne Arche. Kristallpalast London 1851 und 1854.* München 1984.

Gaber 1930: Gaber, Ernst. „Versuche an Nieten aus Siliziumbaustahl und gewöhnlichem Nietstahl". *Der Stahlbau 12* (1930), S. 132.

Galileo 1638: Galileo, Galileo. *Discorsi e dimostrazioni matematiche intorno a due nuove scienze.* 1638.

Ganser et al. 2007: Ganser, Karl/Frühschütz, Oliver/Stadtwerke Augsburg (Hrsg.). *Die Geschichte des Gaswerks in Augsburg-Oberhausen.* Augsburg 2007.

Giebeler et al. 2008: Giebeler, Georg et al. *Atlas Sanierung. Instandhaltung, Umbau, Ergänzung.* München 2008.

Giedion 1928: Giedion, Sigfried. *Bauen in Frankreich.* Leipzig 1928.

Giedion 1941: Giedion, Sigfried. *Raum, Zeit, Architektur. Die Entstehung einer neuen Tradition.* Basel 1941.

Giles et al. 2015: Giles, Colum/Williams, Mike (Hrsg.). *Ditherington Mill and the Industrial Revolution*. Swindon 2015.

Glück 1962: Loos, Adolf. „Ornament und Verbrechen". In: *Adolf Loos. Sämtliche Schriften*, hrsg. von Franz Glück. Wien-München 1962, S. 276–288.

Goerlich 2019: Goerlich, Martina. „Neue Nutzung im Bischofsschloss. Im Team zum Konzept". *Denkmalpflege in Baden-Württemberg* 1 (2019), S. 28–34.

Graefe 1989: Graefe, Rainer. *Zur Geschichte des Konstruierens*. Wiesbaden 1989.

Graefe 1990: Graefe, Rainer/Gappoev, Murat/Pertschi, Ottmar (Hrsg.). *Vladimir G. Šuchov 1853–1939. Die Kunst der sparsamen Konstruktion*. Stuttgart 1990.

Graefe 1992: Graefe, Rainer. „Šuchov's Türme". In: *Beiträge zur Geschichte des Bauingenieurwesens 4, Vorträge im Wintersemester 91/92*, hrsg. von Eberhard Schunck. Technische Universität München. München 1992. S. 56–70.

Graefe 1996: Graefe, Rainer. „Die Kuppeln von Florenz und Rom". In: *Beiträge zur Geschichte des Bauingenieurwesens 7, Vorträge im Wintersemester 95/96*, hrsg. von Eberhard Schunck. Technische Universität München. München 1996. S. 35–53.

Graefe 1997: Graefe, Rainer. „Filigrane Hallen – Paxton und Šuchov". In: *Beiträge zur Geschichte des Bauingenieurwesens 8, Vorträge im Wintersemester 96/97*, hrsg. von Eberhard Schunck. Technische Universität München. München 1997. S. 5–17.

Graefe 2021: Graefe, Rainer et al. (Hrsg.). *Einfach Leicht. Vladimir G. Suchov 1853–1939. Bauten aus Netzen und Gittern*. Aachen 2021.

Greipl 2008: Greipl, Egon Johannes. *100 Jahre Bayerisches Landesamt für Denkmalpflege. 1908–2008*. München 2008.

Großmann 1986: Großmann, Georg Ulrich. *Der Fachwerkbau. Das historische Fachwerkhaus, seine Entstehung, Farbgebung, Nutzung und Restaurierung*. Köln 1986.

Grosser 1951: Grosser, Franz. *Die Entwicklung des Werkstoffes Gusseisen. Vortrag an der Justus-Liebig-Hochschule*. Gießen 1951.

Habel et al. 1980: Habel, Heinrich/Nerdinger, Winfried/Albers, Gerd/Gebhard, Helmut/Schmidt, Walther/Kurrent, Friedrich. Verschiedene Vorträge zum Thema „Bauen in München 1890–1950". In: *Arbeitshefte des Bayerischen Landesamtes für Denkmalpflege 7*. München 1980.

Haegermann et al. 1964: Haegermann, Gustav/Huberti, Günter/Möll, Hans. *Vom Caementum zum Spannbeton*. Wiesbaden-Berlin 1964.

Hart 1965: Hart, Franz. *Kunst und Technik der Wölbung*. München 1965.

Hart et al. 1967: Hart, Franz/Bogenberger, Ernst. *Der Mauerziegel*. 2. Auflage. München 1967.

Hart et al. 1994: Hart, Franz/Sontag, Hansjürgen/Henn, Walter. *Stahlbauatlas. Geschoßbauten*. München 1982. Nachdruck: Köln 1994.

Hart 1999: Hart, Vaughan. „Sir Christopher Wren. St. Paul's Cathedral London 1675–1710". In: *Phaidon* 3 (1999).

Hassler 2010: Hassler, Uta (Hrsg.). *Was der Architekt vom Stahlbeton wissen sollte*. Zürich 2010.

Hassler 2020: Hassler, Uta. *Bauen und Erhalten. Eine Einführung*. Zürich 2020.

Heene 2008: Heene, Gerd. *Baustelle Pantheon*. 2. Auflage. Düsseldorf 2008.

Hegemann et al. 2020: Hegemann, Karl-Rudolf/Guder, Ralf. *Stahlerzeugung*. München 2020.

Heinle et al. 1996: Heinle, Erwin/Schlaich, Jörg. *Kuppeln aller Zeiten, aller Kulturen*. Stuttgart 1996.

Heinrichs 1947: Heinrichs, Fritz. *Betriebstechnisches Taschenbuch*. 3. Auflage. München 1947.

Hellebois 2013: Hellebois, Armande. *Theoretical and Experimental Studies on Early Reinforced Concrete Structures. Contribution to the analysis of the bearing capacity of the Hennebique System*. Brüssel 2013.

Helmerich 2005: Helmerich, Rosemarie. *Alte Stähle und Stahlkonstruktionen, Materialuntersuchungen, Ermüdungsversuche an originalen Brückenträgern und Messungen von 1990 bis 2003*. Forschungsbericht 271. Bundesanstalt für Materialprüfung. Berlin 2005.

Herring 1892: Herring, Walter Ralph. *The Construction of Gas Works*. London 1892.

Heyde et al. 2009: Heyde, Stefan/Lindner, Joachim. „Historische Stützen aus Grauguss. Tragsicherheitsnachweise und Ertüchtigung“. In: *Stahlbau 78 (11)* (2009).

Heymann 1995: Heymann, Jacques: *The Stone Skeleton. Structural Engineering of Masonry Architecture*. Cambridge 1995.

Hodgkinson 1831: Hodgkinson, Eaton. „Theoretical and Experimental Researches to Ascertain the Strength and Best Form of Iron Beams“. In: *Memoirs of the Literary and Philosophical Society of Manchester,* 2nd series, 5 (1831), S. 407–544.

Hönisch 1931: Hönisch, W. „Anwendung der Gasschmelzschweißung im Stahlbau“. In: *Der Stahlbau* 18 (1931), S. 213–214.

Holzer 2015: Holzer, Stefan M. *Statische Beurteilung historischer Tragwerke,* Bd. 2: Holzkonstruktionen. Berlin 2015.

How 2023: How, Chris. „The Sunderland Nail Saga“. In: *CHS 12* (2023).

Hübner 2010: Hübner, Wolfgang. *Korrosion und Korrosionsschutz – historisch betrachtet.* Berlin 2010.

Huerta 2006: Huerta, Santiago. „Structural Design in the Work of Gaudí“. *Architectural Science Review* 49 (4) 2006.

Huerta 2010: Huerta, Santiago. „Designing by geometry. Rankine's theorems of transformation of structures“. In: *Geometry and proportion in structural design, essays in Ricardo Aroca's honour,* hrsg. von Pepa Cassinello et al. Madrid 2010.

Huerta 2021. Huerta, Santiago. „Block models of the masonry arch and vault“. In: Addis 2021, S. 37, 38.

Hugues et al. 1999: Hugues, Theodor/Greilich, Klaus/Peter, Christine. *Bauen mit großformatigen Ziegeln.* München 1999.

Hütte 1915: Hütte (Hrsg.). *Des Ingenieurs Taschenbuch.* 22. Auflage, Bd. 1. Berlin 1915.

Hütte 1936: Hütte (Hrsg.). *Des Ingenieurs Taschenbuch.* 26. Auflage. Berlin 1936.

Huther 2014: Huther, Siegbert. *Der römische Weihebezirk von Osterburken III.* Bd. 2: Kompendium zum römischen Holzbau. Esslingen am Neckar 2014.

Institut Francais d'Architecture 1993: Institut Francais d'Architecture (Hrsg.). *Le Béton en representation. La mémoire photographique de l'entreprise Hennebique 1890–1930.* Mit Beiträgen von Gwenaël Delhumeau, Jacques Gubler, Réjean Legault, Cyrille Simonnet. Paris 1993.

Jagfeld 2000: Jagfeld, Matthias. *Tragverhalten und statische Berechnung gemauerter Gewölbe bei großen Auflagerverschiebungen.* Düren 2000.

Jasienski et al. 2024: Jasienski, Jean Philippe et al. „A computational implementation of vector-based 3D graphic statics (VGS) for interactive and real-time structural design“. *CAD Computer-Aided Design* 171 (2024).

Jewett 1967: Jewett, Robert A. „Structural Antecedents of the I-Beam, 1800–1850“. In: *Technology and Culture* 8 (3) (1967), S. 346–362, 1967.

Johnson et al. 1955–1957: Johnson, H. R./ Skempton, A. W.: „William Strutt's cotton mills, 1793–1812“. In: *Transactions of the Newcomen Society 30,* S. 179–205. Reprinted in Skempton, 1996, Chapter X, 1955–1957.

Käpplein et al. 2001: Käpplein, Rudolf/Wielgosch-Frey, Andrea. *Historische Eisen- und Stahlkonstruktionen. Untersuchen, Berechnen, Instandsetzen.* Sonderforschungsbereich 317. Karlsruhe 2001.

Kähler 2000: Kähler, Gert. *Ein Jahrhundert Bauen in Deutschland.* Stuttgart-München 2000.

Kaufmann et al. 2015: Kaufmann, Hermann/ Aicher, Florian. *Belebte Bausubstanz – umgebaute Bauernhäuser im Bregenzerwald.* 2. Auflage. München 2015.

Kayser 2012: Kayser, Christian. *Die Baukonstruktion gotischer Fenstermaßwerke in Mitteleuropa.* Petersberg 2012.

Kayser et al. 2013: Kayser, Christian/Rehm, Jörg. „Der Bau der Klosterkirche von Doberan. Neue Untersuchungen zur Baugeschichte“. In: *Convent,* Bd. 5. Weimar-Rostock 2013.

Kayser 2014-1: Kayser, Christian. „Mönchszellen, Spitztonnen, Formziegel. Untersuchungen am Dormentbau und Kapitelsaal des ehemaligen Klosters Blaubeuren“. *Denkmalpflege in Baden-Württemberg* 1 (2014). S. 33–38.

Kayser 2014-2: Kayser, Christian. „Die Baukonstruktion des Turmhelms des Freiburger Münsters. Bestand und Kontext“. In: *Der Turmhelm des Münsters Unserer Lieben Frau in Freiburg. Ein bautechnikgeschichtliches Denkmal,* hrsg. von Dagmar Zimdars/ Otto Wölbert. Arbeitsheft 27. Landesdenkmalpflege Baden-Württemberg. Darmstadt 2014.

Kayser et al. 2023: Kayser, Christian/Fink, Patrick. „Einzigartig. Das Dachtragwerk der Wiblinger Klosterkirche. Untersuchung und statische Analyse eines Meisterwerks“, In: *Historische Holzbauwerke,* Bd. 6, hrsg. vom Verein Erhalten historischer Bauwerke e. V. Stuttgart 2022, S. 85–112.

Kelton 2010: Kelton, Sean L. *Material Characterization and Structural Response.* Amherst, Massachusetts 2010.

Kind-Barkauskas et al. 1995: Kind-Barkauskas, Friedbert et al. *Beton-Atlas. Entwerfen mit Stahlbeton im Hochbau.* Düsseldorf 1995.

Klöckner 1981: Klöckner, Karl. *Alte Fachwerkbauten. Geschichte einer Skelettbauweise.* München 1981.

Koepf et al. 2005: Koepf, Hans/Binding, Günther. *Bildwörterbuch der Architektur.* Stuttgart 2005.

Kollmann et al. 1912: Kollmann, Julius et al. „Eisen- und Eisenbetonbau. Gemeinverständliche Einzeldarstellung aus Theorie und Praxis“. In: *Die Technischen Monatshefte*, Bd. III. Stuttgart 1912.

Konstantatou et al. 2018: Konstantatou, Marina/ D'Acunto, Pierluigi/McRobie, Allan. „Polarities in structural analysis and design. n-dimensional graphic statics and structural transformations“. *International Journal of Solids and Structures 152–153* (2018), S. 272–293.

Kortum 1884: Kortum, Albert. „Anlage und Einrichtung von Bibliotheken“. In: *Allgemeine Bauzeitung 49* (1884). S. 49–52, 57–64, Bl. 34–41.

Kosykh 2022: Kosykh, Aleksandra Andreevna. *Pioneers of Modern Construction. Building with Iron in 18th-Century Russia.* Cottbus 2022.

Kuban 2021: Kuban, Sabine. *Frühe Eisenbetonkonstruktionen in Berlin 1880–1918.* Stuttgart 2021.

Kugener 1913: Kugener, Léon. „Ueber die Aufnahme der Streckgrenze in die Abnahmebedingungen verschiedener Eisen- und Stahlerzeugnisse“. In: *Stahl und Eisen* 33 (1913), Nr. 22, Zeitschrift für das Deutsche Hüttenwesen, S. 886–889.

Kurrer 2008: Kurrer, Karl-Eugen. *The history of the theory of structures. From arch analysis to computational mechanics.* Berlin 2008.

Kurrer 2016: Kurrer, Karl-Eugen. *Geschichte der Baustatik.* Berlin 2016.

Lamprecht 2001: Lamprecht, Heinz O. *Opus Caementitium.* 5. Auflage. Düsseldorf 2001.

Lang 1864: Lang, H. „Construction eines eisernen Magazines“, In: *Zeitschrift für Bauwesen* 14 (1864), S. 529–530, Atlas, Bl. 60, 61.

Le Corbusier 1923: Le Corbusier. *Vers une Architecture.* Paris 1923.

Lee et al. 2018: Lee, Juney/Van Mele, Tom/Block, Philippe. Disjointed force polyhedra. *CAD Computer-Aided Design* 99 (2018), S. 11–28.

Leonhardt 1984: Leonhardt, Fritz. *Vorlesungen über Massivbau.* Teil 1. Berlin-Heidelberg-New York-Tokio 1977. Teil 3. Berlin-Heidelberg-New York-Tokio 1984.

Lévy 1874: Lévy, Maurice. *La statique graphique et ses applications aux constructions. Atlas.* Paris 1874.

Lieb 2018: Lieb, Stefanie. *Himmelwärts. Geschichte des Kirchenbaus von der Spätantike bis heute.* Berlin 2018.

Lorenz 1999: Lorenz, Werner. „... von der primitiv-raffinierten Großartigkeit gewisser Ingenieurwerke ... Bahnhöfe in Berlin“. In: *Beiträge zur Geschichte des Bauingenieurwesens 10. Vorträge im Wintersemester 98/99,* hrsg. von Eberhard Schunck. Technische Universität München. München 1999. S. 5–24.

Lorenz 2006: Lorenz, Werner. „Von Geschichten zur Geschichte, von Geschichte zu Geschichten. Was kann Bautechnikgeschichte?“. In: *Technik, Arbeit und Umwelt in der Geschichte. Günter Bayerl zum 60. Geburtstag,* hrsg. von Torsten Meyer/Marcus Popplow. Münster 2006.

Lorenz 2014: Lorenz, Werner. *Das Neue Museum.* Berlin 2014.

Lorenz 2023: Lorenz, Werner. *Bausysteme und Tragwerk – Stahl.* Vorlesung BTU Cottbus 2023.

Lüddecke 2006: Lüddecke, Falk. *Ein Beitrag zur Ertüchtigung bestehender Stahltragwerke unter besonderer Berücksichtigung des Fügeverfahrens Schweißen.* Dresden 2006.

Mader 2005: Mader, Gert Thomas. *Angewandte Bauforschung.* Darmstadt 2005.

Mainstone 2001: Mainstone, Rowland J. *Developments in structural form.* 2. Auflage. Oxford 2001.

Mantel 1951: Mantel, W. „Die Entwicklung des Baustahles St52 als Schweißqualität". In: *Werkstoff und Schweißung,* hrsg. von Friedrich Erdmann-Jesnitzer. Berlin 1951.

Markou et al. 2022: Markou, Athanasios A./Ruan, Gengmu. „Graphic statics. Projective funicular polygon". *Structures* 41 (2022), S. 1390–1396.

Marstaller 2022: Marstaller, Tilmann. „Bauhölzer auf Reisen. Ursache, Technik und Wirkung des Holzimports im historischen Holzbau". In: *Historische Holzbauwerke,* Bd. 6, hrsg. vom Verein Erhalten historischer Bauwerke e. V. Stuttgart 2022, S. 7–32.

Martin et al. 2022: Martin, Dieter J./Krautzberger, Michael (Hrsg.). *Handbuch Denkmalschutz und Denkmalpflege. Recht, fachliche Grundsätze, Verfahren, Finanzierung.* 5. Auflage, München 2022.

Matschoß 1933: Matschoß, Conrad. *Das Deutsche Museum – Geschichte, Aufgaben, Ziele.* 3. Auflage. Berlin-München 1933.

Matthes 2007: Matthes, Arnd. *Kleines Lexikon vom Umgebindehaus.* 1. Auflage. Bautzen 2007.

Maxwell 1864: Maxwell, J. Clerk. „On reciprocal figures and diagrams of forces". *London, Edinburgh, and Dublin Philosophical Magazine and Journal of Science* (1864), S. 250–261.

Maxwell 1870: Maxwell, J. Clerk. „On reciprocal figures, frames, and diagrams of forces". *Transactions of the Royal Society of Edinburgh* (1870).

May 2021: May, Roland. „The role of models in the early development of Zeiss-Dywidag shells". In: Addis 2021, S. 269–294.

Mecenseffy 1911: Mecenseffy, Emil von. *Handbuch für Eisenbetonbau,* hrsg. von Fritz von Emperger. Ergänzungsband: Die künstlerische Gestaltung der Eisenbetonbauten. Berlin 1911.

Megele et al. 1951: Megele, Max/Schattenhofer, Michael (Hrsg.). *Baugeschichtlicher Atlas der Landeshauptstadt München,* Bd. 3. München 1951.

Meyer 1908: Meyer (Hrsg.). *Kleines Konversationslexikon.* 7. Auflage. Leipzig-Wien 1908.

Mislin 1988: Mislin, Miron. *Geschichte der Baukonstruktion und Bautechnik – von der Antike bis zur Neuzeit, eine Einführung.* Düsseldorf 1988.

Möbius 1833: Möbius, August Ferdinand. „Über eine besondere Art dualer Verhältnisse zwischen Figuren im Raume". *Journal für die reine und angewandte Mathematik* (1833), S. 317–341.

Möller 2021: Möller, Eberhard. *Atlas Tragwerke. Strukturprinzipien, Spannweiten, Inspirationen.* München 2021.

Mörsch 1906 und 1912: Mörsch, Emil. *Der Eisenbetonbau, seine Theorie und Anwendung.* 2. Auflage. Stuttgart 1906. 4. Auflage. Stuttgart 1912.

Müller 1998: Müller, Christian. *Entwicklung des Holzleimbaus unter besonderer Berücksichtigung der Erfindungen von Otto Hetzer.* Weimar 1998.

Müller-Breslau 1900: Müller-Breslau, Heinrich Franz Bernhard. *Die graphische Statik der Baukonstruktionen.* Bd. 1. Leipzig 1887.

Ndogmo et al. 2016: Ndogmo, Joseph/Villain, Jürgen. *Werkstoffuntersuchung an einer Unterpfette der Junkers-Lamellenhalle in Oberschleißheim.* Lehrstuhl für Tragwerksplanung, TU München. München 2016.

Neher 1955: Neher, Franz Ludwig. *Fünfzig Jahre Knorr-Bremse.* Berlin-München 1955.

Nerdinger 1985: Nerdinger, Winfried. *Walter Gropius.* Berlin 1985.

Nerdinger 1997: Nerdinger, Winfried. *Zwischen Glaspalast und Maximilianeum. Architektur in Bayern zur Zeit Maximilians II. 1848–1864.* München 1997.

Nerdinger 2007: Nerdinger, Winfried. *100 Jahre Deutscher Werkbund.* München 2007.

Nerdinger et al. 2010: Nerdinger, Winfried/Barthel, Rainer/Krippner, Roland. *Wendepunkte im Bauen. Von der seriellen zur digitalen Architektur.* München 2010.

Nickel et al. 2010: Nickel, Richard et al. *The Complete Architecture of Adler and Sullivan.* Chicago 2010.

Ochsendorf 2010: Ochsendorf, John. *Guastavino Vaulting. The Art of Structural Tile.* New York 2010.

Oelwein 2013: Oelwein, Cornelia. *Max Littmann (1862–1931). Architekt – Baukünstler – Unternehmer.* Petersberg 2013.

Palazzi 2015: Palazzi, Ilaria. „Proiezioni di strutture. Luigi Cremona e la statica grafica nelle scuole d'ingegneria italiane". In: *Storia dell'ingegneria strutturale in Italia – SIXXI 2*, hrsg. von Sergio Poretti und Tullia Iori, 2015.

Palladio 1570: Palladio, Andrea. *I quattro libri dell' architettura.* 1570.

Parkyn 2005: Parkyn, Neil. *Siebzig Wunderwerke der Architektur.* München 2005.

Pasternak et al. 2010: Pasternak, Hartmut/Hoch, Hans-Ullrich/Füg, Dieter. *Stahltragwerke im Industriebau.* Berlin 2010.

Patitz 2010: Patitz, Gabriele. *Zerstörungsfreie Untersuchung an altem Mauerwerk.* Berlin-Wien-Zürich 2010.

Perronet 1791: Perronet, Jean-Rodolphe. *Description des projets et de la construction des ponts (1782–1789).* Tafel XLI, 1791.

Peterson 1980: Peterson, Charles E. „Inventing the I-Beam. Richard Turner, Cooper & Hewitt and others". In: *Bulletin of the Association for Preservation Technology* 12 (4) (1980), S. 3–28.

Peterson 1954: Peterson, J. L. „History and development of precast concrete in the United States". In: *JACI* 25 (1954), S. 477–496.

Petzet et al. 1995: Petzet, Michael/Mader, Gerd. *Praktische Denkmalpflege.* Berlin-Köln 1995.

Pfeifer et al. 2001: Pfeifer, Günter et al. *Mauerwerk Atlas.* München 2001.

Piwowarsky 1951: Piwowarsky, Eugen. *Hochwertiges Gußeisen (Grauguß), seine Eigenschaften und die physikalische Metallurgie seiner Herstellung.* 2. Auflage. München 1951.

Plathner 1854: Plathner. „Ueber die Anwendung des Eisens beim Gebäudebau". In: *Zeitschrift für Bauwesen* 4 (1854), S. 581–590, Bl. E.

Plathner 1855: Plathner. „Ueber die Anwendung des Eisens beim Gebäudebau". In: *Zeitschrift für Bauwesen* 5 (1855), S. 373–377, Bl. M.

Plathner 1856: Plathner. „Ueber die Anwendung des Eisens beim Gebäudebau". In: *Zeitschrift für Bauwesen* 6 (1856), S. 543–545, Bl. D, E.

Pogacnik 2009: Pogacnik, Marco. „Zwei Kuppeln in München: Armeemuseum und Anatomie (1903–1905). Die ersten Betonschalen Europas". In: *Bautechnik* 2009, S. 342–356.

Poleni 1748: Poleni, Giovanni. *Memorie istoriche della gran cupola del Tempio Vaticano.* Padua 1748.

Pomp 1932: Pomp, A. „Werkstoffuntersuchungen an der Hamburger Baakenbrücke". *Der Stahlbau.* Beilage zur Zeitschrift *Die Bautechnik* 25 (1932). S. 193–195.

Poncelet 1822: Poncelet, Jean Victor. *Traité des propriétés projectives des figures.* Paris 1822.

Pottgiesser 2004: Pottgiesser, Uta. *Geschichte der Tragkonstruktionen.* Vorlesung TU Dresden 2004.

Prokop 2011: Prokop, Ines. *Vom Eisenbau zum Stahlbau. Tragwerke und ihre Protagonisten in Berlin 1850–1925.* Berlin 2011.

Puhrer 1968: Puhrer, Andreas. *Schweißtechnik.* Wiesbaden 1968.

Rankine 1858: Rankine, William John Macquorn. *A manual of applied mechanics.* Glasgow 1858.

Rasch 1996: Rasch, Jürgen. „Pantheon". In: *Beiträge zur Geschichte des Bauingenieurwesens 7, Vorträge im Wintersemester 95/96,* hrsg. von Eberhard Schunck. Technische Universität München. München 1996.

Rehm 1992: Rehm, Gallus. „Der Backsteinturm in Landshut – St. Martin". In: *Beiträge zur Geschichte des Bauingenieurwesens. Vorträge im Wintersemester 91/92,* hrsg. von Eberhard Schunck. München 1992.

Rehm et al. 2012: Rehm, Jörg/Barthel, Rainer/Maus, Helmut. „Instandhaltung und statische Sicherung der Stadtpfarrkirche von Pfaffenhofen an der Ilm". *Bautechnik* 89 (5) (2012), S. 354–360.

Rehm et al. 2018: Rehm, Jörg/Villain, Jürgen. *Betonbewehrung im frühen 20. Jahrhundert. Ein ungeregeltes Industrieprodukt.* In: Denkmalpflege Informationen 168 (2018), S. 54–58.

Rehm 2018: Rehm, Jörg. „The first concrete dome in Germany? A church building using modern techniques". In: *Building Knowledge, Construction Histories*, hrsg. von Ine Wouters et al. Brüssel 2018.

Rehm 2019: Rehm, Jörg. *Eisenbeton im Hochbau bis 1918. Dokumentation und Analyse realisierter Bauwerke im Raum München.* München 2019.

Rehm 2022: Rehm, Jörg. *Ertüchtigungsmaßnahmen an historischen Holzkuppeln. Individuelle und denkmalgerechte Lösungen.* München 2022.

Rehm et al. 2022: Rehm, Jörg/Kronthaler, Sabrina. *Sakralbau in Zeiten des Mangels. Otto Bartnings Notkirchenbauprogramm.* Düren 2022.

Reihl et al. 2022: Reihl, Cleo/Böttges, Mark/Kayser, Christian. „‚Echte Zollingerhalle oder Imitat?'. Nachrechnung eines Holzgittertragwerks im Freilichtmuseum an der Glentleiten". In: *Historische Holzbauwerke,* Bd. 6, hrsg. vom Verein Erhalten historischer Bauwerke e. V. Stuttgart 2022, S. 203–234.

Ritter 1888: Ritter, Wilhelm (Hrsg.). *Anwendungen der graphischen Statik nach Professor Dr. C. Culmann.* Zürich 1888.

Ritter 1899: Ritter, Wilhelm. „Die Bauweise Hennebique". In: *Schweizerische Bauzeitung XXXIII (5, 6, 7)* (1899).

Romberg 1833: Romberg, Johann Andreas. *Zimmerwerks-Baukunst in allen ihren Theilen.* Leipzig 1833.

Romberg 1846: Romberg, Johann Andreas. *Zimmerwerks-Baukunst in allen ihren Theilen.* 2. Auflage. Leipzig 1846.

Rondelet 1814 und 1830: Rondelet, Jean-Baptiste. *Traité théoreique et pratique de l'art de batir.* Bd. 4, Teil 1 & 2. Paris 1814.

Rubio i Bellver 1927: Rubio i Bellver, Joan. *Taber Mons Barcinonensis.* Barcelona 1927.

Saal et al. 2001: Saal, Helmut/Steidl, Gerhard/Volz, Michael. „Sprödbruchsicherheit im Stahlbau". In: *Stahlbau* 70 (9) (2001), S. 685–697.

Saliger 1911: Saliger, Rudolph. *Der Eisenbeton in Theorie und Konstruktion.* Leipzig 1911.

Saviotti 1888: Saviotti, Carlo. *La statica grafica.* Mailand 1888.

SBZ 1908: „Die neue Anatomie in München". In: *Süddeutsche Bauzeitung 12, 13* (1908), S. 89–92, 97–98.

SBZ 1912: „Münchner Zollneubauten". In: *Süddeutsche Bauzeitung 44* (1912), S. 350–359.

Schädlich 2015: Schädlich, Christian. *Das Eisen in der Architektur des 19. Jahrhunderts.* Aachen-Berlin 2015.

Schäfer et al. 2019: Schäfer, Jasmin/Bastgen, Michael Maria. „Das Dach der reformierten Kirche Wädenswil – Grubenmanns makelloses Meisterwerk?". In: *Reparieren – Ertüchtigen – Erhalten. Ansätze und Strategien seit der Antike,* hrsg. von Gesellschaft für Bautechnikgeschichte e. V. Petersberg 2019.

Scheidegger 1992: Scheidegger, Fritz. *Aus der Geschichte der Bautechnik.* Bd. 1: Grundlagen. Bd. 2: Anwendungen. Basel 1992.

Schlaich 1999: Schlaich, Jörg. „Bahnsteighallen – leicht, weit, hell. Lehrter Bahnhof in Berlin". In: *Beiträge zur Geschichte des Bauingenieurwesens 10. Vorträge im Wintersemester 98/99,* hrsg. von Eberhard Schunck. Technische Universität München. München 1999. S. 63–74.

Schmidt 2008: Schmidt, Klaus. „Die steinernen Geister von Göbekli Tepe". In: *epoc dossier* I (2008).

Schuller et al. 2004: Schuller, Manfred/Eißing, Thomas/Scheffold, Michael. Stadt Bamberg (Hrsg.). *800 Jahre Bamberger Dachwerke.* Bamberg 2004.

Simmonet 2005: Simmonet, Cyrille. *Le Béton. Histoire d'un matérieau.* Paris 2005.

Skempton 1956: Skempton, Alec Westley. „The origin of iron beams". In: *Actes du VIIIe Congrès International d'histoire des sciences, Florence, 3–9 September, 1956*, S. 1029–1039. Reprinted in Addis 1999, S. 209–219.

Skempton 1959–1960: Skempton, Alec Westley. „The Boat Store and its place in structural history". In: *Transactions of the Newcomen Society* 32 (1959–1960), S. 57–78. Reprinted in Thorne 2000, S. 17–48.

Skempton 1996: Skempton, Alec Westley. *Civil engineers and engineering in Britain 1600–1830.* Aldershot 1996.

Sommer 2019: Sommer, C. Sebastian. „Grenze und Verbindung?! Der römische Donaulimes in Bayern soll Welterbe werden“. In: *Denkmalpflege Informationen* 170 (2019), S. 18–21.

Spence 1993: Spence, William P. *Residential Framing – a homebuilder's construction guide.* New York 1993.

Stark et al. 1998: Stark, Jochen/Wicht, Bernd. *Geschichte der Baustoffe.* Wiesbaden-Berlin 1998.

Stefanescu 2017: Stefanescu, Doru M. „A History of Cast Iron“. In: *ASM Handbook,* Bd. 1A. Columbus 2017.

Steiger 2020: Steiger, Ludwig. *Basics Konstruktion Holz.* 3. Auflage. Basel 2020.

Stegmann 2014: Stegmann, Knut. *Das Bauunternehmen Dyckerhoff & Widmann. Zu den Anfängen des Betonbaus in Deutschland 1865–1918.* Tübingen-Berlin 2014.

Stevin 1586: Stevin, Simon. *De Beghinselen der Weeghconst.* Leiden 1586.

Sutherland 1963–1964: Sutherland, R. J. M. „The introduction of structural wrought iron“. In: *Transactions of the Newcomen Society* 36 (1963–1964), S. 67–84. Reprinted in Sutherland 1997, S. 271–291.

Sutherland 1990: Sutherland, R. J. M. „The age of cast iron, 1780–1850: Who sized the beams?“. In: *Essays to accompany an exhibition at the RIBA Heinz Gallery,* hrsg. von Robert Thorne. London 1990, S. 24–33. Reprinted in Sutherland 1997, S. 65–75.

Sutherland 1997: Sutherland, R. J. M. (Hrsg.). *Structural Iron 1750–1850.* Studies in the History of Civil Engineering 9. Aldershot 1997.

SVAG 1924: Stahlwerks-Verband AG (Hrsg.). *Eisen im Hochbau. Ein Taschenbuch.* 6. Auflage. Berlin-Heidelberg, 1924.

Telford et al. 1828: Telford, Thomas/Provis, William A. *An historical and descriptive account of the suspension bridge constructed over Menai Strait in North Wales.* London 1828.

Thode 1975: Thode, Dierk. *Untersuchungen zur Lastabtragung in spätantiken Kuppelbauten.* Darmstadt 1975.

Thode 1997: Thode, Dierk. „Hagia Sophia“. In: *Beiträge zur Geschichte des Bauingenieurwesens 8, Vorträge im Wintersemester 96/97,* hrsg. von Eberhard Schunck. München 1997, S. 19–28.

Thorne 2000: Thorne, Robert (Hrsg.): *Structural Iron and Steel 1850–1900.* Studies in the History of Civil Engineering. Bd. 10. Aldershot 2000.

Tiedemann 1885: Tiedemann, L. von. „Die Universitäts-Bibliothek in Halle a. S.“. In: *Zeitschrift für Bauwesen* 35 (1885), S. 331–354, Bl. 47–49.

Truñó 2004: Truñó, Ángel. *Construcción de bóvedas tabicadas.* Madrid 2004.

Tutsch et al. 2018: Tutsch, Joram/Rehm, Jörg. *Die Vierungskuppel von St. Ursula in München. Bautechnikgeschichte, Konstruktion und Tragverhalten.* München 2018.

Tutsch 2020: Tutsch, Joram. *Weitgespannte Lamellendächer der frühen Moderne. Konstruktionsgeschichte, Geometrie und Tragverhalten.* München 2020.

Van der Voorde 2010: Van der Voorde, Stephanie. *Bouwen in Beton in Belgie (1890–1975). Samenspel van Kennis, experiment en innovatie.* Dissertation Universität Ghent 2010.

Varignon 1725: Varignon, Pierre. *Nouvelle mécanique ou statique.* Paris 1725.

VDEh 1907: Verein Deutscher Eisenhüttenleute (Hrsg.). „Einheitliche Benennung von Eisen und Stahl“. In: *Stahl und Eisen* 22 (1907).

VDEh 1907: Verein Deutscher Eisenhüttenleute (Hrsg.). „Streckgrenze für Betonrundeisen“. In: *Stahl und Eisen* 22 (1913).

VDG 2005: Verein Deutscher Gießereifachleute (Hrsg.). *Grundlagen der Gießereitechnik.* Düsseldorf 2005.

VEB 1972: Deutscher Verlag für Grundstoffindustrie (Hrsg.). *Lehrbuch Metallurgie.* Leipzig 1972.

Vierendeel 1900: Vierendeel, Arthur. *La construction architecturale en fer, fonte e acier.* Louvain 1900.

Vitruv 1511: Vitruv, Marcus. *10 Bücher über Architektur.* Neuauflage 1511.

Wachsmann 1959: Wachsmann, Konrad. *Wendepunkt im Bauen.* Wiesbaden 1959.

Walmisley 1888: Walmisley, Arthur T. *Iron Roofs. Examples of Design.* London 1888.

Welt- und Kulturgeschichte 2006: Gerd Bucerius (Hrsg.). „Anfänge der Menschheit und Altes Ägypten". In: *Welt- und Kulturgeschichte,* Hamburg 2006.

Wermiel 1993: Wermiel, Sara: „The development of fireproof construction in Great Britain and the United States in the nineteenth Century". In: *Construction History* 9 (1993), S. 3–26. Reprinted in Thorne, 2000, S. 69–92.

Wermiel 2010: Wermiel, Sara. „An experiment in skeleton-frame construction in the 1850s. The U. S. Marine Hospital in New Orleans". In: *Before Steel. The Introduction of Structural Iron and its Consequences,* hrsg. von Mario Rinke/Joseph Schwartz. Zürich 2010, S. 175–190.

Werner et al. 1992: Werner, Frank/Seidel, Joachim. *Der Eisenbau. Vom Werdegang einer Bauweise.* Berlin-München 1992.

Werner 2016: Werner, Ferdinand. *Der lange Weg zum Neuen Bauen.* Bd. I: Beton. 43 Männer erfinden die Zukunft. Worms 2016.

Wetzk 2010: Wetzk, Volker. *Brückenlager 1850–1950.* Cottbus 2010.

Wiesneth 2009: Wiesneth, Alexander. *Gewölbekonstruktionen Balthasar Neumanns.* Bd. I & II, München 2009.

Winter et al. 1992: Winter, Klaus/Rug, Wolfgang. *Innovationen im Holzbau. Die Zollinger-Bauweise.* Berlin 1992.

Wolfe 1921: Wolfe, William S. *Graphical analysis. A text book on graphic statics.* New York 1921.

Zement und Beton 1908: „Ein Besuch beim Münchner Kindl". In: *Zement und Beton* 29 (1908).

Zentralblatt der Bauverwaltung 1912: Zentralblatt der Bauverwaltung. „Die Zollneubauten an der Landsbergerstrasse in München". In: *Zentralblatt der Bauverwaltung.* München 1912.

Zimmermann et al. 2003: Zimmermann, Florian (Hrsg.)/Bairstow, Charlotte. *Das Dach der Zukunft. Zollinger Lamellendächer der 20er Jahre. Konstruktion, Statik, Ästhetik, Verbreitung, Nachfolge, Beispiele in Bayern.* München 2003.

Zorès 1853: Zorès, Charles-Ferdinand. *Recueil de fers spéciaux, des expériences faites sur leur résistance et de leurs diverses applications dans les constructions, avec notice, par Ch.-Ferdinand Zorès.* Paris 1853.

Zorn 1934: Zorn, Eberhard. *Statische Untersuchung der St. Martinskirche in Landshut.* München 1934.

A

B

C

D

E

F

G

H

I

J

K

L

M

N

O

P

Q

R

S

T

U

V

W

Z

A

B

C

D

E

F

G

H

K

L

M

N

P

R

S

T

U

V

W

IMPRESSUM

Herausgeber:
Jörg Rehm

Texte:
Bill Addis, Giulia Boller, Pierluigi D'Acunto, Matthias Jagfeld, Christian Kayser, Sabine Kuban, Eberhard Möller, Florian Nagler, Jörg Rehm, Juan María Songel, Jürgen Villain

Zeichnungen:
Tobias Bastier und Jörg Rehm

Lektorat:
Esther Pirchner, Innsbruck

Acquisitions Editor:
Ria Stein, Baharak Tajbakhsh

Content Editor:
Regina Herr

Production Editor:
Amelie Solbrig

Layout, Covergestaltung und Satz:
Floyd E. Schulze

Lithografie:
prints professional, Berlin

Druck:
DZA Druckerei zu Altenburg GmbH

Papier:
Munken Print White 15, 100 gsm

Diese Publikation wurde gefördert von zahlreichen privaten Unterstützern und der Dr. Marschall Stiftung an der Technischen Universität München.

Library of Congress Control Number:
2025908601

Bibliografische Information der Deutschen Nationalbibliothek
Die Deutsche Nationalbibliothek verzeichnet diese Publikation in der Deutschen Nationalbibliografie; detaillierte bibliografische Daten sind im Internet über http://dnb.dnb.de abrufbar.

Auf die Lesbarkeit unserer Texte legen wir großen Wert. Aus diesem Grund wird im vorliegenden Buch in Fällen, wo es für die leichtere Lesbarkeit nötig ist, die männliche Sprachform bei personenbezogenen Substantiven und Pronomen verwendet. Dies ist im Sinne der sprachlichen Vereinfachung als geschlechtsneutral zu verstehen.

ISBN 978-3-0356-2929-3

e-ISBN (PDF) 978-3-0356-2930-9

Im Westfeld 8, 4055 Basel, Schweiz
Ein Unternehmen der Walter de Gruyter GmbH, Berlin/Boston

9 8 7 6 5 4 3 2 1
www.birkhauser.com

Fragen zur allgemeinen Produktsicherheit
productsafety@degruyterbrill.com

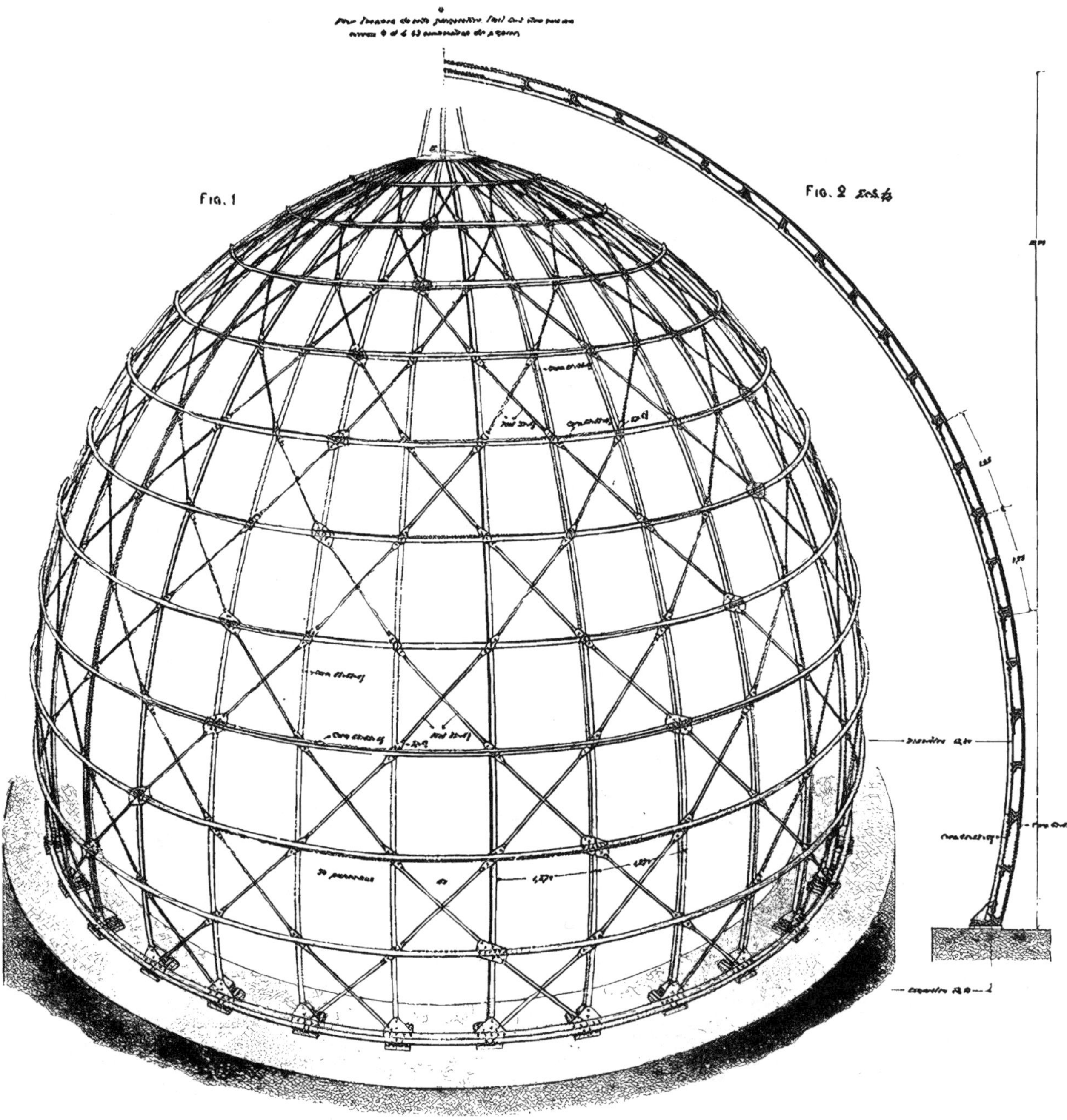
FIG. 1
FIG. 2

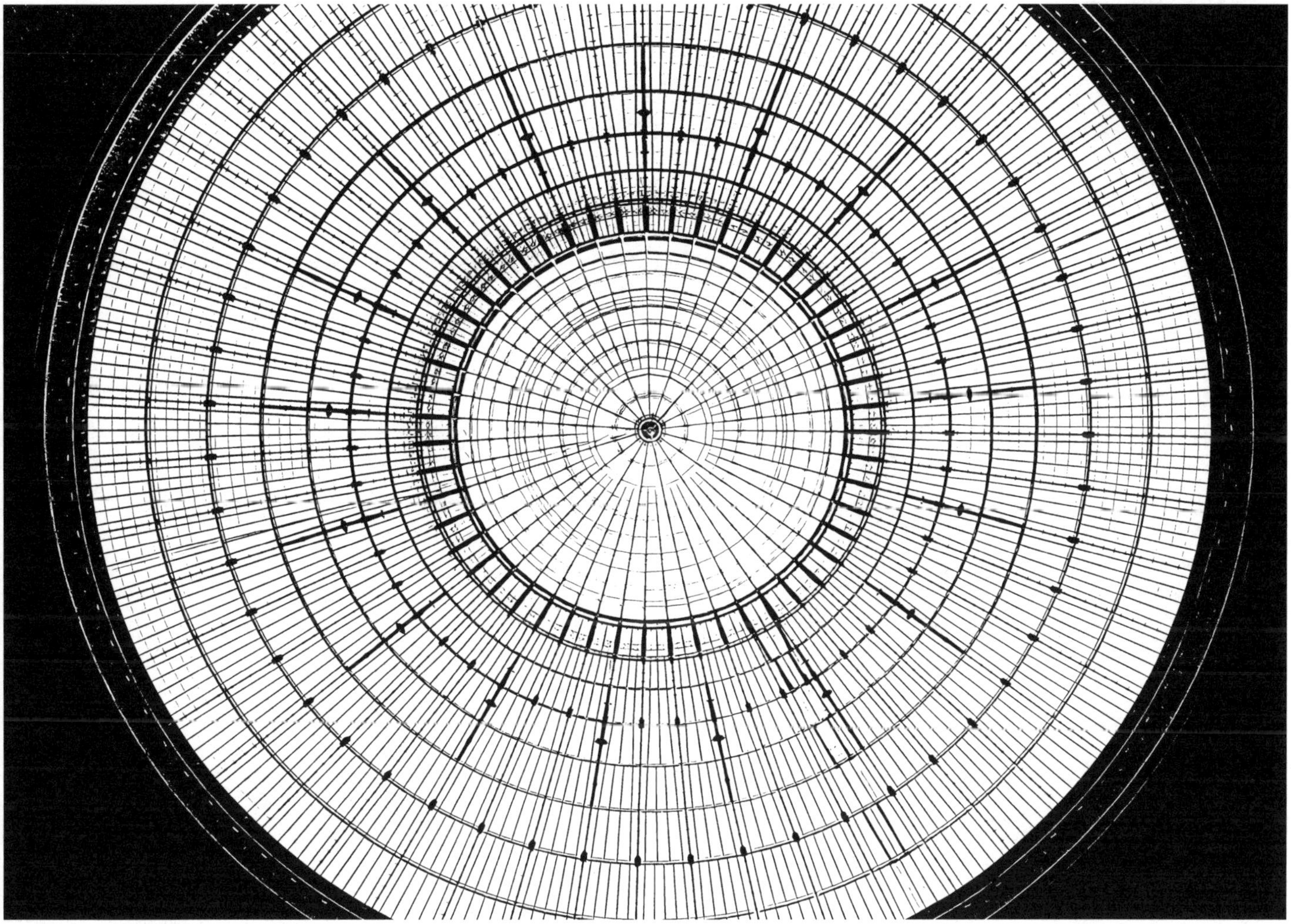

Gasbehälter
der städtischen Gasbehälter-Anstalt
an der Fichte-Strasse in Berlin.

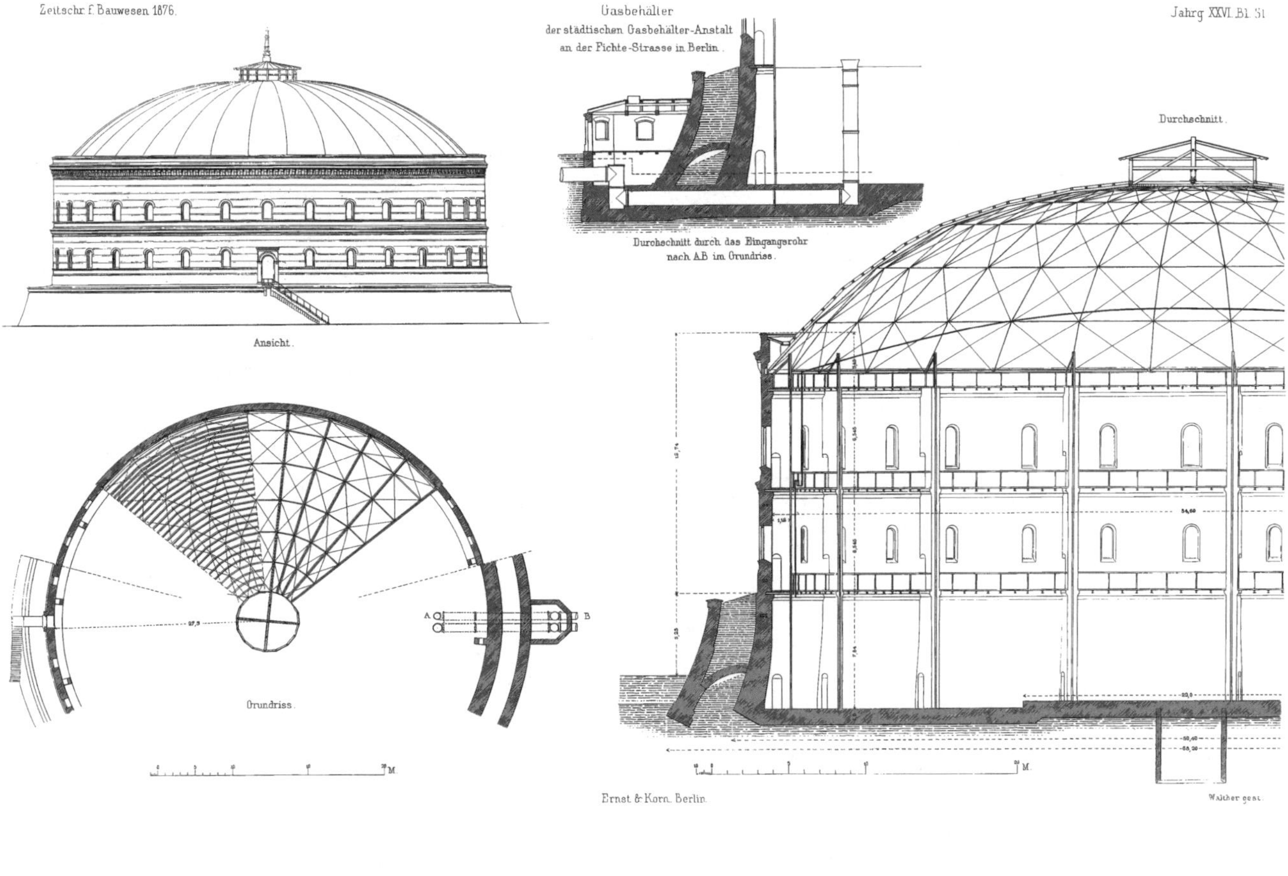

Ernst & Korn, Berlin.

Walther gez.

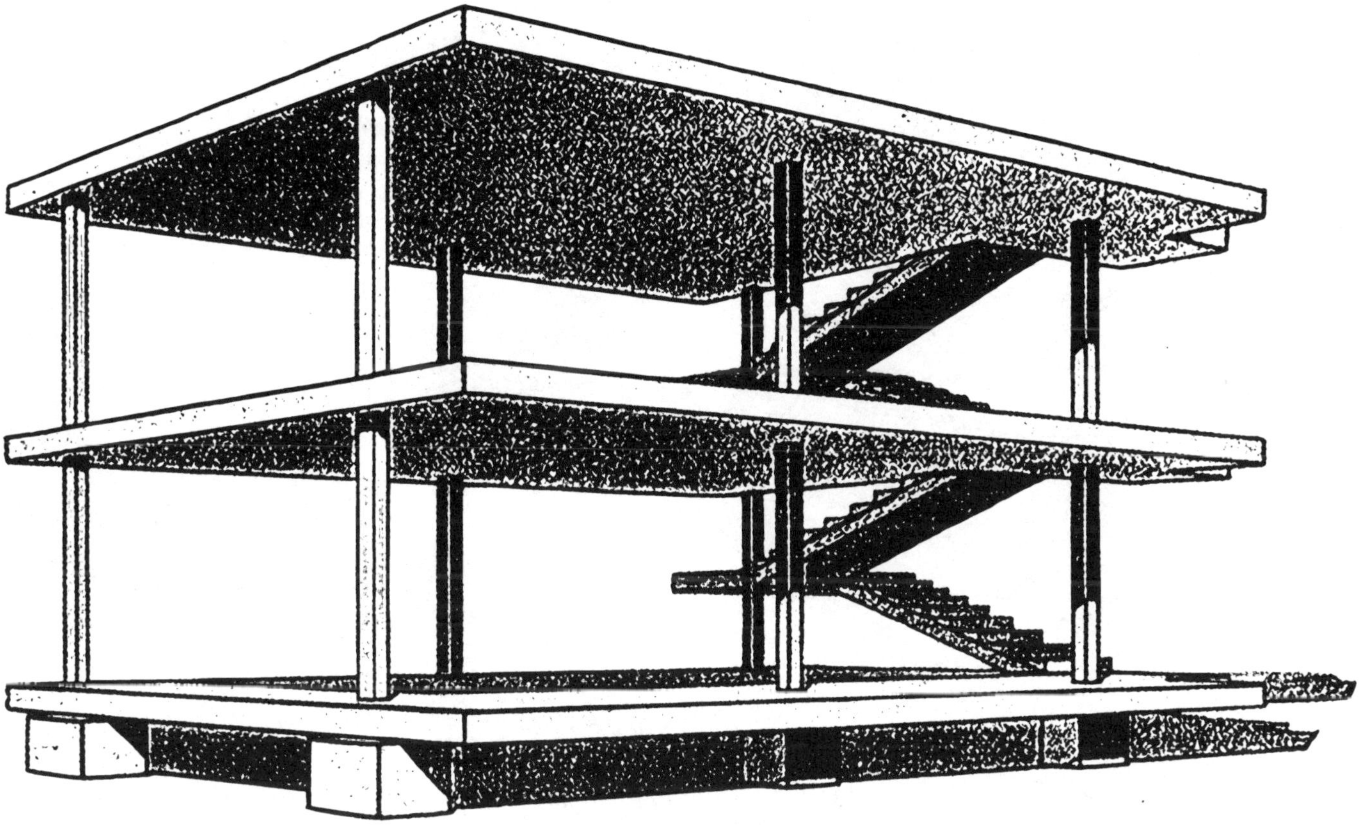